VERÖFFENTLICHUNGEN DER

HISTORISCHEN KOMMISSION ZU BERLIN

BAND 88

Walter de Gruyter · Berlin · New York

1995

FRANK ZSCHALER

ÖFFENTLICHE FINANZEN UND FINANZPOLITIK IN BERLIN 1945–1961

Eine vergleichende Untersuchung von Ost- und West-Berlin (mit Datenanhang 1945–1989)

W DE G

Walter de Gruyter · Berlin · New York

1995

Die Schriftenreihe der Historischen Kommission zu Berlin erscheint mit Unterstützung des Senators für Wissenschaft und Forschung, Berlin

Lektorat der Schriftenreihe

Christian Schädlich
Thomas Revering

♾ Gedruckt auf säurefreiem Papier,
das die US-ANSI-Norm über Haltbarkeit erfüllt.

Die Deutsche Bibliothek – CIP-Einheitsaufnahme

Zschaler, Frank:
Öffentliche Finanzen und Finanzpolitik in Berlin 1945–1961 : eine vergleichende Untersuchung von Ost- und West-Berlin ; (mit Datenanhang 1945–1989) / Frank Zschaler. – Berlin ; New York : de Gruyter, 1995
(Veröffentlichungen der Historischen Kommission zu Berlin ; Bd. 88)
ISBN 3-11-014409-3
NE: Historische Kommission <Berlin>: Veröffentlichungen der Historischen ...

Printed in Germany

Satz und Umbruch: Historische Kommission zu Berlin, Berlin
Druck: Druckerei Gerike GmbH, Berlin
Buchbinderische Verarbeitung: Lüderitz & Bauer-GmbH, Berlin

VORBEMERKUNG

Die vorliegende Studie ist im Rahmen eines von der Stiftung Volkswagenwerk geförderten zweijährigen Forschungsprojekts in der Historischen Kommission zu Berlin entstanden. Die Stiftung hat in großzügiger Weise die Verwirklichung des Projekts überhaupt erst ermöglicht.

Der Autor ist darüber hinaus allen denjenigen zu Dank verpflichtet, die seine Arbeit unterstützt haben, insbesondere Herrn Prof. Drs. Wolfram Fischer (Historische Kommission zu Berlin/Freie Universität Berlin) und Herrn Prof. Dr. Lothar Baar (Humboldt-Universität zu Berlin) für wichtige Anregungen und kritische Begleitung. Die Mitarbeiter der Historischen Kommission haben dazu beigetragen, nahezu ideale Arbeitsbedingungen zu schaffen, insbesondere die Verwaltungsleiterin Frau Kinzel, die Leiterin der Bibliothek Frau Kleinschmidt und die Leiterin des Sekretariats des Vorsitzenden Frau Sabeck.

Dies gilt in gleicher Weise für die Archive in Bonn, Coswig/Anhalt, Koblenz, Potsdam, St. Augustin und Berlin, die unter teilweise schweren Bedingungen den Zugang zu ihren Beständen ermöglicht haben. Frau Kathrin Vogel war als studentische Hilfskraft bei der Beschaffung von Literatur und Daten behilflich.

Die Arbeitsgruppe Finanzgeschichte der Bundesrepublik Deutschland beim Bundesministerium der Finanzen war dankenswerterweise zur wissenschaftlichen Kooperation und zu einem anregenden Meinungsaustausch bereit. Herr Ministerialdirektor a. D. Dr. Kurt-Dieter Wagner und Herr Dr. Stefan Schieren haben dabei besondere Unterstützung gewährt. Den Herren Dr. Johannes Bähr, Dr. Felix Escher, Dr. Manfred Jehle, Dr. Rainer Karlsch und Dipl.-Hist. Uwe Müller verdankt der Autor manchen wichtigen Hinweis.

Die Fertigstellung des Manuskripts für den Druck wäre ohne die unermüdliche Arbeit von Herrn Christian Schädlich, dem Lektor der Historischen Kommission zu Berlin, und von Frau Nicole Tesche, Mitarbeiterin im Lektorat, undenkbar gewesen. Ihnen gebührt dafür besonderer Dank.

Berlin, im Februar 1995 *Frank Zschaler*

INHALT

VERZEICHNIS DER TABELLEN IN TEXT UND ANHANG

Tabellen im Text

Tabellen im Anhang

VERZEICHNIS DER GRAFIKEN UND SCHAUBILDER IN TEXT UND ANHANG

Grafiken und Schaubilder im Text

Grafiken im Anhang

ABKÜRZUNGSVERZEICHNIS

AdsD	Archiv der sozialen Demokratie
AfCDP	Archiv für Christlich-Demokratische Politik der Konrad-Adenauer-Stiftung
AG	Aktiengesellschaft
AOK	Allgemeine Ortskrankenkasse
BA	Bundesarchiv
BEWAG	Berliner Kraft- und Licht (Bewag)-Aktiengesellschaft
BGBl.	*Bundesgesetzblatt*
BVG	Berliner Verkehrsbetriebe
CARE	Cooperative for American Remittances to Europe
CDU	Christlich-Demokratische Union Deutschlands
CRALOG	Council of Relief Agencies Licensed for Occupation in Germany
DDR	Deutsche Demokratische Republik
DIW	Deutsches Institut für Wirtschaftsforschung
DM (Ost)	Deutsche Mark der Deutschen Notenbank
DM (West)	Deutsche Mark der Bank deutscher Länder bzw. der Deutschen Bundesbank
DSF	Gesellschaft für Deutsch-sowjetische Freundschaft
DWK	Deutsche Wirtschaftskommission
DZFV	Deutsche Zentrale Finanzverwaltung
ERP	European Recovery Program
FBZ	Französische Besatzungszone
FDJ	Freie Deutsche Jugend
FDP	Freie Demokratische Partei
FES	Friedrich-Ebert-Stiftung
FSA	Forschungsstelle Sozialökonomik der Arbeit an der Freien Universität Berlin
GARIOA	Government Appropriations for Relief in Occupied Areas
GmbH	Gesellschaft mit beschränkter Haftung
GS	Gesetzsammlung
HH	Haushalt
HO	Handelsorganisation
HVF	Hauptverwaltung Finanzen
JEIA	Joint Export and Import Agency
KG	Kommanditgesellschaft
KG a. A.	Kommanditgesellschaft auf Aktien
KPD	Kommunistische Partei Deutschlands
KPdSU	Kommunistische Partei der Sowjetunion
kWh	Kilowattstunde
LAB	Landesarchiv Berlin
LaSaA	Landesarchiv Sachsen-Anhalt

LDPD	Liberaldemokratische Partei Deutschlands
LRS	Landesregierung Sachsen
MdF	Ministerium der Finanzen
Mio.	Millionen
Mrd.	Milliarden
NAP	Nationales Aufbauprogramm
NAW	Nationales Aufbauwerk
NL	Nachlaß
NSDAP	Nationalsozialistische Deutsche Arbeiterpartei
o. Bl.	ohne Blattzählung
PGH	Produktionsgenossenschaften des Handwerks
RGBl.	*Reichsgesetzblatt*
RHO	Reichshaushaltsordnung
RM	Reichsmark
S-Bahn	Stadtschnellbahn
SAG	Sowjetische Aktiengesellschaft
SBZ	Sowjetische Besatzungszone
SED	Sozialistische Einheitspartei Deutschlands
SKKD	Sowjetische Kontrollkommission in Deutschland
SMAD	Sowjetische Militäradministration in Deutschland
SPD	Sozialdemokratische Partei Deutschlands
STA	Stadtarchiv
STAPMO	Stiftung Archive der Parteien und Massenorganisationen der DDR im Bundesarchiv
T	Tausend
U-Bahn	Untergrundbahn
UA-HUB	Universitätsarchiv der Humboldt-Universität zu Berlin
UdSSR	Union der Sozialistischen Sowjetrepubliken
USA	United States of America
VAB	Versicherungsanstalt Berlin
VEB	Volkseigener Betrieb
VS	Verschlußsache
VVBB	Vereinigungen Volkseigener Betriebe in [Ost-]Berlin
WAST	Wehrmachtsauskunftsstelle
WiwiFak	Wirtschaftswissenschaftliche Fakultät
ZK	Zentralkomitee
ZKStK	Zentrale Kommission für Staatliche Kontrolle
ZPA	Zentrales Parteiarchiv

MEINEM GROSSVATER

WILLI OHLENDORF (1891–1981)

IN DANKBARER ERINNERUNG

EINLEITUNG

Am 5. und 6. Dezember 1991 trat das Berliner Abgeordnetenhaus in seinem damaligen Amtssitz, dem Rathaus Schöneberg, zu einer denkwürdigen Sitzung zusammen. In zweiter Lesung wurde erstmals seit 43 Jahren ein Landeshaushalt für ganz Berlin beraten und in Kraft gesetzt. Das Sitzungsprotokoll[1] zeigt, daß den Abgeordneten über parteipolitische Differenzen hinweg die Bedeutung dieses legislativen Aktes bewußt war. Die Spaltung der deutschen Hauptstadt war nun auch haushaltspolitisch überwunden, die seit dem 3. Oktober 1990 andauernde Übergangszeit mit getrennter Haushaltswirtschaft im ehemaligen West- und im ehemaligen Ostteil beendet. Das finanz- und haushaltspolitische Ziel der CDU/SPD-Regierungskoalition, nämlich die schnellstmögliche Hebung der Lebensverhältnisse im früheren Ost-Berlin auf westlichen Standard und die Erhaltung eines Niveaus im bisherigen West-Berlin, das mit dem in westdeutschen Großstadtregionen auch weiterhin vergleichbar ist, sollte durch die Verwendung eines beachtlichen Teils des 42-Mrd.-DM-Etats in den elf östlichen Stadtbezirken erreicht werden.[2] Von der Öffentlichkeit weniger beachtet, erklärte der Senat seine Absicht, innerhalb von fünf Jahren die Abhängigkeit Berlins von Bundeszuschüssen zu überwinden. Die Stadt sollte spätestens nach Ablauf dieser Frist ihre Aufwendungen aus dem eigenen Steueraufkommen decken können.

Eine Haushaltsberatung von ähnlicher Bedeutung hatte zuletzt 42 Jahre zuvor, am 30. Juni 1949, stattgefunden. Sieben Monate nach der Spaltung der Berliner Stadtverwaltung und immerhin drei Monate nach Ablauf des Haushaltsjahres 1948 beschloß die Stadtverordnetenversammlung den ersten separaten Haushalt von Berlin (West) für das Rechnungsjahr 1949/50. Der vom zuständigen Ressortleiter Fried-

[1] Abgeordnetenhaus von Berlin (Hrsg.), *12. Wahlperiode, 20. Sitzung, Berlin, Donnerstag, 5. Dezember 1991* (= Plenarprotokoll 12/20); *12. Wahlperiode, 21. Sitzung, Berlin, Freitag, 6. Dezember 1991* (= Plenarprotokoll 12/21), Berlin 1991.

[2] Vgl. Klaus Landowsky, *Rede des Vorsitzenden der CDU-Fraktion am 5. Dezember 1991*, in: *a. a. O.*, S. 1559.

rich Haas, der noch den traditionellen Titel eines Stadtkämmerers führte, vorgelegte Etat spiegelte die schwierige Lage der Stadt nach Spaltung, Blockade und Währungsumstellung wider. Nur ein knappes Drittel der erforderlichen Ausgaben in Höhe von ca. 2 Mrd. DM (West) waren durch Steuer- und andere Einnahmen gedeckt. Die Deckungslücke sollte durch Hilfszahlungen des Vereinigten Wirtschaftsgebiets und der Französischen Besatzungszone (FBZ) geschlossen werden. Nicht zufällig verfolgten Mitglieder des Frankfurter Wirtschaftsrates[3] und Vertreter der Finanzverwaltung des Wirtschaftsrates die Debatte.[4]

In Berlin (Ost) fanden zunächst überhaupt keine parlamentarischen Aussprachen statt. Nach dem Staatsstreich vom 30. November 1948 hatte ein von der SED-Führung und der Sowjetischen Militäradministration in Deutschland (SMAD) eingesetzter Magistrat unter Friedrich Ebert jun. die legislative und exekutive Gewalt übernommen. Dieses Gremium setzte zuvor mit der Hauptverwaltung Finanzen (HVF) der Deutschen Wirtschaftskommission (DWK) abgestimmte Jahreshaushalte in Kraft. Die Situation im Ostteil war bei weitem nicht so dramatisch wie in den westlichen Stadtbezirken. Der Absatz der großen staatlichen Unternehmen (einschließlich der sowjetischen Aktiengesellschaften [SAG]) war nicht zuletzt durch sowjetische Reparationsaufträge gesichert, die wirtschaftlichen Umlandverbindungen existierten weiter, das Aufkommen an Steuern und anderen öffentlichen Einnahmen blieb stabil. Daher benötigte Berlin (Ost) auch zunächst keine Subventionen von seiten der DWK, sondern alimentierte den Zonenhaushalt der Sowjetischen Besatzungszone (SBZ) mit jährlichen Überweisungen in beträchtlicher Höhe. Das sollte sich bereits nach wenigen Jahren grundlegend ändern.

Mit der Bildung von zwei Staaten in Deutschland und den sich zuspitzenden Konflikten zwischen den ehemaligen Siegermächten des Zweiten Weltkrieges wuchs der geteilten Stadt Berlin eine herausgehobene europa- und weltpolitische Stellung zu. Die deutsche Hauptstadt stand wie kein anderer Ort mehr als vier Jahrzehnte im Brennpunkt des Ost-West-Konflikts. Sie war Symbol der westlichen Wertegemeinschaft auf der einen und „Schaufenster" des Staatssozialismus sowjetischer Prägung auf der anderen Seite. In Berlin konnte

[3] Wirtschaftsrat des Vereinigten Wirtschaftsgebietes (Amerikanische und Britische Besatzungszone).

[4] Stadtverordnetenversammlung von Berlin (Hrsg.), *Plenarprotokoll der 19. Sitzung vom 20. Juni 1949*, Berlin 1949, S. 10 ff.

man, ab 1961 freilich nur, wenn man aus dem politischen Westen kam, beide Systeme in Augenschein nehmen, ihre Erfolge oder Mißerfolge sozusagen miteinander vergleichen.

Daraus erwuchs eine Sonderstellung Berlins, die es der Stadt erlaubte, bestimmte Defizite, die sich aus ihrer geographisch wie politisch schwierigen Lage (West) beziehungsweise den Negativwirkungen des staatssozialistischen Ordnungssystems (Ost) ergaben, zu begrenzen und zum Teil auszugleichen. Während von der Politik in beiden deutschen Staaten eine besondere Verpflichtung gegenüber Berlin zwar stets kontrovers diskutiert, im Prinzip jedoch akzeptiert wurde, war sie in der deutschen Öffentlichkeit keineswegs unumstritten. Unter völlig anderen ordnungspolitischen Rahmenbedingungen haftete dem West- ebenso wie dem Ostteil der Geruch eines ohne Subventionen lebensuntüchtigen Gemeinwesens an. Das war nicht nur üble Nachrede. Nirgendwo sonst in Deutschland erhielt eine Gebietskörperschaft so umfangreiche Hilfen. Zeitweise kamen mehr als sechzig Prozent der im jeweiligen Teil Berlins ausgegebenen öffentlichen Mittel aus dem Bundeshaushalt beziehungsweise aus dem DDR-Staatshaushalt.

GRAFIK 1

Anteil der Zuschüsse an den Haushaltseinnahmen von Berlin (West) und Berlin (Ost) in den Rechnungsjahren 1949 bis 1989 in Prozent[5]

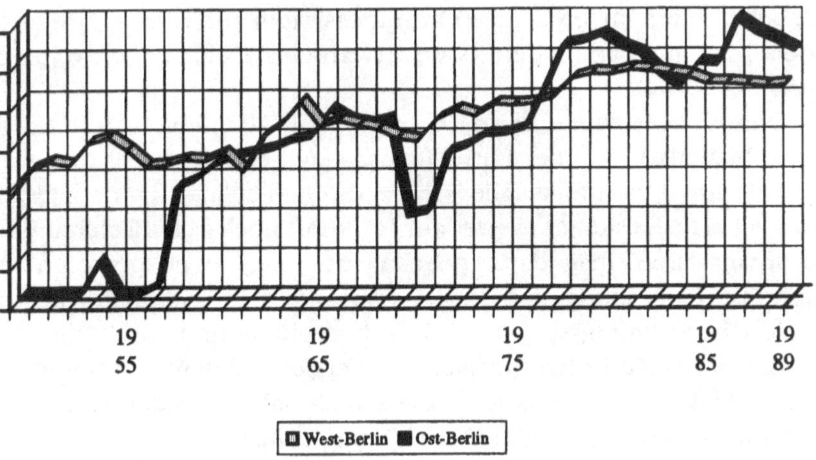

[5] Berechnet nach den Haushaltsrechnungen von West-Berlin und Ost-Berlin.

Dabei war Berlin vor dem Zweiten Weltkrieg eine prosperierende Wirtschaftsregion, die zu etwa gleichen Teilen in der gewerblichen Wirtschaft und im Dienstleistungsbereich ein Bruttosozialprodukt erzeugte, das ungefähr dem Belgiens entsprach. Mit Ausnahme der Zeit der Weltwirtschaftskrise konnte die Stadt, die nahezu den Status einer preußischen Provinz hatte, Hauptstadt des Deutschen Reiches und des Freistaates Preußen war, ihre Haushaltswirtschaft ohne nennenswerte Verschuldung abwickeln.

Nazi-Regime und Krieg bereiteten dieser Entwicklungsphase ein jähes Ende. Bombenangriffe, Straßenkämpfe, Flüchtlingsströme, Besetzung, Demontagen und Reparationsforderungen sowie die faktische Herauslösung aus dem deutschen Wirtschaftsgefüge, das durch Kriegsfolgen und Nachkriegslasten ohnehin in einer schwierigen Verfassung war, kennzeichneten die Situation unmittelbar nach Kriegsende. Obwohl dramatisch, waren die materiellen Startbedingungen Berlins aber durchaus mit denen anderer deutscher Großstadt-Regionen vergleichbar.

Es stellt sich daher die Frage nach den Ursachen, die dazu geführt haben, daß der finanzpolitische Status Berlins, die Abhängigkeit von Zuschüssen zum Haushalt und weiteren Sonderkonditionen, so lange angedauert hat und auch nach der Erlangung der Einheit der Stadt noch andauert. In diesem Zusammenhang ist nicht zu übersehen, daß die Finanzpolitik als integrierter Bestandteil der allgemeinen Wirtschaftspolitik offenbar für Berlin kaum mehr leisten konnte, als mit den im jeweiligen Ordnungssystem zur Verfügung stehenden Instrumentarien den oben erwähnten Defiziten entgegenzuwirken.

Diese Fragestellung ist an sich nicht neu. Allerdings wurde sie seit dem Mauerbau von der Forschung fast ausschließlich auf den Westteil Berlins beschränkt. Die schlechte Quellenlage für den Ostteil, dessen Haushaltsdaten weder auf Herkunft noch Verläßlichkeit überprüfbar waren, mag dafür ebenso ausschlaggebend gewesen sein wie die Einbindung von Berlin (West) in das wirtschaftliche und politische Ordnungssystem der Bundesrepublik und von Berlin (Ost) in das der DDR. Daher erschien der Vergleich des Westteils von Berlin mit den anderen Bundesländern auch naheliegender als mit dem Ostteil der Stadt oder dem Osten Deutschlands.

Die neueren Darstellungen gingen meistens von wirtschafts- und politikwissenschaftlichen Ansätzen aus. Beispielsweise analysierte 1979 eine „Arbeitsgruppe Berlinförderung“ der Technischen Universität Berlin die Korrelation zwischen Berlinförderung und Wirtschaftspolitik in Berlin;[6] die öffentlichen Ausgaben während der sechziger und siebziger Jahre wurden 1982 am Zentralinstitut für sozialwissenschaftliche Forschung der Freien Universität Berlin untersucht;[7] das Deutsche Institut für Wirtschaftsforschung legte zwei Gutachten vor, die die Finanzhilfe des Bundes und die finanzielle Verflechtung der Stadt mit dem übrigen Bundesgebiet zum Gegenstand hatten;[8] schließlich beschäftigte sich eine „Arbeitsgruppe Berlinforschung" der Freien Universität Berlin Ende der achtziger Jahre mit Innovationen und regionaler Wirtschafts- und Strukturpolitik.[9]

Die letzten Arbeiten über Finanzpolitik und öffentliche Finanzen in Berlin (Ost), die teilweise sogar vergleichend angelegt waren, stammen aus dem Ende der vierziger und den fünfziger Jahren.[10] Seit dem Übergang zur längerfristigen zentralen Wirtschaftsplanung in

[6] Die Mitglieder der Arbeitsgruppe kamen zu dem Ergebnis, daß es in der Berlin-Politik des Bundes und der Handhabung der verschiedenen Förderinstrumentarien in Berlin selbst zu eklatanten Fehlentwicklungen gekommen sei. Vgl. Arbeitsgruppe Berlin-Förderung (Hrsg.), *Wirtschaftspolitik in Berlin. Vom Notopfer zur Milliardensubvention*, Frankfurt am Main-New York 1979.

[7] Vgl. Helmut Schreiber, *Die Entwicklung der öffentlichen Ausgaben in Berlin (West) 1963 bis 1981*, Manuskript, Berlin 1982.

[8] Vgl. Doris Cornelsen, *Finanzhilfe für West-Berlin. Eine Untersuchung über Umfang und Bedeutung der finanziellen Verflechtung im öffentlichen Sektor zwischen West-Berlin und Westdeutschland*, Wirtschaftswissenschaftl. Diss., Freie Universität Berlin, Berlin 1969; Kornelia Hagen/Kurt Hornschild, *Finanzielle Verflechtungen zwischen Berlin (West) und dem übrigen Bundesgebiet. Eine Untersuchung für die Jahre 1965 bis 1980*, in: *Vierteljahreshefte zur Wirtschaftsforschung*, hrsg. vom Deutschen Institut für Wirtschaftsforschung, H. 2 (1983), S. 319–344.

[9] Klaus Burmeister/Weert Canzler (Hrsg.), *Zukunftsmetropole Berlin. Kritik und Perspektiven wirtschaftspolitischer Leitbilder*, Berlin o. J.

[10] Vgl. Fritz Federau, *Das Berliner Bankwesen 1949/50*, hrsg. vom Deutschen Institut für Wirtschaftsforschung, Sonderhefte, N. F., Nr. 11, Berlin o. J. (wahrscheinlich 1950); Rudolf Meimberg/Franz Rupp, *Die öffentlichen Finanzen in der Sowjetischen Besatzungszone und im Sowjetsektor von Berlin*, Bonn 1951; Alfred Kitsche, *Die öffentlichen Finanzen im Wirtschaftssystem der sowjetischen Besatzungszone Deutschlands*, Bonn 1954; Walter Brunn, *Die rechtliche, politische und wirtschaftliche Lage des Berliner Sowjetsektors*, Berlin o. J. (wahrscheinlich 1954), Gerhard Abeken, *Das Geld- und Bankwesen in der Sowjetischen Besatzungszone und im Sowjetsektor Berlins von 1945 bis 1954* (= Bonner Berichte aus Mittel- und Ostdeutschland), Bonn 1955 und Helmut Meier, *Die Entwicklung des Haushaltswesens in der sowjetischen Besatzungszone Deutschlands* (= Wirtschaftswissenschaftliche Veröffentlichungen des Osteuropa-Instituts der Freien Universität Berlin, Bd. 10), Berlin 1960.

der DDR wurden die Spielräume für gestaltende Finanzpolitik immer enger. Der Grund dafür ist nicht nur im hohen Zentralisierungsgrad von Entscheidungen zu suchen, sondern auch im zunehmenden Aufgehen der Finanzpolitik in der allgemeinen Wirtschaftspolitik. Einer Regionalstudie hätte also zunächst die Untersuchung der Finanzverfassung Ostdeutschlands vorangehen müssen, was unter den gegebenen Umständen aber bereits bei der Quellenerschließung zum Scheitern verurteilt war. Daher hat sich die Forschung in den sechziger bis achtziger Jahren auf Reports über die öffentlichen Haushalte der DDR und ihre Stellung in der zentral gelenkten Wirtschaftsplanung beschränkt.[11]

Ostdeutsche Veröffentlichungen zur Position von Berlin (Ost) im Finanzsystem der DDR liegen aus ähnlichen Gründen ebenfalls nicht vor, sieht man von einigen für die Forschung wenig verwertbaren Arbeiten ab, die bestimmte Klischees und Aversionen eher noch verstärkt haben.[12] Im Gegensatz dazu hat die wirtschaftsgeographische und wirtschaftshistorische Forschung der ehemaligen DDR in einigen, allerdings von der Öffentlichkeit weniger beachteten Schriften zu wirtschaftlichen und strukturellen Entwicklungsproblemen der Region Stellung genommen.[13]

Da demnach über die Geschichte der Finanzpolitik von Berlin (Ost) und der DDR, ganz im Gegensatz zu Berlin (West) und der Bundesrepublik, bisher keine gesicherten wissenschaftlichen Forschungsergebnisse vorliegen konnten, war es für eine vergleichende Ost-West-Studie zunächst unumgänglich, Finanzpolitik und öffentliche Finanzen in Ostdeutschland näher zu untersuchen. Die histo-

[11] Vgl. Gert Leptin, *Der öffentliche Haushalt in der DDR*, in: *Berichte des Bundesinstituts für ostwissenschaftliche und internationale Studien*, H. 3 (1977); Herwig E. Haase, *Grundzüge und Strukturen des Haushaltswesens der DDR*, Berlin 1978.

[12] Vgl. Gerhard Keiderling, *Berlin 1945–1986. Geschichte der Hauptstadt der DDR*, Berlin 1987. Das fast tausend Seiten umfassende Buch, in dem auf Quellenzitierung weitgehend verzichtet wird, fühlt sich der ahistorischen, seinerzeit DDR-offiziellen Ansicht verpflichtet, im ostdeutschen Staat den Höhe- und Endpunkt der deutschen Geschichte zu sehen, und bewertet daher auch die Stellung Ost-Berlins als DDR-Hauptstadt derart über, daß jede kritische Distanz verlorengegangen ist.

[13] Vgl. Alfred Zimm (Hrsg.), *Berlin und sein Umland. Eine geographische Monographie*, Gotha 1989; Jörg Roesler, *Die Entwicklung Berlins als Industrielles Zentrum in der sozialistischen DDR*, in: *Zeitschrift für Geschichtswissenschaft*, H. 6 (1987), S. 531–536; ders., *Der Wiederaufbau der Berliner Industrie 1945 bis 1947*, in: *Jahrbuch für Geschichte*, Bd. 33 (1987), S. 486–538.

risch früh beginnende Einbeziehung des Ostteils in das Ordnungssystem der SBZ/DDR, die Rolle von Besatzungsmacht und KPD/SED-Führung, schließlich die keineswegs zufällige Auflösung der traditionellen wirtschaftlichen und politischen Außenverbindungen des ostdeutschen Raumes (sowohl zu den westdeutschen Gebieten als auch nach Westeuropa und Übersee) haben den Rahmen für die Transformation der Finanzverfassung, die Ersetzung der föderalen durch eine zentralistische Staatsverfassung und den weitgehenden Verlust der Eigenständigkeit der Finanzebenen bedingt. Eine vergleichende Darstellung kommt daher bei allem guten Vorsatz nicht umhin, der Ost-Berliner Entwicklung mehr Platz einzuräumen, als es für die West-Berliner erforderlich ist. Außerdem sind im Zusammenhang mit den Berliner Untersuchungen einige quellenorientierte Arbeiten zur Finanzgeschichte der SBZ/DDR entstanden.[14]

Der Schwerpunkt der Untersuchung wurde auf die Finanzpolitik der West-Berliner Landesregierung beziehungsweise des Ost-Berliner Magistrats bis 1961 gelegt. Dabei wurden Umfeld, Verlauf und Ergebnisse dieser Politik sowie die Stellung der Stadthälften im jeweiligen Wirtschaftssystem chronologisch-systematisch analysiert. Die öffentlichen Finanzen wurden anhand der jährlichen Landes- beziehungsweise Stadthaushalte[15] vor allem finanzstatistisch untersucht und verglichen. Eine Beschränkung auf diesen Zeitraum war vor allem wegen der Quellenlage erforderlich. Die Aktensperrfristen in den westdeutschen Archiven machen die Überlieferung der letzten drei Jahrzehnte erst den Historikern späterer Generationen zugänglich. Ähnlich verhält es sich mit dem Schriftgut zur Ost-Berliner und SBZ/

[14] Frank Zschaler, *Von der Emissions- und Girobank zur Deutschen Notenbank – Zu den Umständen der Gründung einer Staatsbank für Ostdeutschland*, in: *Bankhistorisches Archiv. Zeitschrift für Bankengeschichte*, H. 2 (1992), S. 59–68, ders., *Die Entwicklung einer zentralen Finanzverwaltung der SBZ/DDR (1945–1949/50)*, in: *Von der SBZ zur DDR*, hrsg. vom Institut für Zeitgeschichte, München 1995, S. 97–138.

[15] Aufgrund der Quellenlage werden für die Jahre 1945 bis 1948, also die Zeit, in der die Viersektorenstadt Berlin noch einheitlich verwaltet wurde, die Haushaltspläne und ab 1949 für die beiden Stadthälften die Haushaltsrechnungen zugrunde gelegt. Einige Lücken bei den Ost-Berliner Haushalten sind nicht mehr zu schließen, die Unterlagen für die Haushaltsjahre 1954 und 1955 (Pläne und Rechnungen) sind verschollen, die Jahrgänge 1960 und 1963 nur unvollständig überliefert. Für das Resthaushaltsjahr 1948/49 (1. Dezember 1948 bis 31. März 1949) und das sogenannte Rumpfhaushaltsjahr 1949 (1. April bis 31. Dezember) hat es mit hoher Wahrscheinlichkeit keine aufgeschlüsselten Pläne gegeben.

DDR-Geschichte. Obwohl die Bestände im Prinzip bis 1989 benutzbar sind, gelangten Akten aus dem Ministerium der Finanzen letztmalig Anfang der sechziger Jahre in das Endarchiv, bei den anderen Bestandsbildnern treten bereits seit den späten fünfziger Jahren Lükken in Chronologie und Systematik auf. Darüber hinaus sprachen inhaltliche Gründe dafür, die geschichtliche Periode bis zum Mauerbau in den Mittelpunkt zu stellen. In dieser Zeit hat sich in beiden Teilen Berlins der jeweilige wirtschafts- und finanzpolitische Status herausgebildet, der ungeachtet späterer Nuancierungen bis zur Überwindung der Teilung bestand und auch in der Gegenwart der geeinten Stadt noch spürbar ist. Unbeschadet dieser Überlegungen wurde die Datenanalyse aber bis zum Ende der achtziger Jahre geführt.

Der Vergleich von Haushaltsdaten war nicht unproblematisch. Bereits die Frage nach der Parität der Währungen, die wegen der völlig unterschiedlichen Preissysteme (Marktpreise auf der einen und staatlich festgelegte Preise auf der anderen Seite) nicht zufriedenstellend beantwortet werden kann, stellte ein ernsthaftes Problem dar. Hinzu kamen die haushalts- und finanzpolitischen Divergenzen zwischen West und Ost, die sich im Laufe der Zeit entwickelten und bewirkten, daß ehemals vergleichbare Instrumente der Finanzpolitik andere Inhalte und Funktionen angenommen haben. Deshalb mußte dem methodischen Aspekt des Vergleichs besondere Aufmerksamkeit geschenkt werden.

Die Gegenüberstellung der Berliner Daten erlaubte jedoch keine hinreichende Bewertung der Position beider Teilstädte im jeweiligen Finanzsystem. Dazu war es erforderlich, die öffentlichen Haushalte vergleichbarer Regionen heranzuziehen. Für Berlin (West) wurde, wie in der Forschung bereits seit längerem praktiziert, auf Hamburg, den zweitgrößten Stadtstaat in der Bundesrepublik, Bezug genommen. Für Berlin (Ost) war der binnenwirtschaftliche Regionenvergleich schwerer. Zum einen hat es in der DDR keine andere Großstadt mit solchen Dimensionen gegeben, zum anderen erhielt Berlin (Ost) nach der Auflösung der Länder im Jahr 1952 als einzige Kommune den Status eines Bezirks. Um feststellen zu können, ob die Sonderstellung aus einer günstigeren Finanzausstattung des eigenen Haushalts oder der Bevorzugung bei zentralen Entwicklungsprogrammen erwuchs, mußten die Zahlen mit den Haushaltsdaten der anderen Gebietskörperschaften verglichen werden. Darüber hinaus wurde der Versuch unternommen, Daten einer ungefähr vergleichbaren Region heranzuziehen, die des Bezirkes und der Stadt Dresden.[16]

Bei der Beratung über den ersten Gesamtberliner Haushalt nach dem Fall der Mauer wurde von Abgeordneten aus mehreren Fraktionen davor gewarnt, die finanzpolitische Sonderstellung Berlins mit ihrem komplizierten System von Haushaltsüberweisungen, Wirtschaftsförderung, Sonder- sowie Ausgleichsleistungen zu schnell zu beenden, und deshalb gefordert, der Stadt mehr Zeit für den Übergang zur Normalität zu lassen.[17] Obwohl es nicht Aufgabe der Finanzgeschichte ist, aktuelle politische Probleme zu lösen, kann die vorliegende Arbeit hoffentlich dazu beitragen, in der Diskussion über Gegenwart und Zukunft Berlins in Deutschland und Europa die historische Perspektive stärker als bisher zu berücksichtigen.

[16] Ein Vergleich wäre ohnehin nur mit Leipzig oder Dresden sinnvoll gewesen, deren Einwohnerzahlen jeweils knapp über einer halben Million liegen. Die Entscheidung für Dresden ergab sich aus der größeren Ähnlichkeit mit Berlin. Dresden, dessen Startbedingungen durch die Kriegszerstörungen ebenfalls recht ungünstig waren, hatte seine Hauptstadtfunktion zwar 1952 verloren, die Wirtschaftsstruktur der Stadt war aber nach wie vor besonders stark durch Dienstleistungen (Bezirksbehörden, kulturell-wissenschaftlicher Bereich, Bildung) geprägt. Da die Haushaltsdaten in der DDR nicht publiziert worden sind, ist ihre Überlieferung in besonders hohem Maße von der jeweiligen Finanzverwaltung abhängig. Daraus erklären sich Lücken bei den Dresdener Daten, die wohl niemals mehr geschlossen werden können.

[17] Vgl. u. a. Ditmar Staffelt, *Rede des Vorsitzenden der SPD-Fraktion am 5. Dezember 1991*, in: *a. a. O.*, S. 1573.

ERSTES KAPITEL

Berlin als einheitlich verwaltete Viersektorenstadt (1945–1948)

Der Haushalt auf Borg – Neubeginn der Berliner Finanzpolitik nach dem Ende des Zweiten Weltkrieges (1945/46)

Angesichts der kritischen Situation, in der sich Finanzpolitik und öffentliche Finanzen im Westteil Berlins kurz nach der Spaltung der Stadt befanden, suchten Mitarbeiter der amerikanischen Militärregierung nach den Gründen für diesen Zustand. Über eine allgemeine Schelte der „newly installed and in many cases incompetent German fiscal officials" kamen sie allerdings nicht hinaus. Offensichtlich war die Diskrepanz zwischen der gegenwärtigen Lage und dem, was man über die Wirtschafts- und Finanzgeschichte der deutschen Hauptstadt wußte, zu groß.

Rahmenbedingungen Berliner Finanzpolitik vor dem Zweiten Weltkrieg

„Before the end of the war, Berlin had been the only city in Germany which did not share in the distribution of federal revenues for the support of cities and towns. Berlin had always been self-supported."[1] Dieser Umstand resultierte vor allem aus dem besonderen Rang des Wirtschaftsstandorts Berlin. In der größten deutschen Industriestadt waren im Jahr 1925 ca. 1,7 Mio. Arbeitnehmer (9,3 Prozent der Reichssumme) in ca. 294.000 gewerblichen Unternehmen (8,5 Prozent der Reichssumme) beschäftigt.[2] Kennzeichnend für die Wirtschafts-

[1] *Berlin Sector. A Report by the Office of Military Government, from July, 1945 to Sept. 1, 1949*, o. O., o. J., S. 81.

[2] *Berlins wirtschaftliche Verflechtung.* Im Auftrage des Magistrats bearbeitet im Statistischen Amt der Stadt Berlin, in: *Mitteilungen des Statistischen Amtes der Stadt Berlin,* Nr. 8 (1928), S. 25.

struktur war der hohe Anteil moderner Industrien. In der elektrotechnischen Industrie, im Maschinen-, Stahl- und Fahrzeugbau, in der Eisen-, Stahl- und Metallwarenindustrie sowie im Bauwesen waren nahezu zwei Drittel der industriellen Arbeitskräfte beschäftigt. In Berlin befanden sich überwiegend hochspezialisierte Verarbeitungsstätten; Rohstoffe und Halbfabrikate mußten zum großen Teil aus anderen deutschen Wirtschaftsregionen oder dem Ausland beschafft werden. Eine ähnliche Situation herrschte in den Verbrauchsgüterindustrien, besonders im Bekleidungsgewerbe.[3]

Dabei war die Wirtschaftsstruktur Berlins komplex. Als Mischtypus wies die Region neben den Industrien einen hohen Dienstleistungsanteil auf, vor allem bei Handel, Verkehr, Geld-, Bank- und Börsenwesen sowie der Verwaltung. Während im Durchschnitt des Deutschen Reiches ca. 70 Prozent der Erwerbstätigen in Land- und Forstwirtschaft, Industrie und Handwerk und 30 Prozent im Dienstleistungssektor beschäftigt waren, stellte sich dieses Verhältnis in Berlin mit ungefähr 50 zu 50 dar.[4]

Neben einer relativ hohen Erwerbsquote – im Jahr 1925 lag sie in Berlin bei 54,3 Prozent und im Reich bei 51,3 Prozent – war die Produktivität je Beschäftigten außerordentlich hoch. Sie lag 1936 im gewerblichen und im Dienstleistungssektor jeweils ca. 30 Prozent über dem Reichsdurchschnitt.[5]

Diese günstige wirtschaftliche Lage beruhte auf historischen Entwicklungen, die zur Kombination äußerst vorteilhafter Standortfaktoren geführt hatten.

Das waren vor allem:

- die Vergangenheit als Hauptstadt des brandenburgisch-preußischen Staates (mit den kulturellen, geistes- und naturwissenschaftlichen Traditionen),
- die Industrialisierung im 19. Jahrhundert (einschließlich der sie maßgeblich fördernden Gewerbepolitik),
- die Funktion als Parlaments- und Regierungssitz des 1871 gegründeten Deutschen Reiches,

[3] Vgl. Deutsches Institut für Wirtschaftsforschung (Hrsg.), *Berlins Wirtschaft im Übergang. Die früheren Lebensbedingungen. Der Weg seit dem Zusammenbruch. Berlins Zukunft*, Berlin 1947, S. 5 ff.

[4] *A. a. O.*, S. 5.

[5] Vgl. D. Cornelsen, *Finanzhilfe für West-Berlin...*, S. 6 f.

- die wirtschaftsgeographisch günstige Lage am Schnittpunkt der deutschen und europäischen Verkehrsströme,
- die Anwesenheit der Führungsstäbe der größten deutschen Industrieunternehmen, Banken und Wirtschaftsverbände und schließlich
- das Vorhandensein einer innovativen Unternehmerschicht sowie gut ausgebildeter Arbeitnehmer.

Das Steueraufkommen im Oberfinanzbezirk Berlin war daher überdurchschnittlich groß. Nur ca. 20 Prozent des Ertrages wurden in Berlin verbraucht, der weitaus größte Teil floß der Reichsfinanzverwaltung zu und diente somit der Finanzierung von Staatsaufgaben und dem Finanzausgleich.

TABELLE 1

Steueraufkommen in Berlin nach Steuerarten (in 1000 RM)[6]

Steuerart	1929	1932	1935	1936
Reichssteuern				
Einkommen-, Vermögen- und Verkehrssteuern	1.346.717	850.252	1.247.156	1.533.709
Verbrauchsteuern und Zölle	326.292	292.548	307.517	308.295
Summe der Reichssteuern	1.673.009	1.142.800	1.554.673	1.842.004
Landessteuern	374.863	319.695	185.033	192.419
Gemeindesteuern	297.032	310.003	364.118	410.606
Gesamtsteuerertrag	2.344.904	1.772.498	2.103.824	2.445.029

TABELLE 2

Verwendung des Steueraufkommens von Berlin nach Finanzebenen 1929[7]

Finanzebenen	1929		1932		1935		1936	
	T RM	%	T RM	%	T RM	%	T RM	%
Berlin*	463.000	20	375.051	21	465.610	22	511.786	21
Dt. Reich und Preußen	1.881.904	80	1.397.447	79	1.638.214	78	1.933.243	79
Summe	2.344.904	100	1.772.498	100	2.103.824	100	2.445.029	100

* Gemeindesteuern und Überweisungsteuern.

[6] Zusammengestellt und berechnet nach: Statistisches Amt der Stadt Berlin (Hrsg.), *Berlin in Zahlen. Taschenbuch 1945*, Berlin 1947, S. 359–361.

[7] Berechnet nach den Anm. 23 und 26.

Interessanterweise lag die Steuerleistung je Einwohner in Berlin noch höher, als es der Produktivitätsabstand zum übrigen Reichsgebiet ohnehin vermuten ließ.

TABELLE 3

Steuerleistung je Einwohner in Berlin
(Angaben in Prozent, Reichsdurchschnitt = 100)[8]

Steuerart	1929	1932	1935	1936
Umsatzsteuer	206,7	223,6	216,9	220,6
Personalsteuern*	280,8	277,9	278,4	274,7

* Lohnsteuer, veranlagte Einkommensteuer, Körperschaftsteuer und Vermögensteuer.

Vor diesem Hintergrund war es nicht verwunderlich, daß Berlin in der Lage war, seine finanz- und haushaltspolitischen Aufgaben im wesentlichen mit dem Steueraufkommen und den Einnahmen aus Verwaltung und Betrieben zu finanzieren. Auf Schuldaufnahme als Deckungsmittel konnte fast vollständig verzichtet werden.

Allerdings gingen infolge der Weltwirtschaftskrise die Erträge aus den Gemeindesteuern zeitweilig zurück, gleichzeitig wurde die Leistungsbilanz der Eigenbetriebe defizitär. Die Stadtverwaltung, die keine Veränderung im Finanzausgleich zugunsten Berlins durchsetzen konnte, war in dieser Situation gezwungen, die kommunalen Aufgaben einzuschränken, Leistungen zu kürzen und Eigenbetriebe in Kapitalgesellschaften umzuwandeln, wie zum Beispiel durch die Gründung der BEWAG.

TABELLE 4

Einnahmestruktur der Berliner Haushalte 1929 bis 1936 (in 1000 RM)[9]

Einnahmeart	1929	1932	1935	1936
Einnahmen aus der Verwaltung	346.922	320.433	241.033	415.025
Allgemeine Deckungsmittel				
Gemeinde- und Überweisungsteuern	463.000	375.051	465.610	511.786
Verwaltungskostenzuschüsse für Reichsbetriebe	k. Ang.	562	84	584
Weitere Reichszuwendungen	–	–	–	–
Ablieferungen der Betriebe	148.300	29.335	-11.923	-57.806
Sonstiges	k. Ang.	10.100	39.396	-18.008
Summe Allg. Deckungsmittel	611.300	415.048	493.167	436.538
Gesamteinnahmen	*958.222*	*735.481*	*734.200*	*851.563*

8 Berechnet nach: D. Cornelsen, *Finanzhilfe für West-Berlin...*, S. 8.

9 Zusammengestellt und berechnet nach: *A. a. O.*, S. 347–354.

Ein ungleich bedeutenderer Einschnitt vollzog sich aber infolge des Krieges und in noch größerem Umfang als Resultat von Entwicklungen der unmittelbaren Nachkriegszeit.

Kriegssachschäden

Zwischen 1939 und 1945 hatte sich das Anlagevermögen der Berliner Industrie infolge Kriegszerstörungen um 26,3 Prozent (von 3,27 Mrd. RM auf 2,59 Mrd. RM) verringert. Das Volksvermögen war in der gleichen Zeit um 24 Prozent (von 31,19 Mrd. RM auf 23,68 Mrd. RM) gesunken. Diese Verluste, die zum großen Teil durch die Bombenangriffe verursacht wurden, verteilten sich gleichmäßig über die gesamte Stadt.[10] Daß sie zum Teil erheblich höher waren als in der Sowjetischen Besatzungszone (SBZ) (dort 13,3 Prozent Kriegssachschädenquote in der Industrie und 10,5 Prozent beim gesamten Volksvermögen) beziehungsweise den Westzonen (dort 19,4 Prozent und 14,2 Prozent),[11] lag in den Besonderheiten eines großstädtischen Ballungsraumes begründet und war keineswegs ungewöhnlich. Für Hamburg wurde beispielsweise eine Schadensquote von 40 Prozent der Kapazitäten von 1939 angegeben.[12]

Von Kriegszerstörungen waren jedoch vor allem Wohnungsbestand und Infrastruktur betroffen. Von den 250.000 Gebäuden der Stadt wurden 50.000 (20 Prozent) total zerstört beziehungsweise so beschädigt, daß ein Wiederaufbau nicht mehr möglich war. Da die Totalverluste zum größten Teil in den dichtbesiedelten Innenstadtbezirken auftraten, war die Verlustquote bei den Wohnungen mit ca. 40 Prozent höher als bei den Gebäuden.[13] Die Bevölkerungszahl

[10] Vgl. Doris Cornelsen/Maria Elisabeth Ruban/Dieter Teichmann, *Kriegsschäden und Nachkriegsbelastung in der Bundesrepublik Deutschland und in der DDR*. Gutachten des Deutschen Instituts für Wirtschaftsforschung im Auftrage des Bundesministeriums für Finanzen, Berlin 1972, S. 97a, 97b, 97c.

[11] *Ebda*. Vgl. auch Lothar Baar/Rainer Karlsch/Werner Matschke, *Kriegsschäden, Demontagen und Reparationen* (= Wirtschaftshistorische Forschungen der Humboldt-Universität zu Berlin, Bd. 1), Berlin 1993, S. 25 ff.

[12] Vgl. Georg Stenzel, *Hamburgs industrielle Entwicklung*, in: *Hamburg als Industrieplatz*, Hamburg o. J., S. 22 ff.

[13] Da die Kriegsschäden in Berlin niemals vollständig statistisch erfaßt worden sind, war das Deutsche Institut für Wirtschaftsforschung gezwungen, diese Werte zu schätzen. Vgl. D. Cornelsen/M. E. Ruban/D. Teichmann, *Kriegsschäden und Nach-*

(mittlere Wohnbevölkerung nach Fortschreibung) sank von 4.242.900 (1936) auf 2.907.800 (1945), also um 31,5 Prozent.[14]

Folgen der russischen Besatzungspolitik (Mai/Juli 1945)

Nach den „Londoner Protokollen“ vom 12. September 1944 war zwischen den Alliierten die Aufteilung des Gebiets von Groß-Berlin in drei Sektoren vereinbart worden. Anläßlich ihres Treffens in Jalta billigten die Staats- und Regierungschefs der USA, des Vereinigten Königreiches und der UdSSR dieses Vorgehen. Allerdings traten die Bestimmungen über die Besetzung Berlins nicht sofort nach der Kapitulation in Kraft. Erst nachdem sich die Truppen der westlichen Alliierten aus dem Gebiet der SBZ zurückgezogen hatten, rückten sie vereinbarungsgemäß in Berlin ein. Am 11. Juli 1945 nahm die Alliierte Kommandatura ihre Tätigkeit auf.[15] Die Rote Armee, die sich seit Ende April 1945 in Berlin befand, fungierte bis Anfang Juli also als einzige Besatzungsmacht.

Obwohl die besatzungspolitischen Maßnahmen der russischen Kommandantur mit Ausnahme der Demontagen auf die spätere Sektoreneinteilung der Stadt keine Rücksicht nahmen und sich im Prinzip nicht von denen in den Ländern der SBZ unterschieden, hatten sie eine Veränderung von Grundlagen der Berliner Finanzpolitik zur Folge. Dabei sind vier Schwerpunkte zu unterscheiden:
- die Demontagepolitik
- die Veränderung des Status der Stadt im deutschen Staatsgefüge,
- Befehle der SMAD-Führung und der sowjetischen Stadtkommandantur, mit welchen die tradierte deutsche Finanzverfassung, die Haushaltsgebarung der Stadt Berlin und die Geld-, Bank- und Kreditwirtschaft verändert wurden,
- Beschlagnahmen als Vorstufe von Enteignungen

kriegsbelastung..., S. 97c. Andere Autoren setzen die Schadensquote beim Wohnungsbestand etwas niedriger an. Hans Herzfeld beziffert sie z. B. mit 30 Prozent. Vgl. Hans Herzfeld, *Berlin in der Weltpolitik 1945–1970* (= Veröffentlichungen der Historischen Kommisison zu Berlin, Bd. 38) Berlin-New York 1973, S. 54.

[14] Statistisches Landesamt Berlin (Hrsg.), *Berlin in Zahlen 1951*, Berlin 1951, S. 13.

[15] Vgl. Wolfgang Ribbe (Hrsg.), *Geschichte Berlins*, Bd. 2: *Von der Märzrevolution bis zur Gegenwart*, München 1987, S. 1036 ff.

Demontagen

Die unmittelbar nach Kriegsende einsetztende erste Demontagewelle traf im Gebiet von Groß-Berlin am härtesten die Stadtbezirke, die ab Juli 1945 in die Verwaltung der westlichen Alliierten übergehen sollten. Gegenstand der Demontagen waren vor allem rüstungswichtige Kapazitäten in der Metallurgie und im Maschinenbau, sie wurden in Berlin jedoch auf die elektrotechnische Industrie und die Konsumgüterindustrien ausgedehnt.[16] Im gesamten Stadtgebiet von Groß-Berlin wurden 460 Unternehmen demontiert, davon 115 (25 Prozent) im späteren sowjetischen Sektor und 345 (75 Prozent) in den späteren Westsektoren.[17] Die Westsektoren verloren ca. 67 Prozent der 1945 verbliebenen Kapazitäten, der sowjetische Sektor ca. 33 Prozent.[18] Vergleicht man die Totalverluste durch Kriegsschäden und Demontagen mit den Kapazitäten von 1939, wird neben dem Ausmaß der Zerstörungen auch das Ungleichgewicht der Ausgangsbedingungen deutlich: Bei einem Index von 100 im Jahre 1936 belaufen sich die Kapazitätsverluste der Berliner Industrie in den Westsektoren auf 75, im sowjetischen Sektor auf 50.[19]

Diese Situation veränderte bereits die finanzpolitische Lage Berlins. Die Steuerkraft der Wirtschaft war neben den Kriegssachschäden durch Demontagen besonders geschwächt, sinkende Einkommen der abhängig Beschäftigten ließen die Lohnsteuereinnahmen ebenfalls zurückgehen. Die Eigenbetriebe waren zunächst nicht in der Lage, Gewinne zu erwirtschaften und in den Haushalt als Deckungsmittel einfließen zu lassen. Auf der anderen Seite nahm der

[16] Vgl. L. Baar/R. Karlsch/W. Matschke, *Kriegsschäden...*, S. 31 f.

[17] Vgl. G. W. Harmssen, *Die Demontage in Berlin* (Sonderdruck aus: *Am Abend der Demontage. Sechs Jahre Reparationspolitik*. Mit Dokumentenanhang), Bremen 1951, S. 13.

[18] Vgl. Dieter Pohmer, *Wirtschaftliche Probleme Berlins*, in: Hans Rothfels (Hrsg.), *Berlin in Vergangenheit und Gegenwart* (= Tübinger Vorträge), Tübingen 1961.

[19] *Ebda*. Karl C. Thalheim schätzte, daß der Westberliner Industrie nach den Demontagen günstigenfalls 25 Prozent ihrer maschinellen Kapazität verblieben seien. Strukturbestimmende Zweige wie Elektroindustrie und Werkzeugmaschinenbau waren zu ca. 100 Prozent betroffen. Vgl. Karl C. Thalheim, *Die Wirtschaft Berlins zwischen Ost und West*, in: *Beiträge zur Wirtschaftspolitik und Wirtschaftsordnung. Gesammelte Aufsätze und Vorträge*. Aus Anlaß seines 65. Geburtstages herausgegeben von der Abteilung Osteuropäische Wirtschaft des Osteuropa-Instituts und dem Institut für Weltwirtschaft der Freien Universität Berlin, Berlin 1965, S. 398 f.

Staatsbedarf infolge von Wiederaufbaumaßnahmen und wegen der wachsenden Zahl von Unterstützungsempfängern zu.

Statusänderungen

Berlin war bereits 1883 aus der Provinz Brandenburg ausgeschieden und bildete einen besonderen Verwaltungsbezirk in Preußen. Obwohl mit dem Gesetz über die Bildung einer neuen Stadtgemeinde Groß-Berlin vom 27. April 1920 seit dem 1. Oktober des gleichen Jahres Berlin mit umliegenden Städten, Gemeinden und Gutsbezirken zusammengeschlossen wurde und eine städtische Agglomeration entstanden war, die nach der Fläche den ersten und nach der Einwohnerzahl den dritten Platz unter den Großstädten der Welt einnahm, blieben die Bestimmungen der Städteordnung auch für die neue Großgemeinde nach wie vor in Kraft. Dadurch befand sich beispielsweise die Kommunalaufsicht auch weiterhin beim Oberpräsidenten der Provinz Brandenburg. Sonderbestimmungen wurden nur dort erlaubt, wo es die Eigenart der Millionenstadt unumgänglich machte. Die Verwaltung wurde in zwei Zuständigkeitsbereiche aufgeteilt, die Hauptverwaltung mit Magistrat und Stadtverordnetenversammlung als zentrale Gemeindekörperschaften und zwanzig Bezirksverwaltungen mit Bezirksämtern und Bezirksverordnetenversammlungen als Stadtbezirkskörperschaften. Änderungen der Berliner Verfassung betrafen bis zum Ende der Weimarer Republik vor allem das Verhältnis zwischen Bezirken und Hauptverwaltung.[20] Kurz nach der Machtübernahme durch die Nationalsozialisten verloren die gewählten Körperschaften (Stadtverordnetenversammlung, Bezirksverordnetenversammlungen) ihre bisherige verfassungsrechtliche Stellung und wurden faktisch ausgeschaltet. Ein Staatskommissar übernahm die Oberaufsicht über Kommunalangelegenheiten. Er unterstand zunächst noch dem Oberpräsidenten Brandenburgs, seit 1934 jedoch dem preußischen Ministerpräsidenten. Mit zwei Verfassungsgesetzen[21] wurde schließlich für Berlin

[20] 1931 wurden z. B. die Kompetenzen der Stadtverordnetenversammlung aufgeteilt und teilweise auf einen sog. Stadtgemeindeausschuß übertragen. Mit einer Ortssatzung vom 6. April 1932 erfolgte die Neuabgrenzung der Zuständigkeiten zwischen Hauptverwaltung und Bezirksverwaltungen.

[21] *Gesetz über die Verfassung der Hauptstadt Berlin vom 29. Juni 1934* (= *GS*, S. 319) und *Reichsgesetz über die Verfassung und Verwaltung der Reichshauptstadt Berlin vom 1. Dezember 1936* (= *RGBl. I*, S. 957).

der faktische Status einer preußischen Provinz geschaffen. Der Oberbürgermeister leitete als Stadtpräsident die Landesbehörde in Berlin. Die Gemeindeaufsicht ging auf den Reichsminister des Innern über.

Mit dem Ende des Zweiten Weltkrieges veränderte sich der Status Berlins grundlegend. Bereits während der letzten Kriegstage, spätestens jedoch im Zuge der Kapitulation stellten die bisherigen Reichs- und Landesbehörden ihre Tätigkeit ein. Damit existierten auch die Reichsfinanzverwaltung und die preußischen Finanzbehörden nicht mehr. An Stelle des Freistaates Preußen, dessen Wiedererrichtung die Alliierten verboten, nahmen die neu konstituierten und unter Oberaufsicht der Besatzungsmächte stehenden deutschen Selbstverwaltungen in den bisherigen preußischen Provinzen die Aufgaben oberster Landesbehörden wahr und wurden den weiterexistierenden Ländern rechtlich gleichgestellt.

Damit verlor die deutsche Hauptstadt einerseits ihre staatsrechtlich definierten Bindungen zum Umland. Sie war nun nicht mehr Gemeinde außerhalb der Provinz Brandenburg mit faktisch eigenem Provinzstatus unter dem Dach eines deutschen Bundeslandes, sondern selbständige Stadtgemeinde, also eigentlich ein Stadtstaat. Andererseits existierten in Berlin Behörden und weitere Einrichtungen, die bisher in Reichs- oder preußischer Verwaltung standen. Diese mußten nun von Berlin betreut werden. Die Stadtverwaltung hatte also neben den kommunalen Pflichten auch Aufgaben zu übernehmen, die ehemals vom Reich und von Preußen wahrgenommen wurden.[22]

Veränderungen der Finanzverfassung, der Haushaltsgebarung und der Geld-, Bank- und Kreditwirtschaft

Die Änderung des Status hatte auch eine Veränderung der Finanzverfassung zur Folge. Da die Besatzungsmacht sowohl die von ihr eingesetzten Landes- und Provinzialverwaltungen der SBZ als auch den neuen Berliner Magistrat als oberste deutsche Selbstverwaltungsbehörden betrachtete, räumte sie ihnen die Finanz- und Steuerhoheit für das jeweilige Gebiet ein.[23] Reichs- und Landesgesetze sowie Ver-

[22] Vgl. Kurt G. A. Jeserich u. a. (Hrsg.), *Deutsche Verwaltungsgeschichte. Die Bundesrepublik Deutschland*, Bd. 5, Stuttgart 1987.

[23] Dieses Verfahren wurde für die Länder und Provinzen der SBZ Anfang August 1945 durch eine Besatzungsverordnung bestätigt. Vgl. *Amtliche Bekanntmachung des*

waltungsvorschriften, die bisher den rechtlichen Rahmen für Finanzpolitik und öffentliche Finanzwirtschaft gebildet hatten, blieben im Prinzip weiterhin gültig. Außer Kraft gesetzt wurden diskriminierende Regelungen und Privilegien aus der NS-Zeit.[24] Daher mußte die Finanzverwaltung des Magistrats die Aufgaben eines Finanzministeriums übernehmen, der Stadtkämmerer fungierte faktisch für das Gebiet von Groß-Berlin auch als Reichs- und preußischer Finanzminister. Wie alle deutschen Verwaltungen konnten auch die Finanzverwaltungen nur in sehr begrenztem Umfang eigenverantwortliche Politik betreiben. Jeder Hoheitsakt war von der Zustimmung der Besatzungsmacht abhängig, die in Form von Befehlen und Anordnungen schriftlich oder mündlich erteilt wurde.

Während der Gebietskörperschaft Berlin bisher für die Erfüllung ihrer Selbstverwaltungsaufgaben die Erträge des Gemeindevermögens (Nutzerträge aus eigenem Kapitalvermögen und Erwerbseinkünfte aus städtischen Unternehmen), Gebühren, Beiträge, Gemeindesteuern und gegebenenfalls Steuerüberweisungen sowie Anleiheerlöse zur Verfügung standen,[25] flossen mit Kriegsende alle öffentlichen Einnahmen, also auch die ehemaligen Reichs- und Staatssteuern an den Berliner Haushalt. Diese Einnahmen mußten zur Finanzierung der aus Krieg und Besatzung resultierenden Lasten (Kriegssachschäden, Demontagen, Besatzungskosten, Reparationen) und für den Unterhalt ehemaliger Reichs- und Staatsbehörden verwendet werden.

Einen Einschnitt in die Haushaltsgebarung stellte der SMAD-Befehl zur Beendigung des am 1. April 1945 begonnenen Rechnungsjahres 1945/46 dar. An dessen Stelle wurde die Aufstellung von Quartalshaushaltsplänen befohlen, die zunächst mit der russischen Stadtkommandantur, später mit der Alliierten Kommandatura abzustimmen waren.[26]

Stabes der Sowjetischen Militärverwaltung in Deutschland über die Organisation der Finanz- und Kreditinstitute in Deutschland vom 4. August 1945, in: *Befehle des Obersten Chefs der Sowjetischen Militärverwaltung in Deutschland*, Sammelheft 1 (1945), Berlin 1946, S. 28 f.

[24] Vgl. H. Meyer, *Die Entwicklung des Haushaltswesens...*, S. 47.

[25] Vgl. Heinrich Schulze, *Grundriß des Haushalts-, Kassen- und Rechnungswesens der Stadt Berlin mit einem Anhange über Anleihewesen, Geld und Geldverkehr, Sparkassen-, Bank- und Börsenwesen*, Berlin 1929, S. 12 f.

[26] Vgl. H. Meyer, *Die Entwicklung des Haushaltswesens...*, S. 47 f.

Durch Befehl Nr. 01 ordnete der Oberste Chef der SMAD am 28. April 1945 im gesamten russisch besetzten Gebiet die Schließung der Banken und die Sperrung der Konten an.[27] Damit kamen auch in Berlin Geld-, Bank- und Kreditwirtschaft zum Stillstand, der traditionelle Bankplatz war lahmgelegt. Von der allgemeinen Kontensperre waren auch die öffentlichen Verwaltungen (Magistrat, Bezirke) betroffen, die Bestände ihrer Kassen fielen nicht selten Beschlagnahmen der Besatzungsmacht zum Opfer. Obwohl die Bankenschließung die Bevölkerung, Wirtschaft und Verwaltung in der unmittelbaren Nachkriegszeit zusätzlich belastete und von der russischen Seite vor allem als Vergeltungs- und Strafmaßnahme gedacht war, muß sie vor dem Hintergund der finanzpolitischen Situation am Ende des Krieges differenzierter als bisher bewertet werden.[28]

Das wichtigste finanzpolitische Instrument zur Finanzierung des Zweiten Weltkrieges war das System der sogenannten geräuschlosen Kriegsfinanzierung, durch welches die Kreditinstitute (Banken, Sparkassen), die Notenbank (Reichsbank) und die Versicherungen wichtigste Kreditgeber für das Reich wurden. Es brachte die privaten Konteninhaber (Sparer, Geldanleger etc.) unwissentlich in ein Gläubigerverhältnis zum Reich. 82,8 Prozent aller Reichsschuldtitel wurden auf diese Art „untergebracht" (51,3 Prozent bei Banken, Sparkassen und Genossenschaften; 25,1 Prozent bei der Reichsbank und 6,4 Prozent bei den Versicherungen). Allerdings konnte diese Konstruktion nur solange funktionieren, wie Anreize zur privaten Geldanlage bei den Banken bestanden und gleichzeitig kaum private Nachfrage nach Krediten existierte. Das erforderte entsprechende Regulierungsmaßnahmen. Nach Kriegsende mußte also die enorme innere Verschuldung sofort erkennbar werden.[29] Außerdem nahm in den letzten Kriegsjahren infolge von Ausfällen bei den ordentlichen Einnahmen und des beginnenden Zusammenbruchs der Kriegsfinanzierung die Rolle des Notendrucks, „gedeckt" durch Liquiditätsversprechen des Reichs, als Geldbeschaffungsinstrument zu. Nach dem Ausweis der Reichsbank über den wöchentlichen Stückgeldumlauf

[27] Vgl. *Verordnungsblatt der Stadt Berlin 1945*, Berlin 1945, S. 2.

[28] Vgl. z. B. F. Federau, *Das Berliner Bankwesen...*, S. 23.

[29] Vgl. Eckhard Wandel, *Das deutsche Bankenwesen im Dritten Reich (1933–1945)*, in: Institut für bankhistorische Forschung e. V. (Hrsg.), *Deutsche Bankengeschichte. Vom ersten Weltkrieg bis zur Gegenwart*, Bd. 3, Frankfurt am Main 1983, S. 186.

hatte sich die Geldmenge von Ende April 1944 bis Ende April 1945 annähernd verdoppelt (von ca. 37 Mrd. auf ca. 67 Mrd. RM).[30] Gegen Ende des Krieges befanden sich die öffentlichen Finanzen des Reichs und der Gebietskörperschaften in einer denkbar schlechten Lage. Die ordentlichen Einnahmen aus Steuern und Zöllen waren zurückgegangen, sonstige Einnahmen aus dem Ausland standen nicht zur Verfügung. Das Reich war faktisch unfähig, die Forderungen seiner Gläubiger zu bedienen, die erheblich aufgeblähte Geldmenge entsprach in keiner Weise der aufgrund des Krieges desolaten wirtschaftlichen Situation. Es waren also alle Anzeichen für eine bevorstehende Hochinflation zu erkennen. Damit wurde eine Neuordnung des Geldwesens, die ohne unpopuläre Maßnahmen nicht denkbar war, zu einer zentralen Aufgabe für die Finanzpolitik der Nachkriegszeit.

Deutsche Finanzpolitiker, unter ihnen der Berliner Volkswirt und Universitätsprofessor Bruno Gleitze, der neben seinem Amt als Präsident der Deutschen Zentralverwaltung für Statistik auch Vizepräsident der Deutschen Zentralen Finanzverwaltung war, sahen deshalb in der Kontensperre zunächst eine Möglichkeit, die Stabilisierung der Reichsmark-Währung auch ohne Währungsreform zu erreichen.[31] Sie gingen im übrigen davon aus, daß nach einer kurzen Übergangszeit die Banken ihre Tätigkeit wieder aufnehmen könnten.

Während die Kontensperre zunächst zu einer enormen Knappheit in den öffentlichen Kassen führte und den kriegsbedingten Rückgang der öffentlichen Einnahmen noch verstärkte, wirkte sich eine andere geldpolitische Maßnahme der SMAD schwerwiegend negativ aus. Die russischen Truppen hatten bei ihrem Einmarsch in Berlin die Barbestände der Kassen von Banken und Verwaltungen sowie Tresorinhalte beschlagnahmt. Darunter befanden sich auch Geldreserven der Reichsbankhauptstelle und der Reichshauptkasse.[32]

[30] Zusammengestellt nach: Zentralverwaltung für Statistik (E2), Nr. 484/1, o. Bl., Bundesarchiv (BA), Abteilung Potsdam.

[31] Vgl. Bruno Gleitze, *Die finanzpolitische Lage* (Manuskript), o. J., in: IV, L-2/6/262, o. Bl., Stiftung Archive der Parteien und Massenorganisation der DDR im Bundesarchiv (STAPMO), Zentrales Parteiarchiv (ZPA).

[32] Am Sitz der Reichshauptkasse richtete die SMAD übrigens bereits am 27. Mai 1945 mit der Garantie- und Kreditbank AG eine Filiale der sowjetischen Staatsbank ein. Vgl. Rainer Karlsch, *Die Garantie- und Kreditbank AG – Hausbank der Besatzungsmacht in der SBZ/DDR von 1946 bis 1956*, in: *Bankhistorisches Archiv. Zeitschrift zur Bankengeschichte*, H. 2 (1992), S. 69–84.

Außerdem begann die SMAD, wie übrigens die anderen Besatzungsmächte auch, mit der Emission sogenannten Besatzungsgeldes, das ursprünglich für die Besoldung der Besatzungsoffiziere und Mannschaften gedacht war. Obwohl der Umfang von Beute- und Besatzungsgeld nach neueren Forschungen nicht annähernd so hoch war wie bisher angenommen,[33] wurde durch die mit diesen Mitteln von der SMAD getätigten Transaktionen (Einkauf von Waren durch sowjetische Handelsgesellschaften, Bezahlung von Leistungen etc.) die Geldmenge unkontrolliert erhöht und somit das Verhältnis von geld- und güterwirtschaftlichen Prozessen weiter verschlechtert. Diese inflationsbegünstigenden und den währungsstabilisierenden Effekten der Kontensperre entgegenwirkenden Entwicklungen ließen die Hoffnung auf eine Rettung der Reichsmarkwährung sinken.

Im Zuge der Bankenschließung änderten sich auch die Bedingungen des Kreditgeschäfts. Die SMAD hatte zwar die Gründung neuer Banken in der SBZ und in Groß-Berlin genehmigt (siehe unten) und die Wiederingangsetzung der Wirtschaft durch die Ausstattung dieser Institute mit einem Grundeinlagekapital ermöglicht,[34] dabei das traditionelle deutsche Bankensystem jedoch fast vollständig zerstört. Ein freier Kapitalmarkt existierte nicht mehr, im gesamten von der Roten Armee besetzten Gebiet wurden die neuen Landes- und Provinzialbanken (in Berlin das Stadtkontor) Monopolisten im Großkreditgeschäft. Die potentiellen Kreditnehmer (öffentliche Hand, Wirtschaftsunternehmen oder Privatkunden) konnten also nicht mehr ihre bisherige Hausbank oder eine andere Bank ihrer Wahl aufsuchen, sondern waren an ein staatlich vorgegebenes Institut gebunden, das die Kreditvergabe nach speziellen Richtlinien handhabte.

[33] Während das DDR-Handbuch des Bundesministeriums für innerdeutsche Beziehungen in der Ausgabe von 1985 das von den russischen Truppen erbeutete Geld mit 6 Mrd. RM und das SMAD-Besatzungsgeld mit 9 Mrd. RM beziffert (vgl. Bundesministerium für innerdeutsche Beziehungen [Hrsg.], *DDR-Handbuch*, Köln 1985, S. 121), kommen Baar, Karlsch und Matschke zum Ergebnis, daß die Obergrenze der Besatzungsgeldmenge bei ungefähr 5 Mrd. RM gelegen habe und man das Beutegeld nicht seriös beziffern könne. Auch dort sei mit einer relativ geringen tatsächlich in Verkehr gebrachten Geldmenge zu rechnen (vgl. L. Baar/R. Karlsch/W. Matschke, *Kriegsschäden...*, S. 66 f.). Diese Aussagen werden übrigens durch zeitgenössische Erhebungen des Berliner Stadtkontors bestätigt (vgl. Rep. 315, Nr. 3 a, o. Bl., Landesarchiv Berlin [LAB], Stadtarchiv [STA]).

[34] Vgl. *Amtliche Bekanntmachung des Stabes der Sowjetischen Militärverwaltung in Deutschland...*, S. 28 f.

Außerdem war die Nachfrage nach Krediten verhältnismäßig gering. Ursachen dafür lagen in der gesamtwirtschaftlichen Situation, in Schwierigkeiten bei der Einschätzung der Kreditwürdigkeit des potentiellen Kunden und in restriktiven Bestimmungen sowie in bürokratischen Bearbeitungsmethoden bei den Banken.[35]

Beschlagnahmen als Vorstufe von Enteignungen

Mit dem erklärten Ziel, persönliche Verantwortlichkeit für nationalsozialistische Verbrechen zu bestrafen, beschlagnahmte die Besatzungsmacht wie im gesamten von der Roten Armee besetzten Gebiet auch in allen Stadtbezirken Berlins neben dem Eigentum der NSDAP und ihrer Gliederungen private Vermögen vor allem in Form von gewerblichen Unternehmen.[36] Diese Maßnahmen erfolgten nicht selten willkürlich und ohne die Schuld des betreffenden Eigentümers zu prüfen. Obwohl formalrechtliche Entscheidungen über die beschlagnahmten Vermögen zunächst nicht getroffen wurden, mußte die Vermögensverwaltung neu geregelt werden. Diese Aufgabe übernahmen zunächst die Stadtbezirke.

Die Beschlagnahmungen hatten eine besondere Bedeutung für die Entstehung unterschiedlicher Wirtschaftssysteme im sowjetischen Sektor und in den Westsektoren. Da sich die vier Stadtkommandanten nicht auf eine einheitliche Verwaltung der beschlagnahmten Vermögen einigten,[37] konnten die jeweiligen Besatzungsbehörden in eigener Verantwortung entscheiden. Während bereits kurz nach Beginn der interalliierten Verwaltung Berlins eine fast vollständige Rückgabe von beschlagnahmten Unternehmen durch die westlichen Alliierten begann, blieben Restitutionen im sowjetischen Sektor eher eine Ausnahme und betrafen, wenn überhaupt, Kleingewerbe und in Einzelfällen mittelständische Firmen.[38] Die große Mehrzahl der im Oktober 1945 im sowjetischen Sektor unter Sequester gestellten

[35] Vgl. F. Federau, *Das Berliner Bankwesen...*, S. 29 f.

[36] Vgl. Harald Winkel, *Die Wirtschaft im geteilten Deutschland. 1945–1970* (= Wissenschaftliche Paperbacks Wirtschafts- und Sozialgeschichte, Bd. 4), Wiesbaden 1974, S. 26 f.

[37] Mit Ausnahme der Beschlagnahmungen wurde allen anderen Maßnahmen der russischen Seite von den westlichen Alliierten Rechtsgültigkeit bestätigt.

[38] Nach der Spaltung wurden die beschlagnahmten Vermögen vom Ostberliner Magistrat formal enteignet.

Unternehmen bildete den Grundstock für den später entstehenden Staatssektor in der Volkswirtschaft Ost-Berlins.

Mit den genannten Schwerpunkten hatte die sowjetische Besatzungsmacht bis Anfang Juli 1945 Rahmenbedingungen für die Entwicklung Berlins geschaffen, die denen in den Ländern ihrer Zone sehr ähnelten.

Der Neubeginn der Finanzverwaltung

Personalentscheidungen

Im Zuge der Kampfhandlungen hatte die letzte nationalsozialistische Stadtverwaltung unter dem seit 1940 amtierenden Oberbürgermeister Ludwig Steeg aufgehört zu bestehen. Neue Verwaltungen wurden von den einrückenden sowjetischen Truppen bereits seit Ende April auf Stadtbezirksebene eingesetzt. Eine neue Hauptverwaltung, die zunächst die Bezeichnung „Berliner Selbstverwaltung" trug,[39] wurde am 14. Mai 1945 von der sowjetischen Militärregierung bestätigt und fünf Tage später, nunmehr bereits als Magistrat, vom Stadtkommandanten Bersarin in ihr Amt eingeführt.

Obwohl die Medien meldeten, daß die Zusammensetzung der Verwaltung von der Bevölkerung auf verschiedenen Versammlungen zwischen dem 11. und dem 13. Mai 1945 vorgeschlagen worden sei,[40] muß davon ausgegangen werden, daß im Vorfeld Konsultationen der SMAD beziehungsweise der Stadtkommandantur mit den aus Moskau nach Berlin zurückgekehrten führenden KPD-Politikern, der sogenannten Gruppe Ulbricht, stattgefunden haben.[41] Trotzdem blieben letztere bei der Besetzung der Führungspositionen in der Berliner Selbstverwaltung vorerst in der zweiten Reihe. An die Spitze der Verwaltung wurde nämlich mit dem neuen Oberbürgermeister Arthur Werner ein parteiloser Architekt gestellt, der Verfolgungen

[39] Ähnlichkeiten mit der Benennung der obersten Landesbehörden in den Ländern und Provinzen der SBZ als Landes- und Provinzialverwaltungen sind nicht zu übersehen. Dort wurden die traditionellen Namen für die Verfassungsorgane (Regierung, Ministerpräsident, Minister) erst nach den Landtagswahlen von 1946 wieder eingeführt.

[40] Vgl. z. B. *Tägliche Rundschau. Tageszeitung des Kommandos der Roten Armee für die deutsche Bevölkerung* vom 17. Mai 1945.

[41] Vgl. W. Ribbe (Hrsg.), *Geschichte Berlins...*, Bd. 2, S. 1030 f.

durch die nationalsozialistische Justiz ausgesetzt gewesen war. Offensichtlich war es der sowjetischen Seite zunächst wichtig, daß in die repräsentativen Ämter der Selbstverwaltungsorgane Deutsche gelangten, die anerkannte Gegner des Nazi-Regimes waren, jedoch nicht durch ein kommunistisches Parteibuch *a priori* als Gewährsleute Moskaus galten. Daß mit Karl Maron, Arthur Pieck, Paul Schwenk und (etwas später) Otto Winzer gleich vier Mitglieder der Gruppe Ulbricht in die Berliner Verwaltung gelangten, weist auf die Bedeutung hin, die Berlin für die KPD-Führung gehabt hat. Außerdem gehörten dem Magistrat der ehemalige Reichsminister Andreas Hermes, der Chirurg Ferdinand Sauerbruch, der Architekt Hans Scharoun und weitere liberale, konservative und sozialdemokratische Persönlichkeiten an. Die Zusammensetzung war nicht eigentlich berlin-typisch, sie entsprach den anderen Landes- und kommunalen Behörden der SBZ.[42]

Entnazifizierung

Ende Juni 1945 ordnete der Oberste Chef der SMAD, Marschall Schukow, die Entlassung aller ehemaligen NSDAP-Mitglieder aus dem öffentlichen Dienst der SBZ und von Groß-Berlin an und beauftragte die deutschen Selbstverwaltungskörperschaften mit dem Vollzug seines Befehls. Der Berliner Magistrat verfügte daraufhin am 30. Juni 1945 die Entlassungen in allen Abteilungen der Haupt- und Bezirksverwaltungen, in den städtischen Eigenbetrieben und weiteren öffentlichen Einrichtungen.[43] Damit geriet die Finanzverwaltung in eine kritische Situation. Einerseits hatte sie für die Durchführung der sowjetischen Befehle zur Säuberung der Verwaltung zu sorgen, andererseits mußte sie garantieren, daß die sonstigen von der Besatzungsmacht zugehenden Befehle und Anordnungen fristgemäß ausgeführt und die täglichen Verwaltungsaufgaben erfüllt wurden. Da in den ehemaligen Finanzverwaltungen (Reichsfinanzverwaltung, Länder- und

[42] Vgl. Wolfgang Leonhardt, *Die Revolution entläßt ihre Kinder*, Köln 1987.

[43] Der Magistratsbeschluß wurde in einem Rundschreiben des Abteilungsleiters für Personalfragen und Verwaltung, Arthur Pieck, an die städtischen Behörden zum sofortigen Vollzug weitergeleitet. Vgl. Wirtschaftswissenschaftliche Fakultät (WiwiFak), Dekanat, Nr. 1872, o. Bl., Universitätsarchiv der Humboldt-Universität zu Berlin (UA-HUB).

kommunale Verwaltungen) verhältnismäßig viele Bedienstete der NSDAP angehört hatten und auch nach dem Krieg – meist in untergeordneter Stellung – weiterarbeiteten, mußte die Entnazifizierung im Vergleich zu anderen Behörden pragmatischer gehandhabt werden. Hier ist das bisherige Bild von der Rolle der SMAD korrekturbedürftig. Sie gestattete nach Konsultationen ihrer Finanzabteilung mit deutschen Finanzpolitikern, wenig belastete ehemalige NSDAP-Mitglieder außerhalb leitender Position mit verkürzten Bezügen und gegen tägliche Kündigung als Sachbearbeiter weiterhin zu beschäftigen.[44]

Besonderheiten und Struktur der Verwaltung

Da vorerst keine Wahlen stattfanden, existierte auch keine Stadtverordnetenversammlung. Der Magistrat beriet sich gelegentlich mit den verschiedenen politischen Interessengruppen. In allen Amtshandlungen waren Oberbürgermeister und Stadträte an Weisungen und Zustimmung der sowjetischen Kommandantur gebunden.

Auf bezirklicher Ebene war die Situation ähnlich. Bezirksbürgermeister und Bezirksstadträte hatten darüber hinaus nur sehr begrenzte Kompetenzen, da die Hauptverwaltung ein nahezu uneingeschränktes Weisungsrecht besaß. Daran änderte auch das im September 1945 von der Alliierten Kommandantur erlassene Bezirksverfassungsstatut wenig, die starke Stellung des Magistrats blieb weiterhin bestehen. Die inneren Verfassungsverhältnisse Berlins wiesen also in den Jahren 1945/46 Züge eines kommunalen Zentralismus auf.[45]

Für das Finanzressort waren bis Dezember 1945 zwei Stadträte verantwortlich, Erich Siebert als Stadtkämmerer[46] und Edmund Nordwyck[47] als Oberfinanzpräsident. Bei beiden handelte es sich um Ver-

[44] Vgl. Landesregierung Sachsen (LRS), Ministerium der Finanzen (MdF), Nr. 576, Bl. 14, Sächsisches Hauptstaatsarchiv (SäHStA).

[45] Vgl. W. Ribbe (Hrsg.), *Geschichte Berlins...*, Bd. 2.

[46] Über Siebert, der bis zum 16. März 1946 im Amt war, konnten bisher keine verläßlichen biographischen Daten ermittelt werden.

[47] Der Volljurist Nordwyck, geb. 1890, war seit 1925 in der Reichsfinanzverwaltung tätig, zuletzt als Regierungsrat beim Oberfinanzpräsidium Berlin-Brandenburg. Bereits im Oktober 1945 schied er aus der Berliner Verwaltung aus und wurde Ministerialdirektor und Leiter der Hauptabteilung Steuern und Zölle bei der Deutschen Zentralfinanzverwaltung (DZFV) der SBZ. Wahrscheinlich 1948 ließ er sich als Rechtsanwalt und Steuerberater in Westberlin nieder. Vgl. *Wer ist wer?*, Berlin 1948.

waltungsfachleute. Sie konnten beim Neuaufbau der Behörde (Abteilung Finanzen und Steuern) an die bisherigen Berliner Traditionen anknüpfen. Mit einem überwiegend aus erfahrenen Angestellten ehemaliger Finanzverwaltungen („bürgerlichen Spezialisten") bestehenden Personalstamm setzte sich diese Magistratsabteilung bereits in der Zeit ihres Aufbaus der Kritik von KPD-Funktionären aus.[48]

Die Berliner Finanzverwaltung bestand aus zwei Unterabteilungen. Die Unterabteilung A wickelte die klassischen Kämmereiaufgaben ab (Haushalts-, und Steuerverwaltung, Kassen- und Rechnungswesen, Finanzämter etc.), die Unterabteilung B war mit den kriegsfolgebedingten Sonderaufgaben betraut (Verwaltung der neuen Banken und Versicherungen, Preisprüfung etc.).[49]

Übergang zur Viermächte-Verwaltung und Verhältnis zu den deutschen Zentralverwaltungen in der SBZ

Am 1. Juli 1945 besetzten die Truppen der westlichen Alliierten die ihnen zugewiesenen Stadtbezirke. Die Anwesenheit der Siegermächte am Sitz des Alliierten Kontrollrats sollte die einheitliche Verwaltung aller deutschen Besatzungszonen garantieren. Für Berlin wurde eine interalliierte Stadtkommandantur gebildet, die die offizielle Bezeichnung „Alliierte Kommandatura" erhielt. Berlin wurde also Viersektorenstadt.

Die alliierten Stadtkommandanten bestätigten auf ihrer ersten Sitzung am 11. Juli 1945 alle Berlin betreffenden SMAD-Befehle „in the interest of administrative continuity", vorbehaltlich „further study and decision",[50]

[48] So beklagte Willi Georgino, damals Mitglied des Kommunalpolitischen Beirats der KPD, in seinen Erinnerungen, die 1989 an der Humboldt-Universität als Dissertationsschrift angenommen wurden, daß die Mitarbeiter der Finanzverwaltung – übrigens nicht nur in Berlin – „eine Restaurierung der Weimarer Republik anstrebten" und „bürgerliche Lehrmeinungen" über Finanzpolitik und öffentliche Finanzen vertraten. Vgl. Willi Georgino, *Die Herausbildung des sozialistischen Finanzwesens in der Deutschen Demokratischen Republik im Ergebnis des sich verändernden Kräfteverhältnisses in Europa nach dem 2. Weltkrieg*, Wirtschaftswiss. Diss., Humboldt-Universität zu Berlin, Berlin 1989, S. 81, 91 f.

[49] *Berlin im Neuaufbau. Das erste Jahr. Rechenschaftsbericht des Magistrats der Stadt Berlin*, Berlin 1946, S. 50.

[50] Zitiert nach: Harold Hurwitz, *Die Eintracht der Siegermächte und die Orientierungsnot der Deutschen. 1945–1946* (= Demokratie und Antikommunismus in Berlin nach 1945, Bd. 3), Köln 1984, S. 41.

und ermöglichten dadurch das Weiterbestehen der Hauptverwaltung und aller bis zu diesem Zeitpunkt entstandenen zentralen Einrichtungen. Darüber hinaus nahm jede Macht die Befehlsgewalt für ihren Sektor wahr. In allen Groß-Berlin betreffenden Angelegenheiten hatten sich die deutschen Selbstverwaltungsbehörden nunmehr mit der alliierten Stadtkommandantur zu beraten. Rechtswirksamkeit erlangten Verwaltungsakte, auch die Haushaltspläne, erst nach alliierter Zustimmung. Solange zwischen den Siegermächten ein gewisser berlinpolitischer Grundkonsens herrschte, war diese Regelung für die Gewährleistung einer einheitlichen Stadtverwaltung auch nicht problematisch.

Stärker wog hingegen die wirtschaftliche Verflechtung der Sektoren mit den entsprechenden Besatzungszonen.[51] Da die Bewirtschaftung von Rohstoffen, Baustoffen, Investitionsgütern, gewerblichen Verbrauchsgütern etc. nach Sektoren getrennt erfolgte und diese Güter auch nicht ohne Genehmigung in einen anderen Sektor verbracht werden durften, war eine einheitliche Wirtschaftspolitik im Prinzip unmöglich. Die aus den Zonen gelieferten Industriegüter und Rohstoffe waren zur ausschließlichen Nutzung in dem der gleichen Besatzungsmacht unterstehenden Sektor bestimmt. Auch für die Vermittlung von Arbeitskräften in andere Sektoren mußte die Genehmigung der betroffenen Besatzungsbehörden eingeholt werden. Die Verteilung der Güter oblag nur im amerikanischen und britischen Sektor Magistratsdienststellen, im französischen und russischen Sektor erfolgte sie durch die Millitärkommandanturen unter weitgehendem Ausschluß der deutschen Behörden.[52] Zunächst wurde auch die Versorgung mit Lebensmitteln und Energieträgern sektorenbezogen organisiert, aber später wieder vereinheitlicht.[53] Damit begann nicht nur eine faktische Westintegration der westlichen Sektoren und eine Ostintegration des sowjetischen Sektors, die Grundlagen für den wirtschaftlichen Wiederaufbau wurden in den Sektoren unein-

[51] Der russische Oberbefehlshaber Schukow erklärte auf der zweiten Sitzung der alliierten Stadtkommandantur überraschend, daß die Westmächte ihre Sektoren aus den jeweiligen Zonen beliefern müßten, da die sowjetische Seite nur noch ihren Sektor versorgen würde. Vgl. *a. a. O.*, S. 41.

[52] Vgl. Robert Nieschlag, *Probleme der Berliner Wirtschaft*, in: Deutsches Institut für Wirtschaftsforschung (Hrsg.), *Wirtschaftsprobleme der Besatzungszonen*, Berlin 1948, S. 287 f.

[53] Vgl. Deutsches Institut für Wirtschaftsforschung (Hrsg.), *Berlins Wirtschaft im Übergang...*, S. 3 f.

heitlich, die Versorgung gemeinsamer städtischer Einrichtungen erschwert.

Trotzdem darf nicht unterschätzt werden, daß durch die Anwesenheit von Kontrollrat und Kommandantur die traditionelle Stellung Berlins als Verwaltungszentrum für alle Besatzungszonen auch ohne deutsche Regierungsbehörden zunächst erhalten blieb. Nach einer Übergangszeit hätte sich also die Wiederherstellung der Hauptstadtfunktion mit einem Entwicklungsschub für den Dienstleistungssektor positiv auf die Leistungsbilanz und die Situation der öffentlichen Finanzen auswirken können.

In diesen Zusammenhang ist auch die durch die SMAD im Juli 1945 befohlene Bildung sogenannter Deutscher Zentralverwaltungen für die SBZ mit Sitz in Berlin einzuordnen.[54] Ursprünglich hatte die sowjetische Seite damit weiterreichende Ziele verfolgt. Da sich die Siegermächte auf ihrer Potsdamer Konferenz geeinigt hatten, deutsche Zentralbehörden einzusetzen, versuchte die UdSSR, durch die schnelle Gründung von Zentralverwaltungen im sowjetischen Sektor vollendete Tatsachen zu schaffen, und schlug den westlichen Alliierten vor, die Behörden durch Vertreter aus den Westzonen zu erweitern und ihre Befugnisse auf ganz Deutschland auszudehnen. Diese Absichten scheiterten jedoch am Veto des französischen Repräsentanten im Alliierten Kontrollrat.[55] Das Verhältnis der Deutschen Zentralverwaltungen zur Berliner Verwaltung war ambivalent. Einerseits erstreckte sich die Kompetenz der elf Verwaltungen nur auf die Länder und Provinzen der SBZ und nicht auf Berlin, andererseits waren bestimmte Sachfragen ohne Konsultation mit dem Magistrat nicht zu klären.

Insbesondere die seit dem 27. Juli 1945 bestehende Deutsche Zentralfinanzverwaltung (DZFV) war bei der Regelung des Zahlungsverkehrs der SBZ mit Berlin, der Verrechnung von Besatzungsleistungen

[54] Durch SMAD-Befehl vom 27. Juli 1945 wurden elf Verwaltungen gegründet (Transport; Post- und Fernmeldewesen; Brennstoffindustrie; Handel und Versorgung; Industrie; Land- und Forstwirtschaft; Finanzen; Arbeit- und Sozialfürsorge; Volksbildung; Justiz; Gesundheitswesen). Bis Mitte 1947 kamen noch fünf weitere hinzu (Umsiedlerfragen; Statistik; Sequestrierung und Beschlagnahme; Innenverwaltung; Außen- und Interzonenhandel). Vgl. Hermann Weber, *Geschichte der DDR*, 3. Aufl., München 1989, S. 98 f.; Martin Broszat/Hermann Weber, *SBZ-Handbuch. Staatliche Verwaltungen, Parteien, gesellschaftliche Organisationen und ihre Führungskräfte in der Sowjetischen Besatzungszone Deutschlands 1945–1949*, München 1990.

[55] Vgl. H. Weber, *Geschichte der DDR...*, S. 96 f.

und Reparationslieferungen für die UdSSR etc. auf die Zusammenarbeit mit Berlin angewiesen. Die Beteiligung von Magistratsvertretern an verschiedenen Beratungsgremien der DZFV läßt vermuten, daß Berlin eine Zusammenarbeit auch seinerseits als vorteilhaft empfand. In der DZFV, deren Bedienstete zum großen Teil aus der Reichsfinanzverwaltung kamen, wurde eine sachorientierte Politik betrieben. Man empfand sich eher als in der Kontinuität des Reichsfinanzministeriums gehörig und nicht als „antifaschistisch-demokratische Verwaltung" quasi-sowjetischer Prägung.[56] Daher kam es auch mehrfach zum Personalaustausch zwischen den Verwaltungen, wobei der Wechsel zur DZFV *de facto* als Aufstieg angesehen wurde. Bedienstete der Abteilung Finanzen des Magistrats waren später auch in leitenden öffentlichen Ämtern in Westdeutschland tätig.[57]

In dem Maße, wie die Zentralverwaltungen von KPD/SED-Führung und russischer Besatzungsmacht für die Übertragung sowjetischer Ordnungsprinzipien auf die SBZ und den sowjetischen Sektor von Berlin instrumentalisiert wurden, ging die Basis für eine Zusammenarbeit mit Berlin verloren. Diese Prozesse setzten jedoch in den verschiedenen Politik- und Wirtschaftsbereichen zu unterschiedlichen Zeiten und nicht vor Mitte 1946 ein, ihren Höhepunkt erreichten sie mit der Zusammenfassung der Verwaltungen zur sogenannten Deutschen Wirtschaftskommission und deren Ausstattung mit Gesetz-

[56] Die Wortschöpfung von der antifaschistischen Demokratie beschreibt nicht schlechthin den demokratischen Charakter neuer deutscher Verwaltungen. Als Formulierung der KPD-Führung war sie auch eine gegen die Privatwirtschaft gerichtete Diktion. Daher wurde dieses Adjektiv auch niemals für die demokratischen Behörden Westdeutschlands verwendet. Vgl. zur Gründung und Entwicklung der DZFV F. Zschaler, *Zur Entwicklung einer zentralen Finanzverwaltung*..., S. 105.

[57] Zwei Beispiele für deutsch-deutsche Nachkriegslebensläufe: Erwin Meyer, bis Oktober 1945 stellvertretender Leiter der Oberfinanzdirektion Berlin, wurde nach einer einjährigen Tätigkeit als Hauptabteilungsleiter bei der DZFV im Januar 1947 Ministerialrat im Bayerischen Finanzministerium. Anschließend war er von April 1947 bis Oktober 1950 Hauptabteilungsleiter bei den obersten Finanzbehörden des Vereinigten Wirtschaftsgebiets (Gemeinsamer Deutscher Finanzrat bzw. Verwaltung für Finanzen) und im Bundesministerium der Finanzen und wurde schließlich 1950 Vizepräsident des Bundesrechnungshofes. Ottomar Batzel, zunächst seit Mai 1945 Generalreferent in der Finanzverwaltung des Magistrats, wechselte 1946 als Vortragender Finanzrat zur DZFV, war anschließend stellvertretender Minister für Versorgung in Thüringen. Nach der Spaltung kehrte er nach Berlin zurück, wurde erst stellvertretender Bürgermeister und 1951 Bezirksbürgermeister von Berlin-Charlottenburg. Vgl. Nachlaß Walter Ulbricht, NL 182, Nr. 1186, o. Bl., STAPMO, ZPA.

gebungskompetenzen im März 1948. Darauf wird noch zurückzukommen sein.

Da aber in der unmittelbaren Nachkriegszeit der spätere Konflikt zwischen den Westmächten und der UdSSR mit seinen ordnungs- und wirtschaftspolitischen Folgen nicht vorhersehbar war,[58] mußte die Berliner Verwaltung den faktischen Stadtstaat-Status als vorübergehendes Provisorium und die Unterschiede in der Politik der Alliierten als kriegsfolgebedingte Erschwernis ansehen.

Schwerpunkte der Finanzpolitik

Die Finanzpolitik des neuen Magistrats hatte der besonderen Situation, in der sich Berlin befand, Rechnung zu tragen. Die *Schwerpunkte*[59] betrafen zwei Komplexe. Einerseits mußten die Voraussetzungen und Instrumentarien für eine geregelte Finanzpolitik geschaffen werden. Daraus ergaben sich die folgenden Aufgaben:

- Neuordnung des Kassen- und Rechnungswesens, die Eröffnung neuer Banken und die Wiederaufnahme des Zahlungsverkehrs,
- Neuordnung der Steuern und Abgaben und deren unverzügliche Erhebung,
- Wiederaufnahme der Haushaltswirtschaft,
- Neuordnung der Sozialversicherung und der bisherigen privaten Versicherungen.

Andererseits mußte die Finanzpolitik ihren Beitrag zur Lösung politischer Tagesaufgaben neu definieren und zügig leisten. Das betraf vor allem:

- Finanzierung der Besatzungskosten und Reparationslieferungen,

[58] Daß der Entwicklungsprozeß der SBZ und Ostberlins hin zu einer Zentralverwaltungswirtschaft sowjetischen Modells nicht von der Stunde Null an quasi vorherbestimmt war, machen auch neue quellenorientierte Forschungsergebnisse deutlich. Vgl. z. B. Jochen Laufer, *Konfrontation oder Kooperation. Zur sowjetischen Politik in Deutschland und im Alliierten Kontrollrat 1945–1948* (Manuskript), Berlin 1992; Dietrich Staritz, *Das ganze oder das halbe Deutschland? Zur Deutschlandpolitik der Sowjetunion und der KPD/SED (1945–1955)*, in: Jürgen Weber (Hrsg.), *Die Republik der fünfziger Jahre. Adenauers Deutschlandpolitik auf dem Prüfstand*, München 1989, S. 112–129; Rolf Badstübner, *Zum Problem der historischen Alternativen im ersten Nachkriegsjahrzehnt. Neue Quellen zur Deutschlandpolitik von KPdSU und SED*, in: *Beiträge zur Geschichte der Arbeiterbewegung*, 33. Jg. (1991), H. 5, S. 579 ff.

[59] Vgl. *Ein halbes Jahr Berliner Magistrat...*, S. 24.

- die zeitweilige Bestandsgarantie für ehemalige Reichs- und Staatsbehörden,
- finanzpolitische Maßnahmen für den Wiederaufbau,
- die Sicherstellung der Lebensmittel- und Wasserversorgung,
- finanzielle Beihilfen für private und öffentliche Wirtschaftsunternehmen, an deren Fortbestehen ein besonderes öffentliches Interesse bestand.

Als *Grundvoraussetzung* für alle weiteren finanzpolitischen Entscheidungen mußten zunächst das Kassen- und Rechnungswesen reorganisiert und der Zahlungsverkehr, der durch die Bankenschließung und den Verwaltungswechsel zum Erliegen gekommen war, wiederaufgenommen werden.

Neugründung von Banken

Durch Magistratsanordnung vom 5. Juni 1945 wurde „als einzige Bank, ... die Kassengeschäfte ausführen darf", die Berliner Stadtbank gegründet. Dieses Institut, dessen Namen kurz darauf in *Berliner Stadtkontor* geändert werden mußte, offenbar um Verwechslungen mit der auf sowjetischen Befehl geschlossenen ehemaligen Berliner Stadtbank zu vermeiden, nahm für Berlin Staatsbankfunktionen wahr. Das kam auch dadurch zum Ausdruck, daß die Filialen des Stadtkontors in den ehemaligen Reichsbanknebenstellen in den Berliner Bezirken eingerichtet wurden. Als Grundausstattung erhielt das Stadtkontor Kassenbestände stillgelegter Banken, die „bisherigen alten Stadtbanken, Giro-Sparkassen und Zweigkassenstellen" wurden von dem neuen Institut übernommen.[60] Auch hier fallen Parallelen zur Entwicklung in den Ländern und Provinzen der SBZ auf. Dort entstanden ungefähr zur gleichen Zeit Landes- und Provinzialbanken, die einen Teil der Aufgaben der Reichsbank übernehmen mußten.[61]

60 *Verordnung des Magistrats der Stadt Berlin über die Neuorganisation des Bankwesens vom 5. Juni 1945*, in: F. Federau, *Das Berliner Bankwesen...*, S. 23 f.

61 Während die Reichsbank ihre Tätigkeit in der SBZ sofort nach der Besetzung einstellen mußte, existierten in der britischen und der französischen Zone zunächst sogenannte Reichsbanknebenstellen, die ihre Funktion jedoch bereits 1946 an Landeszentralbanken abgaben. Vgl. Institut für bankhistorische Forschung e. V. (Hrsg.), *Deutsche Bankengeschichte. Vom ersten Weltkrieg bis zur Gegenwart...*, Bd. 3, S. 224 f.

Als Hausbank des Magistrats wurde über das Stadtkontor der Verrechnungsverkehr der städtischen Verwaltungen und Einrichtungen abgewickelt; in der unmittelbaren Nachkriegszeit stellte es vor allem Mittel für Lohn- und Gehaltszahlungen, für die Lebensmittel- und Wasserversorgung sowie für den Wiederaufbau zur Verfügung. Das Großkreditgeschäft für die Industrie und den Handel spielte jedoch, wie bereits erwähnt, 1945 noch keine nennenswerte Rolle.[62] Die Orientierung auf bankgeschäftliche Aufgaben für städtische Belange führte übrigens im ersten Geschäftsjahr zu Verlusten, die aus dem Haushalt Berlins ausgeglichen werden mußten.[63]

Ungefähr einen Monat nach Kriegsende konnte die *Sparkasse der Stadt Berlin* ihren Geschäftsbetrieb fortsetzen und war somit das einzige weiterexistierende Berliner Bankinstitut. Sie hatte jedoch die gesperrten alten und die seit Juni 1945 neu angelegten Guthaben getrennt zu verwalten und in ihrer Bilanz ebenso getrennt auszuweisen.[64]

Durch ihre Sanktionierung ermöglichten die Alliierten Stadtkommandanten nicht nur, daß dieses Bankensystem mit der ausgeprägten Monopolstellung des Stadtkontors bis zum Vorabend der Währungsreform Bestand hatte,[65] sie nahmen darüber hinaus eine weitere Integration der Berliner in die Entwicklung der Sowjetzone in Kauf. So wurde dem Stadtkontor gestattet, der am 10. August 1945 durch Befehl Nr. 27 des Stellvertretenden Chefs der SMAD, Armeegeneral Sokolowski, gegründeten „Abteilung für zwischenprovinzliche Verrechnung bei der Provinzialbank der Provinz Brandenburg" beizutreten. Die Aufgaben der Bankenverrechnungsstelle bestanden in der Abwicklung von „Verrechnungsoperationen zwischen den Banken der Provinzen und der föderativen Länder lt. Aufträgen von Unternehmungen, Organisationen, Ämtern und Privatpersonen" sowie in der Koordinierung und Verrechnung im Zusammenhang mit dem Haushaltsplandienst der SBZ.[66] Als die SMAD Mitte Januar

[62] Eine ähnliche Situation ließ sich in den ersten Nachkriegsmonaten auch bei westdeutschen Banken beobachten. Vgl. G. Abeken, *Das Geld- und Bankwesen...*, S. 7.

[63] Vgl. F. Federau, *Das Berliner Bankwesen...*, S. 28 f.

[64] *A. a. O.*, S. 30 f. – In den Ländern und Provinzen der SBZ waren die Sparkassen und Stadtbanken übrigens nicht Rechtsnachfolger der alten Institute. Vgl. G. Abeken, *Das Geld- und Bankwesen...*, S. 6.

[65] Siehe Anm. 55.

[66] N 1 (Ministerium der Finanzen), Nr. 1523, o. Bl., BA (Abteilung Potsdam).

1946 in ihrer Zone die Bildung von gewerblichen Genossenschaftsbanken genehmigte, wurde mit der *Berliner Volksbank* eine Genossenschaftsbank als drittes und vorläufig letztes Berliner Bankinstitut gegründet.[67]

TABELLE 5

Das Filialnetz der Berliner Kreditinstitute im ersten Halbjahr 1946[68]

Institut	Gründungsdatum	Filialen
Berliner Stadtkontor	5. Juni 1945	21 Bezirksbanken, 21 Zweigstellen, 49 Annahmestellen
Sparkasse der Stadt Berlin	Juni 1945 (Fortsetzung der Geschäftstätigkeit)	93 Kassen
Berliner Volksbank	Januar 1946	18 Filialen

Der Zahlungsverkehr bei den städtischen Kassen begann übrigens *de facto* schon am 22. Mai 1945, konnte jedoch erst nach der Eröffnung des Stadtkontors in vollem Umfang wirksam werden.[69]

Das Stadtkontor erhielt kurze Zeit darauf eine Aufgabe von überzonaler Bedeutung. Von 1946 bis zur Währungsreform hatte es den im Zusammenhang mit dem Interzonenhandel stehenden innerdeutschen Überweisungsverkehr abzuwickeln.[70]

Neben den deutschen Bankinstituten muß die in sowjetischem Eigentum befindliche Garantie- und Kreditbank AG erwähnt werden. Sie war als Garantie- und Kreditbank für den Osten AG 1922 zur Finanzierung deutsch-sowjetischer Handelsgeschäfte gegründet worden und befand sich seit 1941 unter treuhänderischer Verwaltung. Im Mai 1945 nahm sie *de facto* als Filiale der Staatsbank der UdSSR ihre Geschäftstätigkeit wieder auf und führte die Konten sowjetischer Dienststellen und Handelsgesellschaften. Für Berlin, insbesondere

[67] *Befehl Nr. 14/46 der SMAD*, in: G. Abeken, *Das Geld- und Bankwesen...*, S. 6. Vgl. auch F. Federau, *Das Berliner Bankwesen...*, S. 34 f.

[68] *Berlin im Neuaufbau...*, S. 50.

[69] Vgl. Magistrat von Groß-Berlin (Hrsg.), *Ein halbes Jahr Berliner Magistrat. Der Magistrat gibt Rechenschaft*, Berlin 1945, S. 24.

[70] Die Umsätze aus diesem Geschäft hatten jedoch nur einen relativ bescheidenen Anteil am Gesamtumsatz des Stadtkontors: 1946 – 505,0 Mio RM (Gesamtumsatz 37,0 Mrd. RM), 1947 – 793,2 Mio RM (Gesamtumsatz 44,7 Mrd. RM), 1948, bis zur Währungsreform – 644,5 Mio RM (Gesamtumsatz 33,4 Mrd. RM), vgl. F. Federau, *Das Berliner Bankwesen...*, S. 28 ff.

den sowjetischen Sektor, erlangte die Bank besondere Bedeutung, weil dort die von der SMAD geforderten Besatzungskosten verrechnet werden mußten und die Geschäftskonten der seit Mitte 1946 auch in Berlin bestehenden sowjetischen Aktiengesellschaften (SAG) geführt wurden.[71]

Wiederaufnahme der Haushaltswirtschaft

Während die Wiederherstellung eines, wenngleich wenig effizienten Bankensystems und der Neubeginn des Zahlungsverkehrs relativ zügig zu bewerkstelligen waren, offenbarten sich bei der Wiederaufnahme der Haushaltswirtschaft größere Schwierigkeiten. Sie waren auch kaum vermeidbar, da es für die auf sowjetischen Befehl zwischen dem 1. Juni 1945 und dem 31. März 1946 aufgestellten Quartalshaushaltspläne zunächst keinen Planungsvorlauf gab.

Darüber hinaus zeichnete sich ein dramatischer Rückgang der öffentlichen Einnahmen ab. Eigentlich sollten die Finanzämter die Steuern weiter in bisherigem Umfang erheben und an die Magistratskasse abführen. Damit hätten der Berliner Verwaltung neben den Gemeinde- auch die früheren Reichs- und Staatssteuern zur Verfügung gestanden, die vor dem Krieg ca. 80 Prozent der gesamten Steuereinnahmen betrugen. (Ausnahmen davon waren lediglich die Branntweinmonopolabgabe, Teile der Bier- und Tabaksteuer und Einnahmen der Deutschen Reichsbahn. Sie gingen an den Zonenhaushalt der sowjetischen Besatzungszone.[72]) Das Aufkommen aus den Reichs- und Staatssteuern erreichte jedoch nicht die erwartete Höhe. Die Folgen des Zusammenbruchs können den Rückgang der Reichssteuereinnahmen, der mit gleicher Dramatik auch in den Ländern und Provinzen der SBZ einsetzte, nicht ausreichend erklären. Folgt man zeitgenössischen Berichten, war es vielmehr die allgemeine Kontensperre im Zusammenspiel mit der desolaten gesamtwirtschaftlichen Lage, die zu einer Geldverknappung führte. Die Folge war eine akute Finanz- und Haushaltskrise, die in ihrer Schärfe zum Notstand der öffentlichen Hand führen mußte.[73] Daher blieb den

[71] Außerdem wurde über die Bank der gesamte Außenhandel der SBZ verrechnet (siehe auch Anm. 48). Vgl. R. Karlsch, *Die Garantie- und Kreditbank AG...*, S. 69 f.

[72] Vgl. IV-L 2/6/262, o. Bl., STAPMO, ZPA.

[73] Vgl. *Memorandum des Präsidenten der Landesverwaltung Sachsen, Rudolf Friedrichs, vom 26. September 1945*, LRS, Ministerpräsident (MP), Nr. 580, o. Bl., SÄHStA.

deutschen Verwaltungen nichts anderes übrig, als sich das Geld an der Stelle zu borgen, wo es vorhanden war, bei der Besatzungsmacht. Dieser mußte aus eigenem Interesse daran gelegen sein, den haushaltspolitischen Kollaps abzuwenden, da sonst die Bezahlung der Besatzungslasten aus den öffentlichen Einnahmen nicht gewährleistet gewesen wäre.

In Berlin und der SBZ beschritt man hierbei unterschiedliche Wege. Während in den Ländern und Provinzen der Zone eine sogenannte Länderanleihe in Höhe von 600 Mio. RM zur Defizitdekkung und zur Finanzierung der Kriegsfolgelasten aufgelegt wurde, nahm der Berliner Magistrat Kredite bei den Alliierten und dem Stadtkontor auf. In der folgenden Tabelle wird der Anteil der Defizitkredite an den öffentlichen Einnahmen der Quartalshaushalte sichtbar.

TABELLE 6

Veränderung des Anteils von Steuern und Defizitkrediten an den Haushaltseinnahmen (1945/46 nach Quartalshaushalten, in Prozent)[74]

	III. Quartal 1945	IV. Quartal 1945	I. Quartal 1946
I. Städtische Steuern	11,68	12,83	18,03
II. Frühere Reichs- und Staatssteuern		.	8,21 *
1. Besitz- und Verkehrsteuern	15,34	26,27	37,33
2. Zölle und Verbrauchsteuern	0,35	3,82	2,36
Summe	*15,69*	*30,09*	*39,69*
Steuern insgesamt	*27,37*	*42,92*	*65,93*
Defizitkredite	*53,90*	*28,05*	*4,02*
Verwaltungseinnahmen	*18,73*	*29,03*	*30,05*
Gesamtsumme	*100,00*	*100,00*	*100,00*

* Sondereinnahmen aus Steuerrückständen.

74 Zusammengestellt und berechnet nach: Rep. Haushaltspläne/-rechnungen (HH), LAB, STA. Als Datengrundlage für alle finanz- und haushaltsstatistischen Berechnungen mußte bis 1948 auf die von den Alliierten genehmigten Haushaltspläne zurückgegriffen werden, da die Rechnungen nicht mehr verfügbar sind. Trotzdem bieten die Pläne ein einigermaßen verläßliches Bild, wurden sie doch zum großen Teil erst zu einem Zeitpunkt bestätigt, in dem der jeweilige Haushalt bereits in Kraft war. Daher sind in diese Pläne bereits Einnahme- und Ausgabeschätzungen aus der praktischen Erfahrung der Haushaltsbehörden eingeflossen. Auf nachweisbare Diskrepanzen zwischen Soll- und Ist-Zahlen wird gesondert hingewiesen.

Die Zeit des „Haushalts auf Borg“ dauerte also nicht lange an. Interessanterweise begann sich die Einnahmesituation bereits im vierten Quartal 1945 zu stabilisieren. Die wirtschaftliche Lage besserte sich etwas, damit nahm auch die Liquidität zu. Außerdem wurden im ersten Quartal 1946 vom Alliierten Kontrollrat Steuergesetze geändert beziehungsweise neu erlassen, so daß das Steueraufkommen stieg.[75] Die Zunahme der Verwaltungseinnahmen resultierte neben logistischen Verbesserungen vor allem aus der Einführung einer Wohnungsinstandsetzungsabgabe durch den Magistrat, deren genaues Aufkommen aber nicht mehr zu ermitteln ist.[76]

Die Berliner Entscheidung, die SBZ-Länderanleihe nicht zu übernehmen und statt dessen direkt Schuldner der Siegermächte zu werden, erwies sich vor diesem Hintergrund als weitsichtig. In der SBZ, wo die Verbesserung der Einnahmesituation zum selben Zeitpunkt eingesetzt hatte wie in Berlin, blieb die Anleihe ohne jede haushaltspolitische Notwendigkeit bis nach der Währungsreform weiter bestehen.[77]

Neuordnung der Versicherungen

Das bisherige Versicherungssystem war durch den gleichen SMAD-Befehl, mit dem die Schließung der Banken angeordnet wurde, aufgelöst worden. Am 2. Juli 1945 beschloß der Magistrat die Bildung eines einheitlichen Versicherungsträgers der Berliner Sozialversicherung. Die neue „Versicherungsanstalt Berlin (VAB)“ übernahm

[75] Ungefähr ein Drittel des Zuwachses beim Steueraufkommen war auf die vom Alliierten Kontrollrat verfügten Steuererhöhungen zurückzuführen. Vgl. *Berlin im Neuaufbau*..., S. 45; H. Meier, *Die Entwicklung des Haushaltswesens*..., S. 47 ff.

[76] *Ebda.*

[77] Im April 1946 berichtete ein leitender Mitarbeiter der DZFV vor einem CDU-Finanzausschuß: „Über die in den Ländern der Sowjetzone bisher aufgenommenen Anleihen wird mitgeteilt, daß ein etatmäßiges Bedürfnis für diese Anleihen nicht vorliege. Diese Anleihen seien von der sowjetischen Militärregierung befohlen worden. Sie seien reine Bankanleihen, von denen angenommen werde, daß sie beim Publikum abgesetzt werden können. Das Anleihegeschäft macht es möglich, daß unter Umständen eine Rentabilität der Banken hergestellt werde. Der vermutete Grund für die Anordnung der Anleihen durch die sowjetrussische Verwaltung sei, daß daraus die Besatzungskosten gedeckt werden sollen.“ In: Bestand 07-010 (Ost-CDU), Nr. A 1927, Bl. 348, Konrad-Adenauer-Stiftung, Archiv für christlich-demokratische Politik (AfCDP).

die Kunden der ehemals 112 Krankenkassen, 30 Unfallversicherer und 4 Rentenversicherungsanstalten.[78] Diese Anstalt befand sich zu 100 Prozent in städtischem Eigentum, für Verluste mußten Haushaltsmittel zur Verfügung gestellt werden. Der Berliner Finanzpolitik wuchs also auch hier eine weitere Aufgabe zu. Während nach der Spaltung im Westteil die traditionellen Sozialversicherer wieder zugelassen wurden, blieb der Haushalt der VAB in Ost-Berlin bis 1964 Bestandteil des städtischen Etats.

Finanzierung der Besatzungskosten und Reparationslieferungen

Diese Kriegsfolgekosten hatten als Zwangsleistungen der öffentlichen Haushalte an die Besatzungsmächte höchste finanz- und haushaltspolitische Priorität. Sie umfaßten ein Spektrum verschiedener Leistungen, die direkt für den Unterhalt der Besatzungsmächte (reine Besatzungskosten: Dienst-, Nutzungs-, Sach- und Werkleistungen, Leistungen von Post und Bahn, Entschädigungen für unerlaubte Handlungen von Angehörigen der Besatzungstruppen, Pauschalzahlungen, Soldzahlungen) gefordert wurden oder infolge des verlorenen Krieges und der Befehlsgewalt der Alliierten (Besatzungsfolgekosten: Aufwendungen für Staatsangehörige der Vereinten Nationen, die sich als sogenannte Displaced Persons und/oder Kriegsgefangene in Berlin aufgehalten haben, Haft- und Internierungskosten für Deutsche, die von einer Besatzungsmacht festgenommen oder verurteilt wurden, Reparationen, Restitutionen, Aufwendungen für Abrüstung und Entmilitarisierung) entstanden. In Berlin war für die Abwicklung dieser Verwaltungsaufgaben das direkt dem Oberbürgermeister unterstellte Hauptamt für Kriegsschäden und Besatzungskosten zuständig.

Die Anerkennung von Leistungen als Besatzungs- oder Besatzungsfolgekosten oblag der freien Entscheidung der Alliierten. Daher bemühte sich die Berliner Verwaltung nach dem Vorbild einiger Länder in den westlichen Besatzungszonen – insbesondere in der amerikanischen Zone war auf Landesebene ein umfangreiches Regelwerk zum Besatzungsrecht entstanden – um Vereinbarungen mit den vier Mächten über eine verbindliche Abgrenzung von den anderen öffentlichen Leistungen. Dieser Kodifizierungsversuch scheiterte

[78] Vgl. *Berlin im Neuaufbau...*, S. 191.

jedoch an der unterschiedlichen Interessenlage der Alliierten, namentlich an den besatzungspolitischen Zielen der sowjetischen Militärverwaltung.[79]

Die nicht als Besatzungskosten anerkannten Ausgaben mußten im Haushalt getrennt ausgewiesen werden. Sie wurden mit den Leistungen, die ohne Anordnung der Besatzungsmächte nicht erbracht worden wären, und weiteren Kosten, die nicht zu den regelmäßigen Ausgaben einer Gebietskörperschaft gehörten, als „Aufwendungen auf Grund besonderer Anordnungen der Besatzungsmächte" zusammengefaßt.[80] 1945/46 war dafür zusätzlich ein Betrag aufzubringen, der immerhin ca. 25 Prozent der anerkannten Leistungen erreichte. In den folgenden Rechnungsjahren schwankte der Anteil der nichtanerkannten Besatzungskosten an den Gesamtbesatzungskosten zwischen 6 Prozent (1947) und 29 Prozent (1948).

Die Höhe der anerkannten Besatzungskosten konnte auf der Grundlage der jährlichen Endabrechnungen des Hauptamtes für Kriegsschäden und Besatzungskosten erstmals auch für den sowjetischen Sektor nachgewiesen werden:

TABELLE 7

Endabrechnung und Struktur der anerkannten Besatzungskosten für Groß-Berlin (Quartalsetats 1945/46, in RM)[81]

Sektor	Direkte Leistungen	Besatzungsfolgekosten (indir. Leist.)	Personenschäden	Zusammen
Amerik. Sektor	71.839.285	2.034.000	–	73.873.285
Brit. Sektor	44.333.259	751.000	–	45.084.259
Franz. Sektor	11.053.824	200.000	–	11.253.824
Russ. Sektor	25.788.830	1.178.000	–	26.966.830
Summe	*153.015.198*	*4.163.000*	–	*157.178.198*

Die nichtanerkannten Besatzungskosten sind für die Westsektoren verläßlich überliefert, sie betrugen im Rechnungsjahr 1945/46 31.257.000 RM; für den sowjetischen Sektor mußten sie geschätzt

[79] Vgl. Rep. 105, Nr. 710 Bl. 4 ff., LAB, STA.
[80] Vgl. Rep. 105, Nr. 830, o. Bl., LAB, STA.
[81] Rep. 105, Nr. 298, Bl. 47, LAB, STA.

werden und beliefen sich auf 5.314.000 RM; insgesamt erhält man also einen Betrag nichtanerkannter Besatzungskosten von 36.571.000 RM.[82]

Daraus ergibt sich eine wirkliche Gesamtbelastung der ersten Nachkriegsetats in Höhe von ca. 194 Mio. RM. Demgegenüber hatte die Haushaltsplanung ca. 152 Mio. RM veranschlagt.[83] Der Anteil der Besatzungsleistungen an den Gesamtausgaben lag bei ungefähr 17 Prozent. Vergleicht man sie, was eigentlich näherliegt, mit den Steuereinnahmen, errechnet sich ein Anteil von ca. 38 Prozent am gesamten Steueraufkommen und von ca. 55 Prozent an den ehemaligen Reichs- und Staatssteuern. Das war weitaus weniger als in der SBZ.

In diesen Beträgen sind auch Reparationen enthalten. 1945/46 waren nur Lieferungen an die britische Besatzungsmacht nachzuweisen, die Kosten in Höhe von 256.000 RM zur Folge hatten.[84] Lieferungen aufgrund sowjetischer Forderungen setzten im Rechnungsjahr 1946/47 ein und wurden anders verrechnet.

Insgesamt muß bei der Bewertung dieser Lasten jedoch beachtet werden, daß die im Haushalt ausgewiesenen monetären Aufwendungen der öffentlichen Hand nicht den tatsächlichen güterwirtschaftlichen Prozessen entsprachen, da alle Warenlieferungen an die Besatzungsmächte generell nur zu Stopp-Preisen bezahlt wurden, die teilweise erheblich unter den tatsächlichen Kosten lagen. In den Berliner Sektoren wurden außerdem Leistungen unterschiedlich bewertet. Die Preispolitik wurde im sowjetischen und französischen Sektor besonders restriktiv gehandhabt, das Preisniveau faktisch auf dem Stand von 1944 eingefroren.[85]

[82] Vgl. für die Westsektoren: Institut für Besatzungsfragen Tübingen (Hrsg.), *Sechs Jahre Besatzungskosten. Eine Untersuchung des Problems der Besatzungskosten in den drei Westzonen und Westberlin. 1945–1950*, Tübingen 1951, Anlagen, S. 46 f. Für den sowjetischen Sektor mußten die nichtanerkannten Besatzungskosten auf der Grundlage des Anteils dieses Sektors an den Gesamtleistungen geschätzt werden. Die Schätzung konnte später am Beispiel des Rechnungsjahres 1946/47 durch Quellen bestätigt werden. Vgl. Rep. 105, Nr. 838, o. Bl., LAB, STA.

[83] Vgl. Rep. HH, Quartalshaushalte 1945/46, o. Bl., LAB, STA.

[84] Vgl. Institut für Besatzungsfragen Tübingen (Hrsg.), *Sechs Jahre Besatzungskosten...*, Anlagen, S. 44.

[85] Vgl. Eduard Wolf, *Aufwendungen für die Besatzungsmächte, öffentliche Haushalte und Sozialprodukt in den einzelnen Zonen*, in: Deutsches Institut für Wirtschaftsforschung (Hrsg.), *Wirtschaftsprobleme...*, S. 123.

Eine weitere Belastung ergab sich aus dem Umgang der Besatzungsmächte mit den eigenen Bargeldbeständen. Dabei handelte es sich um erbeutete Reichsmarkbeträge und neu emittiertes sogenanntes Besatzungsgeld (Militärmark), zu dessen Annahme alle deutschen Geld- und Kreditinstitute, öffentlichen Kassen, Wirtschaftsunternehmen und Privatpersonen verpflichtet waren.[86] Obwohl keine Daten über den Anteil der vier Mächte an der Besatzungsgeldzirkulation in Berlin ermittelt werden konnten, kann vermutet werden, daß die westlichen Alliierten wie in ihren Zonen auch in Berlin relativ geringe Beträge in Umlauf gebracht hatten, während die SMAD über ihre Handelsgesellschaften in der SBZ und in Berlin in großem Umfang Güter und Leistungen mit Beute- und Besatzungsgeld bezahlte. Das Stadtkontor wurde veranlaßt, dafür den sowjetischen Handelsgesellschaften die Konvertierung von Besatzungsgeld in Reichsmarknoten zu gestatten, mit denen dann in Berlin, aber auch in den Zonen Güter eingekauft wurden.[87] Wenngleich diese faktisch gegenwertlosen Warenkäufe keine direkten Auswirkungen auf die Haushaltslage hatten, belasteten sie den Erholungsprozeß der Berliner Wirtschaft und vergrößerten die Diskrepanzen zwischen geld- und güterwirtschaftlichen Prozessen. Damit wurde die Normalisierung der Rahmenbedingungen der Finanzpolitik ungünstig beeinflußt. Die Auswirkungen der Militärmarkbestände auf die Geldpolitik werden später erläutert.

Aufwendungen für die Betreuung ehemaliger Reichs- und Staatsbehörden

Nach den Besatzungskosten soll auf eine weitere Sonderaufgabe eingegangen werden, die Betreuung von ehemaligen Reichs- und Staatsbehörden, also der Technischen Reichsanstalt, der Universität und verschiedener Hochschulen, wissenschaftlicher Institute, Akademien, des Patentamts, der preußischen Kunstsammlungen, Theater usw. Diese Einrichtungen wurden zunächst treuhänderisch verwal-

[86] Das Besatzungsgeld konnte von den Angehörigen der westlichen Besatzungsbehörden in die jeweilige Landeswährung konvertiert werden. Die SMAD ließ einen Umtausch in Rubel jedoch nicht zu. Vgl. L. Baar/R. Karlsch/W. Matschke, *Kriegsschäden...*, S. 66 f.

[87] Rep. 315, Nr. 3 a, o. Bl., LAB, STA.

tet, es waren Aufwendungen für dringliche Gebäudereparaturen zu leisten und, wie auch im Falle von Universität, Hochschulen und Theatern, Personal- und Sachmittel für die verbliebenen Angestellten zur Verfügung zu stellen. Auch in dieser Angelegenheit verfuhren die Besatzungsmächte in ihren Sektoren unterschiedlich, so wurde zum Beispiel im sowjetischen Sektor die Universität bereits Anfang 1946 aus der Verwaltung durch den Magistrat herausgelöst und der Deutschen Zentralverwaltung für Volksbildung unterstellt.[88] Während sich 1945/46 aus dieser Sonderaufgabe ein Mehrbedarf von 47 Mio. RM ergab, überstiegen bereits 1946/47 die Einnahmen deutlich die Ausgaben (um ca. 35 Mio. RM).[89] Außerdem mußte der Magistrat die Notverwaltung für geschlossene Berliner Einrichtungen, darunter die Banken und die Wirtschaftskammern (einschließlich der Industrie- und Handelskammer), wahrnehmen.[90] Die dadurch entstandenen Verwaltungsmehrkosten sind aber als eher unbedeutend einzuschätzen. Endgültig geregelt wurden Unterstellung und Finanzierung der ehemaligen Reichs- und Staatsbehörden erst im Zusammenhang mit der Integration von West- und Ost-Berlin in die beiden Staaten in Deutschland.

Weitere finanzpolitische Aufgaben

Die eigentliche „innere" Aufgabe für die Finanzpolitik hätte darin bestanden, ihr Instrumentarium zur Überwindung der kriegsbedingten Not- und Mangelzustände zu nutzen. Dem setzten aber die allgemeinwirtschaftliche Lage und besatzungsrechtliche Regelungen enge Grenzen. Da sich die Güterknappheit nicht in gleichem Maße in einer Knappheit von Geld widerspiegelte, war die Finanzverwaltung kaum in der Lage, mit ihren klassischen Mitteln so auf die Allokation der Produktionsfaktoren und die Distribution Einfluß zu nehmen, daß eine Stabilisierung der Wirtschaft erreicht und damit auch die Lebenslage in der Stadt verbessert worden wäre. Das war allerdings

[88] Vgl. Adolf Rüger u. a., *Humboldt-Universität zu Berlin. Überblick 1810–1985*, Berlin 1985, S. 94 ff.

[89] Berechnet nach: Rep. HH, LAB, STA.

[90] Die Tätigkeit der Wirtschaftskammern und -verbände wurde am 11. Juni 1945 durch den Magistrat bis zur endgültigen rechtlichen Regelung ausgesetzt. Vgl. *Verordnungsblatt der Stadt Berlin*, 1. Jg. (1945), Nr. 4.

kein spezielles Berliner Problem. Bewirtschaftung und Rationierung, aber auch echte planwirtschaftliche Elemente existierten in allen Besatzungszonen.[91] Aus der Sicht neuerer Forschung stellten sie eine nicht zu unterschätzende Voraussetzung für den wirtschaftlichen Aufbau in der Nachkriegszeit dar.[92]

In diesem Zusammenhang sollte also das Bekenntnis der Berliner Verwaltung zur wirtschaftlichen Planung[93] nicht ordnungspolitisch überbewertet werden. Die Anbindung der Wirtschaft der Sektoren an die Besatzungszonen gestattete es nur in sehr begrenztem Maße, daraus praktische Politik werden zu lassen. Wirtschaftspolitische Maßnahmen erschöpften sich daher in der Förderung des Zusammenschlusses von öffentlichen und privaten Unternehmen in Notgemeinschaften, in der Unterstützung von Materialprüfstellen und Entwicklungsabteilungen sowie in der Vergabe öffentlicher Aufträge, vor allem für den Wiederaufbau von Gebäuden und die Instandsetzung der städtischen Infrastruktur einschließlich der Versorgungsbetriebe.[94] Die Ausgaben für Wirtschaft und Bauwesen hatten mit ca. 7 Prozent folgerichtig einen bescheidenen Anteil an den öffentlichen Gesamtausgaben.

Da die Bewirtschaftung mit einem allgemeinen Preisstopp verbunden war[95] und den deutschen Verwaltungen die Vollzugskontrolle übertragen wurde, mußte bei der Berliner Finanzverwaltung eine Sonderabteilung für die Preiskontrolle gebildet werden. Diesem Preisamt oblag es auch, in den von den Besatzungsmächten gesetzten Grenzen über Anträge von Unternehmen auf Preiserhöhungen zu entscheiden. Daß diese Behörde wiederholt der Kritik ausgesetzt war, weil sie von ihrem Genehmigungsrecht im Sinne der Berliner

[91] Vgl. Otmar Emmiger, *Wirtschaftsplanung in der Bizone*, in: Deutsches Institut für Wirtschaftsforschung (Hrsg.), *Wirtschaftsprobleme...*, S. 143–178; Klaus Holtzermann, *Die Wirtschaft der französischen Zone*, in: *a. a. O.*, S. 179–187.

[92] Vgl. Alexander Drexler, *Planwirtschaft in Westdeutschland. 1945–1946* (= *Zeitschrift für Unternehmensgeschichte*, Beih. 44), Stuttgart 1985, S. 241–245.

[93] Beim Magistrat wurde eine Abteilung Planung gegründet, die ihre Aufgaben folgendermaßen definierte: „Wir dürfen nicht dem freien Spiel der Kräfte überlassen, was und wie produziert wird. Eine *sinnvolle* Planung und Lenkung muß auch hier eingreifen." Vgl. *Ein halbes Jahr Berliner Magistrat...*

[94] Vgl. *Berlin im Neuaufbau...*, S. 196.

[95] Vom Alliierten Kontrollrat wurden die Preise von 13 Warengruppen kontrolliert, alle übrigen Preise unterlagen der Kontrolle der Zonenbefehlshaber. Vgl. N1, Nr. 1783, Bl. 443 RS. – 444 RS., BA (Potsdam).

Wirtschaft Gebrauch machte, mag für die Kompetenz der dort Beschäftigten sprechen.[96]

Einen etwas größeren Spielraum hatte die Verwaltung auf sozialpolitischem Gebiet. Für Sozial- und Gesundheitswesen, das heißt für Unterstützungszahlungen, Notunterkünfte, ambulante und stationäre medizinische Leistungen, Seuchenschutz etc. wurden ca. 26 Prozent des Haushaltsvolumens bereitgestellt, also deutlich mehr, als für die Kriegsfolgekosten und Besatzungsleistungen; Arbeitsbeschaffungsprogramme erhielten mit 9 Prozent immerhin einen genauso großen Teil an den öffentlichen Einnahmen wie die ehemaligen Reichs- und Staatsbehörden. Im Gegensatz dazu war das vielleicht schwerwiegendste Problem überhaupt, die dramatische Ernährungssituation, mit finanz- oder haushaltspolitischen Mitteln nicht zu lösen. Da die Knappheit bei Lebensmitteln besonders groß war – in allen Zonen wurden sie streng rationiert –, hatte die Berliner Verwaltung keine Möglichkeit, Haushaltsmittel einzusetzen, um eine Erhöhung der niedrigen Rationen in dem von der SMAD im Mai 1945 eingeführten Kartensystem zu erreichen.[97] Entgegen späteren Darstellungen[98] verlangte die sowjetische Seite übrigens die Bezahlung der Berlin 1945 aus den Beständen ihrer Besatzungstruppen zur Verfügung gestellten Lebensmittel.[99] Eine genaue Summe ist dafür leider nicht zu ermitteln.

Die Berliner Wirtschafts- und Finanzpolitik stand vielen Problemen in der unmittelbaren Nachkriegszeit also unverschuldet relativ hilflos gegenüber.

Haushaltswirtschaft

Bei der Aufstellung der Quartalshaushalte wurde die bisherige Berliner Haushaltsgliederung zugrunde gelegt. Sie war auf Empfeh-

[96] Mit Befehl Nr. 63 des Obersten Chefs der SMAD von 22. Februar 1946 wurde eine Verschärfung der Preiskontrolle angeordnet. Vgl. a. a. O., Bl. 437 ff.

[97] Der Senat von Berlin (Hrsg.), *Berlin. Kampf um Freiheit und Selbstverwaltung 1945–1946*, Berlin 1957, S. 24 ff.

[98] Vgl. G. Keiderling, *Geschichte Berlins...*, S. 49 ff. Es wäre nicht nötig gewesen, die Lebensmittellieferungen aus Armeebeständen fälschlicherweise als unentgeltliche Hilfsleistungen darzustellen. Sie führten in einer kritischen Situation zur Verbesserung der Lebenslage in Berlin und können daher, im Gegensatz zu anderen Erfahrungen mit den sowjetischen Truppen, positiv bewertet werden.

[99] Vgl. *Ein halbes Jahr Berliner Magistrat...*, S. 24.

lung des Deutschen Städtetages 1925 eingeführt worden, um die Vergleichbarkeit der kommunalen Haushalte und die Finanzstatistik zu erleichtern.[100] Danach bestand der Haushalt grundsätzlich aus annähernd gleich strukturierten Hauptabschnitten für die Bezirks- und Zentralverwaltungen. Die Zentralverwaltungen hatten in einem besonderen Kapitel (Kap. XXI) Deckungsmittel und außerordentliche Verpflichtungen auszuweisen.[101] Jetzt mußte die Finanzverwaltung außerdem die Aufgaben berücksichtigen, die Berlin infolge von Krieg und Besatzung zugewachsen waren. Man behielt die klassische Unterteilung bei und ergänzte sie durch drei Abschnitte:

A. Bezirksverwaltungen,
B. Hauptverwaltung,
C. Betreute ehemalige Reichs- und Staatsbehörden,
D. Außerordentliche Verpflichtungen (Kriegslastenhaushalt),
E. Deckungsplan (Einnahmen aus Steuern und Defizitkrediten).

Damit wurde bewußt zwischen städtischen und den für das Reich und Preußen übernommenen Aufgaben unterschieden. Diese Gliederung blieb während der Besatzungszeit im wesentlichen unverändert bestehen. Ein außerordentlicher Haushalt konnte 1945/46 wegen Einspruchs der sowjetischen Besatzungsmacht nicht aufgestellt werden.[102]

Eine Zusammenfassung der Haushaltsdaten für das fiktive Rechnungsjahr 1945/46 ermöglicht die Bewertung der finanziellen Lage der Stadt und gibt Aufschluß über die Struktur der öffentlichen Ausgaben. Zur besseren Vergleichbarkeit mit den folgenden Rechnungsjahren wurde auf die Nennung der absoluten Zahlen verzichtet. Sie können im Anhang nachgelesen werden.

Die Ursachen für die unbefriedigende Einnahmesituation sind bereits beschrieben worden. Bei den Einnahmen aus dem Kriegslasten- und Besatzungskostenhaushalt (außerordentliche Verpflichtungen) handelte es sich um Erstattungen der Mächte an die öffentliche

[100] Vgl. *Grundsätze für die Aufstellung der Haushaltspläne, neue Fassung* (= Mitteilungen des Deutschen Städtetages, Nr. 1 [1925]), S. 3.

[101] Vgl. H. Schulze, *Grundriß...*, S. 16 ff.

[102] Die russischen Behörden hatten für die Notwendigkeit eines außerordentlichen Haushalts kein Verständnis und verlangten deshalb von den Finanzverwaltungen, in ihrer Zone und in Berlin darauf zu verzichten. Vgl. H. Meier, *Die Entwicklung des Haushaltswesens...*, S. 47 ff.

Hand, Rückzahlungen von Darlehen für die Gebäudeinstandsetzung und Erlöse aus dem Verkauf herrenlosen Gutes und Hausrats.[103]

TABELLE 8

Struktur der Haushaltseinnahmen (1. Juni 1945 – 31. März 1946, nach Haushaltsabschnitten in Prozent)[104]

Aus der städtischen Verwaltung	
I. Bezirksverwaltungen	4,90
II. Hauptverwaltung	8,15
Summe	*13,05*
Aus ehemaligen Reichs- und Staatsbehörden	*3,87*
Aus außerordentlichen Verpflichtungen	*8,84*
Aus Steuern	
I. Städtische Steuern	14,20
II. Frühere Reichs- und Staatssteuern	31,11
Summe	*45,31*
Aus Defizitkrediten	*28,93*
Gesamtsumme	*100,00*

Die Ausgaben lassen sich nach der Haushaltsgliederung und nach Sachgebieten untersuchen:

TABELLE 9

Struktur der Haushaltsausgaben (1. Juni 1945 – 31. März 1946, nach Haushaltsabschnitten in Prozent)[105]

Für die städtische Verwaltung	
I. Bezirksverwaltungen	43,08
II. Hauptverwaltung	30,68
Summe	*73,76*
Für ehemalige Reichs- und Staatsbehörden	*9,18*
Für außerordentliche Verpflichtungen	*17,06*
Gesamtsumme	*100,00*

[103] Rep. 105, Nr. 888, o. Bl., LAB, STA.
[104] Zusammengestellt und berechnet nach: Rep. HH, LAB, STA.
[105] *Ebda.*

TABELLE 10
Ausgaben nach Sachgebieten
(1. Juni 1945 – 31. März 1946, in Prozent)[106]

I.	Schulwesen/Bildung/Kultur	11,38
II.	Gesundheitswesen u. Sozialwesen/Arbeit	34,02
III.	Wirtschaft/Bauwesen	6,58
IV.	Verwaltung/Justiz	26,20
V.	Kriegsfolgekosten	17,06
VI.	Sonstiges	4,76
	Gesamtsumme	100,00

Hier fällt auf, daß die Ausgaben für Berliner Belange nahezu drei Viertel der Gesamtausgaben umfaßten. Für die kriegsfolgebedingten Sonderverpflichtungen wurden ca. 26 Prozent der Einnahmen verwendet, also annähernd genauso viel wie für Verwaltung und Justiz. Der hohe Anteil von Gesundheits- und Sozialwesen/Arbeit war, wie oben beschrieben, eine Folge der kriegsbedingt schwierigen Lage in der Stadt, die Aufwendungen für Wirtschaft und Bauwesen waren gering.

Zwischen Stabilisierung und Spaltung – Bemühungen um eine geordnete Finanzwirtschaft (1946–1948)

Veränderung der volkswirtschaftlichen Grundlagen

Bereits im letzten Quartal 1945 begann ein langsamer wirtschaftlicher Erholungsprozeß, der bis zur Währungsreform andauerte.

Die Beschäftigung, die ihren tiefsten Stand im September 1945 hatte, nahm überraschend schnell zu, ohne allerdings das Vorkriegsniveau zu erreichen. Die Arbeitslosenzahl war vergleichsweise gering und sogar rückläufig.

[106] *Ebda.*

Tabelle 11

Einwohner und Erwerbstätige in Berlin 1939–1947[107]

	Mai 1939	September 1945	September 1946	Juni 1947
Einwohner	4.338.756	2.990.400	3.171.100	3.224.300
Erwerbstätige	2.342.800	845.800	1.557.900	1.574.600*
Erwerbsquote	54,0	28,3	49,1	48,8
Arbeitslose	keine Angabe	keine Angabe	224.200	163.700

* Vorläufig.

Der relativ hohe Beschäftigungsgrad darf aber nicht überschätzt werden. Viele Firmen setzten ihre Belegschaften zu Aufräumungsarbeiten ein und schreckten vor Entlassungen beziehungsweise Betriebsschließungen zurück, um die traditionellen Marken nicht zu gefährden. Außerdem ist beim Vergleich mit 1939 zu beachten, daß infolge von Kriegszerstörungen und Demontagen die Arbeitsintensität zu Lasten der Kapitalintensität zugenommen hatte, die Leistung je Beschäftigten also rückläufig war. Darüber hinaus haben weitere Faktoren zu einer insgesamt ungünstigen Wettbewerbslage in Berlin geführt:

- der Verlust großer Teile der Außenmärkte und des Binnenmarktes (als Folge der Sektoren-Zonen-Bindung),
- die Erhöhung der Unkosten durch unproduktive Arbeiten (zum Beispiel Aufräumungsarbeiten),
- die Zunahme der Gemeinkosten (Mieten, Sozialabgaben) und der Steuerlasten bei Abnahme von Quantität und Qualität der Produktion,
- die ungünstigen Währungsverhältnisse und der Preisstopp, die eine klare Kalkulation behinderten.[108]

Deutlich verändert hatte sich die volkswirtschaftliche Struktur Berlins. Das Verhältnis zwischen gewerblicher Wirtschaft und Dienstleistungen war nicht mehr annähernd so ausgeglichen wie noch 1939 (49,5 Prozent zu 49,9 Prozent), sondern veränderte sich zu Ungunsten von Industrie und Handwerk (Juni 1946 = 45,8 Prozent zu 52,2 Prozent, Juni 1947 = 45,2 Prozent zu 52,6 Prozent). Die Bedeutung von Land- und Forstwirtschaft nahm zu (1939 = 0,6 Prozent, Juni 1946 = 2,0 Prozent, Juni 1947 = 2,2 Prozent). Inner-

107 Vgl. Deutsches Institut für Wirtschaftsforschung (Hrsg.), *Berlins Wirtschaft im Übergang*..., S. 10.

108 Vgl. Franz Seume, *Die Industrie*, in: Deutsches Institut für Wirtschaftsforschung (Hrsg.), *Berlins Wirtschaft in der Blockade*, Berlin 1949, S. 37 f.

halb der Sektoren kam es ebenfalls zu starken Verschiebungen. Die elektrotechnische Industrie hatte ihre bisherige Stellung als Schlüsselindustrie infolge von Demontagen und Abwanderungen eingebüßt, der Maschinen-, Stahl- und Fahrzeugbau erreichte nur etwa 50 Prozent der Beschäftigtenzahl von 1939. Die von Rohstofflieferungen abhängigen Industrien (Eisen- und Stahlgewinnung, Metallhütten und Halbzeuge) waren fast vollständig verschwunden. Im Gegensatz dazu erreichten das Baugewerbe und die Bekleidungsindustrie annähernd die Beschäftigtenzahlen von 1939 und waren, gemessen am Anteil an den Erwerbstätigen im gewerblichen Sektor, die größten Branchen in Berlin (1939 = 27,9 Prozent, Juni 1946 = 46,6 Prozent, Juni 1947 = 41,7 Prozent). Bei den Dienstleistungen mußte der größte Verlust in den ehemals einkommensstärksten Branchen hingenommen werden, also bei Banken, Börsen und Versicherungen sowie den Wirtschaftsverbänden und anderen nichtstaatlichen zentralen Organisationen. Dagegen nahm der Anteil der sozialen Dienste und von Bildung und Kultur deutlich zu, in den kommunalen Dienstleistungen (Gas-, Wasser-, Elektrizitätsversorgung) blieben die Beschäftigtenzahlen annähernd stabil. Den gößten Zuwachs verzeichneten die Verwaltungsdienstleistungen. Während 1939 noch 175.100 Arbeiter, Angestellte und Beamte (16,4 Prozent der im Dienstleistungssektor Beschäftigten) für das Reich, Preußen und Berlin tätig waren, arbeiteten im Juni 1946 bereits 199.460 Personen (27,2 Prozent) für die Berliner Verwaltung und die Besatzungsbehörden.[109]

Auch bei Annahme gleichgebliebener Leistungskraft der Branchen wäre allein aufgrund der veränderten Wirtschaftsstruktur das Bruttoprodukt niedriger ausgefallen als vor dem Krieg. Tatsächlich erreichte die industrielle Bruttoproduktion 1947 nur 25 bis 30 Prozent des Standes von 1936. Das mußte sich unmittelbar auf die Einkommen und somit auf den Finanzstatus der Stadt auswirken. Obwohl sich die Einkommen nach dem Tiefstand von 1945 (2,1 Mrd. RM) bis 1947/48 nominell erholten – sie erreichten mit 3,5 Mrd. RM ca. 47 Prozent des Vorkriegsniveaus –, konnte der Bedarf nicht gedeckt werden. Der Verbrauch mußte deshalb durch Substanzverkäufe finanziert werden. Nach Schätzungen des Deutschen Instituts für Wirt-

[109] Vgl. *a. a. O.*, S. 15 ff.

schaftsforschung schrumpften die Vermögensbestände bis zur Währungsreform um jährlich 300 bis 400 Mio. RM.[110]

Obwohl also eine Belebung im Vergleich zum Jahr 1945 unübersehbar war, entwickelte sich die Berliner Wirtschaft auf relativ niedrigem Niveau und konnte die kriegsfolgebedingten Strukturveränderungen nicht kompensieren. Die wirkliche Leistungskraft Berlins wurde zudem durch die mangelbedingte Aussetzung von Marktmechanismen und die desolate Währungslage gewissermaßen verschleiert. Daher lassen verschiedene Indikatoren, wie zum Beispiel der Umsatz, den Stand des wirtschaftlichen Wachstums weitaus günstiger erscheinen, als er wirklich war.[111] Ähnliche Entwicklungen waren bei den öffentlichen Finanzen zu beobachten.

Die beginnende Veränderung der ordnungs- und wirtschaftspolitischen Grundlagen im sowjetischen Sektor und ihre Bedeutung für die Finanzpolitik

Da die Finanzverfassung als Grundlage jeder Finanzpolitik ganz entschieden von der wirtschaftlichen und sozialen Ordnung bestimmt wird,[112] muß natürlich die Frage aufgeworfen werden, wie sich die Anwesenheit der vier Mächte, die aus zwei völlig verschiedenen politischen Systemen kamen, in dieser Hinsicht auf die Viersektorenstadt ausgewirkt hat. Bereits zu Beginn sind die besatzungsrechtlichen Normensetzungen und politischen Weichenstellungen erläutert worden, mit denen die sowjetische Besatzungsmacht, geprägt von Einparteienherrschaft und Zentralverwaltungswirtschaft, Grundlagen des Berliner Lebens verändert hat. Obwohl damit noch keine weiterreichenden ordnungspolitischen Zielvorstellungen verbunden waren, leiteten sie einen separaten Entwicklungsweg im sowjetischen Sektor ein, der jedoch nicht zwangsläufig zu einer tatsächlichen Spaltung führen mußte. Die Differenzen in der Besatzungspolitik der westli-

[110] Vgl. R. Nieschlag, *Probleme der Berliner Wirtschaft...*, S. 281 f.

[111] Nach dem Ausweis der Generalsteuerdirektion hatte der Umsatz der Berliner Industrie 1947 bereits wieder 50 Prozent des Standes von 1936 erreicht, woraus man nach Seume aber nicht den voreiligen Schluß einer schnellen wirtschaftlichen Erholung ziehen dürfe. Vgl. *a. a. O.*, S. 284.

[112] Vgl. Hans Lampert, *Die Wirtschafts- und Sozialordnung der Bundesrepublik Deutschland*, München-Wien 1985, S. 121.

chen Alliierten[113] haben sich im Gegensatz dazu letztlich als unbedeutend erwiesen. Offensichtlich hat der Grundkonsens über parlamentarische Demokratie und freie Wirtschaft eine bindendere Wirkung gehabt als nationale oder tagespolitische Interessengegensätze. Folglich waren also die Besonderheiten im sowjetischen Sektor bedeutsamer als die zwischen den Westsektoren bestehenden Unterschiede. Obwohl von einer Systemtransformation im sowjetischen Sektor von Berlin und in Ostdeutschland zu einem so frühen Zeitpunkt nur gesprochen werden kann, wenn das Ergebnis dieses Prozesses bereits in Rechnung gestellt wird, geben bestimmte Veränderungen Auskunft über den Verlauf von Transformationsprozessen. Irreversibel waren sie jedoch noch nicht.

In diesem Zusammenhang muß gefragt werden, von welchen Interessengruppen Veränderungen von wirtschafts- und finanzpolitischen Grundsätzen gefordert und schließlich durchgesetzt wurden. Es wäre voreilig zu vermuten, daß nur die sowjetische Seite in eigener Machtvollkommenheit versucht habe, in ihrer Zone und im sowjetischen Sektor von Berlin relativ schnell eine der sowjetischen adäquate Ordnung einzuführen. Die heute zugänglichen Quellen, insbesondere die Protokolle der Besprechnungen zwischen deutschen Finanzpolitikern und dem Führungsstab der SMAD-Finanzabteilung, zeichnen ein anderes Bild. Zumindest bis 1948 hat es demnach von seiten der Besatzungsmacht keine politischen Entscheidungen und offenbar auch keine ernstgemeinten Bemühungen um einen Wechsel der wirtschafts- und finanzpolitischen Entwicklungsperspektive der SBZ gegeben. Das Verhältnis zu den deutschen Verwaltungen war im Prinzip von einem hohen Maß an Sachlichkeit geprägt, direkte Einflußnahme auf laufende Geschäfte wurde zumeist unterlassen, die Kompetenz der Verwaltungen offenbar anerkannt. Allerdings gab es bestimmte „essentials", die von deutscher Seite nicht beeinflußbar waren. Beispielsweise duldete die SMAD keinen Versuch, eine der geschlossenen Banken mittels

113 Vgl. u. a. Josef Foschepoth/Rolf Steiniger (Hrsg.), *Die britische Deutschland- und Besatzungspolitik*, Paderborn 1985; Claus Scharf/Hans-Jürgen Schröder (Hrsg.), *Die Deutschlandpolitik Frankreichs und die französische Zone 1945–1949*, Wiesbaden 1983; Wolfgang Krieger, *General Lucius D. Clay und die amerikanische Deutschlandpolitik 1945–1949*, Stuttgart 1987.

Verwaltungsentscheidungen wieder zu öffnen.[114] Verstöße gegen die „essentials“ hatten oftmals eine rigide Reaktion zur Folge, betroffene Personen mußten mit erheblichen Konsequenzen rechnen.

Auch ein Blick auf die Programme der seit Juni 1945 in der SBZ und in Berlin zugelassenen politischen Parteien gibt keinen verläßlichen Aufschluß. Einige wirtschaftspolitische Forderungen, zum Beispiel die nach der Planung volkswirtschaftlicher Grundproportionen, ähnelten sich.[115] Ein gewisser Konsens über einen demokratischen Neuanfang schien zu existieren. Andererseits war eine besondere Nähe zwischen der Besatzungsmacht und den deutschen Politikern zu erkennen, die als Emigranten während des Zweiten Weltkrieges in der UdSSR gelebt hatten. Dabei handelte es sich vor allem um KPD-Funktionäre. Diese „besonderen Beziehungen“ waren, wie bereits erwähnt, zuerst bei den Personalentscheidungen für die neuen Verwaltungen praktiziert worden. Es ist daher aufschlußreicher zu untersuchen, ob und inwiefern die öffentlichen Äußerungen gerade dieser Politikergruppe mit ihren eigentlichen politischen Zielen übereinstimmten. Die inzwischen geöffneten Archive ermöglichen zudem, eine solche Untersuchung über das Spekulative hinaus mit verläßlichen Aussagen zu belegen.

Dabei fällt zunächst auf, daß interne Vorstellungen der KPD-Führung über die deutsche Nachkriegsordnung erheblich von offiziellen Programmen und Erklärungen abwichen. Die Gruppe um Pieck und Ulbricht verfolgte von Anfang an das Ziel, in Deutschland unter Führung der KPD einen straff organisierten Zentralstaat mit einer überwiegend staatseigenen und zentral gelenkten Wirtschaft zu errichten. Pieck äußerte Ende 1945 oder Anfang 1946 über die angestrebte Staatsform: „Wir lehnen den Föderalismus als ein der Einheit des Staates entgegenstehendes System ab, weil durch ihn die Sonderinteressen der Länder und ihre Eigenstaatlichkeit den Gesamtinteressen des deutschen Volkes und der Kompetenz des Parlaments und

[114] Der Vortragende Finanzrat Ottomar Batzel hatte Anfang 1946 versucht, die Preußische Seehandlung aus der Zwangsverwaltung des Magistrats zu entlassen. Vgl. Nachlaß Walter Ulbricht (NL 182), Bl. 7–8, STAPMO, ZPA.

[115] Bespielsweise sprach sich die SPD auf ihrem Berliner Landesparteitag 1946 für die Aufstellung eines deutschen Wirtschaftsplanes aus, um die materielle Existenz der Bevölkerung sichern und die Wiedergutmachungsverpflichtungen erfüllen zu können. Gewissermaßen als Lastenausgleich sollten die großen Vermögen, das Eigentum von Kriegsgewinnlern und das NSDAP-Vermögen besonders genutzt werden. Vgl. Nachlaß Otto Grotewohl, NL 90, Nr. 640, Bl. 19, 21 f. STAPMO, ZPA.

der Zentralregierung übergeordnet oder gleichgestellt werden."[116] In einem Referat über wirtschaftspolitische Aufgaben ließ der zum inneren Kreis der Parteiführung gehörende Sächsische Wirtschaftsminister Fritz Selbmann am 2. Mai 1946 keinen Zweifel daran, daß die Beschlagnahmen und Sequestierungen nicht nur und nicht in erster Linie der Sühne von Verantwortlichkeit für Krieg und NS-Herrschaft dienen sollten. Vielmehr ging es um die Beseitigung der Privatwirtschaft. Er führte aus: „Es wird nur enteignet, wer Kriegsverbrecher und Kriegsinteressent war und Gefahr für die demokratische Entwicklung ist. Was wir dann tun, dies ist eine andere Sache ... Es schafft günstige Ausgangspositionen für die Politik unserer Partei (Festigung und Erweiterung der Umgestaltung der gesellschaftlichen Struktur)."[117]

Vor diesem Hintergrund war das wirtschaftspolitische Sieben-Punkte-Programm der SED aus dem Jahr 1946 nichts anderes als der Versuch, die Sozialisierungsdiskussion zur Verwirklichung weiterreichender Ziele zu benutzen:

1. Restlose Säuberung der Behörden und Verwaltungen von Nazis und endgültige Liquidierung der Überreste des Hitlerregimes und seiner Ideologie,
2. Zerschlagung der Konzerne und Übergabe der Konzernbetriebe an die Selbstverwaltungsorgane, Ernennung von Betriebsleitern nur auf Vorschlag der Einheitsgewerkschaft FDGB,
3. Liquidierung der Monopole,
4. Liquidierung der Interessenvertretungen der Unternehmer,
5. Übereignung der gesamten Vermögen von Kriegsgewinnlern und Nazifunktionären an die Selbstverwaltungsorgane,
6. Säuberung aller Betriebe von nazistischen Direktoren,
7. Übereignung der öffentlichen Betriebe (Verkehr, Wasser, Gas, Elektrizität) an die Selbstverwaltungsorgane.[118]

Die Abteilung Wirtschaft des SED-Parteivorstands erklärte dazu 1946 in einem internen Papier etwas deutlicher: „Der Aufbau der demokratischen Republik und der Frieden wird nur dann ernsthaft gesichert sein, wenn die wirtschaftliche Basis des preußisch-deutschen Imperialismus zerschlagen wird. Die Demokratisierung der

[116] Vgl. NL 36, Nr. 665, Bl. 25, STAPMO, ZPA.

[117] Vgl. IV 2/1.01/11, o. Bl., STAPMO, ZPA.

[118] Vgl. Handschriftliche Notizen von Wilhelm Pieck, in: NL 36, Nr. 686, Bl. 8, STAPMO, ZPA.

deutschen Wirtschaft wird nur dann rasch vonstatten gehen, wenn Konzerne und Unternehmerverbände ernsthaft liquidiert und die Großbetriebe der Nazis, Kriegsverbrecher und Kriegsinteressenten in die Hände der Landes- und Provinzialverwaltungen übergehen."[119]

Die Durchsetzung des Hauptziels, also die Übernahme der politischen Macht als Voraussetzung für eine Transformation, war aber zunächst unmöglich. Es gab dafür einerseits keine demokratische Legitimation. Andererseits besaß auch die russische Besatzungsmacht kein Mandat, um die Übernahme des sowjetischen Modells in ihrer Zone auf besatzungsrechtlichem Weg zu beschleunigen. Dem widersprachen nämlich die europa- und weltpolitischen Interessen der Moskauer Führung um Stalin, die sich ihre Optionen in bezug auf die Zukunft Deutschlands noch offen halten wollte.

Des weiteren war ein besonders ambivalentes Verhältnis der KPD/SED-Führung zu den Entwicklungen in Berlin zu beobachten. Obwohl auch hier die russischen „essentials" im Prinzip galten und mit Unterstützung der SMAD im sowjetischen Sektor die Zwangsvereinigung der SPD mit der KPD durchgesetzt werden konnte, schloß der Viermächtestatus die unmittelbare Einbeziehung der gesamten Stadt in die Entwicklung der SBZ aus und begrenzte sogar die Möglichkeiten für den annähernd synchronen Verlauf von Transformationsprozessen mit dem sowjetischen Sektor.

Am deutlichsten zeigte sich dies bei den Veränderungen von Eigentumsverhältnissen in der gewerblichen Wirtschaft. Während die beschlagnahmten Unternehmen zunächst wie in der SBZ durch SMAD-Befehl Nr. 124 vom 30. Oktober 1945 unter Sequester, eine vorläufige treuhänderische Verwaltung, gestellt und davon diejenigen mit den größten noch verbliebenen Kapazitäten Mitte 1946 in Sowjetische Aktiengesellschaften (SAG) umgewandelt, also als Eigentum der Besatzungsmacht dem Einfluß der Berliner Verwaltung faktisch entzogen wurden, war eine Sozialisierung nach dem Beispiel der SBZ unmöglich. Obwohl also strukturbestimmende Unternehmen, wie die Kabelwerke Oberspree und Köpenick, besatzungsrechtlich enteignet wurden, blieb die Eigentumsfrage der Unternehmen, die weiterhin von den Bezirksämtern verwaltet wurden, noch offen. Ein landeseigener Sektor entstand in Berlin noch nicht.

[119] Vgl. Nachlaß Walter Ulbricht, NL 182, Nr. 1181, Bl. 89, STAPMO, ZPA.

Außerdem nahm die Kritik der öffentlichen Meinung an politischen Grundsatzentscheidungen des SED-Parteivorstandes im Laufe des Jahres 1946 zu. Pieck äußerte sich wiederholt über „ideologische Abweichungen" in Berlin. Auf Ablehnung stieß vor allem das enge Verhältnis der SED zur russischen Besatzungsmacht. Dem Parteivorstand wurde, insbesondere im Zusammenhang mit Demontagen, Reparationen und anderen Wiedergutmachungsleistungen, Verrat an deutschen Interessen vorgeworfen. Die SED wurde sogar als russische Partei bezeichnet, die allen Übergriffen von Angehörigen der Besatzungsmacht auf die Bevölkerung völlig kritiklos gegenüberstehe und ein latentes Demokratie-Defizit in der SBZ zu verantworten habe. Aus der eigenen Mitgliedschaft gab es daher im Umfeld der Wahlen von 1946 den Vorschlag, die SED wieder aufzulösen.[120]

Unabhängig von den politischen Mehrheiten mußte die Berliner Verwaltung bis zu den Wahlen mit allen Parteien auf informeller Grundlage zusammenarbeiten. Der Oberbürgermeister traf sich regelmäßig mit den Parteivorsitzenden und besprach die städtischen Angelegenheiten. Dabei lag ein annähernd konfliktfreies Verhältnis mit Pieck wegen seiner guten Beziehungen zur sowjetischen Besatzungsmacht sowohl im städtischen als auch im persönlichen Interesse der Magistratsmitglieder.[121] Daraus resultierte ein relativ großer Einfluß der Politikergruppe um Pieck auf die Angelegenheiten Berlins, obwohl ihre Mitglieder keine öffentlichen Ämter bekleideten.

Als bei diesen Wahlen die SPD stärkste Partei in Berlin geworden war, begann ein Machtkampf, der in der Hauptstadt auf politischer Ebene bestimmte Prozesse beschleunigte, die zwischen den Besat-

[120] Vgl. Handschriftliche Notizen von Wilhelm Pieck, NL 36, Nr. 665, Bl. 108 f., STAPMO, ZPA.

[121] Beispielsweise besprach der Oberbürgermeister mit Pieck und Ulbricht am 14. Januar 1946, also kurz nachdem Wilhelm Pieck anläßlich seines 70. Geburtstages die Ehrenbürgerwürde verliehen worden war, neben öffentlichen Belangen, wie Wiederaufbau, Wirtschaftsentwicklung und Schulwesen, auch seine eigene wirtschaftliche Lage. Dabei wurde ihm Unterstützung bei der Erhöhung der Amtsbezüge und des Repräsentationsfonds sowie bei der Einrichtung eines unbegrenzten Fonds für stille Wohlfahrt zugesichert. Für die Instandsetzung seines Privathauses in Berlin-Lichterfelde gestattete man dem Oberbürgermeister, der außerdem eine offizielle Dienstwohnung in Berlin-Biesdorf hatte, 25.000 RM aus Haushaltsmitteln zu verwenden. Vgl. Handschriftliche Notizen von Wilhelm Pieck, NL 36, Nr. 742, o. Bl., STAPMO, ZPA.

zungszonen langsamer abliefen. Indem die sowjetische Kommandantur die Wahl von Ernst Reuter zum Oberbürgermeister nicht bestätigte und damit seine Amtseinführung verhinderte, machte sie nicht schlechthin von ihren Vorrechten Gebrauch, sondern demonstrierte, welche politische Gruppierung sie bei den beginnenden innenpolitischen Auseinandersetzungen in Berlin unterstützen würde. Daher war das Verhältnis zwischen dem neugebildeten Magistrat und der SED-Führung außerordentlich gespannt, wenn auch nach den Bestimmungen der Vorläufigen Verfassung der Berliner Regierung Vertreter aller Fraktionen der Stadtverordnetenversammlung angehören mußten, also auch SED-Stadträte. Der innere Kreis der SED-Führung sah im Magistrat, insbesondere in der dort vertretenen SPD, den Hauptgegner in Berlin schlechthin: „Der aus ihnen (den Wahlen vom 20. Oktober 1946 – F. Z.) hervorgegangene Magistrat, der eine sozialdemokratische Mehrheit besitzt, stellte sich einseitig in den Dienst der Westmächte ... und wurde zum Spalter und Zerstörer einer einheitlichen Berliner Wirtschaft."[122] Die Ursachen für diese nervöse Lagebeurteilung dürften wohl auch in den Sozialfaschismus-Thesen der KPD aus den zwanziger Jahren gelegen haben.

Anders als vor den Wahlen und auch im Unterschied zu den Ländern der SBZ begannen im Verhältnis der russischen Stadtkommandantur zur Berliner Verwaltung neben sachlichen nun auch grundsätzliche Statusfragen eine größere Rolle zu spielen. Immer öfter vertrat die sowjetische Seite jetzt auch die Auffassung, daß Berlin Bestandteil der SBZ sei. Als die Stadtkommandanten der Westsektoren dem am 13. Februar 1947 in der Stadtverordnetenversammlung mit großer Mehrheit beschlossenen Sozialisierungsgesetz ihre Zustimmung verweigerten,[123] erließ der russische Militärkommandant am 1. April 1947 den Befehl Nr. 27 zur Gründung einer „Deutschen

[122] Vgl. IV 2/608/84, Bl. 80, STAPMO, ZPA.

[123] Am 29. August 1947 wurden das Gesetz und die bereits erlassene Durchführungsbestimmung endgültig abgelehnt und an den Magistrat zurückverwiesen. Der größte Teil der sequestrierten Industrieunternehmen in den Westsektoren war bereits wieder in private Hand zurückgegeben worden. Damit war die Absicht der SMAD und der SED-Führung, in Berlin, wie bereits 1946 in der SBZ, beschlagnahmte Betriebe in staatliches Eigentum (Landes- bzw. Volkseigentum) zu überführen, zumindest für die westlichen Sektoren gescheitert. Vgl. dazu Jürgen Fijalkowski/Peter Hauck/Axel Holst/Gerd-Heinrich Kemper/Alf Mintzel, *Berlin – Hauptstadtanspruch und Westintegration* (= Schriftenreihe für Politische Wissenschaft, Bd. 20), Köln-Opladen 1967, S. 186–187.

Treuhandstelle zur Verwaltung der sequestrierten und beschlagnahmten Vermögen im sowjetischen Sektor von Berlin". Sie übernahm die bisherigen Kompetenzen und Aufgaben des Magistrats auf diesem Gebiet und war zunächst der Finanz-, später der Wirtschaftsabteilung der sowjetischen Militärkommandantur unterstellt. Ende 1947 verwaltete sie 273 Betriebe mit ca. 33.000 Beschäftigten, im März 1948 bereits 320 Betriebe mit ca. 35.000 Beschäftigten, was ungefähr 40 Prozent der Gesamtbeschäftigten im sowjetischen Sektor entsprach.[124] 1948 wurde von diesen Unternehmen 45 Prozent der Industrieproduktion Ost-Berlins erzeugt.[125] Nach Aufgabenstellung und Organisationsstruktur war die Treuhandstelle den Wirtschaftsministerien der Länder in der SBZ vergleichbar, sie verwaltete die sequestrierten Unternehmen wie landeseigene Betriebe. Bis zum Jahresende 1947 beschränkten sich planerische Vorgaben auf die jeweiligen Unternehmen, vom ersten Halbjahr 1948 an wurden Produktionskennziffern erstmals zentral vorgeschrieben.[126] Die wirtschaftliche Einheit Berlins hatte also weiteren Schaden genommen. Obwohl die Bildung der Treuhandstelle im Prinzip mit einer faktischen Enteignung der beschlagnahmten Unternehmen gleichzusetzen war, konnte eine Veränderung des rechtlichen Status solange nicht erfolgen, wie ein Interesse der sowjetischen Führung an der Aufrechterhaltung des Viermächtestatus bestand.

Daran konnten auch die verschiedenen Vorstöße des SED-Landesvorstands zunächst nichts ändern, der beispielsweise am 17. September 1947 erneut die schnelle Durchführung der Sozialisierungen forderte: „Wenn wir in der Berliner Wirtschaft planen wollen, um besser leben zu können, ist die wichtigste Voraussetzung, die Konzerne und sonstigen monopolistischen Unternehmungen in die Hände des Volkes zu legen."[127] Zu diesem Zeitpunkt hatte sich übrigens die Wirtschaftslage in den Treuhandbetrieben bereits verschlechtert, die Rentabilität war stark gesunken, das neue Management war oftmals nicht kompetent, die allgemeine Rohstoffknappheit wirkte sich ungünstig auf die Wiederherstellung der Industrie aus. Aus der voll-

[124] Franz Seume, *Organisationsformen der Industrie in der sowjetischen Besatzungszone*, in: Deutsches Institut für Wirtschaftsforschung (Hrsg.), *Wirtschaftsprobleme der Besatzungszonen...*, S. 254–261.

[125] Vgl. Nachlaß Bruno Baum, V 6/3/276, o. Bl., STAPMO, ZPA.

[126] Vgl. IV L-2/6/279, o. Bl., STAPMO, ZPA.

[127] Vgl. Nachlaß Bruno Baum, V 6/3/002, o. Bl., STAPMO, ZPA.

ständigen Abschöpfung von Überschüssen und einer hohen Besteuerung resultierten weitere Negativwirkungen.[128] Während die landeseigenen Unternehmen in der SBZ mit finanziellen Grundausstattungen aus den Haushalten der Länder versehen werden konnten und bei Verlusten Unterstützungszahlungen der öffentlichen Hand erhielten, konnte die Berliner Treuhandstelle nicht direkt auf städtische Geldfonds zurückgreifen. Die Finanzierung mußte vielmehr durch die SMAD erfolgen, die allerdings über ausreichende Mittel verfügte. Dabei darf nicht vergessen werden, daß die Treuhandbetriebe eine Sonderstellung unter den Unternehmen des sowjetischen Sektors innehatten. Ihre Beteiligung an Reparationslieferungen führte unabhängig von betriebswirtschaftlichen Erwägungen faktisch zu einer Absatzgarantie für einen Teil der Produktion. Damit begann aber auch die Orientierung der Wirtschaft des sowjetischen Sektors auf die Märkte des Ostens.

Eine völlig andere Lage trat ein, als sich das Ende der Viermächteverwaltung abzuzeichnen begann.[129] SED-Führung und SMAD drängten auf die schnelle Bildung eines ostdeutschen Separatstaates unter Einbeziehung von Groß-Berlin. Obwohl die Moskauer Führung dazu ihre Zustimmung weiterhin verweigerte, verliefen Sonderentwicklungen jetzt in beschleunigtem Tempo. Mit der Übertragung von Gesetzgebungsbefugnissen an die DWK am 12. Februar 1948 durch Befehl Nr. 32 des Obersten Chefs der SMAD wurde *de facto* eine oberste Regierungsbehörde für die SBZ geschaffen, deren Aufgabe darin bestand, den Wirtschaftsapparat der Länder zu vereinheitlichen und einen ersten zentralen Wirtschaftsplan vorzubereiten, den Zweijahrplan 1949/50. Die sofort auftretenden Konflikte mit den Deutschen Zentralverwaltungen, nunmehr Hauptverwaltungen der DWK, wurden auf rigide Weise gelöst. Der Spielraum dieser Verwaltungen, die tradierte Wirtschafts- und Finanzpolitik fortzusetzen, ging mehr und mehr verloren, die Ziele der Finanzpolitik wurden anders formuliert.

[128] Vgl. Handschriftliche Notizen von Wilhelm Pieck, NL 36, Nr. 690, Bl. 40 f., STAPMO, ZPA.

[129] Über das Scheitern der Londoner Außenministerkonferenz und die danach einsetzenden dramatischen Entwicklungen existiert eine umfangreiche Literatur, so daß auf eine ausführliche Darstellung verzichtet werden kann. Vgl. Hermann Graml, *Die Alliierten und die Teilung Deutschlands. Konflikte und Entscheidungen 1941–1948*, Frankfurt am Main 1985.

Der Entwurf des Zweijahrplans definierte die allgemeinen finanzpolitischen Grundsätze folgendermaßen: „Die neue Finanzpolitik muß darauf gerichtet sein, diese gewonnenen Grundlagen (Enteignungen in Landwirtschaft und gewerblicher Wirtschaft – F. Z.) zu festigen ... Ihre Maßnahmen dürfen nicht auf fiskalischem Interesse beruhen, sondern dürfen ihren Ursprung nur in einem ökonomischen Zusammenhang haben." Daraus wurden sechs Schwerpunkte abgeleitet:

1. Lohn-, Geld- und Preiswesen
   - Das Geld hat nur Funktionen als Umlauf- und Zahlungsmittel sowie als Sparmittel für die Bevölkerung wahrzunehmen.
   - Der Bargeldverkehr ist auf das notwendige Maß der Lohnzahlungen und kleinen Auslagen zu beschränken.
2. Kredit- und Versicherungswesen
   - Kurzfristige Kreditpläne für die Wirtschaft dürfen nur von der Deutschen Notenbank und ihren Filialen aufgestellt werden.
   - Die gegenseitige Kreditierung von Unternehmen wird verboten.
   - Das Monopol für die Vergabe langfristiger Kredite erhält ein neues Institut, die Deutsche Investitionsbank, die der Finanzverwaltung unterstellt und aus dem Haushalt finanziert wird.
   - Das Versicherungsmonopol bleibt bei den Landesversicherungsanstalten.
3. Steuereinnahmen
   - Die Steuern sollten für die Realisierung der politischen Ziele (Friedenssicherung, Wiederaufbau und Wiedergutmachung) verwendet werden.
   - Die Progression wird durch die Reproduktionskosten der Arbeitskraft begrenzt, Mehrleistungen aus abhängiger Arbeit können steuerlich begünstigt werden.
4. Haushaltsplan
   - Der Haushaltsplan soll zum Gesamtfinanzplan der SBZ werden.
5. VW-Gesamtrechnung
   - Soll die Leistungen für Wiederaufbau, den Produktionsverbrauch der Wirtschaft, die Investitionen und die Wiedergutmachungsverpflichtungen ausweisen.
6. Zur Durchsetzung der Punkte 1. bis 5. ist eine straffe Finanzkontrolle zu schaffen.

Für Berlin wurde die schnelle Integration in die Wirtschaft der SBZ als vorrangige Aufgabe bezeichnet. Dazu sollten neben der Einbeziehung in die bevorstehende Währungsreform der SBZ langfristige Kreditpläne für die Wirtschaft mit festgelegten Rangfolgen erarbeitet, das Bankwesen auf den Standard der SBZ umgestellt und Preisregulierungen durchgeführt werden. Die Wiedererrichtung von Privatbanken war zu unterbinden.[130] Die Abteilung Wirtschaft des Landesvorstands hatte am 20. Januar 1948 ihre Kreisvorstände in den Bezirken der Westsektoren angewiesen, Listen mit Betrieben zusammenzustellen, die für eine bevorstehende Enteignung in Frage kämen. Dabei sollte es sich vorrangig um Unternehmen mit erheblicher wirtschaftlicher Bedeutung für die Stadt handeln. Darunter verstand man Firmen, die mehr als 50 Beschäftigte hatten oder eine in Berlin einmalige Produktion unterhielten.[131]

Das Ziel für die SBZ und Groß-Berlin bestand also darin, die Option in bezug auf die wirtschaftspolitische Zukunft durch die Einführung eines zentral gelenkten Wirtschaftssystems zu treffen und alle anderen Varianten durch die Schaffung eines engen institutionellen und rechtlichen Rahmens möglichst auszuschließen. Seine Realisierbarkeit, die zur faktischen Spaltung Deutschlands führen mußte, hing aber auch weiterhin vom Verhalten der Mächte ab.

Bei den regelmäßigen Treffen zwischen SED-Führung und Stalin in Moskau wurde zwar im März 1948 auch die Lage in Berlin besprochen, eine definitive Zustimmung zur Spaltung der Stadt erfolgte jedoch offensichtlich nicht. Aus den Gesprächsprotokollen geht nur hervor, daß die SED-Führung ihre Situation durchaus realistisch einschätzte. Pieck informierte darüber, daß man keine Basis unter der Bevölkerung habe, machte dafür aber nicht die eigene Politik, sondern die „große Hetze" von SPD, CDU und LDP sowie den Einfluß der amerikanischen und britischen Besatzungsmacht verantwortlich. Darauf sollte mit verstärkter Agitation für die Einheit Deutschlands, die Einheit der Arbeiterbewegung, eine demokratische (das heißt staatlich gelenkte – F. Z.) Wirtschaft und gegen die amerikanische Marshall-Plan-Hilfe reagiert werden.[132] Schon kurze Zeit später signalisierte die SMAD aber der SED-Führung, daß sie eine Veränderung der Ordnungsgrundlagen in Ostdeutschland billige und die weitreichenden politischen und wirtschaftlichen Folgen erkenne. Fritz Selbmann berichtete in seinen Erinnerungen über ein Gespräch,

[130] Vgl. IV 2/608/84, Bl. 67 ff., 111 f., STAPMO, ZPA.

[131] Vgl. IV L 2/6/265, o. Bl., STAPMO, ZPA.

[132] Vgl. Handschriftliche Notizen von Wilhelm Pieck, in: NL 36, Nr. 695, Bl. 8 f., STAPMO, ZPA.

das unmittelbar nach dem Auszug des sowjetischen Vertreters aus dem Kontrollrat wahrscheinlich noch im März 1948 im sowjetischen Hauptquartier in Berlin-Karlshorst stattgefunden hat: „Bemerkenswert ist noch, daß ich in dieser Sitzung dem Chef der SMAD, Marschall Sokolowski, meine ernsten Bedenken über die mit den Maßnahmen in Berlin eingeleitete neue Phase der Politik der Sowjetunion für Deutschland zum Ausdruck brachte und daß ich konkret die Frage stellte, ob die Sowjetunion bereit und in der Lage sei, diese Politik, die praktisch auf eine wirtschaftliche Trennung zwischen beiden Teilen Deutschlands hinauslief, für immer durchzuhalten. Diese Frage wurde mir von Marschall Sokolowski nach langer, ernsthafter Überlegung bejaht und erklärt, was für mich besonders wichtig war, daß eine Rückkehr der sowjetischen Vertreter in den Kontrollrat nicht mehr in Frage käme."[133]

In dieser Situation war der Berliner Magistrat gezwungen, einen politischen Spagat zu vollführen. Um die Einheitlichkeit von Wirtschaft und Verwaltung in der Stadt weiter aufrechtzuerhalten, sollte versucht werden, Kontakte zu den Behörden der SBZ herzustellen. Ein Vorstoß, nämlich durch Erlangung der Mitgliedschaft Einfluß auf die Wirtschaftspolitik der DWK zu bekommen, scheiterte bereits 1947. Berlins Aufnahmeantrag, den Stadtrat Klingelhöfer für seine Person gestellt hatte, wurde mit der sachlich falschen Begründung abgelehnt, daß „die Wirtschaftskommission nicht auf föderaler Grundlage aufgebaut ... (sei) und deshalb auch keine Ländervertreter der Kommission angehören".[134]

Eine Mitarbeit in der Treuhandstelle kam hingegen zustande. Diese hatte Anfang 1948 die Bildung eines Verwaltungsrates bekanntgegeben. Der Magistrat stimmte am 28. Januar 1948 einer Beteiligung grundsätzlich zu und ermächtigte zwei Vertreter, Bürgermeister Friedensburg und Stadtrat Klingelhöfer, zunächt provisorisch an den Beratungen teilzunehmen, um die Voraussetzungen für eine Berliner Teilnahme zu prüfen. Berlin erhoffte sich davon, die Treuhandschaft in den sequestrierten Betrieben weiterhin aufrechtzuerhalten, also definitive Eigentumsveränderungen zu verhindern und einheitliche

[133] Erinnerungen Fritz Selbmann, EA, Nr. 1098/1, Bl. 167, STAPMO, ZPA.

[134] In Wirklichkeit gehörten der DWK Vertreter der Landesregierungen an. *Antwortschreiben Leuschners vom 23. August 1947 auf einen Brief Klingelhöfers vom 13. August 1947.* Vgl. C-15 (Deutsche Wirtschaftskommission), Nr. 475–488, Bl. 9, BA (Abteilung Potsdam).

Grundsätze, wie selbständige Geschäftsführungen, eigene Buchführung, Bilanzierung und Gewinnrechnung, Gleichstellung der Belegschaften mit denen der anderen Berliner Unternehmen und die Bildung von Beiräten durchzusetzen.[135] Die schnell verlaufende politische Entwicklung machte diese Bemühungen jedoch zunichte. Mit der Währungsreform (siehe dort) wurden vollendete Tatsachen geschaffen.

Nunmehr versuchte die SED-Fraktion in der Stadtverordnetenversammlung auch ganz offiziell, die Einbeziehung der Berliner in die Zonenwirtschaft durchzusetzen. Am 10. Juli 1948 schickte der Fraktionsvorsitzende Karl Litke den Entwurf eines Berliner Zweijahresplans an die amtierende Oberbürgermeisterin Louise Schroeder und forderte sie auf, sich mit dem Magistrat an die Spitze der „Durchführung dieser Arbeit" zu stellen. Damit sollte der Eindruck erweckt werden, daß die Berliner Bevölkerung mehrheitlich die Enteignung der Unternehmen und die Einführung der Planwirtschaft fordere. Der Planentwurf schloß alle Berliner Sektoren ein und sicherte, im Gegensatz zu den eigentlichen Absichten, den Schutz der Privatwirtschaft zu.[136] Tatsächlich war der sowjetische Sektor nämlich bereits in die Planungen der SBZ integriert.[137] Der Zweijahresplan war längst vom SED-Parteivorstand bestätigt und wurde an den DWK-Vorsitzenden Heinrich Rau zur Durchführung weitergeleitet, der den Eingang der Unterlagen am 5. Juli 1948, also bereits fünf Tage vor der Litke-Initiative, bestätigte.[138] Obwohl diese von Anfang an scheitern mußte, da sie nicht mehrheitsfähig war, wurde sie später wiederholt benutzt, um während der kurz darauf vollzogenen Spaltung der Stadt die Legitimität von Stadtverordnetenversammlung und Magistrat in Frage zu stellen.

Eine Zusammenarbeit mit den gewählten Berliner Körperschaften wurde auch nicht ernsthaft in Erwägung gezogen, vielmehr sollten Stadtverordnetenversammlung und Magistrat entmachtet werden. Ein Szenario zur „Wiederherstellung der Einheit Berlins in Verwaltung, Wirtschaft und Versorgung", wahrscheinlich aus den Wochen zwischen Währungsreform und Verwaltungsspaltung, gibt Auskunft über Vorstellungen des SED-Landesvorstandes zur Machtübernahme in

[135] Vgl. *Protokoll der 72. (ordentlichen) Magistratssitzung vom 28. Januar 1948*, in: Rep. 100, Nr. 808, LAB, STA.

[136] IV L–2/6/275, o. Bl., STAPMO, ZPA.

[137] Vgl. Nachlaß Otto Grotewohl, NL 90, Nr. 318, Bl. 39, STAPMO, ZPA.

[138] *A. a. O.*, Bl. 16.

den Westsektoren. Nach Einführung der DM (Ost) hätte eine Säuberungswelle in der Verwaltung eingesetzt, Mitglieder des bisherigen Magistrats wären verhaftet worden. Die Abteilungen der Hauptverwaltung sollten aufgelöst und neugegründet werden.[139]

Während also die ordnungs- und wirtschaftspolitische Zukunft des sowjetischen Sektors zumindest für die nächste Zeit entschieden war, hing die weitere Entwicklung in den Westsektoren von der Haltung der westlichen Alliierten ab, diese hatten sich aber noch nicht endgültig entschieden.[140]

Finanzpolitik und Haushaltswirtschaft bis zum Vorabend der Währungsreform

Mit dem Rechnungsjahr 1946 konnte eine annähernd geordnete Finanzwirtschaft beginnen. Bis zum Vorabend der Spaltung Berlins hatte sich der Finanzstatus der öffentlichen Hand stabilisiert. Die Einnahmen ergaben sich zu ca. zwei Dritteln aus Steuern und zu ca. einem Drittel aus der Verwaltungstätigkeit:

TABELLE 12

Veränderung des Anteils von Steuern und Defizitkrediten an den Haushaltseinnahmen (1946/47–1948, in Prozent)[141]

	1946/47	1947/48	1948/49 (nachrichtlich)
I. Städtische Steuern	13,77	13,65	12,48
II. Frühere Reichs- und Staatssteuern			
1. Besitz- und Verkehrsteuern	48,32	46,52	nicht näher unterteilt
2. Zölle und Verbrauchsteuern	7,27	7,27	–
Summe	*55,59*	*53,79*	*53,68*
Steuern insgesamt	*69,36*	*67,44*	*66,16*
Defizitkredite	*0,31*	*0,00*	*0,00*
Verwaltungseinnahmen	*30,33*	*32,66*	*33,84*
Gesamtsumme	*100,00*	*100,00*	*100,00*

[139] Nachlaß Otto Grotewohl, NL 90, Nr. 304, Bl. 32–33, STAPMO, ZPA.

[140] Vgl. dazu Dieter Mahnke, *Berlin im geteilten Deutschland* (= Schriften des Forschungsinstituts der deutschen Gesellschaft für auswärtige Politik, Bd. 34), München-Wien 1973.

[141] Zusammengestellt und berechnet nach: Rep. HH, LAB, STA.

Dadurch war Berlin in der Lage, seine Ausgaben faktisch ohne Neuverschuldung zu bestreiten.

Finanzierung der Besatzungskosten und Reparationslieferungen

Besatzungskosten und Reparationen besaßen weiterhin höchste Priorität. Die Forderungen der Mächte hatten sich im Rechnungsjahr 1946/47 im Vergleich zum Vorjahr mehr als verdoppelt. (Da diese Entwicklung bei der Haushaltsplanung offensichtlich noch nicht berücksichtigt werden konnte, fiel der Plananasatz etwas zu gering aus.) Auffällig ist, daß ab 1947 der Anteil der nichtanerkannten Leistungen am Besatzungshaushalt erheblich angestiegen ist. Im selben Jahr gingen die amerikanischen Forderungen zurück, während die der anderen Mächte weiter wuchsen. Bis zum Ende des Rechnungsjahres 1947/48 konnten alle Forderungen aus den eingehenden Steuern beglichen werden. 1946/47 hatten die Besatzungslasten einen Anteil von 38,9 Prozent am gesamten Steueraufkommen und von 48,7 Prozent am Aufkommen der Reichssteuern. 1947/48 sank der Anteil auf 31,42 Prozent beziehungsweise 39,4 Prozent.

Im Jahr der Währungsreform wurden vom Hauptamt für Kriegsschäden und Besatzungskosten letztmalig sektorenspezifische Daten geliefert. Dabei fällt auf, daß die Mächte in den vier Monaten zwischen Währungsreform und Spaltung unterschiedlich auf die sich verschlechternde Lage der öffentlichen Hand reagierten. Die westlichen Alliierten, insbesondere die USA, reduzierten ihre Leistungsansprüche zum Teil drastisch, die russischen Forderungen wurden weiter erhöht. Aufgrund fehlender verläßlicher Daten mußte auf einen Vergleich mit den Steuereinnahmen verzichtet werden.

Für die gesamte Zeitspanne können die anerkannten und nichtanerkannten Besatzungskosten erstmals vollständig dokumentiert werden:

TABELLE 13

Endabrechnung und Struktur der Kriegsfolge- und Besatzungskosten für Groß-Berlin (Rechnungsjahr 1946/47, in RM)[142]

Sektor	Direkte Leistungen	Besatzungs-folgekosten (indir. Leist.)	Personenschäden	Zusammen
Amerik. Sektor	168.000.604	17.073.000	476.000	185.549.604
Brit. Sektor	73.298.303	7.972.000	67.000	81.337.302
Franz. Sektor	28.643.439	4.326.000	46.000	33.015.439
Russ. Sektor	91.171.052	37.875.000	515.000	129.561.052
Summe	*361.113.397*	*67.246.000*	*1.104.000*	*429.463.397*

TABELLE 14

Besatzungsleistungen der Stadt Berlin (Beginn des Rechnungsjahres 1947/48 bis Oktober 1948, in Tausend RM, DM [West] beziehungsweise DM [Ost])[143]

Sektor	Rechnungsjahr 1947	April bis Oktober 1948*	Zusammen
Amerik. Sektor	124.759	38.016	162.775
Brit. Sektor	83.013	45.999	129.012
Franz. Sektor	43.273	28.185	71.458
Russ. Sektor	125.137	86.700	211.837
Summe	*376.182*	*198.900*	*575.082*

* Die öffentlichen Einnahmen und Ausgaben wurden nach der Währungsreform bis zur Spaltung in DM (Ost) verbucht.

TABELLE 15

Nichtanerkannte Besatzungskosten (in Tausend RM, DM [West] beziehungsweise DM [Ost])[144]

Jahr	Westsektoren	sowjet. Sektor	Zusammen
1945/46	31.257	5.314*	36.571
1946/47	21.405	6.422*	27.827
1947/48	51.953	17.404*	69.357
1948 (April-Okt.)	39.438*	17.191*	56.629
Summe	*144.053*	*46.331*	*190.384*

* Geschätzt.

142 Rep. 105, Nr. 298, Bl. 47, LAB, STA.

143 Rep. 105, Nr. 862, o. Bl., LAB, STA.

144 Vgl. Anm. 82.

Daraus ergibt sich die folgende Gesamtrechnung:

TABELLE 16

Gesamtrechnung der Kriegsfolge- und Besatzungskosten für Groß-Berlin (in Tausend RM, DM [West] und DM [Ost])

Sektor	1945/46	1946/47	1947/48	1948	Gesamt
Amerik. Sektor	73.873	185.550	124.759	38.016	422.198
Brit. Sektor	45.084	81.337	83.013	45.999	255.433
Franz. Sektor	11.254	33.015	43.273	28.185	115.727
Russ. Sektor	26.967	129.561	125.137	86.700	368.365
Nichtanerkannt	36.571	27.827	69.357	56.629	190.384
Summe	*193.749*	*457.290*	*445.539*	*255.529*	*1.352.107*

Zum Gesamtbetrag der Besatzungskosten in Höhe von ca. 1.352 Mio. RM sind noch Zahlungen für Reparationsleistungen an die SMAD zu addieren. Der Magistrat mußte die Lieferungen der reparationsverpflichteten Unternehmen aus einem Sonderkonto (Konto 700) bezahlen. Allerdings erst, nachdem die Besatzungsmacht den ordnungsgemäßen Eingang der Lieferungen bestätigt hatte. Diese Forderungen waren zwar auf den sowjetischen Sektor beschränkt, hatten aber im Rechnungsjahr 1946/47 immerhin ein Volumen, das beträchtlich (um 159 Prozent) über dem der nichtanerkannten Besatzungskosten lag.

TABELLE 17

Zahlungen aus dem Konto 700 des Magistrats für Reparationsleistungen an die SMAD (1946–1948, in Tausend RM)[145]

März 1946	7.416
1946/47	43.116
1947/48	16.557
1948 (April–Juni)	64
Gesamt	*67.153*

Im Juli 1947 setzte ein Rückgang der Reparationsleistungen ein. Er stand wahrscheinlich im Zusammenhang mit der Bildung der Treuhandstelle. Bis Juni 1948 erfolgten nur noch Zahlungen in einer Gesamthöhe von ca. 423.000 RM. Dabei handelte es sich vermutlich

[145] Vgl. Rep. 105, Nr. 838, o. Bl., LAB, STA.

um später eingehende Lieferungen und/oder Aufträge an private Unternehmen.[146] Die Höhe der Entnahmen der UdSSR aus den Berliner SAG-Betrieben und aus den von der Treuhandstelle verwalteten Unternehmen läßt sich nicht mehr feststellen und ist für unsere Untersuchung insofern ohne Bedeutung, als die entsprechenden Leistungen nicht aus dem Berliner Haushalt bezahlt worden sind. Es bleibt jedoch offen, ob die SMAD, die im Gegensatz zu den anderen Mächten nachweislich ab April 1947 einen beträchtlichen Umfang ihrer Besatzungskostenforderungen als reine Geldleistungen spezifiziert hat, eine indirekte Haushaltsfinanzierung vornehmen konnte.[147]

Insgesamt hatte Berlin also für diese Aufgaben von Mai 1945 bis Oktober 1948 ca. 1,4 Mrd. RM aufzubringen. Das entsprach annähernd der Höhe der steuerlichen Gesamteinnahmen im günstigsten Nachkriegsrechnungsjahr 1947/48. Im Vergleich zu den Länder der SBZ blieben die Belastungen für Berlin jedoch relativ gering.[148]

Da neben den Unterhaltskosten für die Stadtkommandantur auch die Kosten für den Kontrollrat aufgebracht werden mußten, forderte Berlin bereits 1946 die Einführung eines gesamtdeutschen Finanzausgleichs zur Bereitstellung der Mittel, die in Wahrnehmung von Aufgaben für alle Besatzungszonen verwendet werden mußten.[149] Diese Forderung war aber insofern unbegründet, als die Stadt durch Veränderung ihres Status ohnehin sämtliche Reichs- und Staatssteuern erheben konnte und ihrerseits weder an einem Finanzausgleich mit dem umliegenden Gebiet der SBZ noch den anderen Zonen teilnahm.

Änderungen in der Verwaltung, Beziehung zu den Mächten

Obwohl auf eine Darstellung der politischen und Verwaltungsgeschichte Berlins verzichtet werden kann, da es darüber eine umfangreiche Literatur gibt,[150] sollen einige für die zukünftige Entwicklung

[146] *Ebda.*

[147] Vgl. Rep. 105, Nr. 826, o. Bl., LAB, STA. Eine erschöpfende Auskunft ist ohne die Akten der SMAD-Finanzverwaltung in russischen Archiven nicht möglich.

[148] Die Länder der SBZ mußten zwischen 73 Prozent (1946) und 44 Prozent (1948/49) ihres gesamten Steueraufkommens für solche Leistungen verwenden. Vgl. F. Zschaler, *Zur Entwicklung einer zentralen Finanzverwaltung*..., S. 120.

[149] Magistrat der Stadt Berlin (Hrsg.), *Berlin im Neuaufbau*..., S. 46.

[150] Vgl. u. a. H. Herzfeld, *Berlin in der Weltpolitik*...; W. Ribbe (Hrsg.), *Geschichte Berlins*..., Bd. 2.

bedeutsame Veränderungen in der Verwaltung kurz erwähnt werden.

Im Frühjahr 1946 vollzog sich ein Wechsel an der Spitze der Berliner Finanzverwaltung. Anstelle von Erich Siebert übernahm Friedrich Haas zunächst kommissarisch das Amt des Stadtkämmerers.[151] Im Oktober 1946 fanden schließlich in der SBZ und in Berlin erstmals nach dem Krieg Wahlen statt. Damit existierten wieder parlamentarische Körperschaften, die über die öffentlichen Angelegenheiten, also auch über Finanzpolitik und Haushalte beraten konnten. Die Kompetenzen der Stadtverordnetenversammlung waren jedoch durch alliierte Vorrechte begrenzt.

Bereits bei der Aufstellung des Etats für das Rechnungsjahr 1947/48 wurde deutlich, daß mit der Zustimmung der Stadtverordnetenversammlung noch keine gesicherte Planungsgrundlage für das Haushaltsjahr existierte. Komitees der Alliierten Stadtkommandantur hatten nämlich die Möglichkeit, sich mit ihren Anordnungen über den Haushaltsplan hinwegzusetzen. Um diese Situation zu entspannen, verfaßten die Fraktionen der Stadtverordnetenversammlung, mit Ausahme der SED-Fraktion, am 29. Juli 1947 folgenden Appell an die Militärkommandanten: „Der von der Stadtverordnetenversammlung aufgestellte Haushaltsplan sollte durch Anweisungen einzelner Komitees nicht geändert werden, ohne daß die Stadtverordnetenversammlung nochmals Gelegenheit zur Stellungnah-me und Äußerung bekommt. Im Rahmen des genehmigten Haushaltsplanes bitten wir, dem Magistrat die Möglichkeit zu geben, alle Einnahmen und Ausgaben selbständig zu regeln." Die Reaktion der Mächte war unterschiedlich. Der amerikanische und der britische Stadtkommandant behielten sich zwar die letztinstanzliche Entscheidung über eine Änderung des Haushaltsplans auch weiterhin vor, räumten der Stadtverordnetenversammlung aber ein umfassendes Mitspracherecht ein. Die französische Seite reagierte auf den Vorschlag generell ablehnend, die russische Kommandantur weigerte sich, das entsprechende Papier über-

[151] Friedrich Haas war zwischen 1928 und 1945 im Verwaltungsdienst der Stadt Berlin tätig, leitete nach dem Krieg das Hauptamt für Kriegsschäden und Besatzungskosten, wurde nach den Wahlen von 1946 Stadtkämmerer und gehörte dem Senat von West-Berlin bis 1958 als Finanzsenator an. 1958 bis 1961 war er Präsident des Berliner Verwaltungsgerichts.

haupt entgegenzunehmen.[152] Das Verhalten der sowjetischen Seite entsprach also der bereits geschilderten rigiden Haltung gegenüber Stadtverordnetenversammlung und Magistrat. Die Durchführung einer sachorientierten Politik wurde erschwert. Aus den gleichen Gründen blieb ein Antrag der Stadtverordnetenversammlung an die Alliierte Kommandantur vom 16. Februar 1948 erfolglos, Berlin am Verbrauchsteueraufkommen der in der Stadt umgesetzten steuerpflichtigen Güter, insbesondere Branntwein, Tabak, Zucker und Salz, zu beteiligen.[153]

Obwohl der Handlungsspielraum für eine eigenverantwortliche oder gar gestaltende Finanzpolitik weiterhin begrenzt blieb, arbeitete die Verwaltung offenbar recht effektiv und versuchte, eine gewisse Normalität zu erreichen. Bei der Haushaltsplanung konnte ein beachtlicher Vorlauf erzielt werden. Der Haushalt für das Rechnungsjahr 1948/49, der der letzte Etat für Groß-Berlin bis zum Jahr 1991 werden sollte, wurde bereits drei Monate vor dem Inkrafttreten am 7. Januar 1948 von der Stadtverordnetenversammlung beschlossen und am 20. Januar an die Alliierte Kommandantur weitergeleitet.[154] Anfang 1948 erfolgte die Umbenennung der bisherigen Generalsteuerdirektion Berlin in „Landesfinanzamt".[155] Damit wurde der faktischen Stellung Berlins als Stadtstaat erstmals mit der Bezeichnung einer Finanzbehörde Rechnung getragen. Kurze Zeit später begannen Vorbereitungen zur Gründung eines Berliner Rechnungs- und Prüfungshofes.[156] Am 30. Juni 1948 erklärte der Magistrat schließlich, daß er in Übereinstimmung mit dem Kontrollratsgesetz Nr. 46 vom 25. Februar 1947 die Staats- und Verwaltungsfunktionen des Staates Preußen im Gebiet von Groß-Berlin

[152] Vgl. Nachlaß Karl Litke, NL 73, Nr. 6, Bl. 6 ff., STAPMO, ZPA.

[153] Vgl. *Protokoll der 75. (außerordentlichen) Magistratssitzung vom 16. Februar 1948*, in: Rep. 100, Nr. 810, LAB, STA.

[154] Vgl. *Protokoll der 68. (ordentlichen) Magistratssitzung vom 7. Januar 1948*, in: Rep. 100, Nr. 805, LAB, STA.

[155] *Ebda.*

[156] Die erforderlichen Vorarbeiten, darunter die Erarbeitung eines Überblicks über die geschichtliche Entwicklung des Rechnungswesens und einer Studie über das englische System der Prüfung staatlicher Monopole, wurden dem Leiter des Hauptprüfungsausschusses der Stadtverordnetenversammlung, Ostrowski, übertragen. Vgl. *Protokoll der 91. (ordentlichen) Magistratssitzung vom 5. Mai 1948*, in: Rep. 100, Nr. 817, o. Bl., LAB, STA.

ausübt und auch weiter ausüben wird.[157] Damit war die Statusfrage geklärt.

Mit der Anerkennung von Wiedergutmachungsleistungen an Privatpersonen als öffentliche Aufgabe erhielt die Finanzpolitik im Frühjahr 1948 einen weiteren Schwerpunktauftrag. Bereits vor einer Regelung durch die Besatzungsmächte hatte der Magistrat am 3. März 1948 beschlossen, jüdische Vermögen schnellstens zurückzugeben. Da dies vor allem bei Immobilien aus besatzungsrechtlichen Gründen nicht sofort möglich war, sollten bedürftige jüdische Bürger auf Antrag Unterstützungszahlungen aus den Überschüssen der öffentlichen Hand erhalten. Der Stadtverordnetenversammlung sollte unverzüglich der Entwurf für ein Wiedergutmachungsgesetz zugeleitet werden.[158]

Haushaltswirtschaft

Die Haushaltspläne für die Rechnungsjahre 1946/47, 1947/48 und das infolge der Währungsreform abgebrochene Rechnungsjahr 1948/49 weisen eine ähnliche Einnahmen- und Ausgabenstruktur auf. Die Steuereinahmen hatten sich erholt, die Eigenbetriebe konnten Überschüsse an den Haushalt abführen, die übrigen Verwaltungseinnahmen wuchsen. Bei den Ausgaben fällt der im Vergleich zu 1945/46 höhere Anteil der Kriegslasten auf (früher ca. 17 Prozent, jetzt ca. 24 Prozent). Der Anteil von Bezirken und Hauptverwaltung an den rein städtischen Ausgaben veränderte sich infolge der Herstellung der vollen Funktionsfähigkeit der Magistratsabteilungen. Während 1945/46 ca. 60 Prozent dieser Mittel von den Bezirksämtern ausgegeben wurden, verfügten sie ab 1946/47 über ca. 40 Prozent, was aber immerhin noch ungefähr 30 Prozent der Gesamtausgaben entsprach.

[157] Vgl. *Protokoll der 104. (ordentlichen) Magistratssitzung vom 30. Juni 1948*, in: Rep. 100, Nr. 823, Bl. 73, LAB, STA.

[158] Vgl. *Protokoll der 80. (ordentlichen) Magistratssitzung vom 3. März 1948*, in: Rep. 100, Nr. 812, Bl. 30, 34, LAB, STA.

TABELLE 18
Struktur der Haushaltseinnahmen
(1946–1948, nach Haushaltsabschnitten in Prozent)[159]

	1946/47	1947/48	1948/49 (nachrichtlich)
Aus der Verwaltung			
I. Bezirksverwaltungen	9,42	7,85	7,13
II. Hauptverwaltung	9,85	12,99	14,05
Summe	*19,27*	*20,84*	*21,18*
Aus ehemaligen Reichs- und Staatsbehörden	*8,42*	*10,01*	*10,34*
Aus außerordentlichen Verpflichtungen	*2,63*	*1,71*	*2,32*
Aus Steuern			
I. Städtische Steuern	13,77	13,65	12,48
II. Frühere Reichs- und Staatssteuern	55,59	53,79	53,68
Summe	*69,36*	*67,44*	*66,16*
Aus Defizitkrediten	*0,31*	–	–
Gesamtsumme	*100,00*	*100,00*	*100,00*

TABELLE 19
Struktur der Haushaltsausgaben
(1946–1948, nach Haushaltsabschnitten in Prozent)[160]

	1946/47	1947/48	1948/49 (nachrichtlich)
Für die Verwaltung			
I. Bezirksverwaltungen	29,59	29,71	26,99
II. Hauptverwaltung	40,05	40,20	38,72
Summe	*69,64*	*69,91*	*65,71*
Für ehemalige Reichs- und Staatsbehörden	*6,38*	*7,71*	*10,72*
Für außerordentliche Verpflichtungen	*23,98*	*22,38*	*23,57*
Gesamtsumme	*100,00*	*100,00*	*100,00*

Die Sachstruktur der Ausgaben ähnelte den Angaben über die zusammengefaßten Quartalsetats 1945/46 und weist damit auf annä-

159 Zusammengestellt und berechnet nach: Rep. HH, LAB, STA.
160 *Ebda.*

hernd gleiche finanzpolitische Schwerpunktsetzungen hin. Die relativ günstige Entwicklung der Beschäftigung bewirkte jedoch einen Rückgang des Anteils der Ausgaben in der Kategorie „Gesundheitswesen u. Sozialwesen/Arbeit". Der Anteil der Ausgaben für Wirtschaft und Bauwesen stieg demgegenüber an.

TABELLE 20

Ausgaben nach Sachgebieten (1946–1948, in Prozent)[161]

	1946/47	1947/48	1948/49 (nachrichtlich)
Schulwesen/Bildung/Kultur	8,15	8,88	11,48
Gesundheits- und Sozialwesen/Arbeit	23,12	25,01	19,71
Wirtschaft/Bauwesen	9,42	9,12	12,28
Verwaltung/Justiz	25,28	24,38	22,20
Kriegsfolgekosten	23,98	22,80	23,50
Sonstiges	10,05	9,81	10,80
Gesamtsumme	*100,00*	*100,00*	*100,00*

Einnahmeüberschüsse und städtische Guthaben, Besatzungsgeld

Vor der Währungsreform verfügte Berlin über beträchtliche Einnahmeüberschüsse. In den Quellen werden dafür Werte zwischen 900 Mio. RM[162] und 1.200 Mio. RM[163] angegeben. Diese Guthaben bestanden zu ca. 25 Prozent aus Gewinnen der Eigenbetriebe und zu ca. 75 Prozent aus Überschüssen der Haushaltswirtschaft. Dennoch kann diese durchaus beachtliche Summe wegen des enormen Geldüberhangs nicht als Ausdruck der tatsächlichen finanziellen Leistungskraft Berlins bewertet werden. In der SBZ mußten die Länder übrigens am Ende der Haushaltsjahre auf SMAD-Befehl eventuelle Überschüsse auf ein Sonderkonto der Potsdamer Bankenverrech-

[161] *Ebda.*

[162] Vgl. Albert Wissler, *Finanz- und Kreditprobleme*, in: Deutsches Institut für Wirtschaftsforschung (Hrsg.), *Berlins Wirtschaft...*, S. 74.

[163] *Bericht des Stadtkämmerers Haas über die finanzielle Lage Berlins an die 99. Sitzung des Hauptausschusses der Stadtverordnetenversammlung am 11. Oktober 1948*, in: IV – L 2 / 6 / 262, o. Bl., STAPMO, ZPA. Vgl. dazu auch Senator für Finanzen (Hrsg.), *Berlin im Haushaltsjahr 1951. Die öffentliche Finanzwirtschaft in Berlin nach der Planung im Haushalt für das Rechnungsjahr 1951*, Berlin 1952, S. 5.

nungsstelle überweisen. Diese Beträge, die bis 1948 auf ca. zwei Mrd. RM angewachsen waren, wurden von der Besatzungsmacht nicht verwendet und sind schließlich der DWK zur Verfügung gestellt worden. Quellenhinweise lassen vermuten, daß das Geld zum Zweck der Inflationseindämmung vernichtet worden ist.[164]

Bis zur Währungsreform flossen darüber hinaus erhebliche Geldmittel im Zuge des Bar- oder Überweisungsverkehrs aus der SBZ nach Berlin. Das Stadtkontor verbuchte beispielsweise von Januar 1946 bis März 1948 Zahlungseingänge in Höhe von 8,1 Mrd. RM und Zahlungsausgänge in Höhe von 5,4 Mrd. RM.[165]

Ein weiteres Problem bestand in der Zunahme der Besatzungsgeldbestände des Stadtkontors. Die sowjetischen Handelsgesellschaften tauschten seit Anfang 1947 in größerem Umfang alliierte Noten großer Stückelung, darunter überwiegend Tausendmarkscheine, in Reichsbanknoten kleiner Stückelung um. Am Ende des Geschäftsjahres 1947 hatten die alliierten Tausendmarkscheine bereits einen Anteil von ca. 17 Prozent an den gesamten Barreserven.[166]

TABELLE 21

Bestände des Berliner Stadtkontors an alliierten Tausendmarkscheinen[167]

Stichtag	Mio. Mark
23. 9. 1946	0,6
21. 3. 1947	254,3
1. 11. 1947	371,0
1. 12. 1947	373,0
1. 1. 1948	385,0
23. 1. 1948	395,0

Dadurch wurde nicht nur die Aufrechterhaltung eines geordneten Zahlungsverkehrs erschwert. Da die gegenwertlosen alliierten Noten, die unter der Bevölkerung wenig Akzeptanz fanden, durch den Umtausch in Reichsmark problemlos zum Warenkauf verwendet werden konnten, konfiszierte die Besatzungsmacht praktisch einen

164 Vgl. C15 (Deutsche Wirtschaftskommission), Nr. 657–664, o. Bl.; 731, Bl. 23, BA (Abteilung Potsdam).

165 Zitiert nach: A. Wissler, *Finanz- und Kreditprobleme...*, S. 69.

166 Die Barreserven beliefen sich am 31. Dezember 1947 auf 2.240,1 Mio. RM. Vgl. F. Federau, *Das Berliner Bankwesen...*, S. 29.

167 Vgl. Rep. 315, Nr. 3a, o. Bl., LAB, STA.

Teil Berliner Barreserven und entzog der Berliner sowie der SBZ-Wirtschaft ohnehin knappe Güter.

Die Währungsreform und das Ende der einheitlichen Berliner Finanzverwaltung

Die Lösung der Währungsfrage

Die Währungsfrage hatte eine zentrale Bedeutung für den Wiederaufbau der deutschen Wirtschaft. Trotzdem konnte sie schließlich nicht in Richtung auf eine einheitliche Entwicklung der Besatzungszonen beantwortet werden. Über die Währungsreform in den westlichen Zonen und ihre politischen und wirtschaftlichen Folgen liegen viele neuere Arbeiten vor.[168] Die Berliner Entwicklungen wurden in einer kürzlich erschienenen quellenorientierten Studie untersucht.[169] Lediglich die währungspolitischen Vorstellungen der sowjetischen Besatzungsmacht konnten bisher nur unvollständig ermittelt werden, weil die wichtigsten Quellen, die Akten der Finanzabteilung der SMAD, in den russischen Archiven noch nicht zugänglich sind.[170]

Nach dem Scheitern der Londoner Außenministerkonferenz im Dezember 1947 vereinbarten die Westmächte gemeinsame Schritte zur Verbesserung der wirtschaftlichen Lage in ihren Zonen. Gleich-

[168] Vgl. u. a. Werner Abelshauser, *Wirtschaft in Westdeutschland 1945–1948. Rekonstruktion und Wachstumsbedingungen in der amerikanischen und britischen Zone* (= Schriftenreihe der *Vierteljahrshefte für Zeitgeschichte*, Bd. 30), Stuttgart 1975; Wolfgang Benz, *Von der Besatzungsherrschaft zur Bundesrepublik. Stationen einer Staatsgründung 1946–1949*, Frankfurt am Main 1984; Hans Möller, *Die westdeutsche Währunsgreform 1948*, in: Deutsche Bundesbank (Hrsg.), *Währung und Wirtschaft in Deutschland 1876–1975*, Frankfurt am Main 1976, S. 433–483; Eckhard Wandel, *Die Rekonstruktion des westdeutschen Geld- und Währungssystems 1945–1949 unter Berücksichtigung der amerikanischen Besatzungspolitik* (= Schriftenreihe des Instituts für bankhistorische Forschung, Bd. 3), Frankfurt am Main 1980.

[169] Michael W. Wolff, *Die Währungsreform in Berlin 1948–1949* (= Veröffentlichungen der Historischen Kommission zu Berlin, Bd. 77), Berlin-New York 1991.

[170] Ostdeutsche Veröffentlichungen dokumentieren zwar den währungstechnischen Ablauf der Reform, können die Hintergründe aber nicht erhellen. Vgl. Peter Schmidt, *Die Rolle der Banken, des Kredits und des Geldes bei der Schaffung der Grundlagen des Sozialismus in der DDR 1948 bis 1952*, Maschinenschrift, Wirtschaftswissenschaftl. Diss., Humboldt-Universität zu Berlin, Berlin 1979; Rolf Badstübner u. a., *Deutsche Geschichte*, Bd. 9, Berlin 1989, S. 357 f.

zeitig vollzog sich ein Paradigmenwechsel, zumindest in der amerikanischen Politik. Das bisherige Ziel, eine gemeinsame Währungs- und Wirtschaftsordnung in allen deutschen Besatzungszonen, wurde aufgegeben. Dafür gab es zwei Gründe: Einerseits wurde nicht mehr erwartet, daß im Kontrollrat in nächster Zeit Einigung erzielt werden könnte, andererseits gab es Bedenken, die Sowjetunion könne mit Hilfe einer einheitlichen Währung die zukünftige wirtschaftliche Entwicklung in den Westzonen in einem solchen Maße beeinflussen, daß die Durchsetzung der von den Westmächten in London entworfenen Grundsätze verhindert werden würde.[171]

Die wenigen erhaltenen Quellen lassen allerdings vermuten, daß die Kompromißbereitschaft der russischen Vertreter unterschätzt wurde. Die SMAD erwartete zumindest noch am Anfang des Jahres 1948 eine Einigung der Mächte in der Währungsfrage. Am 28. Januar traf der Leiter der SMAD-Finanzabteilung, Maletin, mit Pieck zusammen, um ihm die sowjetische Politik zu erläutern. Da es nicht gelungen war, den Geldumlauf auf das Maß des Güterumlaufs einzuschränken, würde die Sowjetunion von ihrer bisherigen Politik abrücken, die darin bestand, die Reichsmark-Währung mit Maßnahmen zur Beseitigung des Notenüberhanges, also mit Bankenschließung, Kontensperre und kaufkraftreduzierender Steuergesetzgebung, zu stabilisieren. An die Stelle der Geldreform sollte die Einziehung des alten Geldes und sein Umtausch in neue Noten, also eine Währungsreform, treten. Zur Vorbereitung, Durchführung und späteren Sicherung einer einheitlichen Finanz-, Geld- und Währungspolitik sollten zwei gesamtdeutsche Institutionen gebildet werden, eine Zentrale Deutsche Finanzverwaltung und eine Gesamtdeutsche Bank, die nur als Notenbank fungieren und keine Handelsgeschäfte abwickeln sollte. Die SMAD erwartete einen allgemeinen Umtauschkurs von 10 : 1. Sie hatte übrigens ursprünglich 20 : 1 gefordert, war damit aber bereits in der eigenen Zone auf Widerstand gestoßen. Durch die Reform sollten 10 Prozent der umlaufenden Reichsmark sofort 10 : 1 umgetauscht, 20 Prozent 20 : 1 umgestellt und blockiert und schließlich 70 Prozent annulliert werden. Die Währungsreform sollte von Geld- und Sachwertabgaben als Grundlage für einen Lastenausgleich begleitet werden. Von der Einführung einer stabilen

171 Vgl. M. W. Wolff, *Die Währungsreform in Berlin...*, S. 18.

Währung wurden die Steigerung der Produktion und eine Verbesserung des Warenangebots erwartet.[172]

Der Paradigmenwechsel in der sowjetischen Politik vollzog sich also wahrscheinlich erst im Februar/März 1948. In diesem Zusammenhang ist auch die Übertragung von Gesetzgebungsbefugnisssen an die DWK am 12. Februar einzuordnen. Nach dem Auszug von Sokolowski aus dem Kontrollrat am 20. März 1948 zielten die in der SBZ eingeleiteten geld-, währungs- und wirtschaftspolitischen Maßnahmen, wie zum Beispiel der Planungsbeginn für die Gründung einer Deutschen Emissions- und Girobank am 24. Februar, auf die Durchführung einer separaten Währungsreform als Voraussetzung für eine Beschleunigung der wirtschaftlichen Transformationsprozesse ab.

Obwohl also die unterschiedlichen Interessen der Westalliierten und der UdSSR kaum eine andere Möglichkeit als die Spaltung Deutschlands in zwei Währungsgebiete zuließen, war die Situation hinsichtlich Berlins anders. Nach alliierten Vorstellungen gab es drei Möglichkeiten, die Währungsfrage für Berlin zu lösen:

1. Die Teilnahme aller Sektoren an der Währungsreform der sowjetischen Zone.
2. Die Einbindung der Westsektoren in das Währungsgebiet der westlichen Besatzungszonen.
3. Die Einführung einer speziellen Berlin-Währung, der sogenannten Bärenmark, in ganz Berlin.

Während die sowjetische Seite das Ziel verfolgte, die neue Währung der SBZ auch in allen Sektoren von Groß-Berlin als alleiniges gesetzliches Zahlungsmittel einzuführen, war die Haltung der Westmächte nicht eindeutig. Unter bestimmten Voraussetzungen hätten sie sogar einer Beteiligung der Westsektoren an der SBZ-Währungsreform zugestimmt. Da die sowjetische Seite diese Vorschläge aber ablehnte – sie liefen im Kern darauf hinaus, daß die Währungsgesetze der SBZ in Berlin nicht gelten und die in der Stadt umlaufende DM (Ost) von allen vier Mächten kontrolliert werden sollte –, wurden sie fallengelassen. Aber auch eine Separatlösung für die Westsektoren stieß auf Bedenken, weil sie technisch schwierig und mit nachhaltigen Folgen für die wirtschaftliche Entwicklung Berlins und die Einheit der Stadtverwaltung verbunden war. Das Bärenmark-

[172] Vgl. Handschriftliche Protokollnotizen von Wilhelm Pieck, NL 36, Nr. 690, Bl. 35 ff., STAPMO, ZPA.

Konzept, mit dem in Deutschland faktisch ein drittes Währungsgebiet entstanden wäre, wurde aus ähnlichen Gründen verworfen. [173] Die Alliierten konnten sich also auf kein gemeinsames Vorgehen in Berlin einigen.

Die Vorstellungen Berliner Politiker waren ebenso vielfältig. Während sich Ernst Reuter für eine wirtschafts- und währungspolitische Einbeziehung der Westsektoren in die westlichen Besatzungszonen einsetzte, forderten die SPD-Fraktion der Stadtverordnetenversammlung und Teile der LDP die Erhaltung der Währungseinheit Berlins, eventuell auch durch eine eigene Berlin-Währung. Die SED verlangte die Einführung der DM (Ost) in allen Sektoren. Die Berliner CDU sprach sich vor dem Hintergrund der engen Verflechtung der Sektoren mit beiden Währungsgebieten für ein Nebeneinander der Währungen aus.[174]

Als sich mit dem Beginn der Währungsreform in den Westzonen die Lage um Berlin zuspitzte, wurde das Finanzdirektorat des Alliierten Kontrollrats aktiviert. Es trat am 22. Juni 1948 im Kontrollratsgebäude zusammen. Dort wurde von den Vertretern der Westmächte ein letzter Kompromiß angeboten, sie „signalisierten (erneut – F. Z.) die Bereitschaft, die DM (Ost) auch in den Westsektoren Berlins als alleiniges gesetzliches Zahlungsmittel zuzulassen. Allerdings sollten die Währungsgesetze der SMAD nicht unmittelbar in Berlin zur Anwendung kommen, sondern, dem Berlin-Status entsprechend, von der Alliierten Kommandatura in Berlin in Kraft gesetzt werden."[175]

Jede Variante, die von einer einheitlichen Währung in allen Sektoren ausging, konnte nur dann Bestand haben, wenn sich die vier Kommandanten auf eine einheitliche Wirtschafts- und Währungspolitik in Berlin einigen würden. Da eine solche Übereinkunft wenig realistisch war, begann mit der Währungsreform der dramatischste und vorerst letzte Abschnitt gemeinsamer Berliner Finanzpolitik.

Auswirkungen auf Finanzstatus und Finanzpolitik

Mit dem Befehl Nr. 111 der SMAD und einer Verordnung der DWK wurde in der SBZ die Währungsreform eingeleitet, die sich auch auf Berlin erstrecken sollte. Am Abend des 22. Juni 1948, wenige Stun-

[173] Vgl. M. W. Wolff, *Die Währungsreform in Berlin...*, S. 23 f.
[174] Vgl. *a. a. O.*, S. 42 f.
[175] Vgl. *a. a. O.*, S. 63.

den vor dem Inkrafttreten der Währungsgesetze, erhielt die amtierende Oberbürgermeisterin Louise Schroeder ein Schreiben des Stabschefs der sowjetischen Streitkräfte, in dem ihr die Befehle und Weisungen zur Einführung der Ost-Währung in Groß-Berlin zur Kenntnis gegeben wurden. Danach sollten die Währungsgesetze der SBZ am 23. Juni um 6.00 Uhr auch in allen Sektoren von Groß-Berlin in Kraft treten.[176] Der Beginn des Umtauschs von Reichsmark in mit einem Spezialkupon beklebte Reichsbanknoten (neue Geldzeichen standen noch nicht zur Verfügung) hätte am 24. Juni begonnen. Damit wäre Groß-Berlin nicht nur Bestandteil des Währungssystems der SBZ geworden. Es war darüber hinaus anzunehmen, daß die Währungsfrage am Anfang einer vollständigen Angleichung der wirtschafts- und ordnungspolitischen Verhältnisse der Westsektoren an die im sowjetischen Sektor herrschenden stehen würde.

Der Magistrat befand sich in einer schwierigen Lage. Einerseits konnten die aus der Einführung der Währung der SBZ zu erwartenden Folgen für Berlin nicht akzeptiert werden, andererseits hätte auch eine währungspolitische Spaltung der Stadt erhebliche Negativwirkungen für Wirtschaft und Verwaltung gehabt. Mit einer Erklärung der westlichen Stadtkommandanten vom 23. Juni 1948 wurde der Stadtverwaltung die Entscheidung jedoch abgenommen. Die russischen Befehle sollten im amerikanischen, britischen und französischen Sektor als ungültig angesehen werden.[177] Der Magistrat konnte daher feststellen, „daß Befehle einzelner Sektorenkommandanten nach Artikel 36 der Vorläufigen Verfassung von Groß-Berlin nur für

[176] Das Schreiben im Wortlaut: „Ich schicke Ihnen zur strikten Durchführung den Befehl Nr. 111 des Obersten Chefs der Sowjetischen Militäradministration in Deutschland, des Oberbefehlshabers der Gruppe der Sowjetischen Besatzungstruppen in Deutschland, Marschall der Sowjetunion Sokolowsky, über die Durchführung der Währungsreform in der Sowjetischen Besatzungszone und im Gebiet von Groß-Berlin sowie die vom Obersten Chef der Sowjetischen Militäradministration in Deutschland bestätigte Verordnung über die Währungsreform, die von der Deutschen Wirtschaftskommission angenommen wurde, nebst spezieller technischer Durchführungsbestimmungen. Die in diesen Dokumenten enthaltenen Vorschriften sind am 23. Juni 6 Uhr zu veröffentlichen und im gesamten Gebiet von Groß-Berlin unverzüglich in Kraft zu setzen." Vgl. Rep. 100, Nr. 820, Bl. 87, LAB, STA.

[177] Auch hier der Wortlaut: „Diese sowjetischen Befehle widersprechen dem Viermächteabkommen über die Viermächteverwaltung von Groß-Berlin. In den französischen, britischen und amerikanischen Sektoren sind diese Befehle null und nichtig und finden keine Anwendung auf die Einwohner der französischen, britischen und amerikanischen Sektoren von Berlin." Vgl. *a. a. O.*, Bl. 85.

den betreffenden Sektor von Groß-Berlin gedacht sein können". Da jedes andere Verfahren zu abweichenden oder entgegengesetzten Anordnungen im gleichen Sektor geführt hätte, wurden alle Magistratsdienststellen angewiesen, Anordnungen einzelner Sektorenkommandanten nur in dem Sektor zu befolgen, der dem betreffenden Kommandanten unterstellt war.

Erste Notmaßnahmen des Magistrats dienten der Verhinderung eines währungspolitischen Chaos. Die Banken und die Geschäfte mußten schließen, der Schuldendienst wurde eingestellt. Um die Versorgung der Bevölkerung mit lebenswichtigen Gütern aufrechterhalten zu können, waren jedoch Lebensmittelgeschäfte und Apotheken weiter offenzuhalten. Sie sollten ihre Waren wie bisher zu den üblichen Preisen in Reichsmark verkaufen. Außerdem wurde die „erforderliche Vorkehr ... getroffen, um in den französischen, britischen und amerikanischen Sektoren von Groß-Berlin die neue Währung, die in den betreffenden Besatzungszonen Deutschlands gültig ist, einzuführen".[178] Bereits in der Nacht vom 22. auf dem 23. Juni 1948 erhielt der Magistrat die ersten Hinweise auf den Beginn der Blockade. Die Abteilung Wirtschaft teilte mit, daß der „Personenverkehr mittels Eisenbahn und Omnibus nach und von den Westzonen eingestellt" und der Güterverkehr zum Erliegen gekommen sei.[179]

Am 23. Juni signalisierten die westlichen Stadtkommandanten, daß die Währungsgesetze der Westmächte auch in den Westsektoren in Kraft gesetzt würden.[180] Amerikanische Militärflieger brachten im Rahmen der bereits von den Westzonen bekannten Operation „Birddog" das für eventuelle Währungsmaßnahmen benötigte Bargeld nach Berlin. Auf diesem Weg wurden ca. 200 Mio. DM (West) von Frankfurt am Main nach Berlin transportiert.[181] Am 24. Juni wurde schließlich die alliierte „Verordnung zur Neuordnung des Geldwesens" erlassen und damit eine rechtliche Grundlage für die In-Kurs-Setzung der Deutschen Mark der Bank Deutscher Länder (DM [West]) in West-Berlin geschaffen. Die Scheine erhielten zunächst einen B-Stempel, später eine entsprechende Perforierung, um ihren Rückfluß nach Westdeutschland messen zu können. Seit dem

178 Vgl. *Protokolle der 99. und 101. (außerordentlichen) Magistratssitzung vom 22. und 23. Juni 1948*, in: Rep. 100, Nr. 821, Bl. 1 ff., LAB, STA.

179 Vgl. *a. a. O.*, Bl. 91.

180 Vgl. *ebda.*

181 Vgl. M. W. Wolff, *Die Währungsreform in Berlin...*, S. 75.

25. Juni 1948 waren sie in den westlichen Besatzungssektoren als gesetzliches Zahlungsmittel in Umlauf.

Damit war die Berliner Währungsfrage aber keinesweges gelöst. Während nämlich in den westlichen Besatzungszonen die DM (West) einziges gesetzliches Zahlungsmittel war, begann in Berlin ein mehrere Monate andauernder Währungsdualismus. Am 25. Juni 1948 hatte der Magistrat den Sektorenkommandanten vorgeschlagen, „daß die Wertzeichen beider Währungsarten im gesamten Stadtgebiet nebeneinander als gleichberechtigte gesetzliche Zahlungsmittel gelten" sollten.[182] Dem entsprachen die westalliierten Verordnungen. In den Westsektoren erhielten die DM (West) und die DM (Ost) einen relativ gleichberechtigten Status. Nach den Ziffern 2b und 4c der Währungsverordnung herrschte grundsätzlich für alle Geschäfte Vertragsfreiheit, Zahlungen konnten in beiden Währungen vereinbart werden.[183] Bei bestimmten Gütern für den täglichen Bedarf ebenso wie bei Mieten, öffentlichen Leistungen und Steuern mußte die Annahme von DM (Ost) zum Kurs eins zu eins akzeptiert werden. Im Gegensatz dazu war die SMAD jedoch nicht bereit, das Umlaufverbot von DM (West) im sowjetischen Sektor aufzuheben. Der Besitz der westlichen Währung blieb dort strafbar. Übrigens hat die SMAD auf den Antrag des Magistrats zur Gleichstellung beider Währungen in der Gesamtstadt nach einer Mitteilung an die Stadtverordnetenversammlung vom 22. November 1948 niemals geantwortet.[184]

Die ursprüngliche Vorstellung des Magistrats bestand darin, die Haushaltswirtschaft in allen Sektoren in einer Währung weiterzuführen. Das war auch deshalb notwendig, weil der in Berlin umlaufende Anteil von DM (West) noch außerordentlich gering war und höchstens 10 bis 25 Prozent des gesamten Geldumlaufs erreichte.[185] Daher wurden folgende Grundsätze für die Finanzgebarung aufgestellt:

1. Die gesamte öffentliche Wirtschaft einschließlich der Eigenbetriebe und der öffentlichen Hand wird wie vor der Gelderneuerung einheitlich in einer Währung geführt.

[182] Vgl. *Protokoll der 102. (außerordentlichen) Magistratssitzung vom 25. Juni 1948*, in: Rep. 100, Nr. 822, Bl. 2, 69, LAB, STA.

[183] Vgl. M. W. Wolff, *Die Währungsreform in Berlin*..., S. 76.

[184] Vgl. *Protokoll der 102. (außerordentlichen) Magistratssitzung vom 25. Juni 1948*, in: Rep. 100, Nr. 822, Bl. 2, 69, LAB, STA.

[185] Vgl. M. W. Wolff, *Die Währungsreform in Berlin*..., S. 101.

2. Alle Einnahmen und Ausgaben der öffentlichen Hand werden in der im sowjetischen Sektor geltenden Währung verbucht, an einer Stelle (Stadthauptkasse und Berliner Stadtkontor) zusammengefaßt und nach den Festlegungen des Haushaltsplanes und der Wirtschaftspläne verwaltet.
3. Werden in den Westsektoren aufgrund der von den dortigen Militärverwaltungen erlassenen Bestimmungen DM (West)-Beträge eingenommen oder ausgegeben, sind sie durch eine nur diesen Militärregierungen unterstehende Stelle umzutauschen. Dabei ist nach dem Grundsatz zu verfahren: Eine DM (West) ist eine DM (Ost).[186]

Die finanzpolitische Lage spitzte sich jedoch schnell zu, weil sich die anfänglichen Hoffnungen auf positive Effekte einer Mischwährung nicht erfüllten. Verschiedene sowjetische Maßnahmen führten zu einer Schlechterstellung der Berliner Verwaltung und aller natürlichen und juristischen Personen, die ihre Konten im sowjetischen Sektor hatten. Ende Juni 1948 wies die Finanzabteilung der SMAD die Direktoren der Bankinstitute an, in bezug auf alle Konten im sowjetischen Sektor folgendermaßen zu verfahren: Laufende Konten des Magistrats und seiner Abteilungen waren „voll und ganz zu sperren", Konten von Schulen, Krankenhäusern und anderen Institutionen im sowjetischen Sektor sollten umbewertet werden, 10 Prozent des Kontenrestes nach Umbewertung wurden freigegeben. Hatte eine solche Einrichtung jedoch ihren Sitz in den Westsektoren, waren die Konten zwar umzubewerten, aber nicht freizugeben. Ebenso mußten Firmenkonten von Unternehmen aus den Westsektoren „voll und ganz" gesperrt werden. Eine Ausnahmeregelung konnte nur der Bevollmächtigte der Finanzverwaltung der SMAD erteilen. Im Gegensatz dazu waren die laufenden Konten von Treuhand- und sowjetischen Unternehmen sowie Parteien und Organisationen im sowjetischen Sektor 1 : 1 umgestellt worden. Von diesen Beträgen wurden 10 Prozent nach Bestätigung des Anspruchs der jeweiligen Einrichtung durch die Deutsche Notenbank freigegeben.[187]

Die kaum vermeidbaren Unzulänglichkeiten der Währungsordnung in Berlin und die in der Nacht vom 23. zum 24. Juni 1948 von der Moskauer Führung verhängte Blockade wirkten sich auf die wirt-

[186] Vgl. *Protokoll der 106. (außerordentlichen) Magistratssitzung vom 7. Juli 1948*, in: Rep. 100, Nr. 824, Bl. 2, LAB, STA.

[187] N 1, Nr. 5496, Bl. 117, BA (Abteilung Potsdam).

schaftliche Lage negativ aus. Außerdem begann DM (West) aus der Stadt abzufließen. Da sich bereits zu diesem Zeitpunkt eine Zunahme der Arbeitslosigkeit abzuzeichnen begann und ein weiterer drastischer Anstieg erwartet wurde, nahm die Bereitstellung öffentlicher Mittel für die Arbeitsbeschaffung einen zentralen Platz in der Finanzplanung ein. Die Arbeitslosen sollten produktiv eingesetzt, also mit öffentlichen Arbeiten betraut werden. Dafür waren zum Beispiel Trümmerbeseitigung, Instandsetzung von Straßen und Grünanlagen, Regulierung von Wasserläufen, forstwirtschaftliche Arbeiten und ähnliches vorgesehen.[188]

Der Magistrat versuchte, die ungünstige Finanzlage zunächst durch eine Veränderung der Rahmenbedingungen zu entschärfen. Mit einer Novellierung verschiedener Steuergesetze, zunächst für drei Monate, wurde der Grundsatz eingeführt, daß Umsatzsteuer, Lohnsteuer, und Kapitalertragsteuer in DM (West) für Einkünfte in DM (West) zu zahlen waren. Für DM (Ost)-Einkünfte konnten Steuern weiterhin in DM (Ost) entrichtet werden.[189] Am 30. Juni 1948 wurde von der Stadtverordnetenversammlung das Gesetz über die Kreditbank Berlin erlassen. Damit wurde das Berliner Stadtkontor in den Westsektoren ein selbständiges gemeinwirtschaftliches Unternehmen mit dem Namen Kreditbank von Berlin.[190]

Am 14. Juli 1948 mußte der Magistrat den Haushaltsnotstand verkünden. Daraufhin wurden die in einem solchen Fall üblichen Maßnahmen ergriffen: Alle Abteilungen der Hauptverwaltung, die Bezirksämter, die städtischen Eigenbetriebe und die städtischen und überwiegend städtischen Gesellschaften durften ab sofort keine neuen finanziellen Verpflichtungen eingehen. Nur in Sonderfällen konnten Ausnahmeanträge an die Hauptverwaltung gestellt werden, deren Genehmigung sich der Magistrat vorbehielt. Die Finanzabteilung wurde angehalten, die pünktliche Einziehung der Steuern zu garantieren, was allerdings aufgrund der sich rapide verschlechternden Wirtschaftslage kaum realistisch gewesen sein dürfte. Zur Überprüfung der Wirtschaftlichkeit der Verwaltung wurde eine Magistrats-

[188] Vgl. *Protokoll der 110. (ordentlichen) Magistratssitzung vom 14. Juli 1948*, in: Rep. 100, Nr. 825, Bl. 27, LAB, STA.

[189] Vgl. *Protokoll der 106. (außerordentlichen) Magistratssitzung vom 7. Juli 1948*, in: Rep. 100, Nr. 824, Bl. 71 ff., LAB, STA.

[190] Vgl. *Protokoll der 104. (ordentlichen) Magistratssitzung vom 30. Juni 1948*, in: Rep. 100, Nr. 823, Bl. 80 ff., LAB, STA.

kommission unter Leitung des Stadtkämmerers gebildet.[191] Die Abteilung Banken und Versicherungen und die Finanzabteilung erhielten außerdem den Auftrag, eine Magistratsvorlage zur Sicherung der öffentlichen Finanzwirtschaft von Groß-Berlin fertigzustellen.[192]

Am 3. August 1948 signalisierte das Direktorium der Deutschen Notenbank dem Magistrat, daß eine Lösung der Kontenfrage unter Umständen möglich sei. Berlin hätte jedoch weitgehenden Forderungen zustimmen müssen: Das Berliner Stadtkontor sollte der Deutschen Notenbank unterstellt werden. Diese würde den Bargeldumlauf in Groß-Berlin auf der Grundlage eines Betrages von nicht mehr als 300 Mio. DM (Ost) regeln, eingeschlossen die bereits im sowjetischen Sektor ausgegebenen Kupon-Mark-Bestände. Berlin müßte alle öffentlichen Ausgaben und Einnahmen in DM (Ost) bestreiten und die dafür erforderlichen Kontenbewegungen nur über das Stadtkontor abwickeln. Nach Erfüllung dieser Bedingungen würden die Konten der Stadt und der Eigenbetriebe, die 1 : 1 umgewertet und dann gesperrt wurden, wieder frei verfügbar sein. Der Notenbank sollte außerdem das Aufsichtsrecht über die Geldbewegungen sämtlicher Berliner Kreditinstitute, auch der in den Westsektoren gelegenen Banken, eingeräumt werden. Diese hätten den Teil ihrer Kassenbestände, der den normalen Bedarf überstieg, an die Notenbank abzuführen. Die Wechselstuben sollten unverzüglich geschlossen werden. Die in den Westsektoren ansässigen privaten Unternehmen, sonstigen Firmen, Gesellschaften und Organisationen könnten im Gegenzug über ihre gesperrten Konten frei verfügen, allerdings nur, wenn sie bereit wären, die Bestimmungen des Sekretariats der DWK über die Kassenhaltung und den bargeldlosen Zahlungsverkehr zu befolgen sowie ihren gesamten Zahlungs- und Überweisungsverkehr ausschließlich in DM (Ost) über Konten von Berliner Kreditinstituten abzuwickeln. Andernfalls könne eine Freigabe der Konten nur nach Prüfung durch die Geldkommission der Deutschen Notenbank erfolgen.[193]

[191] Vgl. *Protokoll der 110. (ordentlichen) Magistratssitzung vom 14. Juli 1948*, in: Rep. 100, Nr. 825, Bl. 63, LAB, STA.

[192] Vgl. *Protokoll der 112. (außerordentlichen) Magistratssitzung vom 21. Juli 1948*, in: Rep. 100, Nr. 826, Bl. 46, LAB, STA.

[193] Vgl. Rep. 100, Nr. 826, Bl. 186 f., LAB, STA.

Obwohl der Magistrat auf seiner nächsten Sitzung am 7. August 1948 zunächst vorsichtig zurückhaltend reagierte und erklärte, daß den in den Westsektoren liegenden Firmen nicht zugemutet werden könne, ihren Zahlungs- und Überweisungsverkehr ausschließlich nach den Vorschlägen der Deutschen Notenbank zu gestalten,[194] wurde den anderen Bedingungen am 18. August nach Konsultation mit den westlichen Stadtkommandanten weitestgehend zugestimmt. Sie wurden Bestandteil von vier währungspolitischen „essentials", die der Magistrat im Interesse der Einheit der Stadt formulierte:

1. Das Vertrauen in das Geld und die Banken muß durch freie Verfügbarkeit der Konten wiederhergestellt werden.
2. Die öffentlichen Mittel sind unter Beachtung höchster Sparsamkeit in folgender Reihenfolge zu verwenden: Löhne und Gehälter; Versorgung der öffentlichen Anstalten, Schulen etc. mit allen notwendigen Sachmitteln; Arbeitsbeschaffungsmaßnahmen; soziale Unterstützungsleistungen; Versorgungsbezüge und Pensionen; Hausbrandbeschaffung, sonstiger dringender Bedarf und – an letzter Stelle – Besatzungskosten.
3. Unter der Voraussetzung, daß Berlin über seine Guthaben verfügen kann, soll der Zahlungsverkehr nach folgenden Grundsätzen geregelt werden: Die öffentliche Hand (Verwaltung, Eigenbetriebe etc.) wirtschaftet in DM (Ost); der bargeldlose Zahlungsverkehr wird gefördert; es wird gewährleistet, daß die städtischen Kassen eingenommene Beträge an das Stadtkontor weiterleiten und selber nur unbedingt erforderliche Barbestände halten.
4. Sollten die unter 1. bis 3. genannten Maßnahmen nicht verwirklicht werden können, sei es, daß eine Besatzungsmacht die Durchführung des Haushaltsplanes und der Wirtschaftspläne nur auf einen Teil der Stadt oder nur auf bestimmte öffentliche Aufgaben beschränkt, oder sei es, daß die umgewerteten Guthaben nicht zur Verfügung stehen, soll in dem Teil Berlins, in dem die DM (Ost) nicht umlaufen darf, die Währung des betreffenden Teilgebiets möglichst ausschließlich zur Geltung kommen. Wenn notwendig, würde der Magistrat Not- oder Ersatzgeld einführen.[195]

Das Ziel der Finanzpolitik bestand also darin, den mit der Währungsreform begonnenen Spaltungsprozeß möglichst zu verlangsa-

[194] Vgl. *Protokoll der 115. (außerordentlichen) Magistratssitzung vom 7. August 1948*, in: Rep. 100, Nr. 827, Bl. 1, LAB, STA.

[195] Vgl. Rep. 100, Nr. 829, Bl. 46 ff., LAB, STA.

men und für Berlin günstigere Bedingungen zu schaffen. Die Akzeptanz der DM (Ost) wurde aber vom Konsens der Mächte abhängig gemacht, die nicht einseitig wirtschafts- und finanzpolitische Grundlagen in einem Sektor verändern sollten. Damit entsprach man im Prinzip den damaligen Vorstellungen der westlichen Alliierten.

Aus diesem Grund wurde bereits am 11. August 1948 der Mitarbeit des Stadtkämmerers und eines weiteren Magistratsmitgliedes (Bürgermeister Acker) in der Geldkommission der Deutschen Notenbank zugestimmt. Haas wurde außerdem als Mitglied der Währungskommission für die Westsektoren vorgeschlagen. Der Magistrat setzte eine Kommission zur Gestaltung der Berliner Finanzpolitik ein, der neben dem Kämmerer unter anderem Friedensburg und Reuter angehörten.[196]

Die Versuche des Magistrats blieben jedoch erfolglos. Der Kämmerer intervenierte in der Kontenfrage mehrmals bei der SMAD in Berlin-Karlshorst. Dort wurde ihm mitgeteilt, daß eine Umbewertung der städischen Konten erwogen werden könne, die Freigabe aber nicht in Frage komme. Daher konnten die Bestände nicht für die Lösung der finanziellen Probleme verwendet werden. Die finanzielle Lage der öffentlichen Hand hatte sich seit der Währungsreform verschlechtert:

- Die Steuereinnahmen waren zwischen Juli und September 1948 im Vergleich zum Vorjahr um 51 Prozent zurückgegangen (194 Mio. Mark beziehungsweise 390 Mio. Mark). Dabei war die Entwicklung bei den einzelnen Steuerarten unterschiedlich. Die Vermögensteuer sank am stärksten von 10,3 Mio. auf 2,9 Mio. oder um ca. 72 Prozent. Das Aufkommen aus der Lohnsteuer verringerte sich um ca. 55 Prozent von ehemals 106,4 Mio. auf 48,1 Mio. Nur das Tabaksteueraufkommen nahm zu, nämlich von 18,6 Mio. auf 35 Mio. oder um ca. 88 Prozent.
- Die Lage der Eigenbetriebe war unterschiedlich, ein Teil wurde defizitär, wie zum Beispiel die Gaswerke und die Behala, ein anderer Teil arbeitete weiter kostendeckend, darunter die BEWAG, die Wasserwerke und die Stadtgüter.
- Die Versicherungsanstalt (VAB) wirtschaftete nur mit DM (Ost), weil sie alle Beiträge in DM (Ost) erhielt und mit DM (West) nur ungenügend ausgestattet war.

[196] Vgl. *Protokoll der 117. (außerordentlichen) Magistratssitzung vom 11. August 1948*, in: Rep. 100, Nr. 828, Bl. 46 ff., LAB, STA.

– Die Anstalten und besonderen Einrichtungen mußten so geführt werden, daß sie von der Währungswirtschaft des jeweiligen Gebietes getragen werden konnten und möglichst wenig Zuschüsse in der jeweils anderen Währung benötigten.[197]

Vor diesem Hintergrund war es bereits seit September 1948 nicht mehr möglich, die einheitliche Haushaltswirtschaft in Groß-Berlin weiterzuführen. Den monatlichen Kassenwirtschaftsplänen lag zwar noch der Haushaltsplan für das Rechnungsjahr 1948/49 zugrunde, sie wurden aber nach Währungsgebieten getrennt aufgestellt. Bei der Hauptverwaltung einigte man sich darauf, nach dem Bevölkerungsschlüssel für 38 Prozent der persönlichen und Sachausgaben DM (Ost) und für 62 Prozent DM (West) zur Verfügung zu stellen. Dieses Verfahren wurde von den Besatzungsmächten geduldet. Die Bediensteten der Stadt erhielten in den Westsektoren 50 Prozent ihrer Bezüge in DM (West). Über den DM (West)-Bedarf mußte mit den westlichen Alliierten wöchentlich neu verhandelt werden.

Bereits im Oktober war das Haushaltsdefizit der Westsektoren auf 90 Mio. Mark angestiegen, im sowjetischen Sektor erreichte es eine nominelle Höhe von 9,4 Mio. Mark. Da diese relativ niedrige Zahl aber nur zustande gekommen war, weil die sowjetische Kommandantur den Ausweis der Besatzungskosten für ihren Sektor im Haushalt verboten hatte, ergab sich ein reales Defizit von ca. 20 Mio. Mark. Trotzdem war die Haushaltslage in den Westsektoren ungünstiger. Legt man die Verteilung der Wohnbevölkerung auf die beiden Währungsgebiete zugrunde (siehe oben), hätten bei annähernd gleicher Situation vom Gesamtdefizit 68 Mio. Mark auf die Westsektoren und 42 Mio. Mark auf den sowjetischen Sektor entfallen müssen. Da also keine vorausschauende Finanzplanung möglich war, schlug die Kämmerei vor, auf einen ordentlichen Haushaltsplan für das folgende Rechnungsjahr 1949/50 zu verzichten und vorübergehend mit Nothaushalten zu arbeiten, die sich am Finanzbedarf des Jahres 1948 orientieren sollten.[198]

Wenig später, am 30. November 1948, wurde die Stadt in zwei verwaltungsrechtlich, ordnungs- und damit auch wirtschaftspolitisch verschiedene Teile gespalten. Der Ablauf des Staatsstreichs und die

[197] Vgl. *Bericht des Stadtkämmerers über die finanzielle Lage der Stadt in der 99. Sitzung des Hauptausschusses am 11. Oktober 1948*, in: Rep. 100, Nr. 828, Bl. 46 ff., LAB, STA.

[198] *Ebda.*

Zusammensetzung des Magistrats für den sowjetischen Sektor waren zuvor zwischen dem inneren Kreis der SED und der SMAD-Führung besprochen worden. Neben dem Oberbürgermeisterposten sollte die SED weitere Schlüsselressorts erhalten, darunter auch die Stadtkämmerei.[199]

Zusammenfassung

Als Folge von Kriegszerstörungen und des Zusammenbruchs des NS-Regimes veränderten sich die Rahmenbedingungen der Berliner Finanzpolitik. Die schwierige Situation der Wirtschaft führte zunächst zu einem Rückgang der öffentlichen Einnahmen, der durch Bankenschließung und Kontensperre noch verschärft wurde. Gleichzeitig mußte die öffentliche Hand Leistungen auf Anforderung der Besatzungsmächte erbringen und Aufgaben übernehmen, die bisher in der Kompetenz des Reiches oder des Freistaates Preußen lagen. Obwohl dafür neben den städtischen Steuern und Verwaltungseinnahmen auch die ehemaligen Reichs- und Staatssteuern zur Verfügung standen, genügten die Einnahmen im Jahr 1945 nicht zur Bedarfsdeckung. Berlin mußte zur Erhaltung der Liquidität Kredite bei den Besatzungsmächten aufnehmen. Zwischen Mai und Anfang Juli 1945 hatte die sowjetische Besatzungsmacht die alleinige Verantwortung in Berlin. In dieser Zeit setzte sie dieselbe Politik wie in ihrer Zone durch. Bestimmte Entwicklungen, vor allem auf dem Gebiet der Finanzpolitik und der öffentlichen Finanzen, verliefen daher annähernd parallel, jedoch ohne zwingende Auswirkungen auf die finanz- und wirtschaftspolitische Perspektive.

Anfang 1946 stabilisierte sich der Finanzstatus der öffentlichen Hand. Die öffentlichen Einnahmen reichten zur Bedarfsdeckung aus. Aufgrund der desolaten Währungsverhältnisse waren Haushaltsüberschüsse und wachsende städtische Guthaben jedoch kein verläßlicher Indikator für die finanzielle Leistungskraft Berlins. Trotzdem war ein Erholungsprozeß unübersehbar. Der Spielraum für eine gestaltende Finanzpolitik blieb infolge besatzungsrechtlicher Regelungen, der Einbindung der Sektoren in die Wirtschaft der jeweiligen Zonen und der Priorität der Kriegsfolgeausgaben gering. Dennoch

[199] Vgl. NL 36, Nr. 692, Bl. 263 ff., STAPMO, ZPA.

gelang es der Finanzverwaltung relativ schnell, Planungssicherheit in der Haushaltswirtschaft zu erreichen.

Wachsende Differenzen zwischen den westlichen Siegermächten und der Sowjetunion führten zum Beginn unterschiedlicher Entwicklungen in den Westsektoren und im sowjetischen Sektor. Nach den Wahlen zur Stadtverordnetenversammlung im Oktober 1946 verstärkte die SED-Führung den Versuch, Groß-Berlin, zumindest aber den sowjetischen Sektor, in die Transformationsprozesse einzubeziehen, die in der SBZ begonnen hatten. Unumkehrbare Veränderungen der Ordnung waren damit jedoch noch nicht verbunden. Erst mit dem Zerfall der Viermächteverwaltung und einem Paradigmenwechsel in der Deutschlandpolitik der Alliierten wurde die Gefahr der Spaltung Berlins in zwei Währungs- und Wirtschaftsgebiete akut. Die Einführung zweier Währungen stand am Beginn der Spaltung. Die Berliner Finanzpolitik konnte nur versuchen, die negativen Wirkungen der Währungsreform und der beginnenden Blockade der Westsektoren zu begrenzen und für einen gewissen Zeitraum eine einheitliche Verwaltung aufrechtzuerhalten. Die Spaltung aufhalten konnte sie jedoch nicht. Damit fokussierten sich in Berlin die Probleme der deutschen Nachkriegsgeschichte.

ZWEITES KAPITEL

Berlin (Ost) – „Hauptstadt der DDR" (1948/49–1961)

Scheinbare finanz- und haushaltspolitische Eigenständigkeit (1948/49–1952)

Vollzug der Spaltung

Die Spaltung der Stadtverwaltung am letzten Novembertag des Jahres 1948 war ein besonderer Einschnitt in die Berliner Nachkriegsgeschichte. Damit zerbrach die Hoffnung, trotz der bereits eingetretenen Veränderungen zwischen den Sektoren und unterschiedlicher Währungsgebiete im Prinzip gleiche Lebensverhältnisse in der gesamten Stadt zu erhalten. Die politische Lage in Berlin hatte sich seit der Währungsreform immer weiter zugespitzt.[1]

Die Ursache dafür lag nicht in erster Linie im Interessenkonflikt der Alliierten, sondern vielmehr in der Befürchtung der SED-Führung, bei den für Dezember 1948 vorgesehenen Wahlen zu einer neuen Stadtverordnetenversammlung zu unterliegen. Da die sowjetische Besatzungsmacht für diesen Fall ihren Einfluß in Berlin offenbar gefährdet sah, garantierte sie der vom Kreis um Pieck und Ulbricht ausgehenden Spaltungspolitik mit ihrer rechtlichen Autorität den Erfolg. Bereits im März 1948 war Stalin bei einem Treffen mit der SED-Führungsspitze in Moskau von dem zu erwartenden Ergebnis der bevorstehenden Berliner Wahlen unterrichtet worden. Pieck notierte sich für dieses Gespräch: „Jetzt Wahlen – ziemlich abgeschl."[2] Ob bereits zu diesem Zeitpunkt gestattet wurde, notfalls bis zum Äußersten zu gehen, läßt sich an Hand der Quellen nicht nachprüfen. Jedenfalls war die Situation in Berlin Gegenstand einer längeren Unterredung

[1] Die dramatische Entwicklung in Berlin wird ausführlich beschrieben und dokumentiert in: *Berliner Schicksal 1945–1952. Amtliche Berichte und Dokumente,* hrsg. im Auftrage des Senats von Berlin, Berlin 1952, S. 64 ff.

[2] Vgl. Nachlaß Wilhelm Pieck, NL 36, Nr. 695, Bl. 9, STAPMO, ZPA.

desselben Personenkreises in Moskau am 18. Dezember 1948. Dabei wurde die Verwaltungsspaltung jedoch noch nicht als Ausgangspunkt einer längeren Separatentwicklung beider Teile Berlins angesehen. Vielmehr verfolgte man das Ziel, die im sowjetischen Sektor herrschenden politischen und ökonomischen Verhältnisse auch auf die Westsektoren zu übertragen und damit Groß-Berlin vollständig in die SBZ zu integrieren.[3] Dafür sollte die Bevölkerung im Westen, deren Lebenslage sich infolge der Blockade dramatisch verschlechtert hatte, mit der Aussicht auf bessere Versorgung und sichere Arbeitsplätze gewonnen werden. In diesem Sinne war schon im „Drehbuch der Spaltung"[4] dem Oberbürgermeister aufgetragen worden, in einer Erklärung neben Sonderkonditionen für die Versorgung Ost-Berlins (Erhöhung der Brennstoff- und Stromkontingente) auch „Kohle für Kader und Alte in den westlichen Sektoren" zu versprechen.[5] Die dafür erforderlichen Güter und Leistungen sicherte die SMAD aus dem Aufkommen ihrer Zone zu, die besondere Versorgung Ost-Berlins begann. Vor diesem Hintergrund war die Spaltung der Stadtverwaltung nicht schlechthin ein Putsch, sondern ein konzeptionell und logistisch vorbereiteter Staatsstreich gegen die auf alliiertem Recht und Vorläufiger Verfassung basierenden konstitutionellen Verhältnisse in Berlin mit dem Ziel, eine starke Machtposition in einem Sektor als politisches Druckmittel für die Richtung der zukünftigen Entwicklung der Gesamtstadt zu nutzen. Obwohl hier nicht der Platz ist, die Berlin-Politik der sowjetischen Führung zu referieren, darf nicht unerwähnt bleiben, daß man in Moskau zumindest bis zum Beginn der fünfziger Jahre bereit war, unter bestimmten Voraussetzungen die Spaltung zu beenden und die SED-Führung samt Ost-

[3] Vgl. *ebda.*

[4] Das „Drehbuch der Spaltung" datiert vom 27. November 1947. Neben der Verteilung der Ämter für die neue Ost-Verwaltung wurde darin der zeitliche Ablauf der Ereignisse bis zum 1. Dezember 1948 festgelegt. Interessanterweise hatte man übrigens zunächst vor, am 1. Dezember im Neuen Stadthaus eine „Stadtverordnetenversammlung" von 130 bis 150 Personen (SED-Stadtverordnete, Bezirksverordnete und Betriebsdelegationen) einzuberufen. Da aber von russischer Seite befürchtet wurde, daß zu diesem Termin die anderen Fraktionen des gewählten Parlaments erscheinen und die Staatsstreichler überstimmen könnten, erhöhte man die Sollzahl der Teilnehmer auf 2.200. Diese sollten sich nun einen Tag früher im Admiralspalast versammeln. Vgl. Nachlaß Wilhelm Pieck, NL 36, Nr. 692, Bl. 263 ff., STAPMO, ZPA.

[5] *A. a. O.*, Bl. 265.

Magistrat fallenzulassen.[6] Allerdings sind diese Vorschläge zwischen den Siegermächten nicht ernsthaft erörtert worden und ohne genaue Kenntnis noch immer unzugänglicher russischer Archivquellen wohl auch nicht verläßlich zu bewerten. Jedenfalls mußte der Verwaltung in Ost-Berlin bewußt sein, daß ihre von der SMAD verliehene Macht eventuell nur Übergangscharakter haben könnte.

Wohl aus diesen Gründen wurde auch auf dem Gebiet der Finanz- und Haushaltspolitik die Fiktion eines besonderen Berlin-Status für den Ostteil der Stadt aufrechterhalten. Bis zum Beginn des Rechnungsjahres 1953 war Ost-Berlin *de jure* nicht am zentralen Haushalt der DWK beziehungsweise der DDR beteiligt. Gesetze und Verordnungen, die vom Sekretariat oder der Vollversammlung der DWK, ab Oktober 1949 von der DDR-Volkskammer oder der Regierung erlassen wurden, konnten erst in Kraft treten, nachdem der Magistrat ihre Gültigkeit für Ost-Berlin bestätigt hatte. In Wirklichkeit besaß die vom bisherigen Präsidenten des Landtages des Landes Mark Brandenburg, Friedrich Ebert jun., als Oberbürgermeister geführte Hauptverwaltung solche Freiräume jedoch nicht. Daß mit Ebert ein Mitglied des inneren Kreises des SED-Parteivorstands an die Spitze des Magistrats gestellt wurde, sicherte den Einfluß von SED-Führung und SMAD auf die Ost-Berliner Entwicklung auch ohne ständige Kontrolle oder auffällige Einflußnahme. Außerdem existierten in den ersten Jahren weder auf zentraler noch auf Bezirksebene wie auch immer gewählte Volksvertretungen. Die Grundsätze der Politik, mithin auch

[6] Bereits am 11. Mai 1949 notierte Pieck anläßlich einer Unterredung mit Molotow, daß die Wiederaufnahme der Arbeit der Alliierten Kommandantur angestrebt, das Ende der Blockade in Aussicht gestellt und Neuwahlen in allen Sektoren, auch unter Preisgabe der bisherigen Macht der SED, nicht mehr ausgeschlossen würden. Allerdings wollte man auch die DM (Ost) als alleinige Währung in allen Sektoren einführen. Vgl. Nachlaß Wilhelm Pieck, NL 36, Nr. 695, Bl. 82 f., STAPMO, ZPA. Fast genau ein Jahr später, am 4. Mai 1950, wurde auf einer Beratung zwischen SED- und KPdSU-Führung in Moskau unter Anwesenheit von Stalin festgelegt, einen Vorschlag für gemeinsame Wahlen in Berlin zu unterbreiten. Die Rahmenbedigungen (Wiederherstellung des Status von 1946, einheitliche Verfassung, Kontrolle der Wahlen durch gesamtdeutsche und interalliierte Kommissionen, Einheitlichkeit der Berliner Verwaltung) waren eigentlich akzeptabel, wurden aber mit zwei „essentials" verknüpft. Nach den Wahlen sollten sich alle Besatzungsmächte aus Berlin zurückziehen und die Sektorengrenzen fortfallen. Erst bei einer Ablehnung dieses Vorschlags sollten in Ost-Berlin Separatwahlen nach dem für die DDR festgelegten Einheitslistenverfahren durchgeführt werden. Vgl. Nachlaß Wilhelm Pieck, NL 36, Nr. 696, Bl. 617, STAPMO, ZPA.

der Finanz-, Haushalts- und Wirtschaftspolitik, wurden also nur im kleinen Kreis der Mitglieder des Magistrats festgelegt, der Legislative und Exekutive zugleich war und sich selbst kontrollierte. Darüber hinaus fiel ihm sogar höchstrichterliche Entscheidungskompetenz zu, da er als Berufungsinstanz Urteile der Amts- und Landesgerichte sowie des Kammergerichts aufheben oder ändern konnte.[7] Damit war faktisch eine Verfassungslage hergestellt, die der herausgehobenen Stellung von Oberbürgermeister und Magistrat während der NS-Zeit entsprach. Auch jetzt war der Oberbürgermeister faktisch Ministerpräsident, sein Magistrat die Regierung und beide nur gebunden an die Weisungen von DWK beziehungsweise DDR-Regierung und Besatzungsmacht sowie an die politischen Vorgaben der SED-Führung. Daß dem Ost-Magistrat auch Mitglieder der anderen politischen Parteien angehörten, änderte daran nichts.

Um die Besonderheiten der Ost-Berliner Finanzpolitik einschätzen zu können, ist es erforderlich, zunächst den Blick auf die Entwicklung in der SBZ/DDR zu lenken.

Veränderungen in der Finanzverfassung der SBZ/DDR

Bis zum Jahr 1948 existierte in der SBZ die weitgehend föderal strukturierte, tradierte Finanzverfassung weiter. Die drei Finanzebenen (DZFV, Länder, Gemeinden) hatten nach anfänglichen Turbulenzen ihre Kompetenzen abgesteckt. Die Länder lehnten Zentralbehörden nicht *a priori* ab, sondern vertraten den Standpunkt, „daß die Zentrale nur Gesetze und Verordnungen über Fragen erlassen solle, die allgemein geregelt werden müßten".[8]

Bei der in der Literatur mehrfach aufgeworfenen Frage nach dem tatsächlichen Grad der Zentralisierung auf finanzpolitischem Gebiet muß die Verteilung der Steuereinnahmen (Reichsüberweisungssteuern, weitere Reichssteuern, Landes- und Gemeindesteuern) auf die Gebietskörperschaften untersucht und mit den Daten aus der Vorkriegszeit verglichen werden. In der Weimarer Republik konnten die Länder und Gemeinden durchschnittlich mehr als 50 Prozent des

[7] Die Protokolle der Magistratssitzungen sind für diese Zeit nahezu lückenlos dokumentiert und können im Landesarchiv Berlin, Stadtarchiv in der Rep. 100 eingesehen werden.

[8] LRS, MdF, Nr. 574, Bl. 1, SäHStA.

Gesamtsteueraufkommens zur Erfüllung ihrer Aufgaben verwenden (im Rechnungsjahr 1931/32 entfielen auf die Länder zum Beispiel 52,6 Prozent der Steuern, das Reich verfügte über 47,4 Prozent). Im Zusammenhang mit den rüstungs- und kriegswirtschaftlichen Maßnahmen des NS-Regimes veränderte sich das Verhältnis zuungunsten der Länder. Während 1936/37 57,3 Prozent der Steuern vom Reich und 42,7 Prozent von den Ländern und Gemeinden verbraucht wurden, erhob das Reich 1938/39 auf 67,7 Prozent und 1939/40 bereits auf 74,0 Prozent der gesamten Steuereinnahmen Anspruch. Der finanzpolitische Spielraum der Länder nahm kontinuierlich ab. Im ersten vollständigen Nachkriegshaushaltsjahr 1946 stellte sich das Verhältnis ähnlich dar (73,3 Prozent zu 26,7 Prozent). Die Ursachen werden in den unmittelbaren Kriegsfolgen zu suchen sein. Aber schon 1947/48 – für den zwischengeschobenen Quartalshaushalt I/1947 liegen keine vollständigen Angaben vor – verbesserte sich die Situation. Die DZFV erhielt als zuständige Zentralbehörde 55,7 Prozent der Steuern, die Länder erhielten 44,3 Prozent. Bereits im darauffolgenden Haushaltsjahr beschränkte sich die Zentrale auf 44,3 Prozent, die Länder erhielten 55,7 Prozent.[9] Auf dem Gebiet von Finanzverfassung und -verwaltung herrschte also nach kurzer Zeit wieder das in Weimar übliche Maß an Föderalismus und, vergleicht man die Kompetenzen von Reichsfinanzverwaltung und DZFV, sogar ein höheres. Obwohl der größte Teil der zentralisierten Steuern für Kriegsfolgelasten (Besatzungskosten, Reparationen, Barzahlungen an die SMAD etc.) ausgegeben wurde, dürften sie auch für die anderen Aufgaben der Zentralverwaltungen (zum Beispiel Postdienst, Verkehr) und für die personellen und sachlichen Ausgaben der Verwaltungen selbst verwendet worden sein. Das Problem bestand also nicht *a priori* in der Zentralisierung von öffentlichen Einnahmen, sondern in ihrer kriegsfolgebedingten Verwendung. Für andere Aufgaben standen sie dann nicht mehr zur Verfügung. Die Länder hatten zwar ebenfalls neue finanzpolitische Aufgaben übernommen, seit 1946 mußten sie

[9] Die Datenangaben basieren auf Berechnungen des Autors. Für das Deutsche Reich wurden zugrunde gelegt: E2, Nr. 484/2, BA, Abteilung Potsdam; Statistisches Reichsamt (Hrsg.), *Statistisches Jahrbuch für das Deutsche Reich*, 56. Jg. (1937), Berlin 1937. Für die SBZ/DDR: R. Meimberg/F. Rupp, *Die öffentlichen Finanzen...*, S. 27 ff.; OMGUS, ODI 7/26–3/6, o. Bl., BA Koblenz; H. Meyer, *Die Entwicklung des Haushaltswesens...*, S. 75; N1 (VS-Bestand), Nr. 7/921, o. Bl., BA, Abteilung Potsdam; Rep. K, MdF, Nr. 1604, Bl. 3 ff., Landesarchiv Sachsen-Anhalt (LASaA).

zum Beispiel Grundausstattungen der landeseigenen Unternehmen finanzieren und deren Verluste ausgleichen, im Prinzip blieben die tradierten Aufgaben der Finanzpolitik jedoch erhalten.

Im Laufe des Jahres 1948 änderte sich die Situation für die ostdeutsche Finanzpolitik. Die Brüche begannen zunächst auf zentraler Ebene. Das Verhältnis des Sekretariats der DWK zur HVF (ehemals DZFV) wurde außerordentlich belastet. Grundsätzliche Meinungsverschiedenheiten zwischen den Funktionären auf der einen und den Fachleuten auf der anderen Seite nahmen zu. Die öffentlichen Finanzen und die Finanzpolitik machten einen Wandel durch.[10] Die Aufgabe der Finanzpolitik sollte nunmehr vorrangig darin bestehen, Mittel zur Durchsetzung der Gesamtpolitik der SED-Führung, insbesondere aber der Wirtschaftspolitik, zu sein. Das wäre an sich unspektakulär, wenn dieses Konstrukt nicht zwei genetische Fehler aufgewiesen hätte: 1. Verschiedene Äußerungen ostdeutscher Politiker aus der Entstehungszeit der ostdeutschen Finanzverfassung belegen, daß die Regulativfunktion der Finanzen nahezu völlig mißachtet wurde und die Finanzpolitik deswegen sehr früh in der allgemeinen Wirtschaftspolitik aufzugehen begann. Beispielsweise vertrat Heinrich Rau die Auffassung, daß die DWK die Möglichkeit haben muß, „die Finanzpolitik nach den Erfordernissen der Wirtschaft zu beeinflussen, wenn die DWK-Arbeit von Erfolg sein soll ... Die Finanzverwaltung hat ihre eigene Geschichte. Auch die heutige Finanzverwaltung verkannte ihre Rolle und verharrt in ihrer Tradition, Herrscherin über die Wirtschaft zu sein."[11] Fritz Selbmann kleidete seine Auffassung in eine rhetorische Frage: „Wird Wirtschaftspolitik als Gesichtspunkt der Finanzpolitik gemacht oder soll Finanzpolitik der Wirtschaft dienen? Welche Rolle soll das Geld spielen, soll es der Wirtschaft dienen oder sie beherrschen?"[12] Maßgeblich aus diesem Grund wurden, wie am Ost-Berliner Beispiel noch ausführlich erläutert wird, die öffentlichen Einnahmen aus allgemeinpolitischen oder wirtschaftspolitischen Erwägungen unter weitgehendem Verzicht auf Effizienz verwendet. 2. Einer derartig instrumentalisierten Finanzpolitik wurde die Möglichkeit genommen, anhand der Analyse von finanz- und wirtschaftsstatistischen Daten den Erfolg von Partei- oder staatlichen Entscheidungen zu hinterfragen, sie zu bewerten oder

[10] N1, Nr. 2539, o. Bl., BA, Abteilung Potsdam.
[11] *Ebda.*
[12] *Ebda.*

grundsätzlich in Frage zu stellen. Anfänglich hatten die Finanzverwaltungen und Banken in der SBZ mangelnden finanzpolitischen Sachverstand oder Inkonsequenz sogar bei einigen Maßnahmen der Besatzungsmacht kritisieren können, ohne damit in existentielle Bedrohung zu geraten. Das änderte sich jedoch in dem Maße, wie die Sonderentwicklung Ostdeutschlands beschleunigt wurde. Die zum großen Teil sachliche Kritik der Finanzverwaltungen wurde in vielen Fällen als Versuch mißverstanden, die Machtfrage anders entscheiden zu wollen. Auseinandersetzungen und Personalsäuberungswellen setzten 1948 auf zentraler Ebene ein und wurden bis zum Ende der fünfziger Jahre auf Banken und regionale Verwaltungen ausgedehnt.[13] Dieses Demokratiedefizit, das gewissermaßen folgerichtig mit der Geheimhaltung von Daten verbunden wurde, bewirkte eine Deformation der Finanzverfassung bereits zum Zeitpunkt ihres Enstehens.

Die für die Transformation der Finanzverfassung Ostdeutschlands entscheidenden Veränderungen wurden Ende 1948 in zwei Etappen zwischen SED-Führung und sowjetischer Seite vereinbart.

Im Ergebnis eines Gesprächs zwischen der HVF, deren Leitung in der Zwischenzeit das Mitglied der SED-Führung Willy Rumpf übernommen hatte, und der SMAD wurden die Kompetenzen auf finanz- und haushaltspolitischem Gebiet neu geregelt. Ausgehend davon, daß es bisher „keine zentrale Zusammenfassung der 5 Länderhaushalte" gab, die Länder also lediglich überweisungspflichtig waren und dadurch der Gestaltungsspielraum der Zonenbehörden von Landtagsentscheidungen abhängig war, wurden folgende Festlegungen getroffen: Begrenzung der Haushaltsfunktionen der Länder und Legitimierung von Haushaltsfunktionen der DWK sowie deren Aufwertung im Rahmen der Finanzverfassung; Ausweitung der Finanzierungsaufgaben des Zonenhaushalts auf alle Einrichtungen von zonaler Bedeutung (VdgB, Handelsorganisation, Eisenbahn, Post, Universitäten, Bibliotheken, Polizei und andere); Übertragung des Rechts zur Steuererhebung aus der Zuständigkeit der Länder auf die DWK, und zwar in einem solchen Umfang, daß die zonalen Aufgaben aus dem zonalen Steueraufkommen finanziert werden könnten; Angleichung von Zonenhaushalt und Länderhaushalten (einge-

[13] Säuberungswellen gab es 1950 bei der Deutschen Notenbank und den Finanzministerien in Sachsen und Thüringen sowie 1954 und 1958 bei regionalen Finanzverwaltungen und Banken.

schlossen die Haushalte der kommunalen Verwaltungen) an die Wirtschaftspläne, das heißt Übereinstimmung von Haushaltsjahr und Kalenderjahr ab 1950 (für 1949 wurde die Vorschaltung eines neunmonatigen Rumpfhaushalts vereinbart); Bildung eines Zonenfinanzamtes mit Zuständigkeit für die staatseigenen Betriebe, soweit sie zonal verwaltet waren, und alle Einrichtungen von zonaler Bedeutung (Spiritusinspektion, Münze, Deutsche Investitionsbank, Deutsche Notenbank, Saatzuchtgesellschaften etc.); Vorbereitung einer Entscheidung darüber, ob das Zonenfinanzamt auch für private Körperschaften (Aktiengesellschaften und GmbH) zuständig sein und welche Rolle die alten Finanzämter im Rahmen der Steuerverfassung spielen sollten; schließlich Anpassung der Länderhaushalte an die Struktur des Zonenhaushalts. Die angestrebte Regelung wies zwar Parallelen zur Finanzverfassung der Weimarer Republik auf, das heißt an die Stelle der Abhängigkeit der Zone von den Ländern sollte die Abhängigkeit der Länder von der Zone treten und für die Ausstattung der Länderhaushalte mit den erforderlichen Mitteln war ein Finanzausgleich vorgesehen, sie definierte die öffentlichen Haushalte aber faktisch als Gesamtfinanzpläne der wirtschaftlichen Entwicklung in der jeweiligen Region. Daher sollten die Länder im Rahmen des Finanzausgleichs auch zunächst keine festen Überweisungen aus dem zentralen Haushalt erhalten, sondern prozentual am eigenen Steueraufkommen beteiligt werden, wobei für den Fall einer Übererfüllung der Wirtschaftspläne die Erhöhung der Überweisungsquote in Aussicht gestellt wurde.[14]

Bei dem bereits erwähnten Treffen der SED-Spitze mit Stalin im Dezember 1948 in Moskau wurde auch die künftige ostdeutsche Finanzverfassung besprochen. Einerseits wurde vor überstürzten Transformationen gewarnt: „... keine Enteignung, noch zu früh ... noch keine Volksdemokratie ... nicht gegen Gruppe von Besitzern vorgehen – nur gegen Einzelne, wenn diese Sabotage durch ökonomische Mittel ... Zick-Zack – opportunistische Politik zum Sozialismus." Andererseits wurde die SED-Führung ausführlich über die Grundlagen der sowjetischen Finanzpolitik und über die öffentliche Finanzwirtschaft einschließlich der Finanzwirtschaft der staatseigenen Wirtschaftsunternehmen informiert. So wurden die Finanzplanung der staatseigenen Wirtschaft, die Struktur der öffentlichen Ein-

[14] N 1, Nr. 2539, 1947–1951, o. Bl., BA, Abteilung Potsdam.

nahmen und Ausgaben im Staatshaushalt der UdSSR und die Grundsätze der Besteuerung erläutert. Inwiefern die russischen Ausführungen instruktiven Charakter hatten, kann auf der Grundlage der Quellen nicht völlig geklärt werden. Tatsache ist aber, daß die von Pieck notierten Schwerpunkte seit Beginn der fünfziger Jahre zur praktischen ostdeutschen Finanzpolitik wurden.[15]

Mit dem Rechnungsjahr 1950, das erstmals mit dem Kalenderjahr identisch war, hatten die ostdeutschen Länder ihre finanz- und haushaltspolitische Selbständigkeit *de facto* verloren. Die Steuern und Abgaben wurden, mit Ausnahme der Gemeindesteuern, zentralisiert. Aus dem zentralen Haushalt wurden den Ländern im Rahmen eines Finanzausgleichs Haushaltsmittel nach folgenden Regelungen zur Verfügung gestellt: 1. Das Aufkommen von Umsatzsteuer, Körperschaftsteuer und Gewerbesteuer der sogenannten volkseigenen Wirtschaft wurde denjenigen Gebietskörperschaften in voller Höhe überwiesen, in deren Haushalt die Finanzpläne der betreffenden Unternehmen einbezogen waren. 2. Vom Landesaufkommen der Verbrauchsteuern, Haushaltsaufschläge und Besitz- und Verkehrsteuern (mit Ausnahme der Lohnsteuer und der unter Punkt 1 genannten Steuerarten) wurden den Ländern jährlich neu festgesetzte Anteile zugesprochen. 3. Die strukturschwachen Länder Brandenburg und Mecklenburg-Vorpommern erhielten Sonderbeträge aus dem Haushalt der Republik. 4. Die Finanzministerien der Länder konnten 50 Prozent vom Landesaufkommen der Lohnsteuer an die Städte und Gemeinden verteilen. 5. Mit Ausnahme des finanzstarken Sachsen konnten die Länder für ihre Städte und Gemeinden Sonderzahlungen des zentralen Haushalts in Anspruch nehmen. 6. Über überplanmäßige Mehreinnahmen aus Steuern und Abgaben der örtlichen staatseigenen Wirtschaft durften die Gebietskörperschaften in vollem Umfange verfügen. Alle anderen Mehreinnahmen der öffentlichen Hand mußten bis auf einen Landesanteil von 5 Prozent an den zentralen Haushalt abgeführt werden.[16] Während die Länder nach dem alten Verfahren zwischen 50 und 55 Prozent der Steuern erhalten hatten, mußten sie sich jetzt mit einem reichlichen Viertel begnügen.

[15] *Ebda.*, Bl. 43.
[16] Vgl. N1, Nr. 2557, o. Bl., BA, Abteilung Potsdam.

TABELLE 22

Verteilung der Einnahmen aus Steuern und Abgaben auf die Finanzebenen in der SBZ/DDR (1949–1953, in Prozent)[17]

Jahr	Zentrale	Länder/Gemeinden
1949	43,3	56,7
1950	73,8	26,2
1951	72,7	27,3
1952	72,1	27,9
1953	73,5	26,5

Einerseits hatte die Zentrale viele ehemalige Länderaufgaben an sich gezogen, andererseits erfolgte mit der Einbeziehung der Finanzwirtschaft der staatseigenen Unternehmen in die öffentlichen Haushalte ein Bedeutungswandel von Haushaltswirtschaft und Finanzpolitik.

Die bisher gewahrte relative Eigenständigkeit der Finanzebenen war weggefallen. Bereits zwei Jahre vor der formalrechtlichen Abkehr vom föderalen Staatsaufbau waren die Länder nicht mehr in der Lage, eigenverantwortlich gestaltende Finanzpolitik zu betreiben. Die Transformation der ostdeutschen Finanzverfassung, die mit der Übertragung von Gesetzgebungsbefugnissen an die DWK begonnen hatte, wurde an der Wende von den vierziger zu den fünfziger Jahren abgeschlossen. Finanzpolitiker der Länder, die diese Entwicklung nicht mittragen wollten oder versuchten, sie mit demokratischen Spielregeln aufzuhalten, wurden aus ihren Positionen gedrängt und nicht selten Opfer von stalinistischen Verfolgungskampagnen und Schauprozessen.[18] Ende 1950 wurde schließlich das bis dahin gültige Reichshaushaltsrecht außer Kraft gesetzt. An die Stelle der Reichshaushaltsordnung (RHO) trat zunächst keine neue Rahmenordnung für den öffentlichen Gesamthaushalt. Vielmehr wurden in jedem Jahr neue Haushaltsrichtlinien erlassen. Die bisherigen Finanzebenen wurden durch den sogenannten einheitlichen Staatshaushalt ersetzt, der nach dem Einheits- und Schachtelprinzip aufgebaut war, das heißt, er bezog die Haushalte aller Gebietskörperschaften (Republik,

[17] Vgl. Anm. 9 (Quellenangaben für SBZ/DDR-Daten).

[18] Erwähnt werden sollen die Affäre um den sächsischen Finanzminister Gerhard Rohner, der die DDR nach massiven Anschuldigungen Anfang 1950 verlassen hatte, und der Schauprozeß, der im Dezember 1950 gegen Angestellte des Finanzministeriums Thüringens durchgeführt wurde. Vgl. F. Zschaler, *Zur Entwicklung einer zentralen Finanzverwaltung...*

Länder – ab 1953 Bezirke, Städte und Gemeinden), die der Anstalten und Körperschaften öffentlichen Rechts, der staatlichen Sozialversicherung und die Abgaben der beziehungsweise die Subventionen für die Staatsbetriebe ein (Einheitsprinzip). Alle Verwaltungsebenen waren in aufsteigender Hierarchie Bestandteil des Haushalts der nächsthöheren Ebene (Schachtelprinzip).

Die DDR-Gründung brachte auch auf dem Gebiet der Finanzpolitik zunächst keine wirkliche staatliche Souveränität. Die Staatshaushalte mußten der Finanzabteilung der Sowjetischen Kontrollkommission in Deutschland (SKKD) zur Bestätigung vorgelegt werden. Dabei gab die jetzt als Kontrollmacht fungierende ehemalige Besatzungsmacht dem DDR-Ministerrat direkte Anweisungen für Ergänzungen, Weglassungen oder Umstellungen in den Haushaltsplänen. Die Besprechungen mit dem SKKD-Chef Sokolowski waren folglich wichtiger als die Beratungen des Haushaltsausschusses der DDR-Volkskammer. Die Gesetzgebungsverfahren selbst verkamen vor diesem Hintergund zu sinnentleerten Hüllen eines in der Wirklichkeit nicht vorhandenen demokratischen Prozesses.[19]

Das mit der HVF der DWK personell weitgehend identische Ministerium der Finanzen wurde offiziell von einem nichtkommunistischen Politiker, dem Liberaldemokraten Hans Loch, geleitet. Tatsächlich lag die Regierungsverantwortung für die Finanzpolitik jedoch bei dem bereits erwähnten Willy Rumpf, der als Staatssekreträr für die Koordinierung der gesamten Finanzwirtschaft der mächtige Mann der DDR-Finanzverwaltung war.[20] Ihm oblag auch die Berichterstattung gegenüber der SED-Parteiführung, die quasi als Oberministerium alle wichtigen Vorlagen, darunter die Haushaltspläne, bestätigen mußte. Diese Schriftstücke wurden nicht über das Büro des Ministers, sondern über das des Staatssekretärs Rumpf weitergeleitet. Sie mußten durch den jeweiligen Hauptabteilungsleiter entworfen und bereits vorab mit einem Mitglied der SED-Führung besprochen werden. In allen Fällen, die das erforderten, war außerdem eine Stellungnahme der SKKD-Finanzabteilung einzuholen. Einmal wöchentlich wurden die Staatssekretäre über die Entscheidungen des SED-Zentralsekretariats informiert.[21]

[19] Vgl. N1, Nr. 2557, o. Bl., BA, Abteilung Potsdam.

[20] Seine Fachkompetenz schöpfte er übrigens aus einer Tätigkeit als Versicherungsvertreter in der Zwischenkriegszeit.

[21] Vgl. N1, Nr. 2562, o. Bl., BA, Abteilung Potsdam.

Es war also kaum zu vermuten, daß sich die Ost-Berliner Finanzpolitik außerhalb und unabhängig von der Entwicklung in der SBZ/DDR hätte vollziehen können.

Beginn der Ost-Berliner Finanzverwaltung, Anpassung an die DDR

Aufgaben und Struktur der Verwaltung

Auf seiner Sitzung am 1. Dezember 1948 legte der Ost-Magistrat die Aufgabenverteilung innerhalb der einzelnen Ressorts fest. Personalentscheidungen wurden nicht getroffen, da die Führungspositionen bereits von der SED-Führung im „Drehbuch der Spaltung"[22] besetzt worden waren. Als Leiter der Abteilung Finanzen und Stadtkämmerer fungierte zunächst der im Herbst 1948 entlassene Präsident der DZFV Henry Meyer.[23] Seine Aufgaben erstreckten sich auf Haushaltswirtschaft, Geldwesen, Kammerwesen, Finanzaufsicht, Steuern, Vermögens- und Schuldenverwaltung (darunter sequestrierte Vermögen), Liegenschaften, Besatzungskosten, Kriegs- und Nachkriegsschäden.[24] Wie im 1945 eingesetzten Magistrat wurde außerdem eine Abteilung Banken und Versicherungen gebildet. Ihre Leitung übernahm Stadtrat Bullerjahn.[25]

[22] Vgl. Anm. 4.

[23] Warum Meyer, der sich mit der Führung der DWK überworfen hatte, für das Ost-Berliner Amt vorgesehen war, läßt sich nicht mehr ermitteln. Wahrscheinlich werden seine ausgezeichneten Beziehungen zu Finanzfachleuten in den westlichen Besatzungszonen und den Westsektoren zumindest einer der Gründe dafür gewesen sein. Meyer nahm nur an wenigen Magistratssitzungen selber teil. Bereits an der Wende zum Jahr 1949 stand die Abteilung Finanzen faktisch unter der Leitung des Magistratsdirektors Martin Schmidt. Meyer trat am 23. Juni 1949 offiziell ohne Darlegung von Gründen zurück. Anschließend verliert sich seine Spur im Dunkeln.

[24] Vgl. *Protokoll der 1. (ordentlichen) Magistratssitzung vom 2. Dezember 1948,* in: Rep. 100, Nr. 833, Bl. 2 (RS.), LAB, STA.

[25] Über die Biographie Bullerjahns konnte leider nichts ermittelt werden.

TABELLE 23

Struktur der Abteilungen Finanzen und Banken/Versicherungen 1948[26]

Abteilung Finanzen	Abteilung Banken und Versicherungen
Kämmerei	Aufsichtsamt für Banken
Stadthauptkasse	Aufsichtsamt für Versicherungswesen
HA Finanzaufsicht	Wohnungsbaukreditanstalt
Hauptgrundstücksamt	Pfandleihanstalt
HA Kriegsschäden und Besatzungskosten	Stadtkontor
Zentral-Finanzamt und Finanzämter	Sparkassen

Die erste nachweisliche Aktivität des Kämmerers bestand in der Berichterstattung über die Kassenlage von Ost-Berlin auf der 4. Magistratssitzung am 8. Dezember 1948.[27] Da Berlin von der Währungsreform bis zur Spaltung seine Einnahmen und Ausgaben in DM (Ost) abgewickelt hatte und die Kontenführung über das Stadtkontor lief, standen genügend öffentliche Mittel zur Verfügung. Einen Nothaushalt, wie er in West-Berlin notwendig geworden war, hat es deshalb im Osten nicht gegeben.

Bereits am 28. April 1949 wurde der leitende Magistratsdirektor in der Abteilung Finanzen, Martin Schmidt, mit der Wahrnehmung des Kämmerer-Amtes beauftragt.[28] Ende Juni trat der bisherige Amtsinhaber unter bisher ungeklärten Umständen zurück. Ebert erwähnte in der Magistratssitzung vom 23. Juni 1949 zwar ein Schreiben von Meyer, dieses konnte aber im Unterschied zu anderen Rücktrittsgesuchen bisher nicht in den Akten gefunden werden. Am gleichen Tag erfolgte die Ernennung vom Martin Schmidt zum Stadtkämmerer.[29] Im Zuge einer Verwaltungsreform in der Hauptverwaltung wurde im Februar 1950 die Zahl der selbständigen Magistratsabteilungen von bisher 14 auf 10 gesenkt. In diesem Zusammenhang wurde die

[26] Vgl. Handschriftliche Notizen von Wilhelm Pieck, NL 36, Nr. 742, Bl. 55, STAPMO, ZPA.

[27] Vgl. *Protokoll der 4. (ordentlichen) Magistratssitzung vom 8. Dezember 1948,* in: Rep. 100, Nr. 833, Bl. 52, LAB, STA.

[28] Vgl. *Protokoll der 23. (ordentlichen) Magistratssitzung vom 28. April 1949,* in: Rep. 100, Nr. 837, o. Bl., LAB, STA.

[29] Vgl. *Protokoll der 31. (ordentlichen) Magistratssitzung vom 23. Juni 1949,* in: Rep. 100, Nr. 839, Bl. 131, LAB, STA.

Abteilung Banken und Versicherungen aufgelöst. Ihre Aufgaben gingen auf die Abteilung Finanzen über. Damit war in Ost-Berlin wieder eine Abteilung der Hauptverwaltung für das gesamte Finanzressort zuständig.[30]

Neuordnung der Institutionen, Anpassung an die finanzpolitischen Rahmenbedingungen der SBZ/DDR, Definition der Grundsätze und Ziele der Finanzpolitik

Die Finanzverwaltung mußte auf ihrem Gebiet vordringlich drei Aufgaben bewältigen. *Um die Spaltung von bisher Groß-Berliner Einrichtungen vollziehen zu können, hatte sie erstens die eigene Behörde und die Banken und Versicherungen neu zu ordnen.* Da sich sowohl der Sitz der Abteilung Finanzen des Magistrats als auch der größte Teil der Banken- und Versicherungszentralen im sowjetischen Sektor befand, waren die logistischen und strukturellen Veränderungen relativ unbedeutend. Nur bei den Finanzämtern mußten grundsätzliche Entscheidungen getroffen werden, da diese aus dem Verbund des Landesfinanzamts, das sich in West-Berlin befand, herausgelöst werden sollten. Daher gründete man im Dezember 1948 im Gebäude des Finanzamts Lichtenberg ein Zentralfinanzamt für Ost-Berlin, von dem die in den acht Ostbezirken fälligen Steuern und Abgaben erhoben und eingezogen wurden.[31]

Bei den übrigen Einrichtungen ging es hauptsächlich um Personalfragen. Während von den Mitarbeitern, die in den Westsektoren wohnten, in der Regel verlangt wurde, nach Ost-Berlin umzuziehen, drängte die politische Führung in einigen Institutionen auf einen generellen Wechsel im Management. Dieser vollzog sich nicht in jedem Fall automatisch mit der Verwaltungsspaltung. Gewissermaßen beispielhaft dafür war die Lage im Stadtkontor, dessen Direktor Görlich nicht sofort seinen Platz räumte und wegen seiner Fachkompetenz („kennt unsere Finanzlage besser als unsere eigenen Leute") sowie seiner guten Beziehungen zur amerikanischen Stadtkommandantur dem Ebert-Magistrat suspekt war. Außerdem wurde von ihm erwartet, daß er ohnehin bald in den Westen wechseln würde. In das

[30] Vgl. Rep. 101, Nr. 845, o. Bl., LAB, STA.

[31] Vgl. *Protokoll der 5. (ordentlichen) Magistratssitzung vom 16. Dezember 1948,* in: Rep. 100, Nr. 833, Bl. 102, LAB, STA.

Stadtkontor waren bereits vor der Spaltung SED-Funktionäre als Mitarbeiter eingeschleust worden. Neben dem Direktor Hellige, einem ehemaligen Leiter der Landesgenossenschaftsbank Brandenburg, arbeiteten die Leiter der Personal- und der Korrespondenzabteilung sowie des Direktionssekretariats nachweislich im Auftrag der Abteilung Wirtschaftspolitik des SED-Parteivorstands, der sie bei informellen Treffen Bericht erstatteten. Eine absolute Kontrolle der Geschäftsvorgänge in den von „bürgerlichen Spezialisten" geleiteten Abteilungen war aber trotzdem unmöglich. Daher wurde der Posten eines Hauptverwalters geschaffen, der auf dem Grundstück der Hauptfiliale des Stadtkontors wohnte und alle Ein- und Ausgänge von Geld und Akten überwachen konnte. Wenige Monate nach der Spaltung ging ein Teil der bisherigen Leitung des Stadtkontors nach West-Berlin.[32]

Das Stadtkontor mußte bereits 1949 *de facto* als Berliner Filiale der Deutschen Notenbank für Ost-Berlin dieselben Aufgaben übernehmen, die in den Ländern der SBZ von den Emissions- und Girobanken wahrgenommen wurden. Vom Reingewinn des Stadtkontors flossen daher 50 Prozent in zentrale Reservefonds, die verbliebenen 50 Prozent wurden an den Haushalt von Ost-Berlin abgeführt.[33] Die Verrechnung des Innerdeutschen Handels ging an die Notenbank über, die bisherige Sonderstellung des Stadtkontors war mit einer Ausnahme weggefallen. Die personell gut ausgestattete volkswirtschaftliche Abteilung hatte im Auftrage des Direktoriums der Deutschen Notenbank die Währungs- und Wirtschaftsentwicklung in West-Berlin zu analysieren (zum Beispiel Kursanalysen der DM [West], Handelsanalysen, Wirtschafts- und Marktbeobachtungsberichte) und Ost-West-Vergleiche durchzuführen (zum Beispiel Finanz- und Preisstatistiken). Bereits 1954 mußten diese Arbeiten eingestellt werden, ein Teil der Mitarbeiter wurde von der Deutschen Notenbank übernommen.[34]

Einziger Träger der Sozialversicherung war weiterhin die VAB. Seit 1950 wurde ihr Haushalt Bestandteil des Haushalts von Ost-Berlin. Das übrige Versicherungswesen wurde erst später neu geordnet. Mit Magistratsverordnung vom 1. Juli 1950 erfolgte die Zusammenlegung

[32] Vgl. IV L–2/6/304, o. Bl., STAPMO, ZPA.

[33] Vgl. *Protokoll der 66. (ordentlichen) Magistratssitzung vom 10. August 1954,* in: Rep. 100, Nr. 109, Bl. 397, LAB, STA.

[34] Der größte Teil der Papiere der volkswirtschaftlichen Abteilung konnte noch nicht gefunden werden. Vgl. N1, Nr. 4977, o. Bl., BA, Abteilung Potsdam.

der Berliner Eigenhilfe Gewerkschaftlich-Genossenschaftliche Sachwertversicherungs-A.G., Berliner Volksfürsorge Gewerkschaftlich-Genossenschaftliche Lebensversicherungs-AG, „Berolina" Allgemeine Versicherungsanstalt von Groß-Berlin Körperschaft des öffentlichen Rechts, Feuersozietät Groß Berlin und Lebensversicherungsanstalt Groß-Berlin zu einem neuen Unternehmen, der sogenannten Vereinigten Großberliner Versicherungsanstalt Körperschaft des öffentlichen Rechts. Der „Vereinigten" wurden alle im Ostteil Berlins befindlichen Vermögenswerte und Verbindlichkeiten der bisherigen Versicherungsunternehmen übertragen. Sie erhielt Vollmacht, weitere Versicherungen und deren Bestände zu übernehmen.[35] 1951 erhielt sie schließlich Schuldverschreibungen der Gebietskörperschaft Ost-Berlin als Gegenwert für die Vermögenswerte der enteigneten Versicherungsunternehmen, um übernommene Versicherungsverträge fortsetzen zu können. Für diese Schuldverschreibungen haftete das Vermögen von Ost-Berlin. Der bisher größte Versicherungskonzern in der Berliner Geschichte war entstanden.[36]

In Ost-Berlin mußten zweitens die gleichen rechtlichen Rahmenbedingungen für die Wirtschafts- und Finanzpolitik geschaffen werden wie in der SBZ. Die Verwirklichung dieses Ziels hatte höchste Priorität. Obwohl der Magistrat Normen setzte, die mit wenigen Veränderungen während der gesamten Spaltungszeit galten, also nachhaltig auf Wirtschaft und Gesellschaft wirkten, ging Entscheidungen kaum ein politischer Meinungsbildungsprozeß voraus. Da es keine gewählten Körperschaften gab und sich der Magistrat in allen grundsätzlichen Fragen als ausführendes Organ der politischen Führung der SBZ/DDR verstand, wurden die zunächst auch in Ost-Berlin weiter bestehenden Besonderheiten aus der Zeit vor der Spaltung liquidiert. In einem schnell verlaufenden Transformationsprozeß erfolgte die Angleichung an die Ordnung der SBZ/DDR.

Am 8. Februar 1949 wurde der größte Teil der Vermögen, die nach dem Scheitern des Sozialisierungsgesetzes von 1947 im sowjetischen Sektor noch unter Sequester standen, entschädigungslos enteignet und vom Berliner Magistrat in treuhänderische Verwaltung übernommen. Am 30. April 1949 entstanden bereits sieben Industriezweigverwaltungen (sogenannte Vereinigungen volkseigener Betriebe in Berlin – VVBB). Nach Berechnungen der Ost-Berliner Verwaltung ver-

[35] Vgl. Rep. 100, Nr. 849, Bl. 63 f., LAB, STA.

[36] Vgl. Rep. 100, Nr. 856, Bl. 100 ff., LAB, STA.

fügten diese Unternehmen über einen Kapitalstock in Höhe von ca. 180 Mio. DM (Ost). Die Übernahme in das Eigentum der öffentlichen Hand hatte zunächst eine neue Aufgabe für die Finanz- und Haushaltspolitik zur Folge. Um die bisher teilweise vernachlässigten Unternehmen „als leistungsfähige Glieder der Produktion in den Prozeß des Wiederaufbaus der Wirtschaft einzuschalten", mußten erhebliche Mittel aus dem Haushaltsplan 1949 als Kapitalausstattung zur Verfügung gestellt werden. Jedes Staatsunternehmen erhielt neben Zuschüssen für das Anlagekapital von der öffentlichen Hand Mittel, um die laufende Produktion in Gang halten zu können. Es wurde erwartet, daß dem Ost-Berliner Haushalt schon bald beträchtliche Summen aus den Unternehmensgewinnen zufließen würden.

Zunächst stellte Ost-Berlin aufgrund der „Verordnung über die Durchführung und Finanzierung des Investitionsplanes zum Volkswirtschaftsplan für 1949" den staatlichen Industriebetrieben Investitionsmittel nach Bedarf zur Verfügung. Dafür und für Wohnungs- und Gesellschaftsbau sowie Investitionen in wissenschaftlichen und kulturellen Einrichtungen wurden 1949 220 Mio. DM (Ost) bewilligt.[37] Da die Haushaltsplanung der frühen fünfziger Jahre mit vielen Unsicherheiten behaftet war, ist das Verhältnis dieser Summe zu den öffentlichen Gesamteinnahmen nicht verläßlich zu bewerten. Orientiert man sich am Ausweis der Haushaltsrechnung, lag der Anteil an den Einnahmen im Rechnungsjahr 1949 bei ca. 20 Prozent.

Mit dem Erlaß einer Verordnung über die Finanzwirtschaft der volkseigenen Betriebe wurden die DWK-Anordnungen zur Finanzplanung und zur Verknüpfung der Finanzpläne mit den öffentlichen Haushalten auch für Ost-Berlin in Kraft gesetzt. Die Staatsbetriebe hatten Übernahmebilanzen zum Stichtag des 1. April 1949 und Eröffnungsbilanzen bis zum 1. Januar 1950 aufzustellen. Mit der Wirtschafts- und Finanzplanung war sofort zu beginnen, über den Erfüllungsstand mußte den zuständigen Magistratsabteilungen vierteljährlich Bericht erstattet werden. Die Bewertung des Anlage- und Umlaufvermögens hatte nach den Richtlinien der Deutschen Treuhandstelle zu erfolgen, Inlandsschulden aus der Zeit vor dem 8. Mai 1945 wurden storniert, Auslandsschulden mußten in ein Auslandsschuldenverzeichnis übernommen werden, Forderungen wurden

[37] Vgl. *Protokoll der 29. (ordentlichen) Magistratssitzung vom 2. Juni 1949*, in: Rep. 100, Nr. 839, Bl. 17, LAB, STA.

hingegen ohne Terminbegrenzung in die Übernahmebilanz aufgenommen.[38]

Als Unternehmer verknüpfte der Staat seine Subventionen für die Wirtschaft aber nicht mit dem wirtschaftlichen Erfolg. In den Folgejahren entstanden der öffentlichen Hand, wie noch erläutert wird, durch Verlustausgleichszahlungen an staatliche Betriebe erhebliche überplanmäßige Mehrausgaben. Das als Volkseigentum bezeichnete Staatseigentum hatte neben seinem volkswirtschaftlichen vor allem einen hohen ordnungspolitischen Stellenwert. Die für Ost-Berlin übernommene DWK-Verordnung zum Schutz des Volkseigentums erlaubte es, kleine Verstöße – auch von privaten Vertragspartnern staatlicher Unternehmen – als Sabotage zu definieren und drakonisch zu bestrafen. Die SED-Landesleitung machte es daher der Verwaltung zur Auflage, bis zum 1. Juli 1949 Sabotageverfahren vorzubereiten und den Gerichten zur schnellen Entscheidung zu übergeben.[39]

Da die Deutsche Treuhandstelle zum 30. September 1949 abgewickelt wurde, entstand zur Verwaltung derjenigen sequestrierten Vermögen, über die noch keine Entscheidungen getroffen worden waren, bei der Finanzabteilung des Ostmagistrats eine „Verwaltungsstelle für Sondervermögen". Ihre Aufgabe bestand darin, diese Objekte durch Übertragung der Rechtsträgerschaft an die DWK, den Magistrat oder andere öffentliche Verwaltungen durch Verkauf oder durch Rückgabe zu veräußern.[40] Bereits im Vorfeld hatte der Magistrat am 18. August 1949 den „Austausch volkseigener Vermögenswerte zwischen Groß-Berlin und der SBZ" beschlossen. Das wurde damit begründet, daß „zur Erreichung der zweckmäßigsten Verwendung und Wirtschaftsführung volkseigener Vermögensobjekte in Groß-Berlin und in der SBZ ... die Zuständigkeit der Verwaltungsträger abgegrenzt werden" müsse. Tatsächlich ging es jedoch darum, die Schlüsselindustrien in die zentrale Wirtschaftsverwaltung der Zone zu überführen. Daher wurden die bisher von der Treuhandstelle als sequestrierte und beschlagnahmte Vermögen im sowjetischen Sektor treuhänderisch verwalteten Vermögensobjekte von Unternehmen und sonstige Vermögen, die in der SBZ auf Grund von Befehl

[38] Vgl. *Protokoll der 41. (ordentlichen) Magistratssitzung vom 1. September 1949*, in: Rep. 100, Nr. 841, Bl. 174 (RS.) ff., LAB, STA.

[39] Vgl. IV L–2/6/276, o. Bl., STAPMO, ZPA.

[40] Vgl. *Protokoll der 45. (ordentlichen) Magistratssitzung vom 6. Oktober 1949*, in: Rep. 100, Nr. 842, Bl. 77, LAB, STA.

Nr. 64 der SMAD in Volkseigentum überführt worden waren, vom Magistrat, Hauptamt Volkseigentum, als sogenannte örtliche Wirtschaftsunternehmen verwaltet. Die in Ost-Berlin in Listen erfaßten Vermögenswerte der „Kriegsverbrecher und Nazi-Aktivisten", die in der SBZ bisher durch Rechtsträger des Volkseigentums treuhänderisch verwaltet und jetzt auch in Ost-Berlin aufgrund der Ausführung des Sozialisierungsgesetzes enteignet wurden, gelangten in die Verwaltung der DWK.[41] Die Ost-Berliner staatseigene Wirtschaft bestand nunmehr wie in der SBZ aus einem örtlichen Sektor, der über die Finanzpläne mit dem öffentlichen Haushalt verbunden war, und einem zentralen Sektor, der den Industrieverwaltungen der DWK beziehungsweise später der DDR unterstand und finanzwirtschaftlich zum zentralen Haushalt gehörte.

Um die Einheitlichkeit der Wirtschaftslenkung und damit die Durchführung des Zweijahrplanes zu garantieren, hatte Ost-Berlin schon seit Mai 1949 die Steuergesetze und -verordnungen der SBZ übernommen. Dabei handelte es sich insbesondere um die Steuerreformverordnung der DWK vom 1. Dezember 1948, durch die eine unterschiedliche Besteuerung der Einkommensarten eingeführt wurde. Es wurde ein besonderer Lohnsteuertarif geschaffen, der niedriger als bisher war und dessen Progression früher abbrach. Bei anderen Einkommen wurde die Progression jedoch erhöht, sie erreichte ab 250.000 DM (Ost) den Höchstbetrag von 95 Prozent. Die Körperschaftsteuer für private Körperschaften wurde bis zur Höhe der neuen Einkommensteuer erhöht. Das Ziel bestand darin, „einer übermäßigen Kapitalkonzentration in der privaten Wirtschaft" entgegenzuwirken und „die anonyme Kapitalbildung, vor allem ihre Hauptform, die Aktiengesellschaft, einzuschränken".[42] Die finanzpolitischen Instrumentarien wurden also zur Zurückdrängung und Liquidierung der Privatwirtschaft eingesetzt. Allerdings wurde damit noch nicht der vom Magistrat kritisierte „unhaltbare Steuerdualismus" in Ost-Berlin beendet. Zumindest nach außen unterschieden sich, wie noch erläutert wird, Erhebung, Verwaltung und Verteilung des Steueraufkommens in der Teilstadt beträchtlich von den Ländern der SBZ.[43]

[41] Vgl. *Protokoll der 39. (ordentlichen) Magistratssitzung vom 18. August 1949*, in: Rep. 100, Nr. 841, Bl. 88, 104 f., LAB, STA.

[42] Vgl. Heinrich Bader u. a., *Das Finanzsystem der DDR*, Berlin 1982, S. 20 f.

[43] Vgl. *Protokoll der 26. (ordentlichen) Magistratssitzung vom 12. Mai 1949*, in: Rep. 100, Nr. 838, Bl. 32, LAB, STA.

Ebenfalls 1949 erfolgte die faktische Umwandlung des Vermögens des ehemaligen Reichs und Preußens in sogenanntes Volkseigentum. Obwohl die HVF der DWK in ihrem Runderlaß Nr. 322 vom 6. Mai 1949 die prinzipielle Fortsetzung der treuhänderischen Verwaltung anordnete, gelangten zu diesem Zeitpunkt bereits alle betroffenen wirtschaftlichen Unternehmen auch formaljuristisch in das Eigentum der neuen Verwaltungsstellen. Darüber hinaus wurde signalisiert, daß eine Veränderung der Eigentumsverhältnisse der übrigen Vermögenswerte unmittelbar bevorstand und diese bereits wie sogenanntes Volkseigentum zu behandeln seien.[44] In diesem Zusammenhang übergab der Ostmagistrat im Dezember 1949 die ehemaligen Staatstheater, also die Lindenoper, das Deutsche Theater und die Kammerspiele, an die Regierung der DDR. Der bisherige Haushaltsabschnitt C (ehemalige Reichs- und Staatsbehörden) fiel weitgehend weg. Für den laufenden Haushalt ergab sich daraus eine Entlastung in Höhe von ca. 7 Mio. DM (Ost).[45]

Ausländische Vermögen wurden von diesen Veränderungen *de jure* nicht betroffen. Während sie im Westteil den ehemaligen Eigentümern rückübertragen wurden, blieb im Ostteil die treuhänderische Verwaltung bestehen. Auf Weisung der Finanzabteilung der SKKD gingen die Aufgaben der „Deutschen Treuhandstelle zur Verwaltung des polnischen und jüdischen Vermögens im sowjetischen Besatzungssektor der Stadt Berlin" im Jahr 1950 mit Ausnahme der jüdischen Vermögen an die DDR über. Letztere mußten vom Magistrat betreut werden. Nach einer Information des Berliner Vertreters der SKKD S. Degin vom 1. August 1950 gab es im Ostteil 1668 jüdische, 201 polnische und 195 weitere ausländische Vermögenswerte.[46] Eine endgültige Regelung sollte einem Friedensvertrag zwischen Deutschland und den Siegermächten vorbehalten bleiben. Für Ost-Berlin wurden 1951 folgende Richtlinien für die Vermögensverwaltung erlassen:

1. für wirtschaftliche Unternehmen, die Ausländern gehörten oder an denen Ausländer ganz oder überwiegend teilweise beteiligt waren, lag die Verwaltung bei den zuständigen Fachministerien der DDR oder der Abteilung Wirtschaft des Magistrats, diese konn-

[44] Vgl. N1, Nr. 2532, o. Bl., BA, Abteilung Potsdam.

[45] Vgl. *Protokoll der 56. (ordentlichen) Magistratssitzung vom 22. Dezember 1949,* in: Rep. 100, Nr. 844, Bl. 34, LAB, STA.

[46] Vgl. Rep. 101, Nr. 764, o. Bl., LAB, STA.

ten ihre Aufgaben auf die sogenannte volkseigene Wirtschaft übertragen;
2. sonstige ausländische Beteiligungen an wirtschaftlichen Unternehmen waren durch die Deutsche Investitionsbank zu verwalten;
3. für ausländische Vermögenswerte, die sich im Besitz, in Verwaltung oder Verwahrung von öffentlichen Körperschaften Ost-Berlins befanden, sowie für Mobilien und Liegenschaften war die „Verwaltungsstelle Sondervermögen" des Magistrats zuständig;
4. die Verwaltung von Zahlungsmitteln (Sparguthaben), Wertpapieren und Wertsachen, die sich in Verwahrung von Banken und Sparkassen befanden, erfolgte durch die Deutsche Notenbank;
5. für alle sonstigen Vermögenswerte wurden von der Abteilung Finanzen Verwaltungsdienststellen als Treuhänder bestimmt.

Obwohl der Schein der fürsorglichen Verwaltung gewahrt wurde – Veräußerungen waren verboten, die Verwalter wurden verpflichtet, die Vermögen nach den Regeln ordnungsgemäßer Wirtschaftsführung zu bewirtschaften und erforderliche Investitionen in wirtschaftlichen Unternehmen wie in der Privatwirtschaft üblich durchzuführen, erzielte Gewinne waren auf ein Sammelkonto zu überweisen, aus welchem die enstehenden Kosten beglichen werden sollten –,[47] gelangten die betroffenen Unternehmen durch ihre Einbeziehung in die Wirtschaftsplanung *de facto* in die gleiche Position wie die sogenannten volkseigenen Betriebe.

In kurzer Zeit hatte sich also die Eigentumsstruktur der Wirtschaft Ost-Berlins weiter radikal verändert. Obwohl diese Entwicklung bereits vor der Spaltung eingesetzt und ein beträchtliches Ausmaß erreicht hatte, waren nunmehr die bisherigen statusbedingten Schranken fortgefallen, die Rechtslage wurde der in der SBZ/DDR herrschenden angepaßt. Damit hatte der Ostmagistrat die Voraussetzungen für die vollständige Integration der Ost-Berliner Entwicklung in die Ordnungsverhältnisse des Umlandes geschaffen.

[47] Vgl. Rep. 100, Nr. 863, Bl. 47 f., LAB, STA.

Tabelle 24

Anteil der Eigentumsformen an der Gesamtproduktion der Ost-Berliner Industrie (1950–1953, in Prozent)[48]

	1950	1951	1952	1953
VEB (einschließlich SAG)	70,7	78,3	83,8	92,0
davon örtlich	30,9	30,0	29,5	37,8
privat	29,3	21,7	16,7	8,0

Nach der Gründung der DDR wurden alle Gesetze und Verordnungen der Zentrale ohne Diskussion durch den Magistrat in Kraft gesetzt. Eine vertragliche Vereinbarung, so wie sie mit dem Dritten Überleitungsgesetz für die Übernahme des Rechts der Bundesrepublik in West-Berlin getroffen wurde, gab es jedoch nicht. Da der Ostmagistrat zu einer eigenständigen Entwicklung nicht ermächtigt und daran wohl auch nicht interessiert war, verzichtet er sogar darauf, in dieser Angelegenheit gehört zu werden. Der Oberbürgermeister wurde beauftragt, das DDR-Recht ohne vorausgehende Debatte eigenverantwortlich im Gesetz- und Verordnungsblatt für Ost-Berlin zu verkünden.

Für unsere Untersuchung sollen dennoch zwei aus finanzwirtschaftlicher Sicht wichtige Normensetzungen Erwähnung finden. 1950 wurde die „Verordnung über das Rechnungswesen in volkseigenen und ähnlichen Betrieben von Groß-Berlin"[49] erlassen. Damit wurden Buchführung und Rechnungslegung in allen betroffenen Unternehmen vereinheitlicht. Die Buchhaltungen hatten alle Aufgaben des Rechnungswesens, also Finanzbuchhaltung, Betriebsbuchführung, Lagerbuchführung und Lohnbuchhaltung, nach gleichen Grundsätzen durchzuführen. Dazu wurde der Einheitskontenrahmen der DDR-Wirtschaft eingeführt. Von erheblicher Bedeutung für die öffentlichen Haushalte war die Festlegung, daß das Vermögen der genannten Wirtschaftsbetriebe als öffentliches Vermögen im Sinne des „Gesetzes über die Erstattung von Fehlbeständen an öffentlichen Vermögen (Erstattungsgesetz)" vom 18. April 1937 eingestuft wurde, die öffentliche Hand also Verluste ausgleichen mußte.[50]

[48] Vgl. IV L–2/6/270, o. Bl., STAPMO, ZPA.

[49] Vgl. Rep. 100, Nr. 844, Bl. 203 f., LAB, STA.

[50] Vgl. *Reichsgesetzblatt (RGBl.) I,* (1937), S. 461.

Im gleichen Jahr übernahm Ost-Berlin die DDR-Verordnungen über den Zahlungsverkehr. Dadurch wurden natürliche und juristische Personen, deren Einnahmen aus wirtschaftlicher Tätigkeit eine bestimmte Höhe überschritten, verpflichtet, ihren gesamten Zahlungsverkehr über Konten bei vorgeschriebenen Kreditinstituten abzuwickeln. Dazu gehörten alle Verwaltungen, Körperschaften und Anstalten des öffentlichen Rechts, die sogenannten volkseigenen Betriebe, eingetragenen Vereine und alle sonstigen juristischen Personen mit Ausnahme der Postkassen ohne Festlegung eines Mindestbetrages, außerdem alle sonstigen Industrie- und Großhandelsunternehmen sowie Gewerbebetriebe mit mehr als 20.000 DM (Ost) Jahresumsatz, alle Haus- und Grundstückseigentümer, deren Einnahmen 250 DM (Ost) monatlich überschritten, und Freiberufler mit drei und mehr Angestellten. Das Geld mußte unverzüglich bei der festgelegten Bank eingezahlt werden. Verstöße wurden mit Geldstrafe oder Gefängnis, in sogenannten schweren Fällen sogar mit Zuchthaus bestraft. Dabei ist interessant, daß die Banken gewissermaßen im staatlichen Auftrag ihre Kunden kontrollieren konnten und das Entstehen hoher privater Vermögen nicht verborgen blieb. Da die Ahndung von Verstößen nur dann einsetzte, wenn sie von der Abteilung Finanzen des Magistrats beantragt wurde, war der Gleichheitsgrundsatz faktisch außer Kraft gesetzt. Wie noch gezeigt wird, dienten diese und andere finanz- und wirtschaftsrechtliche Normen auch zur Enteignung privater Wirtschaftsunternehmen und Vermögen.[51]

Abschließend soll auf eine Ost-Berliner Besonderheit verwiesen werden, auf die Verwaltung der enteigneten Banken und Versicherungen. Mit der „Verordnung über Forderungen der enteigneten Banken und Versicherungen" vom 14. Januar 1950 wurde die Gebietskörperschaft Ost-Berlin zur Rechtsträgerin der betroffenen Institute bestimmt. Die Abteilung Finanzen des Magistrats ordnete in ihrer Eigenschaft als Verwaltungsstelle die Einrichtung einer „Kommission für die von den in Berlin geschlossenen Banken gewährten Darlehen und Hypotheken (Inkassokommission)" an. Diese hatte die Aufgabe, Altforderungen einzuziehen und dem Ost-Berliner Haushalt zur Verfügung zu stellen. Eingegangene Gelder sollten für die Bildung eines Rücklagefonds zur Tilgung der Verpflichtungen aus der Altguthaben-

[51] Vgl. Rep. 100, Nr. 849, Bl. 100 f., LAB, STA.

ablösungsanleihe und zur Finanzierung des Investitions- und Generalreparaturplans verwendet werden.[52] Über die in den Banktresoren aufgefundenen Wertgegenstände entschied der Ostmagistrat jedoch nicht. Eine solche wichtige Angelegenheit behielt sich die SED-Führung selber vor. In seinem Beschluß vom 8. Februar 1953 legte das Politbüro dazu fest, daß der Handelswert von Gold- und Silberwaren, Juwelen und Pretiosen durch Fachgutachter zu schätzen und wertvolle Stücke gegen Valuta in die Bundesrepublik oder nach Westeuropa zu verkaufen seien. Weniger wertvolle Stücke sollten an HO-Läden abgegeben werden. Kunstgegenstände waren ebenfalls gegen Valuta zu verkaufen oder DDR-Museen zu übergeben. Wertvolle Bücher und Noten sollten Bibliotheken angeboten werden. Alle Wertpapiere wurden in einen trockenen Tresorraum im Keller der ehemaligen Reichsbank eingelagert. Nicht verwertbare Bücher und Noten, verfallenes Papiergeld und Kontenbücher wurden in einer nicht näher benannten Papierfabrik unter Aufsicht vernichtet. Der bemerkenswerteste Fund, die sogenannte Judenkartei, die wertvolle Rückschlüsse auf die Enteignung jüdischer Vermögen durch die Nazis erlaubte, wurde dem DDR-Ministerium für Staatssicherheit übergeben.[53] Im dortigen Archiv wurde sie übrigens nach der politischen Wende in der DDR wiederentdeckt. Damit waren die Depotbestände der geschlossenen Banken also zugunsten der DDR enteignet worden.

Auf der Grundlage der genannten Veränderungen mußte der Magistrat schließlich drittens seine finanzpolitischen Aufgaben für Ost-Berlin neu definieren, das Verhältnis des Ost-Berliner zum DDR-Haushalt gestalten und die finanzpolitischen Instrumente im Sinne der neuen Ordnungsziele einsetzen. Dabei lassen sich folgende Schwerpunkte benennen, die einer ausführlichen Darstellung bedürfen:

- Aufgaben in Fortsetzung der bisherigen Berliner Finanzpolitik und infolge von Entwicklungen aus der Zeit vor der Spaltung,
- Gestaltung der Beziehungen zum Haushalt der DWK beziehungsweise der DDR,
- Aufgaben, die sich aus der Veränderung der Wirtschafts- und Ordnungspolitik ergaben,

[52] Vgl. Rep. 100, Nr. 844, Bl. 184 f., LAB, STA.
[53] Vgl. J IV 2/3/359, Bl. 420 f., STAPMO, ZPA.

– Entwicklung des Verhältnisses Hauptverwaltung – Bezirke,
– Beziehungen zu West-Berlin.

Schwerpunkte der Finanzpolitik

Aufgaben in Fortsetzung der bisherigen Berliner Finanzpolitik und infolge von Entwicklungen aus der Zeit vor der Spaltung

Da das *Fortbestehen bestimmter Entscheidungen der ehemaligen Gesamtberliner Finanzverwaltung* für den Ostteil der Stadt aus haushaltspolitischen Gründen vorteilhaft war, wurden sie vom Ostmagistrat übernommen. Mit dem Ende des Hauhaltsjahres 1948/49 wurde beispielsweise die Gültigkeit des Magistratsbeschlusses über die Aussetzung des Zins- und Tilgungsdienstes für alle vor dem 8. Mai 1945 aufgenommenen Schulden von Groß-Berlin, eingeschlossen die Schulden der Eigenbetriebe, erneut für ein weiteres Jahr verlängert. In ihrem Kern ging die Altschuldenregelung übrigens auf eine Entscheidung des ersten Nachkriegsmagistrats aus dem Frühsommer 1945 zurück.[54] Aus ähnlichen Gründen wurde eine „Verordnung über die Bezahlung alter Forderungen gegen Groß-Berlin aus Aufträgen vor dem 8. Mai 1945 zur Beseitigung von Fliegerschäden und zur Durchführung der Luftschutzgesetze" erlassen. Dadurch blieben die alten Forderungen bis zu einer gesamtdeutschen Regelung gestundet, die Verjährung wurde jedoch ausgesetzt. Als einzige Ausnahme gestattete die Finanzverwaltung die Bezahlung von Forderungen für die Instandsetzung noch genutzter städtischer Gebäude.[55]

Nach wie vor war die *Bezahlung von Forderungen infolge der Besatzung* eine vordringliche finanzpolitische Aufgabe. Die dafür erforderlichen Finanzmittel wurden letztmalig im Rechnungsjahr 1949 einigermaßen vollständig in den Haushalt aufgenommen. Für sie mußten ca. 20 Prozent der Einnahmen aufgewendet werden.

[54] Vgl. *Protokoll der 16. (ordentlichen) Magistratssitzung vom 10. März 1949,* in: Rep. 100, Nr. 836, Bl. 43, LAB, STA.
[55] Vgl. *Protokoll der 29. (ordentlichen) Magistratssitzung vom 2. Juni 1949,* in: Rep. 100, Nr. 839, Bl. 9, LAB, STA.

Tabelle 25

Finanzierung der Kriegsfolge- und Besatzungskosten aus dem Haushalt von Ost-Berlin in den Rechnungsjahren 1949 und 1950 (in DM [Ost]) [56]

Kostenart	1949	1950
Allgemeine Ausgaben	1.735.200	1.561.440
Kriegsschäden und Nachkriegsmaßnahmen	43.659.000	41.800.000
Besatzungsschäden	–	–
Personenschäden	–	–
Besatzungskosten	96.000.000	107.590.790*
Bauliche Maßnahmen	38.394.000	15.065.000
Verluste enteigneter Unternehmen	11.500.000	–
Summe	191.288.200	166.017.230

* Die Besatzungskosten wurden 1950 im Haushalt von Berlin nicht mehr offiziell nachgewiesen.

Während in der Planung für das Haushaltsjahr 1950 noch ein Betrag für Besatzungskosten vorgesehen war, wurde diese Aufgabe nach der Gründung der DDR auch für Ost-Berlin vom zentralen Haushalt übernommen. Das war bei den Ländern und Provinzen der SBZ schon seit 1947/48 üblich gewesen. Da Ost-Berlin fiktiv haushaltspolitisch unabhängig war, mußte eine Prozedur gefunden werden, die es ermöglichte, bestimmte Einnahmen aus dem Gebiet von Ost-Berlin auf den zentralen Haushalt zu übertragen. Das geschah, wie noch erläutert wird, in Form eines Finanzausgleichs Magistrat/Republik. Aus diesen Finanzmitteln konnten dann auch die Ost-Berliner Besatzungskosten bezahlt werden. Während offiziell damit argumentiert wurde, daß die Kriegsfolge- und Besatzungskosten von ca. 190 Mio. DM (Ost) (1949) auf nur ca. 58 Mio. DM (Ost) (1950) zurückgegangen seien, sanken sie unter Berücksichtigung der direkten Besatzungskosten nur auf 166 Mio. Auch diese anteilige Kostenverringerung war nicht etwa ein Ergebnis zurückgehender sowjetischer Forderungen. Tatsächlich war der Anteil bestimmter Leistungsarten, vor allem für bauliche Maßnahmen, fünf Jahre nach Beendigung des Krieges gesunken.

[56] Vgl. Rep. 105, Nr. 838, o. Bl., LAB, STA.

Der Umstand, daß die Finanzabteilung nur noch mit einer Besatzungsmacht kooperieren mußte, brachte nicht die zu erwartende Verbesserung der Rechtssicherheit. Die Willkür sowjetischer Dienststellen nahm im Gegenteil zu und hatte Ausgaben der öffentlichen Hand zur Folge, die nicht geplant waren und aus dem Haushalt zum Teil auf abenteuerliche Weise finanziert werden mußten. Beispielsweise befahl der Leiter der Wirtschaftsabteilung der SKKD, A. Iwanov, dem Stadtkämmerer Martin Schmidt, im laufenden Rechnungsjahr 1950 die vereinbarte Summe für Instandsetzungsarbeiten im russischen Hauptquartier in Berlin-Karlshorst von 500.000 auf 800.000 DM (Ost) aufzustocken. Die zusätzlichen Mittel wurden beschafft, indem der im Haushalt vorgesehene Betrag für den Ausbau einer Brotfabrik gestrichen und der SKKD zweckentfremdet zur Verfügung gestellt wurde.[57] Ebenfalls 1950 mußte Ost-Berlin Kosten in Höhe von 150.000 DM (Ost) für Bauaufträge übernehmen, die von Offizieren aufgelöster Abteilungen der russischen Zentralkommandantur ohne Rücksprache erteilt wurden. Obwohl zunächst signalisiert wurde, daß diese Summe von einer sowjetischen Behörde in Potsdam beglichen werden sollte, ging sie schließlich zu Lasten des Ost-Berliner Haushalts, ohne allerdings dort ordnungsgemäß nachgewiesen zu werden.[58] Eine verläßliche Quantifizierung aller Mehraufwendungen für die einzelnen Rechnungsjahre ist wegen der Quellenlage leider nicht möglich.

Sonderbelastungen ergaben sich auch aus der Art und Weise der Rückübertragung sowjetisch verwalteten, ehemals deutschen Eigentums. So mußten beispielsweise die russischen Kapitalanteile für diejenigen SAG zurückgekauft werden, die als Unternehmen der sogenannten örtlichen volkseigenen Wirtschaft in die Verwaltung des Ostmagistrats überführt werden sollten. Dabei lag der Rückkaufpreis nicht selten erheblich über dem nominalen Wert. Im Falle der Kahlbaum AG, eines Spirituosen-Produzenten, mußte Ost-Berlin 1950 an die Hauptverwaltung der SAG anstelle des eigentlichen Wertes in Höhe von 639.000 DM (Ost) einen Betrag von 3 Mio. DM (Ost) bezahlen, also mehr als das 4,6fache.[59] 1951 „verkaufte" die sowjetische Garantie- und Kreditbank AG 31 Wohngrundstücke, die sich bis

[57] Vgl. Rep. 105, Nr. 973, o. Bl., LAB, STA.

[58] Vgl. Rep. 105, Nr. 298, o. Bl., LAB, STA.

[59] Vgl. *Protokoll der 71. (ordentlichen) Magistratssitzung vom 13. April 1950,* in: Rep. 100, Nr. 847, Bl. 41 f., LAB, STA.

1945 in deutschem Eigentum befunden hatten, für ca. 11,7 Mio. DM (Ost) an den Magistrat.[60] Auch diese Summen müssen als Kriegsfolgelasten bewertet werden.

Hinzu kam, daß Ost-Berlin nach der Spaltung auf Befehl der Besatzungsmacht Baumaßnahmen durchführen und aus dem Haushalt finanzieren mußte, die nicht unmittelbar für Zwecke der Besatzungsmacht erfolgten. Es handelte sich dabei um die Instandsetzung von Gebäuden für DDR-Behörden und für politische Organisationen Ostdeutschlands. Auf diese Weise kamen der Zentralrat der Freien Deutschen Jugend (FDJ) und der Vorstand der Gesellschaft für Deutsch-Sowjetische Freundschaft (DSF) zu ihren Verbandszentralen. Das ehemalige Karstadt-Kaufhaus in der Nähe des Alexanderplatzes wurde für die Polizei hergerichtet, verschiedene Verwaltungsgebäude des ehemaligen Reiches und Preußens für DDR-Ministerien.[61] Während die DDR später Ost-Berlin einen Teil der Aufwendungen für die Regierungsgebäude erstattete, verschenkte die sowjetische Seite beispielsweise das mit Haushaltsmitteln instandgesetzte ehemalige Preußische Finanzministerium an die DSF, die es noch nach der politischen Wende in der DDR als Palais am Festungsgraben nutzte.

Von vergleichbarer Auswirkung auf die Finanzlage der öffentlichen Hand wie die Besatzungsleistungen waren die *Folgekosten der Währungsreform*. Den Ost-Berliner Kreditinstituten entstanden durch die unterschiedlichen Umtauschsätze erhebliche Verluste, da sie einen Teil der Konten (von Staatsunternehmen, Parteien und Organisationen) 1 : 1 umbewerten mußten, während eigene Konten teilweise oder ganz 10 : 1 abgewertet wurden. Nach der Anordnung der DWK vom 3. November 1948 hätte Ost-Berlin als betroffene Gebietskörperschaft für die Verluste allein aufkommen müssen. Da dafür ca. 450 Mio. DM (Ost) zusätzlich aufzubringen gewesen wären, hatte der Magistrat zunächst die Emission von Schatzanweisungen mit zweijähriger Laufzeit und einem Prozent Jahreszinsen erwogen. Nach Verhandlungen mit der HFV der DWK beziehungsweise dem DDR-Finanzministerium konnte schließlich eine andere Lösung gefunden werden. Die Situation stellte sich folgendermaßen dar: 1. Die Sparkasse, die überwiegend Privatkundenkonten verwaltete, hatte keine Verluste erlitten, sondern einen Umwertungsgewinn in Höhe von ca. 51 Mio. DM (Ost) realisiert. 2. Das Stadtkontor mußte

[60] Vgl. Rep. 100, Nr. 858, Bl. 56 ff., LAB, STA.
[61] Vgl. Rep. 105, Nr. 826, o. Bl., LAB, STA.

Verluste in Höhe von ca. 303 Mio. hinnehmen, davon sollten ursprünglich je 50 Prozent aus dem Haushalt von Groß-Berlin und aus dem Haushalt der DDR gedeckt werden. Der Berliner Anteil wurde jedoch von 151,5 Mio. auf 125 Mio. ermäßigt und mußte 1949 und 1950 aus laufenden Haushaltsmitteln bezahlt werden. 3. Das Postscheckamt wies Gesamtverluste von 109 Mio. auf. Der Ost-Berliner Anteil konnte von ursprünglich 85 Mio. auf 77 Mio. gesenkt werden und war ebenfalls aus Haushaltsmitteln in den Jahren 1949 und 1950 zu begleichen. 4. Die Berliner Volksbank verlor 21 Mio. Davon wurden von der Deutschen Notenbank aber nur 14 Mio. anerkannt, die Ost-Berlin vollständig zu tragen hatte. Insgesamt entfiel auf den Haushalt aus den Umwertungsverlusten eine Sonderlast in Höhe von 216 Mio. Rechnet man die Unkosten der Währungsrefom und die Verluste der städtischen Kassen (18 Mio.) dazu und zieht die Umwertungsgewinne der Sparkasse und die Gewinne aus Sperrguthaben (66 Mio.) ab, blieben immerhin noch 168 Mio. DM (Ost) übrig, eine Summe die höher war als die Kriegsfolgelasten im Haushaltsjahr 1950.[62]

Eine weitere finanzpolitische Aufgabe, die auch nach der Spaltung erfüllt werden mußte, war die *Finanzierung von Eingliederungshilfen für Heimatvertriebene.* Auch hierbei wurden die SBZ-Regelungen übernommen. Zur Unterstützung von Existenzgründungen durch Handwerker aus diesem Personenkreis, den man aus Rücksicht gegenüber der Besatzungsmacht als „Umsiedler“ bezeichnete, wurden von der öffentlichen Hand zinsbegünstigte Kredite in Höhe von bis zu 5000 DM (Ost) mit zehnjähriger Laufzeit zur Verfügung gestellt. Bedürftige Vertriebenenhaushalte konnten mit einem zinslosen Kredit in Höhe von bis zu 1000 DM (Ost) für die Möbelbeschaffung rechnen. Eltern, deren Kinder infolge der Vertreibung das schulpflichtige Alter bereits überschritten hatten, ohne die Schule abschließen zu können, hatten einen Anspruch auf Erziehungsgeld in Höhe von 25 DM (Ost) monatlich.[63] Damit wurde zumindest eine gewisse Grundsicherung gewährt.

Ein besonders heikles Verhältnis bestand zwischen *Finanzverwaltung und Kirchen.* Zunächst wurden wie früher auch in Ost-Berlin die Kirchensteuern nach den Bestimmungen der Kirchenbehörden von den Finanzämtern festgesetzt und erhoben, das heißt bei der

[62] Vgl. Rep. 100, Nr. 862, Bl. 108 f., LAB, STA.
[63] Vgl. Rep. 100, Nr. 851, Bl. 104, LAB, STA.

Einkommensteuer durch getrennten Kirchensteuerbescheid und bei der Lohnsteuer im Abzugsverfahren. Erst mit Wirkung vom 1. Januar 1953 wurde diese Regelung abgeschafft, da sie „nicht im Einklang mit den Aufgaben der Abgabenverwaltung" stehe.[64] Dabei war es kein Zufall, daß der Haushalt von Ost-Berlin zu diesem Zeitpunkt auch offiziell in den DDR-Haushalt eingegliedert und das System der Verwaltung von Steuern und Abgaben neu definiert wurde. Das Recht der Kirchen, von ihren Mitgliedern Steuern zu erheben, blieb aber weiter bestehen, allerdings ohne die Möglichkeit zur Inanspruchnahme von Verwaltungshilfe durch die Finanzämter.

Zumindest in der ersten Hälfte der fünfziger Jahre wurden Kirchen und Religionsgemeinschaften aus dem Ost-Berliner Haushalt auf Antrag unterstützt. Neben der Übernahme von Kosten für die Beseitigung von Kriegsschäden (zum Beispiel 1949 15 000 DM [Ost] für die Überführung von Särgen aus der Gruft der zerstörten Garnisonkirche auf den Friedhof der Berliner Stadtsynode in Stahnsdorf;[65] 1951 225 000 DM [Ost] Baukostenzuschuß zum Wiederaufbau des Doms, der Marienkirche, der Friedrichswerderschen Kirche, der Nikolaikirche und der Dorfkirche Stralau; 1952 300.000 DM [Ost] an die Jüdische Gemeinde zu Berlin für Instandsetzungsarbeiten an der Synagoge Rykestraße, am jüdischen Alters- und Kinderheim und am jüdischen Friedhof[66]) wurden auch kirchliche Großveranstaltungen unterstützt. Beispielsweise erhielt die Evangelische Kirche für den Kirchentag 1951 in Berlin nicht nur die Erlaubnis, die beiden größten Veranstaltungsorte der Teilstadt, das Walter-Ulbricht-Stadion und die Werner-Seelenbinder-Halle, unentgeltlich zu nutzen, sondern auch einen Barzuschuß in Höhe von 100.000 DM (Ost).[67] Im Zuge der weiteren Integration Ost-Berlins in die DDR gingen aber auch auf diesem Gebiet tradierte finanzpolitische Aufgaben verloren. Die Gestaltung der finanziellen Beziehungen zwischen Staat und Kirchen wurde staatlicherseits von der Zentrale übernommen.

[64] Vgl. *Protokoll der 191. (ordentlichen) Magistratssitzung vom 11. September 1952,* in: Rep. 100, Nr. 869, Bl. 93 f., LAB, STA.

[65] Vgl. *Protokoll der 48. (ordentlichen) Magistratssitzung vom 3. November 1949,* in: Rep. 100, Nr. 842, Bl. 144, LAB, STA.

[66] Vgl. Rep. 100, Nr. 858, Bl. 22, 26 f., LAB, STA.

[67] Vgl. *Protokoll der 200. (ordentlichen) Magistratssitzung vom 13. November 1952,* in: Rep. 100, Nr. 872, Bl. 46, LAB, STA.

Gestaltung der Beziehungen zum Haushalt der DWK beziehungsweise der DDR

Bis zum Jahr 1949 lag die Steuerhoheit in der SBZ bei den Ländern. Diese mußten Anteile der ehemaligen Reichs- und Staatssteuern an die DZFV beziehungsweise an die HFV der DWK abführen, die daraus die zentralen Aufgaben finanzierte. Berlin nahm an diesem Finanzausgleich bis zur Spaltung nicht teil. Nach der Gründung der DDR verloren die Länder, wie bereits erläutert, ihre haushaltspolitische Eigenständigkeit und wurden faktisch zu Unterstützungsempfängern des zentralen Haushalts. Diese Veränderungen fanden erstmals im DDR-Staatshaushalt von 1950 Berücksichtigung. Im Falle Ost-Berlins wurde jedoch aus statusrechtlichen Erwägungen auf die offizielle Übernahme dieser Regelungen verzichtet. Um trotzdem keine reale Sonderentwicklung zuzulassen, mußten verdeckte Formen der finanz- und haushaltspolitischen Integration gefunden werden. Im Rechnungsjahr 1949 war das nach Lage der Quellen noch nicht der Fall. Der Haushalt wurde mit der sowjetischen Stadtkommandantur abgestimmt. Kotikow erklärte am 11. Juli 1949: „Die sowjetische Kommandantur hat den vom Magistrat von Groß Berlin angenommenen Haushaltsplan für das Jahr 1949/50 durchgesehen und hat nichts gegen die Verwirklichung desselben einzuwenden.“[68]

Eine Ursache dafür mag darin bestanden haben, daß 1949 die Voraussetzungen für die Einbeziehung Ost-Berlins in die SBZ/DDR-Ordnung (Transformation der Wirtschaft, Übernahme des Steuersystems etc.) geschaffen und in ihrer Auswirkung auf die öffentlichen Einnahmen beobachtet werden mußten. Es kann aber auch vermutet werden, daß über die Integration der Teilstadt in die Finanzwirtschaft der SBZ/DDR aus anderen politischen Gründen erst zu einem relativ späten Zeitpunkt und nicht vor der Bildung der DDR entschieden wurde. Obwohl die DWK bereits am 20. Januar 1949 für die Länder der SBZ die Umstellung der Rechnungsjahre auf das Kalenderjahr mit Wirkung vom 1. Januar 1950 beschlossen hatte und von den Landtagen sogenannte Rumpfhaushalte mit einer Laufzeit vom 1. April bis zum 31. Dezember 1949 verabschiedet wurden, hatte Kotikow im Juli 1949 ausdrücklich einen Ost-Berliner Haus-

[68] Vgl. Rep. 101, Nr. 764, o. Bl., LAB, STA.

haltsplan für 1949/50 bestätigt (siehe oben). Erst am 27. Oktober 1949 beschloß der Ostmagistrat unter Hinweis auf die genannte DWK-Verordnung den Abbruch des laufenden Haushaltsjahres zum 31. Dezember 1949 und die Einführung des Kalenderjahrprinzips zum gleichen Zeitpunkt wie in der DDR.[69]

Da Ost-Berlin über seine Finanzämter weiterhin alle in den acht Bezirken anfallenden Steuern und Abgaben selber erhob und als ordentliche Einnahmen in den Haushalt einstellte, wurde 1950 eine Vereinbarung mit der DDR-Regierung über einen „Finanzausgleich" getroffen, der in Wirklichkeit die von den Zentralbehörden für Ost-Berlin übernommenen Verwaltungsaufgaben und Defizite in der Waren- und Dienstleistungsbilanz ausglich. Danach hatte Ost-Berlin dem zentralen Haushalt folgende Mittel zur Verfügung zu stellen:

1. sämtliche auf Ost-Berlin entfallenden Kosten für die Besatzung, für Reparationen, Restitutionen etc.;
2. sämtliche auf Ost-Berlin entfallenden Kosten für Außenhandels- und Interzonengeschäfte, soweit sie nicht durch Berliner Behörden getätigt wurden;
3. sämtliche Kosten, die bei den Verkäufen von Waren durch die HO dadurch entstanden, daß zwar die Haushaltsabgabe der HO berechnet wurde, die von der HO verkauften Waren jedoch zum Teil zu Überpreisen aufgekauft werden mußten.

Obwohl ausdrücklich vereinbart wurde, daß der Berliner Haushalt darüber hinaus nicht vom DDR-Haushalt in Anspruch genommen werden sollte, es sei denn zur Bezahlung von Bilanzdefiziten infolge echter Warenlieferungen oder Dienstleistungen aus dem Gebiet der DDR nach Ost-Berlin,[70] wurde es zur Praxis, einen weiteren Teil von Einnahmen aus Steuern und Abgaben beziehungsweise Gewinnen der Wirtschaft sowie eingesparte Beträge aus Minderausgaben ebenfalls an die DDR abzuführen. Dazu gehörten unter anderem die Körperschaftsteuer und Gewinnabführungen der zentralgeleiteten sogenannten volkseigenen Wirtschaft, alle Haushaltsaufschläge (Verbrauchsteuern) auf in Berlin umgesetzte Güter und – ab 1952 – die Tabakwarensteuer auf alle in Ost-Berlin erzeugten und in der DDR verkauften Produkte sowie Zölle.[71]

[69] Vgl. *Protokoll der 47. (ordentlichen) Magistratssitzung vom 27. Oktober 1949*, in: Rep. 100, Nr. 842, Bl. 114, LAB, STA.

[70] Vgl. Rep. 101, Nr. 764, o. Bl., LAB, STA.

[71] VgL. IV L–2/6/262, o. Bl., STAPMO, ZPA.

Die Entscheidungen darüber wurden vom Magistrat ohne Aussprache auf Vorschlag des Oberbürgermeisters getroffen. Auf diesem Wege wurden bis November 1950 anstelle der für das gesamte Rechnungsjahr geplanten 200 Mio. DM (Ost) bereits 329 Mio. aus Berlin an die DDR überwiesen.[72] Bis September 1951 hatten die Abführungen an die DDR bei einem Jahresplan von 390 Mio. bereits eine Höhe von 440 Mio. erreicht.[73] Am 13. September des gleichen Jahres hatte der Magistrat übrigens 100 Mio. als überplanmäßige Ausgabe zum „Aufbau der DDR" zur Verfügung gestellt, obwohl diese Summe noch nicht einmal erwirtschaftet war. Sie sollte nämlich „aus den zu erwartenden Ersparnissen" finanziert werden.[74] Im Dezember 1951 wurden 75 Mio. überplanmäßig an den DDR-Haushalt überwiesen. In allen Fällen hätte eigentlich ein Nachtragshaushalt aufgestellt werden müssen. Darauf wurde jedoch „im Zuge der Verwaltungsvereinfachung" verzichtet.[75] In Wirklichkeit sollte aber die genaue Höhe der Zahlungen an die DDR-Regierung verschleiert werden. Das DDR-Finanzministerium und der Magistrat vereinbarten daher im Dezember 1951, daß in der Haushaltsrechnung eine Summe von nur 490 Mio. ausgewiesen werden sollte, während die wirkliche Höhe bei 540 Mio. lag. Der Differenzbetrag wurde im Haushalt bei Mitteln für zusätzliche Generalreparaturen (40 Mio.) und Mehrbeträgen für Enttrümmerung (10 Mio.) versteckt.[76] Bis September 1952 waren im Rahmen des „Finanzausgleichs" bei einer Planzahl von 465 Mio. bereits 550 Mio. überwiesen worden.[77] Diese Summe erreichte bis zum Ende des Rechnungsjahres die beachtliche Höhe von 742 Mio. DM (Ost). Dadurch verminderten sich die in der Haushaltsrechnung ausgewiesenen Gesamteinnahmen von 2.178 Mio. DM (Ost) um 34 Prozent. Neben den volkswirtschaftlich begründeten Überweisungen für Leistungen der DDR kam also der reinen Abschöpfung öffentlicher Einnahmen besonderer Stellenwert in den Finanzbeziehungen zwischen dem Ost-Berliner und dem Haushalt der DDR zu. Als gebende Gebietskörperschaft hatte Ost-Berlin aber keinen Einfluß

[72] Vgl. N1, Nr. 4/436, o. Bl., BA, Abteilung Potsdam.

[73] Vgl. *ebda.*

[74] Vgl. *Protokoll der 142. (ordentlichen) Magistratssitzung vom 13. September 1952,* in: Rep. 100, Nr. 860, Bl. 9, LAB, STA.

[75] Vgl. *Protokoll der 155. (ordentlichen) Magistratssitzung vom 20. Dezember 1951,* in: Rep. 100, Nr. 863, Bl. 70, LAB, STA.

[76] Vgl. N1, Nr. 2532, o. Bl., BA, Abteilung Potsdam.

[77] Vgl. N1, Nr. 5/64, Bl. 384 f., BA, Abteilung Potsdam.

auf die Gestaltung des Finanzausgleichs. Der Magistrat war auch hier ausschließlich ausführendes Organ der Zentralbehörden. Wie noch gezeigt wird, entstanden dem Wirtschaftsstandort Ost-Berlin daraus erhebliche Nachteile.

Die faktische Übernahme der Wirtschafts- und Haushaltspläne der DDR für Ost-Berlin erfolgte auf Weisung von SED-Führung und DDR-Regierung. Walter Ulbricht teilte dem Oberbürgermeister Ebert am 20. Januar 1950, dem Tag, an dem die Volkskammer den Wirtschafts- und Haushaltsplan für 1950 in Kraft gesetzt hatte, mit: „Die provisorische Volkskammer der DDR hat am 20. Januar 1950 das ‚Gesetz über den Volkswirtschaftsplan 1950, das zweite Jahr des Zweijahrplans der Deutschen Demokratischen Republik' beschlossen. Aufgrund des § 20, Ziffer 2 dieses Gesetzes sind Sie im vollen Umfange für die Durchführung der beiliegenden Planteile verantwortlich."[78] Der Oberbürgermeister war also nichts weiter als der Statthalter der politischen Führung Ostdeutschlands in Ost-Berlin. Daher setzte auch das DDR-Ministerium der Finanzen, dessen Zuständigkeiten sich offiziell auf die fünf Länder beschränkten, einen Sonderbeauftragten für Finanzpolitik und Haushaltswirtschaft in Ost-Berlin ein. Nachweislich seit 1951 nahm diese Aufgabe der Staatssekretär im Ministerium der Finanzen Georgino (SED) wahr.[79]

Mit einer am 30. Dezember 1950 verkündeten Haushaltsreform wurden schließlich die noch bestehenden Besonderheiten in der Ost-Berliner Haushaltswirtschaft, darunter die Gliederung in die Aufgabenbereiche A bis E, beseitigt. Die von der DDR übernommene „Verordnung über die Reform des Haushaltswesens" trat am 1. Januar 1951 in Kraft. Der Haushalt von Ost-Berlin umfaßte zwar weiterhin die Haushaltspläne der Hauptverwaltung und der Bezirksverwaltungen, hinzu kamen aber die Haushalte der Anstalten, Körperschaften und sonstigen Einrichtungen, die der Aufsicht des Ostmagistrats unterstanden und deren Einbeziehung in den Ost-Berliner Haushalt durch die Haushaltsverordnungen der einzelnen Planjahre bestimmt wurde. Außerdem mußte der Haushalt nach dem Vorbild des Volkswirtschaftsplanes gegliedert werden. Die kassenmäßige Abwicklung sollte auf das Berliner Stadtkontor, also die Filiale der Deutschen Notenbank in Ost-Berlin, übergehen. Für die rechnungsmäßige Abwicklung war eine einheitliche Verwaltungsbuchführung

[78] Vgl. Rep. 101, Nr. 1905, o. Bl., LAB, STA.
[79] Vgl. N1, Nr. 2532, o. Bl., BA, Abteilung Potsdam.

einzurichten, die für Haushalts- und Vermögensrechnung zuständig war. Die Verwaltung des Vermögens der Gebietskörperschaft Ost-Berlin und der städtischen Schulden sollte nach den Grundsätzen der Verwaltung von Volkseigentum erfolgen. Dafür wurde eine Vermögens- und Schuldeninventur zum Stichtag des 31. Dezember 1950 angeordnet.[80]

Zwar gingen mit Beginn des Rechnungsjahres 1951 die Kassengeschäfte der bisherigen Haushaltskassen auf das Stadtkontor über (zum gleichen Zeitpunkt wurde diese Aufgabe in den DDR-Ländern auf die Filialen der Deutschen Notenbank übertragen),[81] der Haushalt für das Rechnungsjahr 1951 konnte jedoch erst am 26. April 1951 rückwirkend zum 1. Januar in Kraft gesetzt werden. Berlin mußte, wie bereits im Jahr zuvor, warten, bis der DDR-Haushalt von der Volkskammer formal in Kraft gesetzt worden war.

Einnahmen und Ausgaben waren ausgeglichen, das Haushaltsvolumen umfaßte auf beiden Seiten 2.066.181.690 DM (Ost). In dieser Summe waren der Haushalt der Versicherungsanstalt Berlin (VAB), die Finanzpläne der sogenannten örtlichen volkseigenen und der kommunalen Wirtschaft, der städtischen Anstalten und Einrichtungen sowie der Abteilung Post- und Fernmeldewesen enthalten. Gewinne und die nicht benötigten Umlaufmittel sollten an den Haushalt abgeführt werden. Etwaige Verluste mußten aus den öffentlichen Einnahmen finanziert werden. Dafür standen die sogenannten Ausgleichsmittel für über- und außerplanmäßige Ausgaben zur Verfügung. Diesem haushaltspolitischen Instrument wuchs in den Folgejahren eine besondere Bedeutung zu, weil sich die wirtschaftliche Lage der örtlichen Wirtschaft Ost-Berlins nicht in dem erwarteten Maße verbesserte. Die Abteilungen der Hauptverwaltung konnten über Ausgleichsfondsbeträge bis zu 50.000 DM (Ost) in eigener Regie verfügen, für höhere Summen war die Zustimmung der Magistrats erforderlich. Außerdem wurden die Investitionen für die örtliche und kommunale Wirtschaft nicht nur über Bankkredite, sondern auch aus dem Haushalt finanziert. Bei einer Gesamtinvestitionssumme von 358,9 Mio. DM (Ost), kamen immerhin 196,8 Mio., also ca. 55 Prozent, von der öffentlichen Hand.[82]

[80] Vgl. Rep. 100, Nr. 854, o. Bl., LAB, STA.
[81] Vgl. Rep. 105, Nr. 443, o. Bl., LAB, STA.
[82] Vgl. Rep. 100, Nr. 856, Bl. 157 ff., LAB, STA.

In der ersten Durchführungsbestimmung zur Verordnung über den Haushaltsplan 1951 wurde das Ziel der Haushalts- und Finanzpolitik erstmals offiziell neu definiert: „Der Haushaltsplan hat die Aufgabe, die Mittel zur Durchführung des Volkswirtschaftsplanes zur Verfügung zu stellen." Daher erfolgte eine Neugliederung des Ost-Berliner Haushalts in zehn Aufgabenbereiche, die prinzipiell mit denen des Volkswirtschaftsplanes übereinstimmten:

0. Politische, kulturelle und soziale Verwaltung
1. Wirtschaftliche Verwaltung
2. Volkseigene Wirtschaft
3. Volksbildung, Wissenschaft und Kultur
4. Verkehr
5. Land- und Forstwirtschaft
6. Arbeit und Sozialwesen
7. Gesundheitswesen
8. Förderung der demokratischen Ordnung, Jugend und Sport
9. andere Aufgabenbereiche

Die Haushaltspläne der Hauptverwaltung und der Bezirksverwaltungen waren aber nicht nur nach diesen Aufgabenbereichen (Sachprinzip), sondern außerdem nach Einzelplänen gemäß dem Verwaltungsaufbau (Ministerialprinzip) gegliedert. Da die Haushaltskapitel der Magistrats- und Bezirksabteilungen oft verschiedenen Einzelplänen zugeordnet waren, ging jedoch der Grundsatz der Übersichtlichkeit verloren. Die traditionellen Bezeichnungen „Haushaltsunterabschnitt" und „Haushaltsstelle" wurden im Zuge der Haushaltsreform in „Kapitel" und „Konto" geändert, was aber eine reine Formalie war.

Nach dem Wortlaut der Haushaltsverordnung hatte die Haushalts- und Finanzdisziplin einen hohen Stellenwert. Ausgaben durften nämlich prinzipiell nur bis zur Höhe der Haushaltsansätze geleistet werden. Das Entstehen eines Mehrbedarfs wurde jedoch berücksichtigt. Dieser konnte überplanmäßig sein, wenn der im Haushaltsplan vorgesehene Ansatz überschritten wurde, oder außerplanmäßig, wenn gar kein Ansatz vorhanden war. Über- und außerplanmäßige Ausgaben sollten aber nur dann bewilligt werden, wenn eine rechtliche Verpflichtung für Ost-Berlin bestand oder wenn die Nichtleistung dieser Ausgaben zu einem Vermögensschaden für die Gebietskörperschaft führen würde.[83] Theoretisch bestanden also die rechtli-

[83] Vgl. *ebda.*

chen Voraussetzungen für eine geordnete Haushaltswirtschaft, die Praxis sah allerdings anders aus.

In den nach diesen Prizipien aufgestellten Haushalten wurde die wirkliche Finanzlage Ost-Berlins verschleiert. Die in den Plan beziehungsweise in die Rechnungen eingestellten Einnahmen waren aus zwei Gründen überhöht worden. Sie enthielten erstens die Einnahmen der VAB, die in der Regel keine Gewinne, sondern Verluste machte. Da also in Wirklichkeit nur das Bilanzsaldo der VAB aus dem Haushalt finanziert wurde, müssen die Einnahmen auf beiden Seiten abgesetzt werden. Das ist auch für den späteren Vergleich mit dem Westteil von Bedeutung. In den Einnahmen waren zweitens auch die Beträge enthalten, die aus statusrechtlichen Gründen zwar von Ost-Berlin erfaßt wurden, als Abführungen an die DDR jedoch nicht für Ost-Berliner Aufgaben zur Verfügung standen. Bei einer Bereinigung der Rechnungsergebnisse wird das Ausmaß der Haushaltsverfälschungen deutlich:

TABELLE 26

Entwicklung der Einnahmen von Ost-Berlin nach den Haushaltsrechnungen und bereinigte Einnahmen (1949–1952, in 1000 DM [Ost] beziehungsweise in Prozent)[84]

Jahr	Einnahmen lt. Rechnung	Einnahmen der VAB	Abführung an die DDR	bereinigte Einnahmen	Differenz in Prozent
	(1)	(2)	(3)	(1)-{(2)+(3)}	
1949*	1.093.136,5	0,0	0,0	1.093.136,5	0,0
1950	2.160.940,3	406.295,9	350.000,0	1.140.644,4	35,0
1951	2.211.775,6	412.188,3	565.000,0	1.234.587,3	44,2
1952	2.177.540,5	518.973,9	742.077,0	916.489,4	57,9

* Rumpfrechnungsjahr vom 1. April bis zum 31. Dezember 1949.

Die Ost-Berlin wirklich zur Verfügung stehenden Einnahmen lagen also um 35 bis fast 60 Prozent unter dem Ausweis der Haushaltsrechnungen. Vor allem als Folge des ständig wachsenden Transfers an die DDR ging diese Summe dramatisch zurück. Rechnet man die Zahl von 1949 auf ein ganzes Haushaltsjahr hoch, kommt man zu folgender Abnahme der verfügbaren Einnahmen:

84 Zusammengestellt und berechnet nach den Ost-Berliner Haushaltsrechnungen.

GRAFIK 2

Rückgang der verfügbaren Einnahmen Ost-Berlins (1949–1952, in 1000 DM [Ost])[85]

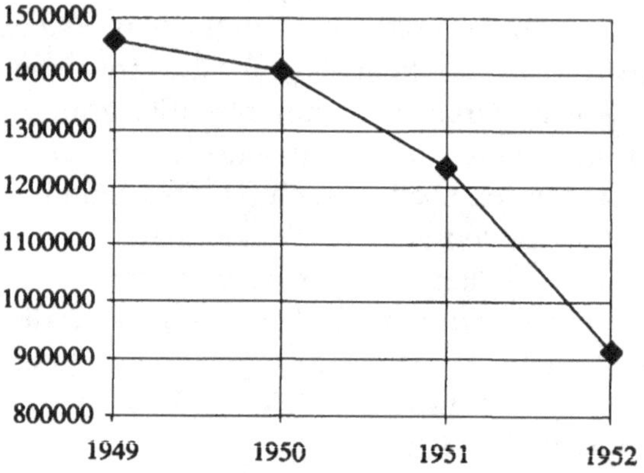

Die Zentralisierungen auf finanz- und haushaltspolitischem Gebiet waren also auch in Ost-Berlin weit fortgeschritten. Der Gestaltungsspielraum der Verwaltung wurde dadurch erheblich eingeschränkt. Diese Situation verschärfte sich noch, weil die Einnahmen nicht in dem Umfang stiegen, wie dies in der längerfristigen Finanzplanung für den Zeitraum des ersten Fünfjahrplanes vorgesehen war.

TABELLE 27

Geplante und tatsächliche Entwicklung der Einnahmen und Ausgaben von Ost-Berlin (1951–1955, in Mio. DM [Ost])[86]

Jahr	Einnahmen		Ausgaben	
	Plan	Ist	Plan	Ist
1951	2.066	2.161	1.676	1.714
1952	1.970	2.212	1.664	2.082
1953	2.093	1.616	1.721	1.582
1954	2.215	1.444*	1.777	1.417*
1955	2.359	1.208*	1.861	1.532*

* Korrigierte Pläne (Rechnungen 1954, 1955 sind verschollen).

[85] *Ebda.*

[86] Planzahlen: N1, Nr. 3/338 (GVS 5810/51), o. Bl., BA, Abteilung Potsdam; Ist-Zahlen: Zusamengestellt nach den Haushaltsrechnungen (LAB, STA).

In der Folgezeit nahm die direkte Einflußnahme der politischen Führung der DDR auf die Ost-Berliner Haushaltsgebarung zu. So wurde dem Stadtkämmerer durch SED-Politbürobeschluß vom 19. April 1952 folgender Auftrag erteilt: „Der Genosse Martin Schmidt wird beauftragt, den Haushaltsplan von Groß-Berlin zu überprüfen. Soweit noch nicht geschehen, ist das Entwicklungstempo auf allen Gebieten dem der DDR anzupassen. Durch Einsparungen, Verbesserungen der Einnahmen und Mobilisierung noch ungenutzter Finanzmittel ist für das Jahr 1952 in Groß-Berlin eine weitere Reserve von 100 Mio DM zu schaffen...“[87] Die SED-Spitze setzte sich also über die von Volkskammer und Magistrat beschlossenen Haushaltsgesetze hinweg und ordnete die Entnahme von zusätzlichen Mitteln aus dem Ost-Berliner Haushalt und ihre Überführung an die DDR an. Das kam nicht nur einer faktischen Beschlagnahme gleich, sondern erlaubt auch Rückschlüsse auf das staatsoffizielle Verständnis von der Rolle des Geldes und der Finanzen.

Aus der Perspektive der ostdeutschen Länder war die Ausstattung Ost-Berlins aber immer noch äußerst günstig. Vergleicht man die Einnahmen je Kopf der Bevölkerung mit denen der Landeshaushalte und denen des Haushalts der DDR, so wird deutlich, daß in Ost-Berlin 1950 und 1951 ein vielfacher Betrag zur Verfügung stand. Interessanterweise ungefähr genauso viel wie im zentralen Haushalt. Daß diese enorme Differenz nicht allein aus den Unterschieden zwischen Stadt- und Flächenstaaten resultieren konnte, beweist ein Blick auf die Jahre vor der Spaltung. Damals hatte Groß-Berlin je Kopf der Bevölkerung nur um ungefähr 30 Prozent höhere Einnahmen als die Länder der SBZ. Sicherlich lagen die Gründe sowohl in Transformationsproblemen selbst als auch darin, daß in Ost-Berlin zu diesem Zeitpunkt noch Wirtschaftsunternehmen mit dem Haushalt verbunden waren, die in der DDR zentral verwaltet wurden. Seit 1951, spürbarer aber seit 1952, nahmen die Pro-Kopf-Einnahmen Berlins ab und die der anderen ostdeutschen Gebietskörperschaften zu. Eine genaue Erklärung des Ost-Berliner Phänomens bedarf aber weiterer Untersuchungen zur Finanzverfassung Ostdeutschlands.

[87] Vgl. N1, Nr. 2532, o. Bl., BA, Abteilung Potsdam.

TABELLE 28

Zentraler Haushalt, Haushalte der Länder (ab 1952 Bezirke), Haushalt von Sachsen, Haushalt der Stadt Dresden und Haushalt von Ost-Berlin (1947/48–1952)[88]

a) in DM (Ost) je Einwohner

Jahr	Zentrale	Länder/Bezirke	Sachsen	Stadt Dresden	Ost-Berlin
1947/48	–	494,96	445,67	keine Angabe	637,59°
1948/49	–	510,13	469,38	keine Angabe	668,94°
1949#	–	355,57	387,63	keine Angabe	903,42
1950	1.061,34*	235,49	204,04	159,53	1.163,65+
1951	1.228,71*	280,07	270,71	keine Angabe	1.044,91+
1952	1.465,08*	307,63	288,39	keine Angabe	773,73+

° Groß-Berlin, Haushaltspläne.

Rumpfrechnungsjahr vom 1. April bis zum 31. Dezember 1949.

* Ohne Haushalt der Sozialversicherung.

+ Ohne VAB, bereinigt um die Abführungen an die DDR.

Um die Groß-Berliner Daten zwischen 1947/48 und 1949 mit den SBZ-Daten vergleichen zu können, wurden bei den Länderhaushalten Abführungen an die DZFV/HFV nicht abgezogen, da auch Groß-Berlin das Gesamtaufkommen der Steuereinnahmen in seinem Gebiet im eigenen Haushalt ausgewiesen hat.

b) in Prozent

Jahr	Zentrale	Ost-Berlin	Länder/Bezirke	Ost-Berlin	Sachsen	Ost-Berlin
1947/48	–	–	100,00	128,82	100,00	143,06
1948/49	–	–	100,00	131,13	100,00	142,52
1949	–	–	100,00	245,08	100,00	233,06
1950	100,0	109,64	100,00	494,14	100,00	570,30
1951	100,0	81,08	100,00	373,09	100,00	385,99
1952	100,0	53,14	100,00	251,53	100,00	268,29

Anmerkungen wie a).

Gewissermaßen in Vorbereitung der offiziellen Einbeziehung Ost-Berlins in die Finanz- und Wirtschaftspolitik der DDR ordnete das Ministerium der Finanzen 1952 an, daß das gesamte Vermögen von Ost-Berlin zum Stichtag des 1. Januar 1952 zu erfassen und in die DDR-Vermögensbilanz der Staatlichen Plankommission einzubeziehen ist.[89] Wenige Wochen darauf schlug der SED-Landesvorstand

[88] Zusammengestellt und berechnet nach Haushaltsstatistiken.

[89] Vgl. Rep. 101, Nr. 775, o. Bl., LAB, STA.

dem Politbüro vor, mit dem Beginn des Haushaltsjahres 1953 auf die fiktive Eigenständigkeit der Teilstadt zu verzichten. Darauf wird noch näher einzugehen sein.

Aufgaben, die sich aus der Veränderung der Wirtschafts- und Ordnungspolitik ergaben

Mit der Neuorientierung der ostdeutschen Finanzpolitik wurde auch für Ost-Berlin die *Beschaffung der finanziellen Mittel für die Verwirklichung der Wirtschafts- und Gesellschaftspolitik der SED, insbesondere für die Durchführung der Volkswirtschaftsplanung*, zu einer kardinalen Frage. Obwohl dafür im Prinzip die traditionelle Form, also die Bereitstellung über den Haushaltsplan, gewählt wurde, wich die tatsächliche Entwicklung von der geplanten in einem solchen Umfang ab, daß spezielle Instrumentarien gefunden werden mußten.

Dabei handelte es sich erstens um ein klassisches und in seinen Auswirkungen wenig problematisches Instrument, nämlich die Übernahme von Magistratsbürgschaften für Sonderkredite bei der Deutschen Investitionsbank. Dieses Verfahren wurde erstmals bei der Übergabe von zehn Unternehmen durch die Treuhandstelle an Ost-Berlin angewandt. Die Kreditsumme von 16 Mio. DM (Ost) sollte für die Verbesserung der Kapitalausstattung verwendet werden.[90] Ausfallbürgschaften der öffentlichen Hand dienten jedoch vor allem zur Beschaffung von Investitionsmitteln für die Gebäudeinstandsetzung und den Wohnungsbau. Der Magistrat hat sie mehrfach auf Antrag übernommen, beispielsweise 1949 für genossenschaftliche und private Instandsetzungsvorhaben (Kreditsumme 10 Mio. DM [Ost]).[91] Zu Beginn des zweiten Halbjahres 1951 fiel dieses Instrument jedoch weg, da Kredite nunmehr ohne Magistratsbürgschaften vergeben werden konnten.[92]

Als zweites Instrument wurden Umschichtungen im laufenden Haushalt genutzt. Bei einem ersten sogenannten Sonderinvestitionsprogramm zum weiteren Aufbau von Ost-Berlin waren davon im Rechnungsjahr 1950 insgesamt 72 Mio. DM (Ost) betroffen, die

[90] Vgl. *Protokoll der 28. (ordentlichen) Magistratssitzung vom 27. März 1949*, in: Rep. 100, Nr. 836, Bl. 116, LAB, STA.

[91] Vgl. *Protokoll der 31. (ordentlichen) Magistratssitzung vom 23. Juni 1949*, in: Rep. 100, Nr. 839, Bl. 158, LAB, STA.

[92] Vgl. *Protokoll der 136. (ordentlichen) Magistratssitzung vom 19. Juli 1951*, in: Rep. 100, Nr. 859, Bl. 137, LAB, STA.

außerplanmäßig unter anderem für Enttrümmerung (18 Mio.), Wohnungsbau (13 Mio.), Verkehr (8 Mio.) und die sogenannte volkseigene Wirtschaft (10 Mio.) verwendet wurden. Von dieser Summe mußten 56 Prozent durch Haushaltsmehrausgaben, 26 Prozent durch Einsparungen bei anderen Haushaltsstellen und 18 Prozent aus Sonderausgleichsfonds und Magistratsrücklagen beschafft werden.[93]

Ein drittes Instrument, die Finanzierung außerplanmäßiger Verluste aus dem Sonderausgleichsfonds des Magistrats, wurde bei den staatseigenen Unternehmen angewandt, deren Liquidität akut gefährdet war. Als Ursachen wurden in den Magistratssitzungen die allgemeine Unwirtschaftlichkeit vieler örtlicher Industriebetriebe, die mangelnde Materialversorgung, zu hohe Transportkosten und schließlich die staatliche Preis- und Kostenpolitik genannt, die die Erwirtschaftung von Gewinnen in einigen Fällen von vornherein ausschlossen.[94] Daher mußte Ost-Berlin also Defizite seiner Industrien ausgleichen, die nicht primär aus der städtischen Wirtschaftspolitik, sondern vielmehr aus den sehr früh deutlich werdenden Systemdefekten resultierten.

TABELLE 29

Beispiele für die außerplanmäßige Verlustfinanzierung in Ost-Berlin

Zeitraum	Zahlungsempfänger	Summe
Juni 1950	Vereinigung Volkseigener Güter	1,7 Mio.*
Juni 1951	VEB Bekleidungswerk Fortschritt,	6,9 Mio.#
Oktober 1951	örtliche Wirtschaft (allg.)	5,0 Mio.°
Dezember 1952	Wohnungsbau Lichtenberg	2,7 Mio.+
Dezember 1952	VEB Werkzeugfabrik Treptow	1,1 Mio.±

* Vgl. *Protokoll der 78. (ordentlichen) Magistratssitzung vom 8. Juni 1950,* in: Rep. 100, Nr. 848, Bl. 104, LAB, STA.

\# Vgl. Rep. 100, Nr. 859, Bl. 8 f., LAB, STA.

° Vgl. *Protokoll der 196. (ordentlichen) Magistratssitzung vom 18. Oktober 1952,* in: Rep. 100, Nr. 862, Bl. 10, LAB, STA.

\+ Vgl. *Protokoll der 206. (ordentlichen) Magistratssitzung vom 29. Dezember 1952,* in: Rep. 100, Nr. 874, Bl. 33, LAB, STA.

± Vgl. Rep. 100, Nr. 847, Bl. 29 f., LAB, STA.

93 Vgl. *Protokoll der 73. (ordentlichen) Magistratssitzung vom 29. März 1950,* in: Rep. 100, Nr. 847, Bl. 120, LAB, STA.

94 Vgl. *Protokoll der 206. (ordentlichen) Magistratssitzung vom 29. Dezember 1952,* in: Rep. 100, Nr. 874, Bl. 33, LAB, STA.

Das schlechte Ergebnis bei der Erfüllung der Wirtschafts- und Finanzpläne der örtlichen staatseigenen Wirtschaft, ein Problem, welches während des gesamten Untersuchungszeitraums zu beobachten war, stand in deutlichem Gegensatz zur anfänglich relativ günstigen Entwicklung der Privatwirtschaft. Untersuchungen des Amtes für Plankontrolle und der Abteilung Wirtschaft zur Wirtschaftslage in Ost-Berlin in den Jahren 1949 bis 1951 wiesen eine schnelle Erhöhung der Bruttoproduktion je Beschäftigten in den privaten und eine vergleichsweise geringe in den staatlichen Unternehmen aus. 1950 wurde deshalb vom Hauptamt Statistik beim Bezirksamt Köpenick ein Gutachten zur Fragestellung „Warum ist die Arbeitsproduktivität in den privaten Betrieben stärker ausgereift, als in den volkseigenen Betrieben?" in Auftrag gegeben. Dabei wurden in fünf für Ost-Berlin typischen Branchen je ein privater und ein staatlicher Betrieb vergleichbarer Größe und ähnlichen Profils einander gegenübergestellt. Die Studie kam zu dem Ergebnis, daß sowohl Unzulänglichkeiten im staatswirtschaftlichen Planungs- und Lenkungsmechanismus als auch fehlende Unternehmerqualitäten bei den Managern der Staatsbetriebe und die mangelnde Interessiertheit der Beschäftigten für die Defizite in der örtlichen Wirtschaft verantwortlich seien. Vor der Fortsetzung des planwirtschaftlichen Experiments wurde deshalb gewarnt: „Eine Umorganisation der Wirtschaft darf auf keinen Fall einen so weitgehenden und nachhaltigen Einfluß auf die Wirtschaft nach sich ziehen."[95]

Diese Hinweise bewirkten aber keine Veränderung der Finanz- und Wirtschaftspolitik. Einerseits war die Entscheidung für oder gegen das Modell Zentralverwaltungswirtschaft mit seiner typischen Dominanz staatlichen Eigentums keine Ost-Berliner Angelegenheit, andererseits beobachteten die politisch Verantwortlichen die günstige Entwicklung der Privatwirtschaft mit Argwohn. Daher wurden die systemimmanenten Defekte nicht oder nur ungenügend zur Kenntnis genommen. Die Rahmenbedingungen für die Privatwirtschaft wurden jedoch verschlechtert. Am 27. September 1951 stimmte das SED-Politbüro beispielsweise der „Verordnung über den Rang volkseigener Forderungen in Konkursverfahren" zu. Danach hatten Forderungen aus sogenanntem Volkseigentum den gleichen Rang wie bisher Forderungen auf Zahlung öffentlicher Abgaben, deren gesetzlich

[95] Vgl. Rep. 101, Nr. 495, o. Bl.; Nr. 498, o. Bl.; Nr. 499, Bl. 24 ff., 95, LAB, STA.

bestimmter Vorrang in § 61, Ziff. 2 der Konkursverordnung geregelt war.[96] Im Falle eines Konkurses mußte der privatwirtschaftliche Gläubiger nunmehr mit dem Totalverlust seiner Forderungen rechnen, was angesichts der dünnen Kapitaldecke in vielen Fällen die unternehmerische Existenz bedrohte. Am 23. Oktober 1952 beschloß das Politbüro schließlich mehrere Maßnahmen zur stärkeren Belastung privater Unternehmen und Knebelungsbestimmungen bei Sozialleistungen: Mit einer Verschlechterung von Abschreibungsmöglichkeiten sollte das Steueraufkommen der Privatwirtschaft erhöht werden; private Unternehmer durften ihren Belegschaften nur noch die sozialen Leistungen und Zuwendungen gewähren, die auch in der volkseigenen Wirtschaft üblich waren.[97]

Diese Maßnahmen führten zwar zu einem zeitweiligen Anstieg der Steuereinnahmen, wirkten sich aber langfristig haushaltspolitisch ungünstig aus. Mit der Umwandlung von privaten in staatliche oder sogenannte halbstaatliche Unternehmen gingen gesicherte Einnahmen verloren, Sonderbelastungen des Haushalts infolge der Fürsorgepflicht für die Staatsbetriebe nahmen hingegen zu.

Eine weitere finanzpolitische Aufgabe, die *Subventionierung von Endverbraucherpreisen*, hatte im Untersuchungszeitraum noch keine größere Bedeutung. Einerseits wurden Preisstützungen als zentrale Aufgabe aus dem zentralen Haushalt finanziert – Ost-Berlin war also nur indirekt über die Abführungen an die DDR betroffen. Andererseits setzte das weiter existierende Rationierungssystem Grenzen. Allerdings mußten außerplanmäßige Mehrausgaben übernommen werden. Diese lassen sich aber nur in zwei Fällen nachweisen: 1950 wurden 1,5 Mio. DM (Ost)[98] und 1951 13 Mio. für Sonderpreisstützungen bei Lebensmitteln ausgegeben.[99]

Im Unterschied dazu wirkte sich eine andere Subventionsart, die *finanzielle Unterstützung politischer Organisationen*, zwar nicht haushalts- wohl aber ordnungspolitisch wesentlich stärker aus. Da die sogenannten Massenorganisationen der DDR nicht über ausreichende Eigenmittel verfügten, ihre Tätigkeit jedoch in staatlichem und Parteiinteresse als notwendig angesehen wurde, erhielten sie

[96] Vgl. J IV 2/3/236, Bl. 6, 18 f., STAPMO, ZPA.
[97] Vgl. J IV 2/3/334, Bl. 4, STAPMO, ZPA.
[98] Vgl. Rep. 100, Nr. 854, o. Bl., LAB, STA.
[99] Vgl. *Protokoll der 193. (ordentlichen) Magistratssitzung vom 27. September 1952,* in: Rep. 100, Nr. 861, Bl. 36, LAB, STA.

beträchtliche Zuwendungen von der öffentlichen Hand. Die Ost-Berliner Verwaltung konnte diese Ausgaben nicht ablehnen und durfte die Zahlungen nur an die offiziell zugelassenen staatsnahen Organisationen leisten.

TABELLE 30

Beispiele für finanzielle Zuwendungen an gesellschaftliche Organisationen aus dem Ost-Berliner Haushalt

Zeitpunkt	Summe	Organisation	Verwendung
1950	200.000	Demokrat. Frauenbund	keine Angabe
	300.000	Kulturbund	keine Angabe
	800.000	Sportausschuß	keine Angabe
	500.000	Nationale Front	keine Angabe
	800.000	DSF	keine Angabe
	150.000	Kammer der Technik*	keine Angabe
	100.000	Komitee „Kämpfer für den Frieden“	Friedenskonferenzen, Aufklärungsmaterial, Funktionärsgehälter etc.#
	346.950	FDJ	Deutschlandtreffen (Ehrentribünen, FDJ-Kleidung etc.), Funktionärsgehälter°
	100.000	Berlin-Ausschuß der Nationalen Front	„Aufklärungsarbeit zu den Friedenswahlen“ und weitere Friedenspropaganda+
1952	75.000	Demokrat. Frauenbund	Elternseminare zur „Friedenserziehung“±
	1.090.000	Nationale Front**	keine Angabe

* Vgl. Rep. 101, Nr. 764, o. Bl., LAB, STA.

\# Vgl. *Protokoll der 98. (ordentlichen) Magistratssitzung vom 16. November 1950*, in: Rep. 100, Nr. 852, Bl. 130, LAB, STA.

° Vgl. *Protokoll der 98. (ordentlichen) Magistratssitzung vom 16. November 1950*, in: Rep. 100, Nr. 852, Bl. 144, LAB, STA.

\+ Vgl. *Protokoll der 101. (ordentlichen) Magistratssitzung vom 7. Dezember 1950*, in: Rep. 100, Nr. 853, Bl. 72, LAB, STA.

± Vgl. *Protokoll der 168. (ordentlichen) Magistratssitzung vom 3. April 1952*, in: Rep. 100, Nr. 865, Bl. 31, LAB, STA.

** Vgl. *Protokoll der 194. (ordentlichen) Magistratssitzung vom 3. Oktober 1952*, in: Rep. 100, Nr. 870, Bl. 18, LAB, STA.

Das Vermögen der gesellschaftlichen Organisationen wurde also bereits in dieser frühen Entwicklungsphase zumindest zu einem Teil aus Steuereinnahmen geschöpft.

Verschiedentlich hat die DDR-Führung rein politisch bedingte außerplanmäßige Mehrausgaben in Ost-Berlin verursacht. Zum Beispiel mußten im Dezember 1950 500.000 DM (Ost) für die Durchführung zweier zentraler Ausstellungen zum ersten Fünfjahrplan bereitgestellt werden. Da sich die Gesamtkosten auf 1,5 Mio. beliefen, war Ost-Berlin mit einem Anteil von 33 Prozent wesentlich stärker beteiligt als die Länder der DDR.[100]

Entwicklung des Verhältnisses Hauptverwaltung – Bezirke

Nach der Spaltung lag die finanz- und haushaltspolitische Kompetenz im Ostteil fast vollkommen bei der Hauptverwaltung. Während die Bezirke im Prinzip nur Einnahmen aus ihrer eigenen Verwaltung erwirtschaften konnten, standen ihnen 1949 immerhin noch 18 Prozent der Gesamtausgaben zur Verfügung. Die aus der haushaltspolitischen Gleichschaltung mit der DDR resultierende Zentralisierung im Finanzsystem bewirkte in Ost-Berlin einen weiteren Verlust der bezirklichen Selbständigkeit, die Hauptverwaltung zog ehemalige Bezirksaufgaben an sich. Von einer eigenen Finanzpolitik auf Bezirksebene kann daher für diesen Zeitraum nicht gesprochen werden.

TABELLE 31

Verteilung der Einnahmen und Ausgaben zwischen Hauptverwaltung und Bezirken in Ost-Berlin 1949 bis 1952 (in Prozent)[101]

Jahr	Einnahmen		Ausgaben	
	Magistrat	Bezirke	Magistrat	Bezirke
1949	96,3	3,7	82,0	18,0
1950	97,2	2,8	93,7	6,3
1951	99,2	0,8	91,1	8,9
1952*	keine Angaben	keine Angaben	keine Angaben	keine Angaben

* In den überlieferten Daten zur Haushaltsrechnung für 1952 wurde nicht zwischen Hauptverwaltung und Bezirken unterschieden.

Diese Situation änderte sich erst im Vorfeld der DDR-Verwaltungsreform im Jahr 1952. Die Stadtbezirke erhielten einen mit den Stadt- und Landkreisen vergleichbaren Status. Da in diesem Zusammen-

[100] Vgl. Rep. 100, Nr. 853, Bl. 209, LAB, STA.

[101] Zusammengestellt und berechnet nach Haushaltsrechnungen.

hang bestimmte Kapitel der Hauptverwaltung auf die Bezirke übertragen werden mußten (zum Beispiel bei Berufsschulen), wurde eine weitgehende Umstrukturierung des laufenden Haushalts notwendig.[102] Wahrscheinlich aus diesem Grund verzichtete man in der Haushaltsrechnung für 1952 auf den getrennten Ausweis beider Ost-Berliner Verwaltungsebenen.

Zur Vorbereitung des folgenden Rechnungsjahres 1953 wurden im Dezember 1952 erstmals bei den Räten der Stadtbezirke – diese Behördenbezeichnung führten die Bezirksämter seit der Verwaltungsreform – Finanzabteilungen und Plankommissionen gebildet. Will man der offiziellen Diktion Glauben schenken, erfolgte dieser Schritt zur Erhöhung der Finanzdisziplin und der Sparsamkeit in der Verwaltung. Mit den Finanzabteilungen, die bereits bestehende bezirkliche Einrichtungen, nämlich die bisherigen Referate für Haushaltswesen und die bisherigen Finanzämter, unter einheitlicher Leitung zusammenfaßten, wurde aber auch eine wichtige institutionelle Voraussetzung dafür geschaffen, daß künftig weitere Aufgaben auf die Bezirke übertragen werden konnten.

Strukturschema der Finanzabteilungen bei den Räten der Stadtbezirke in Ost-Berlin (ab 1952)[103]

Abteilungsleiter
Stellvertretender Abteilungsleiter
Referat
Haushaltswesen
Referat
Buchführung
Unterabteilung
Abgabenverwaltung

Beziehungen zu West-Berlin

Mit der Spaltung waren die Beziehungen zur Hauptverwaltung und zu den Bezirksverwaltungen in West-Berlin auch auf finanzpolitischem Gebiet abgebrochen. Es war jedoch nicht möglich, alle

[102] Vgl. IV 2/6/832, o. Bl., STAPMO, ZPA.

[103] Vgl. *Protokoll der 205. (ordentlichen) Magistratssitzung vom 18. Dezember 1952,* in: Rep. 100, Nr. 873, Bl. 123 f., LAB, STA.

Lebensnerven in der Stadt zu durchtrennen. Die östliche Seite hatte daran zunächst auch kein Interesse, weil für bestimmte städtische Dienstleistungen Gebühren in DM (West) verlangt werden konnten. Andererseits wurde der Handel zwischen den Teilstädten und von West-Berlin mit seinem Umland nach dem Ende der Blockade in einem solchen Maße erschwert, daß er fast zum Erliegen kam. Die besondere politische Bedeutung, die den Ost-West-Beziehungen in Berlin zweifellos zukam, zeigte sich auch darin, daß die Normensetzung auf diesem Gebiet Angelegenheit der Zentrale blieb.

An dieser Stelle soll auf die Rahmenbedingungen für den Zahlungsverkehr und den innerdeutschen Handel eingegangen werden. 1950 wurden mit der „Verordnung zur Regelung des innerdeutschen Zahlungsverkehrs" auch die Voraussetzungen für private und öffentliche Zahlungen zwischen den Stadthälften geschaffen. Sie wurden aber sehr restriktiv gehandhabt. Zahlungen durften nämlich in beide Richtungen nur über Konten bei Ost-Berliner Kreditinstituten erfolgen, die auf den Namen des Zahlungsempfängers eingerichtet werden mußten. Der Konteninhaber durfte außerdem über sein Guthaben nur nach den Richtlinien der Deutschen Notenbank verfügen, Zuwiderhandlungen wurden bestraft.[104] Dadurch sicherte sich die DDR im Falle einer West-Ost-Überweisung die DM (West), der Kontoinhaber konnte nämlich nur über DM (Ost) zum fiktiven 1 : 1-Kurs verfügen. Der Zahlungsempfänger in West-Berlin mußte sich in den Ostteil bemühen und konnte dort anteilig über sein Geld verfügen. Da er es aber kaum für Waren ausgeben und diese noch viel weniger ausführen konnte, blieben diese Beiträge meist auf den Konten bei den Banken stehen.

1951 wurde die „Verordnung über den innerdeutschen Handel" erlassen. Danach unterlag auch der Handel mit West-Berlin einer strengen Kontrolle. In Ost-Berlin wurden zwei Kontrollstellen gebildet, das Amt für die Kontrolle des Warenverkehrs bei der Wirtschaftsabteilung der Hauptverwaltung und ein Kontrollamt bei der Abteilung Post- und Fernmeldewesen für die Versendung auf dem Postweg. Wer ohne Erlaubnis dieser Behörden Waren, Geld oder Wertpapiere über die Sektorengrenzen schaffte oder die Transporte durchführte, mußte mit strengen Strafen (Gefängnis nicht unter drei Jahren, in sogenannten schweren Fällen Zuchthaus nicht unter fünf

[104] Vgl. Rep. 100, Nr. 853, Bl. 14 ff., LAB, STA.

Jahren) rechnen. Beschlagnahmte Güter wurden entschädigungslos zugunsten von Ost-Berlin enteignet. Darüber hinaus bestand ein Denunziationsgebot. Wer nämlich im Zusammenhang mit seiner Berufsausübung von „illegalen" Warenbewegungen Kenntnis erhielt und keine Anzeige erstattete, mußte mit empfindlichen Geldstrafen oder Gefängnis rechnen.[105] Diese Maßnahmen wirkten sich auf die Ost-Berliner Privatwirtschaft besonders negativ aus, da die Unternehmer oftmals darauf angewiesen waren, mit DM (Ost) zum Wechselstubenkurs Ersatzteile und andere im Osten knappe Güter einzukaufen. Verschiedene Strafverfahren, die unter Anwendung beider Verordnungen Anfang der fünfziger Jahre durchgeführt wuren, hatten die Beschlagnahme oder Enteignung von privaten Industrie- und Handwerksunternehmen zur Folge.

Beginn der Berlinförderung in der DDR: Sonderprogramme für Ost-Berlin

Von frühen Formen der Berlinförderung zum Hauptstadtausbau

Obwohl Ost-Berlin nach der Spaltung nicht mit den gleichen wirtschaftlichen Problemen konfrontiert war wie der Westteil, da der Absatz der Industrien weiterhin garantiert blieb und Verluste von Staatsunternehmen zum größten Teil aus öffentlichen Einnahmen beglichen wurden, traten Probleme insbesondere bei der Versorgung mit lebenswichtigen Gütern auf. Daher wurde bereits an der Wende von 1948 zu 1949 ein „Winternotprogramm" initiiert, an dem sich alle Länder der SBZ beteiligten. Gleichzeitig begann Ost-Berlin – allerdings mit eigenen Mittel – mit einem Wiederaufbauprogramm in allen acht Stadtbezirken.[106] Im Februar 1949 beschloß der SED-Landesvorstand das Programm „Die Zone für die Hauptstadt Berlin – Berlin für die Zone". Hier ging es einerseits um gegenseitige Hilfsmaßnahmen und andererseits um die Lösung praktischer Fragen im Zusammenhang mit der beruflichen Tätigkeit von Bewohnern der ostdeutschen Länder in Ost-Berlin beziehungsweise von Ost-Berlinern in der SBZ. Das war auch deshalb erforderlich, weil die Lebensmittelrationen in Ost-Berlin größer waren als in der Zone.[107] Eben-

[105] Vgl. Rep. 100, Nr. 847, Bl. 110 f., LAB, STA.
[106] Vgl. Nachlaß Otto Grotewohl, NL 90, Nr. 425, Bl. 2, STAPMO, ZPA.
[107] Vgl. IV 2/6/315, o. Bl., STAPMO, ZPA.

falls 1949 wurden weitere Hilfskampagnen mit großem Medienaufwand in Szene gesetzt. So gab es Überstunden in sächsischen Bergwerken, um die Kohlelieferungen für Ost-Berliner Kraftwerke zu erhöhen, und Sondertransporte von Lebensmitteln und Einrichtungsgegenständen für den persönlichen Bedarf aus der Zone nach Ost-Berlin.[108]

Diese frühen Formen der ostdeutschen Berlinförderung führten jedoch noch nicht zu einer meßbaren Besserstellung Ost-Berlins, sieht man einmal von der Eingruppierung in die günstigere Rationierungskategorie ab. Sie wurden wahrscheinlich nicht zufällig zu einem Zeitpunkt in Szene gesetzt, zu dem in den westdeutschen Ländern Hilfsprogramme für West-Berlin anliefen.

Kurze Zeit darauf bekundete die politische Führung der SED ihr Interesse am schnellen Aufbau Ost-Berlins. Ulbricht erklärte vor dem III. SED-Parteitag 1950: „Die wichtigste wirtschaftspolitische Aufgabe ist daneben der Wiederaufbau der zerstörten Städte der Republik, in erster Linie der Hauptstadt Deutschlands, Berlin, und der wichtigsten Industriezentren der Republik." Dabei konnte er als stellvertretender Ministerpräsident bereits auf einen Regierungsbeschluß verweisen, in welchem die Innenstadt, die Stalinallee und Wohnviertel in den Bezirken zu Schwerpunkten des Wiederaufbaus erklärt wurden.[109] Die Konzentration des Städtebaus auf Ost-Berlin erfolgte nicht in erster Linie in der Absicht, einer geteilten Stadt durch Infrastrukturinvestitionen zu helfen, sie war vielmehr politischer Natur. Ost-Berlin sollte als Hauptstadt und Regierungssitz der DDR Schaufenster des Ostens werden, hier wollte man das Umfeld für „sozialistische Haupt- und Staatsaktionen" und das Leben des „sozialistischen Menschen" schaffen. Ebenfalls 1950 legte eine Kommission der Abteilung Wirtschaft beim SED-Parteivorstand erste Vorstellungen zum Neuaufbau des Ostteils von Berlin vor. Danach sollte eine Demonstrationsachse von der Stalinallee zum Brandenburger Tor städtebaulicher Höhepunkt der City-Ost werden. In diesem Zusammenhang wurde auch der Abriß des Stadtschlosses empfohlen, jedoch nicht aus vordergründig ideologischen Erwägungen. In ihrem Gutachten erklärte die Kommission nämlich: „Die erforderliche Größe (der City-Achse – F. Z.) ist nur durch Abriß des Schlosses zu erreichen."[110]

108 Vgl. *ebda.*

109 Vgl. IV L–2/6/080, o. Bl., STAPMO, ZPA.

110 Vgl. Handschriftliche Notizen von Wilhelm Pieck, NL 36, Nr. 686, Bl. 19, STAPMO, ZPA.

Nationales Aufbauprogramm Berlin

Bei einem solchen Wiederaufbauprogramm nahmen die Finanzierungsprobleme eine zentrale Stellung ein. Dafür wurde mit dem Nationalen Aufbauprogramm (NAP) eine aus heutiger Sicht interessante, wenn auch nicht widerspruchsfreie Lösung gefunden, die es ermöglichte, die öffentlichen Haushalte bei der Mittelbeschaffung zu schonen.

Das NAP war am 7. Dezember 1951 von der SED-Landesleitung verabschiedet worden,[111] nachdem das Politbüro bereits seine Zustimmung erteilt hatte.[112] Die Finanzierung sollte zunächst über das sogenannte Aufbausparen erfolgen, das heißt Arbeitnehmer aus der gesamten DDR sollten 3 Prozent ihrer monatlichen Einkünfte auf Aufbausparkonten für die Maßnahmen in Berlin fest anlegen. Um den Eindruck zu vermeiden, daß es sich hierbei um ein Notopfer Ost-Berlin handeln könne, wurde das Freiwilligkeitsprinzip während der Anlaufphase des Programms mehrfach betont, darunter vom Politbüro in einer Erklärung vom 15. Dezember 1951.[113]

Die Abwicklung des Aufbausparens selbst wurde den Banken übertragen. Wie aus dem Sonderrundschreiben Nr. 9/1951 des Deutschen Sparkassenverbandes an die Stadt- und Kreissparkassen hervorging, waren die staatlichen Unternehmen und politischen Organisationen gehalten, Aufbaukonten bei vorher festgelegten Kreditinstituten einzurichten. Die monatlichen Beiträge durften nicht im Lohnabzugsverfahren eingezogen werden. Am 31. Januar 1953 begann eine sogenannte Aufbaulotterie als weiteres Finanzierungsinstrument.[114]

Dem Start des NAP ging übrigens ab Mitte Dezember 1951 eine Werbekampagne in Presse und Rundfunk voraus, die Architekturentwürfe wurden vorgestellt, die Presse begann, die Tage bis zum Beginn des Programms zu zählen.[115]

[111] Vgl. IV L–2/2/072, o. Bl., STAPMO, ZPA.

[112] Vgl. Handschriftliche Notizen von Wilhelm Pieck, NL 36, Nr. 686, Bl. 236, STAPMO, ZPA.

[113] Vgl. IV L–2/2/072, o. Bl., STAPMO, ZPA.

[114] Vgl. N1, Nr. 3272/5, o. Bl., BA, Abteilung Potsdam.

[115] Vgl. Handschriftliche Notizen von Wilhelm Pieck, NL 36, Nr. 686, Bl. 236, STAPMO, ZPA.

Die Finanzierung stand also auf zwei Säulen: erstens dem Aufbausparen (das heißt der monatlichen Überweisung von 3 Prozent des Lohns mit dem Anreiz, Losanteile einer Aufbaulotterie in Abhängigkeit von der Höhe der Spareinlagen kostenlos zu erhalten) und zweitens dem Losverkauf dieser Lotterie. An beiden Formen konnten sich natürliche und juristische Personen beteiligen. Später wurden Aufbaulose auch zur Abgeltung der Teilnahme an Aufbaueinsätzen abgegeben. Faktisch handelte es sich beim Sparen um eine Staatsanleihe. Die DDR-Führung griff damit auf private Vermögen zur Finanzierung eines Aufbauprojekts zurück. Obwohl die Art und Weise der Werbung für das NAP Berlin zu Ressentiments in anderen Regionen führte, war sein Umfang eher bescheiden. Die Einnahmen aus dem Aufbausparen und der Lotterie beliefen sich in den ersten fünf Jahren auf ca. 250 Mio. DM (Ost).[116]

Außerdem wurden für den Aufbau besonders wertvoller Gebäude Mittel aus dem zentralen Haushalt zur Verfügung gestellt. Dabei handelte es sich um eine auf Politbürobeschluß vom 24. Juni 1952 freigegebene Summe in Höhe von 150 Mio. DM (Ost) für die Staatsoper, das Zeughaus und andere historische Bauten. Da sich diese Gebäude und die dort ansässigen Institutionen ohnehin in DDR-Verwaltung befanden, wäre eine andere Finanzierung auch nicht in Frage gekommen. Der Bau der geplanten Regierungsgebäude wurde aus Kostengründen storniert. Mit dem gleichen Beschluß wurden den Städten Magdeburg, Dresden, Leipzig und Rostock 350 Mio. DM (Ost) für den Wiederaufbau zur Verfügung gestellt.[117] Rechnet man diese Beträge pro Kopf der Bevölkerung, standen für jeden Ost-Berliner 125 DM (Ost) und für jeden Bewohner der anderen Städte 233 DM (Ost) zur Verfügung.

Mit dem Stopp für die Ost-Berliner Regierungsbauten begann eine Korrektur des NAP. Ulbricht führte zwar am 2. Oktober 1952 vor den Ersten Sekretären der Bezirks- und Kreisleitungen der SED aus: „Es muß Klarheit darüber herrschen, daß es nur ein ‚Nationales Aufbauprogramm' gibt, und das ist das der Hauptstadt der DDR, Berlin. Die Werbung und Unterstützung für dieses ‚Nationale Aufbauprogramm' darf nicht durch notwendige Maßnahmen im Rahmen des Aufbaus unserer Städte beeinträchtigt werden." Zu diesem Zeitpunkt galt das Programm aber bereits als nicht mehr durchführbar.[118] Vor allem

116 Zusammengestellt und berechnet nach den Haushaltsrechnungen.
117 Vgl. J IV 2/3/382, Bl. 3, STAPMO, ZPA.
118 Vgl. J IV 2/3/324, Bl. 26 ff., STAPMO, ZPA.

wegen Schwierigkeiten bei der güterwirtschaftlichen Sicherstellung von Investitionen ging der Aufbau nach dem Abschluß der ersten Bauphasen in der Stalinallee nur noch schleppend voran, abgesehen von einigen Schwerpunkten, wie Staatsoper, Berliner Rathaus und Wohnungsbau in den Bezirken.[119] Eine politische Entscheidung zur Weiterführung oder gar Ausweitung des Programms wäre durchaus denkbar gewesen; man hätte die erforderlichen Güter bei anderen Projekten abziehen müssen; darauf wurde aber verzichtet. Eine derart herausgehobene Sonderstellung hatte Ost-Berlin nach dem Verständnis der politischen Führung also nicht.

Im Unterschied dazu mußten Investitionsprogramme aus dem DDR-Haushalt finanziert werden, wenn sie wegen der besonderen politischen Situation in Berlin von der SKKD angeordnet wurden. In diesen Kontext ist der Beginn des Baus des S-Bahn-Außenrings („Nordbahn um den französischen Sektor [elktr. Betrieb]“) einzuordnen, der von Marschall Tschuikow am 7. Mai 1952 genehmigt wurde.[120] Die Kosten für dieses und für andere Programme der DDR in Ost-Berlin lassen sich heute nicht mehr genau erfassen, da sie aus verschiedenen Kapiteln des Staatshaushalts finanziert wurden.

Haushaltswirtschaft

Der erste Ost-Berliner Haushaltsplan wurde am 3. Juni 1949 vom Magistrat in Kraft gesetzt. Bis zur Spaltung hatten die jährlichen Haushaltsdebatten der Stadtverordnetenversammlung einen besonderen Stellenwert im politischen Leben eingenommen. Die Parteien legten ihre Konzepte für die zukünftige Gestaltung der Stadt dar und suchten in einem von der Öffentlichkeit kontrollierbaren Meinungsbildungsprozeß – nicht selten über Parteigrenzen hinweg – nach Lösungen, die der schwierigen Lage angemessen waren und möglichst viele Bürgerinteressen berücksichtigten. Den Haushaltsplan deshalb allein durch Beschluß eines Magistrats in Kraft zu setzen, der seine Amtsgewalt nur auf die Macht von SMAD und SED-Führung stützen konnte, erschien selbst der Umgebung von Ebert gewagt. Dadurch entstand eine haushaltspolitische Legitimitätskrise, die

[119] Vgl. IV 2/6/813, o. Bl., STAPMO, ZPA.

[120] Vgl. Handschriftliche Notizen von Wilhelm Pieck, NL 36, Nr. 6736, Bl. 313, STAPMO, ZPA.

durch scheindemokratische Verfahren abgeschwächt werden sollte. Wie bereits bei der Einsetzung des Ostmagistrats wurde eine Versammlung von Vertretern politischer Parteien, Organisationen sowie Betriebsdelegationen einberufen, der vom Magistrat am 19. Juni 1949 Haushaltsplan und Grundsätze der Haushaltspolitik erläutert wurden.[121] Die Aufgabe der Teilnehmer bestand darin, dem Magistratsbeschluß zuzustimmen, kritische Äußerungen oder Änderungsvorschläge waren weder erwünscht noch von der Tagungsregie vorgesehen.

Um den Eindruck zu erwecken, daß die Kontinuität Berliner Politik auch auf dem Gebiet von Haushalts- und Finanzpolitik ohne Brüche auf den Ostmagistrat übergegangen sei, wurde eine „Verordnung über Feststellung und Entlastung von Haushaltsrechnungen" erlassen. Mit Hinweis darauf, daß nach früheren Vorschriften Haushaltsrechnungen nur durch die Kommunalaufsichtsbehörde entlastet werden konnten und dies für Berlin letztmalig im Jahr 1935 durch den Reichsminister des Innern geschehen war, wurde Entlastung für die Rechnungen der Haushaltsjahre 1945 bis 1948 erteilt, für 1936 bis 1944 jedoch abgelehnt. Das war aber ein rein formaler Akt, da das Hauptprüfungsamt nur in der Lage war, die Rechnung für 1948 wirklich zu untersuchen.[122]

Die Haushaltswirtschaft war im Untersuchungszeitraum von erheblichen Planungsproblemen betroffen. Die Unsicherheiten bei der Entwicklung von Einnahmen und Ausgaben, bei den Überweisungen an den zentralen Haushalt und der Verteilung von Aufgaben zwischen Ost-Berlin und der SBZ/DDR resultierten offenbar sowohl aus den Transformationsprozessen der Wirtschafts- und Finanzpolitik selbst als auch aus der statusrechtlichen Lage, die bestimmte Optionen für die Zukunft der Stadt noch immer offenließ. Aus diesen Gründen war es nicht möglich, die Haushaltspläne vor Beginn der Rechnungsjahre in Kraft zu setzen. Außerdem fällt die Vielzahl der Nachtragshaushalte und Sonderprogramme auf, deren Ausgaben zum Teil nur durch Erwartungen von Mehreinnahmen „gedeckt" wurden. Die Veränderungen des laufenden Etats waren zum größten Teil wegen des Mehrbedarfs der Wirtschaft und zusätzlicher Abführungen an die DDR nötig.

[121] Vgl. *Protokoll der 30. (ordentlichen) Magistratssitzung vom 3. Juni 1949*, in: Rep. 100, Nr. 839, Bl. 90, 98 ff., LAB, STA.

[122] Vgl. Rep. 100, Nr. 844, Bl. 133 f., LAB, STA.

Beipielsweise war der Haushalt 1950 von mindestens drei Veränderungen betroffen. Zunächst wurden 16,6 Mio. DM (Ost) zur Erhöhung des Investitionsplanes der staatseigenen Wirtschaft zur Verfügung gestellt. Dieser Betrag war im Haushalt eigentlich nicht vorgesehen, die betroffenen Betriebe konnten die Investitionsmittel jedoch nicht selber aufbringen und auch nicht über Bankkredite besorgen.[123] Am 24. August 1950 folgte der Beschluß über einen ersten Nachtragshaushalt. Einnahmen und Ausgaben wurden um 288 Mio. DM (Ost) erhöht. Die Mehreinnahmen ergaben sich aus Bestandumwertungsgewinnen bei der Währungsreform (6 Mio.), zusätzlichen Steuereinnahmen (258 Mio.), Mehreinnahmen aus der Haushaltsabgabe der HO (4 Mio.) und Erstattungen durch die DDR für Instandsetzungs- und Wiederaufbauarbeiten an ehemaligen Reichs- und Staatsgebäuden (20 Mio.). Davon wurden 88 Mio. für die zentrale und örtliche Wirtschaft, 70 Mio. als Sonderabführungen an die DDR, 59 Mio. für ein Sonderprogramm, 36 Mio. für Umwertungsverluste der Ost-Berliner Kreditinstitute und 35 Mio. für andere Aufgaben verwendet.[124] Nur eine Woche später, am 31. August 1950, wurden die Eckdaten des ersten durch einen zweiten Nachtragshaushalt auf 418 Mio. DM (Ost) erhöht, mit der Begründung, daß sich die Steuereinnahmen erneut verbessert hätten und zusätzliche Einnahmen aus Sperrkonten und Forderungen geschlossener Kreditinstitute eingegangen seien. Diese Summe wurde der DDR (50 Mio.) als Haushaltsabführung und der Deutschen Notenbank (80 Mio.) als zinsloses Darlehen zur Verfügung gestellt.[125]

In einem Zusatzprogramm 1951 wurden 80 Mio. DM (Ost) aus „zu erwartenden Haushaltsersparnissen" für die Wirtschaft (34 Mio.), den Wohnungsbau (26 Mio.) und die Fertigstellung öffentlicher Bauten (20 Mio.) außerhalb des beschlossenen Etats zur Verfügung gestellt.[126] Außerdem waren in diesem Rechnungsjahr Ausgleichsmittel in Höhe von 221 Mio. DM (Ost) eingeplant, deren Verwendung ohne vorherige Zweckbindung durch den Magistrat beziehungsweise die Abteilungen der Hauptverwaltung festgelegt werden konnte. Auf der Grundlage der Quellen kann geschätzt werden, daß 70 bis 80 Pro-

123 Vgl. Rep. 101, Nr. 845, o. Bl., LAB, STA.
124 Vgl. Rep. 100, Nr. 851, Bl. 14 ff.; Rep. 105, Nr. 425, o. Bl., LAB, STA.
125 Vgl. Rep. 100, Nr. 851, Bl. 68 f., LAB, STA.
126 Vgl. Rep. 100, Nr. 861, Bl. 13 f., LAB, STA.

zent dieses Betrages ebenfalls für die Wirtschaft ausgegeben wurden.[127]

Die desolate Lage der Haushaltswirtschaft spiegelte sich auch in den Haushaltsrechnungen wider, deren wenig befriedigender Zustand eine genaue Analyse erschwert. Für das Rechnungsjahr 1949 ist zwar ein detaillierter Haushaltsplan überliefert, die am 28. November 1950 vom Ostmagistrat entlastete Haushaltsrechnung, die nur Einnahmen und Ausgaben ausweist, unterscheidet sich aber so auffällig von den Planungsdaten, daß über die Eckwerte hinausgehende Aussagen zu diesem Etat nicht verantwortet werden können.

TABELLE 32

Haushaltsplan und Haushaltsrechnung für das Rumpfrechnungsjahr 1949 (in DM [Ost])[128]

Einnahmen			Ausgaben		
Plan	Rechnung	Differenz (Plan = 100)	Plan	Rechnung	Differenz (Plan = 100)
1.227.998.810	1.093.136.530	89,01	1.205.951.990	972.321.399	80,60

Die Haushalte für die Jahre 1950 bis 1952 können im Unterschied dazu näher untersucht werden. Die Einnahmen kamen zu ca. zwei Dritteln aus Steuern und Abgaben und zu ca. einem Drittel aus der Verwaltung. Damit entsprach ihre Struktur den letzten beiden Etats von Groß-Berlin vor der Verwaltungsspaltung.

TABELLE 33

Struktur der öffentlichen Einnahmen Ost-Berlins in den Hauhaltsjahren 1950 bis 1952 (in Prozent)[129]

Jahr	Gesamteinnahmen	davon aus Steuern/ Abgaben	davon aus der Verwaltung
1950	100	71	29
1951	100	69	31
1952	100	68	32

[127] Vgl. Rep. 100, Nr. 860, Bl. 8, LAB, STA.

[128] Vgl. für den Plan: *Protokoll der 30. (ordentlichen) Magistratssitzung vom 3. Juni 1949,* in: Rep. 100, Nr. 839, Bl. 90, 98 ff., LAB, STA. Für die Rechnung: Rep. 100, Nr. 853, Bl. 263 f., LAB, STA.

[129] Zusammengestellt und berechnet nach Haushaltsrechnungen.

TABELLE 34

Struktur der öffentlichen Ausgaben Ost-Berlins in den Haushaltsjahren 1950 bis 1952 (in 1000 DM [Ost] und in Prozent)[130]

a) Wirkliche Ausgaben einschließlich DDR-Abführungen

	1950		1951		1952	
	TDM (Ost)	%	TDM (Ost)	%	TDM (Ost)	%
Einnahmen lt. Rechnung	2.160.940,3	165	2.211.775,6	133	2.177.540,5	132
minus Einnahmen VAB	403.295,9	–	444.311,8	–	518.973,9	–
Einnahmen ohne VAB	1.754.644,4	134	1.799.587,3	107	1.658.566,6	101
plus Positivsaldo VAB	–	–	–	–	40.977,6	–
minus Haushaltsüberschüsse	447.382,2	–	129.980,8	–	50.245,7	–
wirkliche Ausgaben	1.307.262,3	100	1.669.606,5	100	1.649.298,5	100
davon 1. DDR	350.000,0	27	565.000,0	34	742.077,0	45
2. Verwaltung	105.878,7	8	175.338,7	10	140.645,2	8
3. VE-Wirtschaft	106.951,9	8	213.531,8	13	195.859,7	12
4. Bildung/Wiss./ Kultur	109.107,7	9	127.788,3	8	118.474,7	7
5. Verkauf/Handel/ komm. Wirtschaft	13.414,3	1	21.815,2	1	27.536,5	2
6. Arbeit/Sozialwesen	143.811,7	11	156.875,5	9	111.056,5	7
7. Gesundheit	86.391,0	7	114.947,3	7	125.916,7	8
8. Förd. der demokr. Ordnung/Sport	60.718,7	5	85.572,4	5	67.278,1	4
9. Kriegslasten	58.426,4	4	–	–	–	–
Sonstiges	272.555,9	20	208.737,3	13	117.454,1	7

Wesentlich komplizierter ist eine Analyse der Ausgabenstruktur. Um die wirklichen Ausgaben zu berechnen, müssen von den Gesamteinnahmen laut Haushaltsrechnung zunächst, wie bereits erwähnt, die Einnahmen der VAB abgezogen werden. Die Verluste der VAB wurden als ordentliche Ausgaben bei Arbeit/Sozialwesen berücksichtigt. 1952 schloß die Ost-Berliner Sozialversicherung erstmals mit einem Überschuß ab, der zu einer Einnahmenverbesserung führte und daher als Positivsaldo VAB erfaßt wurde. Außerdem muß beachtet werden, daß die Haushaltsrechnungen im Untersuchungszeitraum grundsätzlich mit einem Überschuß abgeschlossen haben. Während die 1951 und 1952 entstandenen Beträge als Vorjahres- und Sollüberschüsse in die jeweils folgenden Etats aufgenommen wur-

130 *Ebda.*

den, gelangte vom Überschuß des Jahres 1950 nur eine Summe von ca. 200 Mio. DM (Ost) in den Haushalt 1951. Wenn man also von den um die VAB bereinigten Gesamteinnahmen die Überschüsse abzieht, kommt man zu den wirklichen Ausgaben des Rechnungsjahres. Nunmehr gibt es zwei Möglichkeiten, diese zu analysieren: Erstens können die Abführungen an die DDR als normale ordentliche Ausgaben angesehen werden, zweitens ist es auch möglich, die Abführungen von den wirklichen Ausgaben abzusetzen und damit die Ausgabensumme zu erhalten, die für Ost-Berliner Angelegenheiten zur Verfügung stand. Diese war aber erheblich niedriger, als in der Haushaltsrechnung ausgewiesen. 1950 wurden nur 44,3 Prozent der Einnahmen für Ost-Berlin ausgegeben, 1951 49,9 Prozent und 1952 41,7 Prozent.

TABELLE 34 *(Fortsetzung)*

Struktur der öffentlichen Ausgaben Ost-Berlins in den Haushaltsjahren 1950 bis 1952 (in 1000 DM [Ost) und in Prozent)

b) Ausgaben für Ost-Berlin

	1950		1951		1952	
	TDM (Ost)	%	TDM (Ost)	%	TDM (Ost)	%
wirkliche Ausgaben	1.307.262,3	137	1.669.606,5	151	1.649.298,5	182
minus Abführung an DDR	350.000,0	–	565.000,0	–	742.077,0	–
Ausgaben für Ost-Berlin	957.263,3	100	1.104.606,5	100	907.221,5	100
davon 1. Verwaltung	105.878,7	11	175.338,7	16	140.645,2	16
2. VE-Wirtschaft	106.951,9	11	213.531,8	19	195.859,7	22
3. Bildung/Wiss./ Kultur	109.107,7	12	127.788,3	12	118.474,7	13
4. Verkauf/Handel/ komm. Wirtschaft	13.414,3	1	21.815,2	2	27.536,5	3
5. Arbeit/Sozialwesen	143.811,7	15	156.875,5	14	111.056,5	12
6. Gesundheit	86.391,0	9	114.947,3	10	125.916,7	14
7. Förd. der demokr. Ordnung/Sport	60.718,7	6	85.572,4	8	67.278,1	7
8. Kriegslasten	58.426,4	6	–	–	–	–
Sonstiges	272.555,9	29	208.737,3	19	117.454,1	13

Bei den Ausgaben fällt auf, daß für Arbeit/Sozialwesen und Gesundheitswesen sowie für Bildung/Kultur und Wissenschaft etwa genau soviel aufgewendet wurde wie vor der Spaltung. An zweiter Stelle standen die Ausgaben für die sogenannte volkseigene und die kommunale Wirtschaft sowie Handel und Verkehr, die man auch als einheitliche Kategorie betrachten kann. Die Ausgaben für die Verwaltung sind im Gegensatz dazu geringer, was sich aus der neuen Verwaltungsstruktur und dem Fehlen traditioneller Selbstverwaltungsgremien erklären läßt. Außerdem gingen Verwaltungsfunktionen auf die DDR über. Völlig neu ist das Aufgabengebiet „Förderung der demokratischen Ordnung, Jugend und Sport". Hier wurden die traditionellen Zuschüsse der öffentlichen Hand ebenso verbucht wie die systembedingten Unterstützungszahlungen an Organisationen, für politische Veranstaltungen etc.

Unter Berücksichtigung der bereits genannten Mängel und Schwierigkeiten in der Haushaltswirtschaft erlauben diese Daten jedoch nur einen allgemeinen Überblick über die Struktur des Ost-Berliner Haushalts. Es ist nicht auszuschließen, daß in den Haushaltsrechnungen Ausgaben falsch zugeordnet oder im Haushalt der allgemeinen Finanzverwaltung (in beiden Tabellen unter „Sonstiges") versteckt wurden.

Mit dem Ende des Rechnungsjahres 1952 wurde die fiktive finanz- und haushaltspolitische Selbständigkeit Ost-Berlins aufgegeben. Nicht der Magistrat, sondern die SED-Landesleitung faßte am 21. November 1952 den dafür erforderlichen Beschluß. Er hatte folgenden Wortlaut:

„Das Sekretariat der Landesleitung Groß-Berlin beschließt, dem Politbüro vorzuschlagen:

1. Der Haushalt des Demokratischen Sektors von Groß-Berlin wird mit Wirkung vom 1. Januar 1953 analog der für die Bezirke der DDR geltenden Regelung in den Haushalt der DDR eingegliedert.
2. Der Haushalt der Versicherungsanstalt Berlin wird in den Haushalt der Sozialversicherung der DDR eingegliedert."

In diesem Zusammenhang wurde auf statusrechtliche Folgen verwiesen: „Es muß berücksichtigt werden, daß bei einer Eingliederung Berlins in den Haushalt der DDR jedes besondere Gesetzgebungsrecht des Magistrats ... seinen Sinn verliert."[131] Während Ost-Berlin seit 1953 in die DDR-Haushaltswirtschaft integriert wurde, blieb das formale Gesetzgebungsrecht aber weiterhin bestehen.

[131] Vgl. IV 2/6/262, Bl. 96, STAPMO, ZPA.

Begründung der Sonderstellung von Berlin (Ost) – Haushaltspolitik angesichts der offenen Grenze (1953–1961)

Verhältnis der Ost-Berliner zur DDR-Finanz- und Haushaltspolitik

Probleme im Rechnungsjahr 1953

Der Etat für 1953 konnte wegen Abstimmungsschwierigkeiten mit dem Volkswirtschaftsplan auf DDR-Ebene nicht zu Beginn des Rechnungsjahres in Kraft treten. Um die normalen Aufgaben trotzdem erfüllen zu können, wurde der Abteilung Finanzen gestattet, „Bestimmungen zur Haushaltswirtschaft" zu erlassen. Dabei durften nur Ausgaben genehmigt werden, um Verwaltungsstellen, Einrichtungen und Betriebe in Gang zu halten, gesetzliche Aufgaben zu erfüllen, rechtlichen Verpflichtungen nachzukommen und Vermögensschäden abzuwenden.[132]

Am 27. Januar 1953 teilte der für Ost-Berlin zuständige Staatssekretär im Ministerium der Finanzen, Willi Georgino, dem Oberbürgermeister mit, daß der DDR-Ministerrat am 22. Januar 1953 beschlossen habe, den Haushaltsplan der Volkskammer zuzuleiten. In diesem Plan seien für Ost-Berlin Einnahmen und Ausgaben in Höhe von 2.054,4 Mio. DM (Ost) vorgesehen. Von den Ausgaben sollten 477,9 Mio. als Finanzausgleich an die DDR abgeführt werden. Georgino erklärte gleichzeitig, daß beabsichtigt sei, die Haushaltsbeziehungen Ost-Berlins zur DDR neu zu ordnen.[133] Wie seit der Verwaltungsreform in den Bezirken praktiziert, werde die Teilstadt dann nicht mehr alle Steuern und Abgaben selber erheben, sondern ihre öffentlichen Einnahmen auf drei Wegen erhalten, durch Überlassung eigener Einnahmen (Gemeindesteuern, Verwaltungseinnahmen, Anteile an den Steuern und Abgaben der örtlichen Wirtschaft), durch Beteiligung an Republikeinnahmen (das sind die zentral erhobenen Steuern und Abgaben) und schließlich durch Zuweisungen aus dem Haushalt der Republik.[134] Damit sollte der bisherige Finanzausgleich, also die Überweisung der von den Ost-Berliner Finanzämtern erho-

[132] Vgl. *Protokoll der 205. (ordentlichen) Magistratssitzung vom 18. Dezember 1952*, in: Rep. 100, Nr. 873, Bl. 162 f., LAB, STA.

[133] Vgl. Rep. 101, Nr. 775, o. Bl., LAB, STA.

[134] Vgl. H. Bader u. a., *Das Finanzsystem der DDR...*, S. 107 f., 213 f.

benen Republiksteuern und weiterer Beträge an die Zentrale, fortfallen.

Erst nachdem die Volkskammer am 5. Februar 1953 das Gesetz über den Staatshaushalt erlassen hatte und die Planungsunterlagen dem Magistrat übergeben worden waren, konnte dieser am 12. Februar eine Verordnung über den Haushaltsplan von 1953 beschließen.[135] Darin wurden die Einnahmen und Ausgaben mit ca. 1.580,5 Mio. DM (Ost) veranschlagt, die Abführungen an die DDR waren also nicht mehr Bestandteil dieses Planes. Der reguläre Übergang zum DDR-Haushaltsausgleich erfolgte jedoch erst – wie noch erläutert wird – mit dem Rechnungsjahr 1957. Bis zu diesem Zeitpunkt blieben die Abführungen des Magistrats an den zentralen Haushalt im Prinzip bestehen, obwohl sie zwischen 1953 und 1955 nicht ordnungsgemäß ausgewiesen wurden.

Nur einen Tag nach dem Erlaß der Haushaltsverordnung trat eine sogenannte Volksvertretung Groß-Berlin zu ihrer konstituierenden Sitzung zusammen. Diese Körperschaft nahm Aufgaben der Stadtverordnetenversammlung wahr, ohne dafür eine demokratische Legitimation zu besitzen. Da die politische Führung Ostdeutschlands Wahlen in Ost-Berlin nicht gestattete, waren die „Abgeordneten" von den Blockparteien und politischen Organisationen bestimmt worden. Die erste Aufgabe des Scheinparlaments bestand darin, Ebert erneut zum Oberbürgermeister zu „wählen". Sein wirklicher Handlungsspielraum war aber so gering, daß man darauf verzichtet hatte, den Haushalt von 1953 zur Abstimmung zu bringen, obwohl eine Ständige Kommission für den Haushalt eingerichtet worden war.[136] Die untergeordnete Rolle der Kommunalparlamente in Haushaltsangelegenheiten war keine auf Ost-Berlin beschränkte Erscheinung. Die Haushalte der Gebietskörperschaften der DDR wurden nach hierarchischen Prinzipien aufgestellt, das heißt die jeweils übergeordnete Verwaltungseinheit legte die Eckdaten des Etats der ihr unterstellten Verwaltungseinheiten fest. Haushaltsdebatten wurden also zu einer einzigen Farce.

Mit der Einbeziehung in den DDR-Haushalt unterstand die Ost-Berliner Finanzverwaltung nunmehr auch offiziell der Zentrale. Bis-

[135] Vgl. *Protokoll der 213. (ordentlichen) Magistratssitzung vom 12. Februar 1953*, in: Rep. 100, Nr. 875, Bl. 133, LAB, STA.

[136] Vgl. *Protokoll der 210. (ordentlichen) Magistratssitzung vom 19. Januar 1953*, in: Rep. 100, Nr. 874, Bl. 45, LAB, STA.

herige Rücksichten oder Sonderregelungen im Umgang miteinander konnten fortfallen. Daher nahmen die direkte Einmischung in Ost-Berliner Angelegenheiten und die Ideologisierung der Finanzverwaltung zu. Bereits im April 1953 änderte das DDR-Finanzministerium den Ost-Berliner Teil des Haushaltsgesetzes aus eigener Machtvollkommenheit. Dabei wurde die relativ geringe Summe (3 Mio. DM [Ost]), die für den Aufbau des Berliner Rathauses vorgesehen war, gesperrt. Während die Finanzabteilung mit der amtierenden Stadtkämmerin Hentschke diese Entscheidung akzeptierte, stieß sie bei Ebert auf Ablehnung. Der Oberbürgermeister, der auch dem SED-Politbüro und weiteren zentralen Gremien angehörte, fühlte sich offenbar persönlich brüskiert. Er schrieb an den Finanzminister: „Ich erhebe gegen dieses Verfahren auch in meiner Eigenschaft als Mitglied des Präsidiums der Volkskammer entschiedenen Einspruch und bitte Sie, den betreffenden Mitarbeiter nachdrücklichst auf das Gesetzwidrige seiner Handlungsweise aufmerksam zu machen. Meine Abteilung Finanzen ist beauftragt worden, das betreffende Schreiben als nicht eingegangen zu behandeln." Der Finanzabteilung erteilte er folgende Anweisung: „Ich bitte in diesem Zusammenhang erneut, alle solche Ansinnen, die aus dem Ministerium der Finanzen an die Abteilung Finanzen des Magistrats von Groß-Berlin kommen, unverzüglich mir zur Kenntnis zu bringen, bevor irgendwelche Schritte von der Abteilung Finanzen selbst eingeleitet werden."[137] Während Ebert nicht zuletzt wegen seiner einflußreichen Stellung in der Finanzverwaltung gewisse Freiräume bewahren konnte, wurden in anderen Fragen keine Kompromisse geduldet.

Die Zentrale Kommission für Staatliche Kontrolle (ZKStK) bei der Regierung der DDR, eine Aufsichtsbehörde, deren Aufgabe darin bestand, die fachliche Arbeit und politische Verläßlichkeit der Mitarbeiter der öffentlichen Verwaltung der DDR zu überprüfen, hatte die Finanzverwaltungen wiederholt kritisiert. Der Leiter der ZKStK Fritz Lange war mit stalinistischem Übereifer bereits an Personalsäuberungen bei Banken und in den Finanzverwaltungen der Länder beteiligt gewesen.[138] Anfang 1953 berichtete er, daß in der DDR-Finanzverwaltung „üble Cliquenwirtschaft und ein völliges Durcheinander in Fragen der Verantwortlichkeit" herrsche.[139] Daraufhin setzte auch in

[137] Vgl. Rep. 101, Nr. 775, o. Bl., LAB, STA.
[138] Er wurde 1954 Minister für Volksbildung der DDR.
[139] Vgl. IV 2/608/69, Bl. 96, STAPMO, ZPA.

Ost-Berlin eine verstärkte Ideologisierung der Finanzpolitik ein. Neben Sachkompetenz wurde die politische Überzeugung als entscheidend für den Erfolg angesehen. Schwierigkeiten und Mißerfolge sollten durch stärkere Betonung der Ideologie überwunden werden. Beispielsweise hieß es in einem Magistratsbeschluß zur Verbesserung der Arbeit der Abgabenverwaltung: „In ihrer gesamten Arbeit muß sich die Abgabenverwaltung davon leiten lassen, daß sie bei dem Aufbau der Grundlagen des Sozialismus mitzuwirken hat. Ihre Arbeit muß daher konkret auf die Erfüllung des Volkswirtschaftsplanes gerichtet sein ... Alle Mitarbeiter der Abgabenverwaltung müssen erkennen, daß sie ihre Arbeit nur dann gut und erfolgreich durchführen können, wenn sie sich von wissenschaftlichen Erkenntnissen leiten lassen. Das Studium des Politischen Ökonomie und der fortschrittlichen Finanzwissenschaft, vor allem der letzten genialen Arbeit J. W. Stalins ‚Ökonomische Probleme des Sozialismus in der UdSSR' und die genaue Kenntnis unserer Ökonomik sind unabdingbare Voraussetzungen dafür, daß die Mitarbeiter der Abgabenverwaltung ihre Arbeitsmethoden verbessern."[140] Wie noch gezeigt wird, waren den Mitarbeitern der Ost-Berliner Finanzverwaltung die Probleme des stark zentralisierten Wirtschafts- und Finanzsystems durchaus bewußt.

Verschlechterung der Finanzlage und Scheitern von Sanierungsversuchen (1953–1956)

Die Lage der Staatsfinanzen hatte sich seit Beginn der fünfziger Jahre verschlechtert. Während sie von der ostdeutschen Führung bei einer Beratung mit der SKKD-Spitze im Februar 1950 noch als „gesund" eingeschätzt wurde,[141] sprach man drei Jahre darauf von einer krisenhaften Zuspitzung, insgesamt sei die „Finanzlage schlecht".[142] Eine Ursache dafür lag in den seit 1951 forcierten Enteignungen privater Unternehmen. Im Zuge der beschleunigten Übernahme des stalinistischen Ordnungsmodells hatte die 2. Parteikonferenz der SED im Juli 1952 beschlossen, „Überreste des kapitalistischen Denkens und der kapitalistischen Methoden" in der Wirtschaft zu beseiti-

[140] Vgl. Rep. 100, Nr. 874, Bl. 57 ff., LAB, STA.
[141] Vgl. Nachlaß Wilhelm Pieck, NL 36, Nr. 736, Bl. 56, STAPMO, ZPA.
[142] *A. a. O.*, Bl. 331 ff.

gen.[143] Die Enteignungen betrafen nicht nur Industrieunternehmen, sondern auch die Landwirtschaft, den Handel und weitere Wirtschaftszweige.[144]

Im Jahr 1952 wurden allein 1.476 Industriebetriebe enteignet, die 1951 bei einem Gesamtumsatz von 470 Mio. DM (Ost) eine Steuerleistung von ca. 215 Mio. DM (Ost) erbracht hatten. Im ersten Quartal 1953 waren von Enteignungen 986 gewerbliche und Handels- sowie 3.862 landwirtschaftliche Betriebe betroffen. Diese hatten 1952 ca. 400 Mio. DM (Ost) umgesetzt und 150 Mio. an Steuern gezahlt.[145] Man kann davon ausgehen, daß sich infolge der Enteignungen das steuerliche Gesamtaufkommen der privaten Wirtschaft um ungefähr 10 Prozent verringerte.

Neben den Ausfällen von Einnahmen wuchsen über- und außerplanmäßige Ausgaben. Die von der politischen Führung herbeigeführte manifeste Krise machte auch vor der Finanz- und Haushaltspolitik nicht halt. Daher sah sich das SED-Politbüro gezwungen, die Finanzverwaltungen auf eine Politik der knappen Kassen einzustellen. Seit Anfang 1953 stand die Verminderung öffentlicher Ausgaben im Vordergrund. Am 3. Februar 1953 wurde ein Grundsatzbeschluß über Einsparungen in der Haushaltswirtschaft mit folgenden Vorgaben gefaßt:

1. Volle Verantwortlichkeit der Verwaltungen für die finanzielle Auswirkung ihrer Tätigkeit.
2. Erzielung des größten Effekts mit den vorhandenen Haushaltsmitteln, Vermeidung von Überschreitungen.
3. Bereitstellung von Haushaltsmitteln nur für solche Ausgaben, die im bestätigten Volkswirtschaftsplan vorgesehen sind.
4. Sorgfältige finanz- und wirtschaftspolitische Vorbereitung neuer Planprojekte auf der Grundlage von Wirtschaftlichkeitskriterien.
5. Ausnutzung der vorhandenen Kapazitäten im Bildungs- und Gesundheitswesen sowie im kulturellen Bereich, also Vermeidung von nichtnotwendigen Infrastrukturinvestitionen.
6. Bekämpfung der Vorratswirtschaft.

[143] Vgl. *Dokumente zur Geschichte der SED*, Bd. 2, *1945–1971*, Berlin 1986, S. 173.

[144] Vgl. dazu M. Tatzkow, *Privatindustrie ohne Perspektive. Der „Versuch zur Liquidierung der mittleren privaten Warenproduzenten"*, in: *Brüche/Krisen/Wendepunkte. Neubefragung von DDR-Geschichte*, Leipzig-Jena-Berlin 1990, S. 100 ff.

[145] Vgl. N1 (Verschlußsachenbestand), Nr. 1670, o. Bl., BA, Abteilung Potsdam.

7. Pflege und Erhaltungsmaßnahmen an öffentlichem Eigentum zur Verlängerung der Lebensdauer von Anlagen etc.
8. Wissenschaftliche Erarbeitung von Einheitssätzen für den Personalbedarf (zum Beispiel im Verhältnis Lehrer – Schüler, Schwester – Patient etc.).
9. Konsequenter Einzug der Steuern und Abgaben.
10. Führung von Wirtschaftsbüchern in den Verwaltungen, um die Finanzgebarung zu kontrollieren.
11. Beachtung bestimmter Grundsätze beim Einsatz von Haushaltsmitteln (zum Beispiel Kontrolle der Leistungen und Rechnungen durch Fachkräfte).
12. Verbot der Auftragsvergabe an Privatunternehmen mit Steuerschulden.
13. Nachprüfung der von Auftragnehmern geforderten Preise, Einholung von mindestens zwei Angeboten.
14. Pünktliche Rechenschaftslegung und Bezahlung.[146]

Bestehende Mängel im Umgang mit den öffentlichen Finanzen wurden also durchaus erkannt. Die Maßnahmen hätten am Beginn einer Korrektur der Deformationen in der Finanzpolitik stehen können. Dazu wäre aber eine weitgehende Bereitschaft zu Gesellschaftsreformen notwendig gewesen. Nur damit hätte man in der Bevölkerung die Zustimmung für eine zeitweilige Einschränkung der öffentlichen Ausgaben finden können. Das war aber bekanntlich nicht der Fall, die Krise spitzte sich immer mehr zu und erreichte mit dem Volksaufstand vom 17. Juni 1953 ihren Höhepunkt.[147]

Am 11. Juni hatte der Ministerrat nach Beratungen der SED-Spitze mit der Moskauer Führung den Übergang zum sogenannten Neuen Kurs beschlossen. Damit sollten sozusagen in letzter Minute Überspitzungen rückgängig gemacht werden, ohne daß jedoch die Gesamtpolitik wirklich geändert wurde. Der Ost-Berliner Oberbürgermeister wurde am 12. Juni ermächtigt, alle Verordnungen selbst zu erlassen, die aufgrund des „Neuen Kurses" notwendig wurden.[148] Die Unzufriedenheit der Bevölkerung mit der herrschenden Ordnung konnte damit nicht gestoppt werden. Neben Bauarbeitern und Betriebsbelegschaften führte sie auch in der Ost-Berliner Verwaltung

[146] Vgl. IV 2/6/832, o. Bl., STAPMO, ZPA.
[147] Vgl u. a. Torsten Dietrich, *Der 17. Juni 1953 in der DDR*, Berlin 1991.
[148] Vgl. *Protokoll der Magistratssitzung vom 12. Juni 1953*, in: Rep. 100, Nr. 887, Bl. 11, LAB, STA.

zu Protesten und Streiks. In der Abgabenverwaltung, also in den Finanzämtern, wurden Streikleitungen gewählt und Arbeitskampfmaßnahmen ergriffen. Von anderen Bereichen der Finanzverwaltung wurde der Aufstand unterstützt. In den Augen der politisch Verantwortlichen handelte es sich dabei um landesverräterische Aktivitäten. Die Lage in der Ost-Berliner Finanzverwaltung war daher Gegenstand eines Berichts der ZKStK vom 1. Juli 1953 über „einige Beobachtungen im staatlichen Verwaltungsapparat in den kritischen Tagen vom 16. bis 20. Juni 1953“ an den DDR-Ministerpräsidenten Grotewohl.[149]

Die Führung reagierte sehr unterschiedlich. Neben Verhaftungen und Verurteilungen wurde in den Medien eine Propagandakampagne mit dem Ziel gestartet, den Aufstand als proimperialistische und profaschistische Aktion zu diffamieren, die noch dazu vom Westen gesteuert worden sei. Aus der Finanzverwaltung selber sind zwei Fälle von Willkürakten bekannt geworden. Der Leiter der Ost-Berliner Oberfinanzdirektion Karl Magnus wurde 1954 wegen angeblicher Unterschlagungen zu 25 Jahren Zuchthaus verurteilt, sein Stellvertreter zu elf Jahren.[150] Außerdem stand hier die ideologische Säuberung im Vordergrund. Auf Belegschaftsversammlungen sollten Entschließungen angenommen werden, in denen die Politik der DDR-Regierung unterstützt wurde. Von den Mitarbeitern wurde erwartet, daß sie öffentlich erklärten, sich nicht mehr an solchen Vorgängen zu beteiligen.[151]

Mit dem Übergang zum „Neuen Kurs“ war eine Verknappung öffentlicher Mittel politisch nicht mehr durchführbar, obwohl sie gesamtwirtschaftlich weiter erforderlich gewesen wäre. Die Finanzierung von Maßnahmen der DDR-Regierung zur Stabilisierung der politischen Lage erhielt höchste Priorität. Die bisherige restriktive Politik gegen den Mittelstand wurde gemildert. Einige enteignete Unternehmen wurden zurückgegeben, die Spitzensteuersätze in der Privatwirtschaft gesenkt. Dadurch entstand jedoch ein haushaltspolitisches Dilemma. Aufgrund des Rückgangs der öffentlichen Einnahmen mußte der Staatshaushaltsplan gekürzt werden. Gleichzeitig stiegen die Ausgaben für verschiedene soziale Maßnahmen an. Um

[149] Vgl. Nachlaß Otto Grotewohl, NL 90, Nr. 437, Bl. 228, STAPMO, ZPA.

[150] Vgl. Bundesministerium für Wirtschaft, B 102, Nr. 13368, o. Bl., BA, Koblenz.

[151] Vgl. *Protokoll der 27. (ordentlichen) Magistratssitzung vom 14. August 1954,* in: Rep. 100, Nr. 893, Bl. 36, LAB, STA.

die erforderlichen Mittel dennoch zu bekommen, wurde zunächst versucht, die Einnahmesituation zu verbessern. Säumige Steuerzahler wurden in einer politischen Kampagne unter Strafandrohung zur Zahlung aufgefordert.[152] Damit konnten die gewünschten Effekte aber nicht erreicht werden.

Ost-Berlin gelangte an die Grenze der Zahlungsfähigkeit. Haushaltsmäßig wirkten sich vor allem folgende Maßnahmen des „Neuen Kurses" ausgabensteigernd aus: Erhöhungen von Renten, Pensionen und Sozialfürsorgeunterstützungen, Erhöhung der Taschengelder von Heiminsassen, Unterstützungszahlungen für Rückkehrer aus West-Berlin und Westdeutschland, Erlaß und Stundung von Steuerschulden privater Unternehmer, Lohnerhöhungen in der sogenannten volkseigenen Wirtschaft und in der Verwaltung, Verbesserung der Leistungen der Sozialversicherung. Außerdem hatten die vom Magistrat und den Stadtbezirken selbst getroffenen Maßnahmen den Haushalt schwer belastet. Dazu gehörten unter anderem Verlustabdeckungszahlungen an die Ost-Berliner örtliche Industrie, Vergütungserhöhungen für Lehrkräfte, Pionierleiter, Berufsschullehrer und Heimerzieher sowie Lohn- und Gehaltssteigerungen bei den Theatern. Da dem Haushalt dadurch ein voraussichtliches Defizit von 110 Mio. DM (Ost) drohte, beantragte der Magistrat in dieser Höhe einen Sonderfinanzausgleich bei der DDR-Regierung.[153]

Zunächst zeigte die Zentrale für die Ost-Berliner Probleme wenig Verständnis. Bis zum 30. Oktober waren nur 30 Mio. DM (Ost) überwiesen worden, im November kam ein weiteres Drittel der beantragten Summe hinzu. Die seit dem 16. Oktober amtierende Finanzstadträtin Hentschke[154] wies den DDR-Finanzminister Loch am 27. November 1953 schriftlich darauf hin, daß die schlechte Haushaltslage zum großen Teil durch Beschlüsse der DDR-Regierung verursacht worden sei. Außerdem habe es gravierende Fehleinschätzungen in der Ost-Berliner Haushaltsplanung gegeben. So wurden die Einnahmen der VAB im Haushaltsplan überhöht festgesetzt, seit 1952 waren keine Haushaltsmittel für die Abdeckung von Verlusten der örtlichen Wirtschaft vorgesehen, die entsprechenden Zahlungen mußten also außerplanmäßig aus dem Sonderausgleichsfonds geleistet werden.[155]

152 *Ebda.*

153 Vgl. Rep. 100, Nr. 897, o. Bl., LAB, STA.

154 Vgl. *Protokoll der 36. (ordentlichen) Magistratssitzung vom 16. Oktober 1953,* in: Rep. 100, Nr. 896, o. Bl., LAB, STA.

Nach diesem Vorstoß zahlte die DDR einen weiteren Betrag. Insgesamt wurden ca. 104 Mio. DM (Ost) aus dem zentralen Haushalt zur Verfügung gestellt. Das war die erste Subventionszahlung größeren Ausmaßes für den Ostteil Berlins. Aus dem zentralen Haushalt wurden darüber hinaus 21,1 Mio. DM (Ost) für ein Zusatzprogramm von Werterhaltungsarbeiten an Wohnungen, Gewerberäumen, Straßen und Brücken bewilligt.[156]

Der Magistrat versuchte im Rahmen des „Neuen Kurses“ außerdem, die Zentrale an einer schnelleren Lösung wirtschaftlicher Probleme der Teilstadt zu interessieren. Man erhoffte sich eine engere Verknüpfung mit der DDR-Wirtschaft, die Erarbeitung eines Perspektivprogramms für die wirtschaftliche Entwicklung als Hauptstadt Ostdeutschlands und die Schaffung besserer Rahmenbedingungen für die Bewältigung von Problemen mit überörtlicher Bedeutung, wie zum Beispiel die Entwicklung der Berliner Industrien, eine Regelung über Energielieferungen von und an die DDR und eine Beschleunigung des NAP.[157]

Durch die Maßnahmen des „Neuen Kurses“ hatten SED-Führung und DDR-Regierung den zentralen Haushalt und die Haushalte der Gebietskörperschaften zusätzlich belastet, ohne daß dafür eine ausreichende güterwirtschaftliche Deckung bestand. Die Zunahme des Geldumlaufs – allein in den ersten sechs Monaten von 1954 um 22 Prozent – läßt vermuten, daß der Notendruck die Hauptfinanzierungsquelle war. Die Präsidentin der Deutschen Notenbank Greta Kuckhoff hat diese Entwicklung wiederholt als äußerst besorgniserregend bezeichnet.[158]

Obwohl also die Chance für eine wirkliche Reform der Wirtschafts- und Finanzpolitik verspielt wurde, gestattete man vorsichtige Korrekturen an einer zu starken Zentralisierung. Seit 1. August 1953 durften die städtischen Anstalten und Einrichtungen „zur Dezentralisierung der Verwaltung, Vermeidung von Doppelarbeit, Beschleunigung des Verwaltungsganges und Erhöhung der Eigenverantwortlichkeit“ beim Berliner Stadtkontor eigene Haushaltskonten einrichten und ihre Verwaltungsbuchführung, eingeschlossen die Lohn- und Gehaltsabrech-

[155] Vgl. Rep. 101, Nr. 775, o. Bl., LAB, STA.

[156] Vgl. Rep. 100, Nr. 897, o. Bl., LAB, STA.

[157] Vgl. *Protokoll der Magistratssitzung vom 24. Juli 1953,* in: Rep. 100, Nr. 891, Bl. 14, LAB, STA.

[158] Vgl. Nachlaß Otto Grotewohl, NL 90, Nr. 336, Bl. 36 f., STAPMO, ZPA.

nung, selbständig führen. Um die „Verantwortlichkeit für die Erfüllung der Finanzpläne der Betriebe der örtlichen Volkseigenen Wirtschaft" zu erhöhen, wurden in den betroffenen Unternehmen Wirtschaftsstellen der Fachabteilungen des Magistrats eingerichtet.[159] Die Abteilung Finanzen konnte einigen kommunalen Einrichtungen, wie Schulen, Kindertagesstätten, Krankenhäusern und Polikliniken, die Wirtschaftsbefugnis erstmals vollständig übertragen.[160]

In der ersten Hälfte der fünfziger Jahre wurde die Planungssicherheit bei den Gebietskörperschaften dadurch beeinträchtigt, daß wichtige Daten des Volkswirtschaftsplanes bis zur Bestätigung durch die Volkskammer ständig verändert wurden. Die von den Gemeinden und Kreisen aufgestellten Pläne hatten also oftmals eine falsche Basis. Bei den notwendigen Plankorrekturen war die Abstimmung mit den letzten korrigierten Fassungen der zentralen Wirtschaftspläne zum Teil unmöglich.[161] Finanzielle und güterwirtschaftliche Planung stimmten daher nur selten überein. Ein erhebliches Hemmnis erwuchs auch daraus, daß sich die Nomenklatur der Haushalts- und Wirtschaftspläne ständig änderte. Vergleichsmöglichkeiten zur Entwicklung der wichtigsten Daten blieben beschränkt.[162]

Außerdem wurde die Haushaltsplanung seit 1954 wieder stärker zentralisiert. Das Ministerium der Finanzen und die Staatliche Plankommission legten Kontrollziffern fest, die für Magistrat und Stadtbezirke verbindlich waren.[163] Dadurch geriet die Ost-Berliner Verwaltung in eine immer abhängigere Stellung zu den DDR-Ministerien. Diese betrachteten die Räte der Bezirke faktisch als untergeordnete Abteilungen, denen dienstliche Anweisungen erteilt werden konnten. Der Ost-Berliner Oberbürgermeister Ebert ließ sich diese Spielart von Zentralismus übrigens nicht gefallen. Er warnte die Zentralbehörden, die „staatsrechtliche Stellung (des Magistrats – F. Z) als das ausführende und vollziehende Organ der Volksvertretung zu ignorieren" und weiterhin zu glauben, „sie könn[t]en selbstherrlich regieren, wie es ihnen gefällt".[164]

[159] Vgl. Rep. 100, Nr. 891, Bl. 1 f., LAB, STA.

[160] Vgl. *Protokoll der Magistratssitzung vom 17. Juli 1953*, in: Rep. 100, Nr. 890, Bl. 20, LAB, STA.

[161] Vgl. N1, Nr. 7/981, o. Bl., BA, Abteilung Potsdam.

[162] Vgl. Rep. 1005, Nr. 215, Bl. 69 ff., LAB, STA.

[163] Vgl. *ebda.*

[164] Schreiben Eberts an den Stellv. Minister der Finanzen vom 15. April 1954, vgl. Rep. 101, Nr. 775, o. Bl., LAB, STA.

Diese Systemdefekte führten zu wachsenden Effizienzproblemen. Eine Arbeitsgruppe des Finanzministeriums schätzte die ostdeutsche Finanzplanung 1956 kritisch ein: „Die jetzige Planungsmethode verhindert eine aktive Mitwirkung der gewählten Organe. Das von oben entwickelte Kontrollziffernsystem hat das Leben in den Kreisen und Gemeinden zur Seite geschoben und dafür rechnerisch ermittelte Normen gesetzt, die oft im Widerspruch zum Leben stehen. Die gewählten Organe wurden so zu Befehlsempfängern der staatlichen Organe und hatten dafür zu sorgen, daß die diktierten Haushaltspläne durchgesetzt werden. Nicht zuletzt wurden durch unsere Planungsmethodik die Ausschüsse desinteressiert, lösten sich auf."[165]

Zunächst reagierte die DDR-Führung im Mai 1956 mit einer Strukturreform bei den Räten der Bezirke und Kreise. Dadurch sollten Verwaltungsprozesse überschaubarer gemacht und Personal- sowie Sachkosten eingespart werden. Für die Ost-Berliner Finanzverwaltung wurden diese Bestimmungen am 10. August 1956 eingeführt. Die Unterabteilung Abgaben wurde aufgelöst und durch neue Ämter ersetzt, die zur Planung, Analyse und Kontrolle der gesamten Wirtschaft die Produktionsabgabe der zentralen und der örtlichen sogenannten volkseigenen Betriebe sowie die Steuern der privaten Unternehmen, eingeschlossen die Handwerksbetriebe und Genossenschaften, getrennt erheben und einziehen sollten.[166] Das Hauptreferat Preise wurde mit Wirkung vom 1. Januar 1957 aus der Finanzabteilung ausgegliedert und einem Stellvertretenden Oberbürgermeister direkt unterstellt.[167] Insgesamt wurden in der Finanzabteilung 20 Stellen abgebaut. Im Unterschied dazu gelang die ebenfalls beabsichtigte Verkleinerung des Magistrats jedoch nicht. Obwohl nach den Richtlinien des Ministerrates über die Zusammensetzung der örtlichen Räte höchstens sechs Stadträte als Stellvertretende Oberbürgermeister fungieren durften, waren es in Ost-Berlin neun, die über eigene Mitarbeiterstäbe, Dienstwagen etc. verfügten. Ebert wurde in dieser Angelegenheit bei Grotewohl

[165] Vgl. N1, Nr. 4667, o. Bl., BA, Abteilung Potsdam.

[166] Vgl. *Protokoll der 66. (ordentlichen) Magistratssitzung vom 10. August 1956*, in: Rep. 100, Nr. 1009, Bl. 304, LAB, STA.

[167] Vgl. *Protokoll der 77. (ordentlichen) Magistratssitzung vom 28. Dezember 1956*, in: Rep. 100, Nr. 1020, Bl. 69, LAB, STA.

vorstellig und konnte als SED-Politbüromitglied eine Ausnahmeregelung erwirken.[168] Die von der Verwaltungsstrukturreform erwartete Einsparung öffentlicher Mittel trat also nicht in vollem Umfang ein.

Reformansätze bei der Finanz- und Haushaltspolitik (seit 1957)

Mit dem Rechnungsjahr 1957 begann eine Reform der kommunalen Finanz- und Haushaltspolitik. Bestimmte Schwerpunkte der wirtschaftlichen und infrastrukturellen Entwicklung konnten im Rahmen des Wirtschaftsplanes selbst festgelegt werden. Die Stadt- und Landkreise, in Ost-Berlin die Stadtbezirke, erhielten bessere Möglichkeiten, mit ihren Einnahmen alle Ausgaben zu bestreiten.[169] In diesem Zusammenhang fiel der Haushaltsausgleich Magistrat – DDR in der bisherigen Größenordnung weg. Für die in Ost-Berlin verbleibenden Steuermittel wurden Quotenregelungen festgelegt.[170] Der Magistrat verfügte nunmehr über folgende eigene Einnahmen: Nettogewinnabführung, Umlaufmittelabführungen und sonstige Abführungen der sogenannten volkseigenen Wirtschaftsbetriebe, deren Finanzpläne Bestandteil des Haushalts der Hauptverwaltung waren, sämtliche Einnahmen der Maschinen- und Traktorenstationen (MTS), sämtliche Verwaltungseinnahmen der Fachorgane der Hauptverwaltung, Einnahmen aus dem kommunalen Vermögen. Da die eigenen Einnahmen zur Finanzierung der ordentlichen Ausgaben nicht ausreichten, erhielt der Magistrat Anteile am Plan der Staatseinnahmen der sogenannten volkseigenen Unternehmen, die den Räten der Stadtbezirke unterstellt waren, 80 Prozent des Aufkommens der Staatseinnahmen der ihm direkt unterstellten Betriebe der örtlichen Wirtschaft und als Finanzausgleich einen Anteil an den Republiksteuern von der DDR.[171] Dem „finanzpolitischen Tauwetter" ensprach eine zeitweilige Lockerung der Geheimhaltung von Haushaltsdaten. In der Haushaltsdebatte der Stadtverordnetenversammlung von 1957 wurde die Zugänglichkeit der Haushaltspläne für die Öffentlichkeit als „selbst-

[168] Vgl. Nachlaß Otto Grotewohl, NL 90, Nr. 425, Bl. 39, STAPMO, ZPA.
[169] Vgl. Rep. 1005, Nr. 215, Bl. 69 ff., LAB, STA.
[170] Vgl. *ebda*.
[171] Vgl. Rep. 105, Nr. 6015, o. Bl., LAB, STA.

verständliches Recht“ gefordert, die Etats dürften „keine Verschlußsache sein“.[172]

Im April 1958 folgte Harry Krebs der bisherigen Stadträtin Hentschke als Leiter der Finanzabteilung.[173] Im gleichen Monat wurde ein Wirtschaftsrat für Ost-Berlin gebildet, dem auch der Finanzstadtrat angehörte.[174] Im Zusammenhang damit erfolgte eine Neufestlegung und Ausweitung des Aufgabenspektrums der Abteilung Finanzen. Sie mußte nunmehr bei allen Verwaltungsentscheidungen herangezogen werden, in deren Folge öffentliche Mittel eingenommen oder ausgegeben wurden. Im einzelnen handelte es sich dabei um die Aufstellung und Durchführung des Haushalts, die Vorlage von Berichten und Analysen für Stadtverordnetenversammlung, Magistrat, Wirtschaftsrat und Ministerium der Finanzen, die Koordinierung der finanzpolitischen und finanzwissenschaftlichen Maßnahmen aller Organe des Finanzsystems, die Anleitung und Kontrolle der nachgeordneten Finanzbehörden, die Kreditwirtschaft, den innerdeutschen Zahlungsverkehr, die Valutaplanung, die Planung, Kontrolle und Analyse der bezirksgeleiteten und örtlichen sogenannten volkseigenen Wirtschaft, die Preisbildung und Preiskontrolle, die Erhebung und Einziehung von Steuern und Abgaben, die Finanzierung der kulturellen, gesundheitlichen und sozialen Einrichtungen, die Kommunalwirtschaft und den Staatsapparat und schließlich auch um staatlich und treuhänderisch verwaltetes Eigentum.[175]

Bis zum Ende der fünfziger Jahre wurde die vorsichtige Dezentralisierung von finanzpolitischen Entscheidungen fortgesetzt. Seit 1959 durften die Leiter von Fachorganen der Haupt- und Bezirksverwaltungen, von Eigenbetrieben und Anstalten Haushaltsmittel bis zu einer Höhe von 20 Prozent der Planansätze in eigener Verantwortlichkeit innerhalb der Kapitel ihrer Etats auf andere Konten übertragen, wenn davon eine bessere Erfüllung der Aufgaben erwartet werden konnte.[176]

[172] Vgl. Rep. 1005, Nr. 215, Bl. 69 ff., LAB, STA.

[173] Vgl. *Protokoll der 118. (ordentlichen) Magistratssitzung vom 25. April 1958,* in: Rep. 100, Nr. 1061, o. Bl., LAB, STA.

[174] Vgl. *ebda.*

[175] Vgl. Rep. 101, Nr. 1061, o. Bl., LAB, STA.

[176] Vgl. Rep. 100, Nr. 1096, o. Bl., LAB, STA.

1960 erfolgte schließlich der Übergang zur sogenannten komplex-territorialen Wirtschafts- und Haushaltsplanung. Damit sollte die Mitwirkung der Bezirke, Kreise und Gemeinden an zentralen staatlichen Entscheidungen verbessert werden. Generell blieben die bisherigen Hierarchien in der Wirtschaft erhalten, die zentralgeleiteten Unternehmen waren also weiterhin den entsprechenden Fachministerien unterstellt, die regionalen Verwaltungen erhielten aber die Möglichkeit, auf infrastrukturelle Entwicklungen Einfluß zu nehmen, die sich aus der Anwesenheit zentraler Einrichtungen ergaben. Dabei handelte es sich vor allem um die Bilanzierung von Arbeitskräften, die Durchführung von Gewerbebaumaßnahmen, den Wohnungsbau, kommunalwirtschaftliche Dienstleistungen, Kultur, Bildungs- und Gesundheitswesen. Außerdem wurden die zentralgeleiteten Unternehmen angehalten, Massenbedarfsgüter für die Regionen herzustellen. Da den Gebietskörperschaften daraus zusätzliche Kosten erwuchsen, erhielten sie für ihre Leistungen zusätzliche Anteile an den Republikeinnahmen.[177]

Auf dieser Grundlage wurde der Haushaltsplan für das Rechnungsjahr 1960, den das SED-Politbüro am 17. November 1959 bestätigt hatte, nach folgenden Grundsätzen aufgestellt:

1. Die Haushaltspläne der Bezirke und Kreise enthielten 1960 erstmalig auch die Finanzbeziehungen der zentralgeleiteten Betriebe und Einrichtungen der Region.
2. Der komplex-territoriale Haushaltsplan sollte das Zusammenwirken der einzelnen Finanzkategorien darstellen, wie zum Beispiel Haushalt, Kredit, Finanzen der Wirtschaft.
3. Nicht einbezogen werden durften Aufgaben von ausschließlich zentraler Bedeutung beziehungsweise solche, die sich nicht territorial aufgliedern ließen, wie zum Beispiel Volkskammer, Ministerien, Deutsche Reichsbahn, Generalstaatsanwaltschaft, Oberstes Gericht, Armee, Polizei etc.[178]

Haushaltspolitisch sollte sich die Verlagerung bisher zentraler Aufgaben auf die Regionen vor allem durch die stärkere Beteiligung der Gebietskörperschaften an den zentralen Staatseinnahmen auswirken. Im Haushalt der Republik wären also im Prinzip nur die für zentrale Staatsaufgaben erforderlichen Mittel verblieben.

177 Vgl. Rep. 105, Nr. 6019, o. Bl., LAB, STA.
178 Vgl. J IV 2/2/675, o. Bl., STAPMO, ZPA.

Diese Entwicklung trat jedoch nicht ein. Während nach der mittelfristigen Finanzplanung für den Siebenjahrplan ein Wachstum des Anteils der Staatseinnahmen an den öffentlichen Einnahmen Ost-Berlins von 1.110,1 Mio. DM (Ost) (1959) auf 1.447,7 Mio. (1965) erwartet wurde, blieb die wirkliche Entwicklung weit dahinter zurück. Die Anteile erhöhten sich nämlich von 343,8 Mio. auf 651,7 Mio.

Tabelle 35

Geplante und tatsächliche Entwicklung der Einnahmen Ost-Berlins (1959–1965, in Mio. DM [Ost])[179]

Jahr	Einnahmen					
	Einnahmen aus dem eigenen Haushalt		Anteil an Staatseinnahmen		Gesamt	
	Plan	Ist	Plan	Ist	Plan	Ist
1959	1.407,0	1.505,1	1.110,1	343,8	2.517,1	1.848,9
1960	1.525,3	1.438,5	1.210,0	442,9	2.735,3	1.881,4
1961	1.613,8	1.567,3	1.239,3	471,5	2.853,1	2.038,8
1962	1.683,7	1.706,8	1.264,6	417,9	2.948,3	2.124,3
1963	1.777,0	1.738,9	1.436,7	433,2	3.213,7	2.172,1
1964	1.869,7	1.299,5	1.454,6	354,9*	3.324,3	1.654,4
1965	1.972,2	1.411,1	1.477,7	651,7	3.449,9	2.062,8

* Einschließlich Sonderfinanzausgleich DDR – Ost-Berlin.

Entwicklung der Ost-Berliner Einnahmen. Vergleich mit den Bezirken

1956 führte Ost-Berlin letztmalig im Rahmen des seit 1950 bestehenden Finanzausgleichs eine erhebliche Summe an den zentralen Haushalt ab. Obwohl die Haushaltsansätze seit 1957 niedriger waren als 1950 bis 1951 und 1956, standen insgesamt mehr Mittel für die kommunalen Aufgaben zur Verfügung.

[179] Zusammengestellt und berechnet nach: Rep. 100, Nr. 1098, Bl. 3 ff., LAB, STA.

TABELLE 36

Entwicklung der Einnahmen Ost-Berlins und Anteil der DDR-Zuschüsse (1953–1961, in 1000 DM [Ost] beziehungsweise in Prozent)[180]

Jahr	Einnahmen lt. Rechnung	Einnahmen der VAB	Abführung an die DDR	Bereinigte Einnahmen (1)-{(2)+(3)}	Anteil an (1)	Zuführung von der DDR	Anteil an (4)
	(1)	(2)	(3)	(4)	(5)	(6)	(7)
1953	1.616.470,9	499.691,3	30.513,9	1.086.265,7	67,2	103.585,2	9,6
1954	1.433.000,0	517.750,1	?	?	?	?	?
1955	1.207.654,0	?	?	?	?	?	?
1956	2.142.414,0	508.769,7	595.960,3	1.037.684,0	48,5	40.479,1	3,9
1957	1.868.140,8	514.378,7	36.000,0	1.317.762,1	70,6	367.719,9	27,9
1958	1.760.941,5	519.187,9	36.000,0	1.205.753,6	68,5	364.385,3	30,2
1959	1.848.857,8	550.000,0	0,0	1.298.857,8	70,3	429.070,0	33,0
1960	1.881.441,4	598.900,0	4.728,4	1.277.781,3	67,9	486.352,2	38,0
1961*	2.038.814,1	600.000,0	39.498,2	1.399.315,9	68,1	543.232,0	38,8

* Einnahmen VAB für 1961 geschätzt.

Dabei fällt auch die wachsende Differenz zwischen den eigenen Einnahmen und den verfügbaren Gesamteinnahmen auf. Der Anteil der DDR-Zuschüsse (Republiksteueranteile) nahm immer mehr zu, während sich die eigentlichen Ost-Berliner Einnahmen rückläufig entwickelten.

GRAFIK 3

Anteil der eigenen Einnahmen und der DDR-Zuschüsse an den bereinigten Einnahmen Ost-Berlins (1953 und 1956–1961, in Mio. DM [Ost])

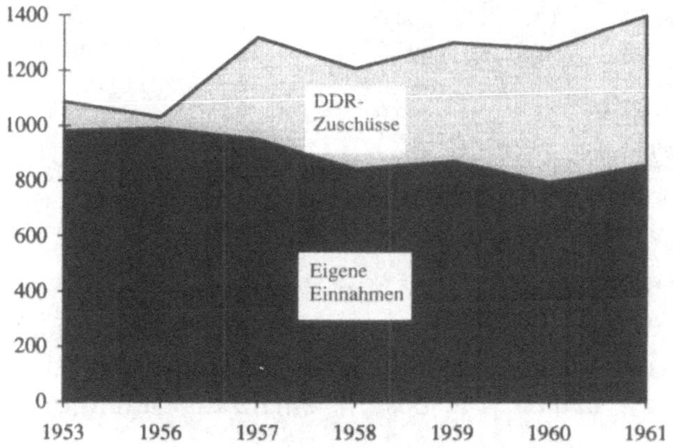

180 Zusammengestellt und berechnet nach den Haushaltsrechnungen.

Ob es sich hierbei aber um eine Ost-Berliner Sonderentwicklung handelte, kann nur durch einen Vergleich mit dem zentralen Haushalt und den Haushalten der anderen Gebietskörperschaften festgestellt werden.

TABELLE 37

Zentraler Haushalt, Haushalte der Bezirke, Haushalt von Dresden und von Ost-Berlin (1953–1961)[181]

a) DM (Ost) je Einwohner

Jahr	Zentrale*	Bezirke	Bezirk Dresden	Stadt Dresden	Ost-Berlin+
1953	1.588,73	435,39	keine Angabe	keine Angabe	900,28
1954	1.664,60	387,75	keine Angabe	keine Angabe	743,33
1955	1.787,45	573,18	keine Angabe	keine Angabe	keine Angabe
1956	1.658,78	615,20	keine Angabe	keine Angabe	1.471,99
1957	1.649,14	644,88	605,88	keine Angabe	1.079,23
1958	1.975,28	627,81	459,21	keine Angabe	979,01
1959	2.205,17	799,31	keine Angabe	keine Angabe	1.045,13
1960	2.311,76	861,98	872,27	keine Angabe	1.052,97
1961	2.375,88	885,74	729,63	538,56	1.206,68

* Ohne Haushalt der Sozialversicherung.
\+ Ohne VAB, bereinigt um die Abführungen an die DDR.

b) Prozent

Jahr	Zentrale	Ost-Berlin	Bezirke	Ost-Berlin	Bezirk Dresden	Ost-Berlin
1953	100,00	56,67	100,00	206,78	100,00	–
1954	100,00	44,60	100,00	191,70	100,00	–
1955	100,00	–	100,00	–	100,00	–
1956	100,00	88,74	100,00	239,27	100,00	–
1957	100,00	65,44	100,00	167,35	100,00	178,13
1958	100,00	49,56	100,00	155,94	100,00	213,19
1959	100,00	47,39	100,00	130,75	100,00	–
1960	100,00	45,55	100,00	122,16	100,00	120,72
1961	100,00	50,79	100,00	136,23	100,00	165,38

Anmerkungen wie a).

Seit 1957 verringerte sich also der Abstand zwischen Ost-Berlin und den übrigen Bezirken. Er erreichte am Ende der fünfziger Jahre ungefähr die bis 1948/49 übliche Größe und entsprach damit einer gewissen Normalität. Die bessere Finanzausstattung ergab sich aus

[181] *Ebda.*

den spezifisch großstädtischen Aufgaben Ost-Berlins. Der Vergleich mit Dresden, wo 1961 nur ca. 45 Prozent der Einnahmen zur Verfügung standen, spricht nur scheinbar dagegen. Während Ost-Berlin die staats- und haushaltsrechtliche Stellung eines Bezirkes hatte, die Haushalte der Stadtbezirke waren Bestandteil des Gesamthaushaltes der Stadt, handelte es sich bei der Stadt Dresden um einen Stadtkreis. Das heißt, verschiedene Aufgaben, die in Ost-Berlin aus dem eigenen Haushalt finanziert werden konnten, mußten für die Stadt Dresden aus dem Haushalt des Bezirks Dresden finanziert werden. Bemerkenswert ist auch, daß diese Entwicklung nicht aus einer Verschlechterung der verfügbaren Einnahmen in Ost-Berlin, sondern aus einer positiven Veränderung dieser Daten bei den Bezirken resultierte.

Zumindest bei der Ausstattung der kommunalen Haushalte hat es demnach im Beobachtungszeitraum keine herausgehobene Sonderstellung Ost-Berlins gegeben. Dennoch bleibt die Frage offen, ob spezielle Berlin-Programme bestanden, die aus dem zentralen Haushalt der DDR finanziert wurden, also nur indirekt auf die Ost-Berliner Finanz- und Haushaltspolitik Einfluß genommen haben.

Schwerpunkte der Finanzpolitik

1954 fanden in Ost-Berlin die ersten Wahlen seit 1946 statt. Die Kandidaten waren nach dem Einheitslistenprinzip aufgestellt worden, die Stadtverordnetenversammlung also nicht wirklich demokratisch legitimiert. Außerdem hatte sie auch keine reale politische Macht. Die Fraktionen und Ausschüsse konnten über die Ziele der Haushalts- und Finanzpolitik nur in sehr eingeschränktem Maß entscheiden. Neben der staatsrechtlich vorgesehenen existierte nämlich eine andere Art politischer Willensbildung, die der SED-Parteigremien. Auch auf dem Gebiet der Finanzpolitik gab es eine Struktur von Parteigremien, die mit der staatlichen weitgehend identisch war. Dem Ministerium der Finanzen war also, gleichsam als Oberministerium, die ZK-Abteilung Wirtschaftspolitik, Arbeitsgruppe Volkswirtschaftsplan und ökonomische Entwicklung, vorgesetzt, der Abteilung Finanzen beim Magistrat von Ost-Berlin die Abteilung Wirtschaftspolitik der Bezirksleitung der SED. Dieser mußten die Haushaltspläne vorgelegt werden. Erst im Anschluß durften sie der Stadtverordnetenversammlung unterbreitet werden.[182] Das Politbüro hatte darüber hinaus die Möglichkeit, direkt auf alle Ressorts Einfluß zu nehmen (vgl. SCHAUBILD 1).

Auch außerhalb ihrer eigentlichen Aufgaben konnte die Ost-Berliner Verwaltung beauftragt werden, an der Umsetzung von Zielen der SED-Parteiführung mitzuwirken. Das schwerwiegendste Beispiel dafür waren in unserem Untersuchungszeitraum die Vorbereitungen auf eine Übernahme der politischen Macht in West-Berlin am Ende der fünfziger Jahre, in die auch die Finanzabteilung involviert war.

Mit der Moskauer „Sportpalast-Rede" des KPdSU-Generalsekretärs Nikita Chruschtschow wurde am 10. November 1958 eine zweite Berlinkrise angekündigt. Sie brach am 27. November offen aus, als die Moskauer Führung von den Westmächten ultimativ verlangte, binnen sechs Monaten aus den Westsektoren Berlins abzuziehen und der Umwandlung der gesamten Stadt in eine „selbständige politische Einheit" zuzustimmen. Dabei handelte es sich nicht nur um den Versuch, die Reaktion der Weltöffentlichkeit zu testen. Bereits im Sommer 1958 begannen DDR- und Ost-Berliner Behörden sowie SED-Gremien mit Modellrechnungen über Auswirkungen eines Anschlusses von West-Berlin auf die wirtschaftliche Lage und die Staatsfinanzen der DDR. Das SED-Politbüro beauftragte die Regierung am 19. August 1958 zu prüfen, ob West-Berlin aus der DDR versorgt werden könne. Vorsorglich sollten die Kapazitäten für Milch- und Gemüseerzeugung sofort erweitert und die Transportmöglichkeiten aus dem Umland verbessert werden.[183] Die SED-Bezirksleitung entwarf einen Maßnahmeplan für die Machtübernahme in West-Berlin. Danach sollte, anders als im russischen Konzept von einer „freien Stadt" versprochen, die ostdeutsche Wirtschaftsordnung schnell im Westteil der Stadt eingeführt werden. Das wäre durch die Sozialisierung der Industrien, den Fortfall der Berlin-Präferenzen, die Erhöhung der Steuern für die verbliebene Privatwirtschaft, einen Preisstopp, die Auflösung der Unternehmerverbände und Personalsäuberungen in den Verwaltungen geschehen.[184] Die Abteilung Finanzen des Magistrats untersuchte, wie sich die finan-

[182] Vgl. IV 2/6/767, o. Bl., STAPMO, ZPA.
[183] Vgl. J IV 2/2/606, Bl. 3, 21, STAPMO, ZPA.
[184] Vgl. IV 1-2/2/309, Bl. 65 f., STAPMO, ZPA.

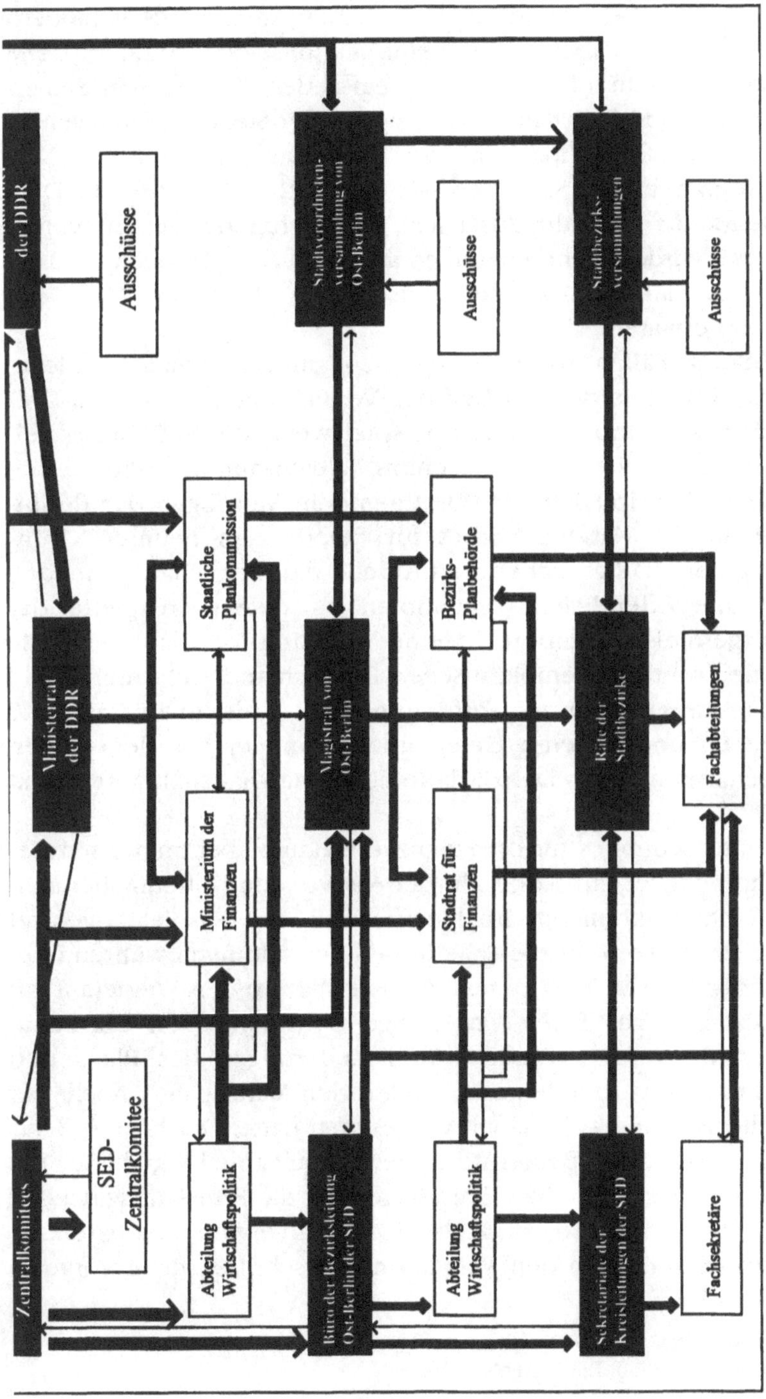
der DDR
Ausschüsse
Stadtverordneten-versammlung von Ost-Berlin
Ausschüsse
Stadtbezirks-versammlungen
Ausschüsse
Staatliche Plankommission
Bezirks-Planbehörde
Ministerrat der DDR
Magistrat von Ost-Berlin
Räte der Stadtbezirke
Fachabteilungen
Ministerium der Finanzen
Stadtrat für Finanzen
Zentralkomitees
SED-Zentralkomitee
Abteilung Wirtschaftspolitik
Büro der Bezirksleitung Ost-Berlin der SED
Abteilung Wirtschaftspolitik
Sekretariate der Kreisleitungen der SED
Fachsekretäre

zielle Situation West-Berlins im Falle eines Anschlusses verändern würde. Man ging dabei so weit, eine Summe von 1.611,4 Mio. DM (West) zu ermitteln, die nach dem Wegfall der West-Berliner Steueranteile am Bundeshaushalt (1.089,9 Mio.), der Steuerpräferenzen für die Wirtschaft (420 Mio.) und der Sonderausgaben für das Notstandsprogramm, die Senatsreserve etc. (101,5 Mio.) für die DDR und Ost-Berlin pro Jahr zusätzlich zur Verfügung stehen würde. Außerdem wurden Mehreinnahmen aufgrund der günstigen Umsatzentwicklung der West-Berliner Wirtschaft in Höhe von 241,5 Mio. DM (West) erwartet.[185]

In anderen Fällen, wenn es sich nicht um „essentials" handelte, war das Verhältnis der Ost-Berliner Verwaltung zu den SED-Gremien durchaus ambivalent. Als beispielsweise die SED-Bezirksleitung am 1. Oktober 1958 beschloß, gleichsam im Selbstbedienungsverfahren 150.000 DM (Ost) aus dem Vermögen der Berlin-Lotterie an die Nationale Front für Feiern zum neunten Gründungstag der DDR zu geben und für alle darüber hinausgehenden Beträge die öffentlichen Einnahmen zu nutzen, reagierte der Oberbürgermeister empört: „Meine Meinung ist, daß auch die Nationale Front des demokratischen Deutschland nicht mehr Geld ausgeben kann als ihr zur Verfügung steht. Es ist unzulässig, daß bei solchen und anderen Gelegenheiten immer aus dem Vollen gewirtschaftet und das Defizit dann dem Staatshaushalt aufgepackt wird ..."[186]

Insgesamt wurde es für die Finanzverwaltung aber immer schwieriger, ihrer Pflicht zur Kontrolle der Verwendung öffentlicher Einnahmen nachzukommen. Auch dafür soll ein Beispiel angeführt werden, das typisch für die Lage in den Verwaltungen während der fünfziger Jahre war. 1957 beschloß das Politbüro den Wiederaufbau des Brandenburger Tores. Das nötige Geld sollte von Ost-Berlin bereitgestellt werden. Damit waren Änderungen des Plans und Umbuchungen verbunden, da weder der Wirtschafts- noch der Haushaltsplan dieses Vorhaben vorgesehen hatte. Der für die Bearbeitung zuständige Bedienstete der Finanzabteilung hätte bei Beachtung der gesetzlichen Grundlagen für die Haushaltswirtschaft die Freigabe von Haushaltsmitteln eigentlich verwehren müssen, da Politbürobeschlüsse in den Verwaltungsvorschriften nicht vorgese-

[185] Vgl. Rep. 100, Nr. 1084, o. Bl., LAB, STA.
[186] Vgl. IV 2/3/550, o. Bl., STAPMO, ZPA.

hen waren. Nach Beratung mit dem Finanzministerium entschloß er sich jedoch, zumindest Datum und Nummer des Beschlusses in Erfahrung zu bringen, und fragte in dieser Angelegenheit bei der SED-Parteiführung nach. Deren Reaktion war völlig unangemessen. Paul Wandel, der das Büro des SED-Politbüros leitete, teilte der Ost-Berliner Finanzverwaltung mit, „daß es eine Unverschämtheit ist, auf diese Weise eine ‚Kontrollfunktion' gegenüber einem Mitglied des Politbüros durchzuführen", und verlangte vom Oberbürgermeister Konsequenzen. Dieser beauftragte als Politbüromitglied die Bezirksleitung, eine Untersuchungskommission gegen die Finanzverwaltung einzusetzen, die alle Bediensteten verhörte und zu folgendem Ergebnis gelangte: „Dabei kam jedoch heraus, daß es eine übliche Arbeitsmethode nicht nur der Abteilung Finanzen, sondern auch anderer Abteilungen des Magistrats ist, sich bei Parteistellen und Funktionären zu vergewissern, ob den entsprechenden Magistratsbeschlüssen wirklich Parteibeschlüsse zugrunde liegen." Der betroffenen Verwaltung blieb daher nur übrig, dem Politbüro zu versichern, daß „solche die Partei schädigende Handlungen ab sofort von vornherein unterbunden werden". Nun war auch das Politbüro bereit mitzuteilen, daß es sich um den Beschluß Nr. 732 vom September 1956 handelte, dessen Wortlaut jedoch weiterhin geheimgehalten wurde.[187] Solche und ähnliche Erfahrungen trugen dazu bei, daß sich die kommunalen Verwaltungen als ausführende Organe zentraler Gremien verstanden und die ihnen vom geltenden Recht formal garantierten Spielräume nicht genutzt haben.

Außerdem soll darauf verwiesen werden, daß die umfassende zentrale Planung aller Wirtschaftsabläufe natürlich die Planung der Geldströme und der Kreditausreichungen einschloß. Es entbehrte nicht einer gewissen Logik, an die Stelle des herkömmlichen vielgliedrigen Bankensystems, überwiegend aus privaten Instituten bestehend, ein ebenfalls straff zentralisiertes staatseigenes Bankensystem mit staatlich festgelegter Aufgabenteilung zu setzen, an dessen Spitze die Deutsche Notenbank mit ihren Filialen nicht nur als Staatsbank im klassischen Sinne, sondern auch als Koordinierungs- und Aufsichtsbehörde stand, die gleichzeitig Kassenstelle der Zentrale und der Gebietskörperschaften war (vgl. SCHAUBILD 2). Durch

[187] *Ebda.*

SCHAUBILD 2

Das Bankwesen in Ost-Berlin in den fünfziger Jahren

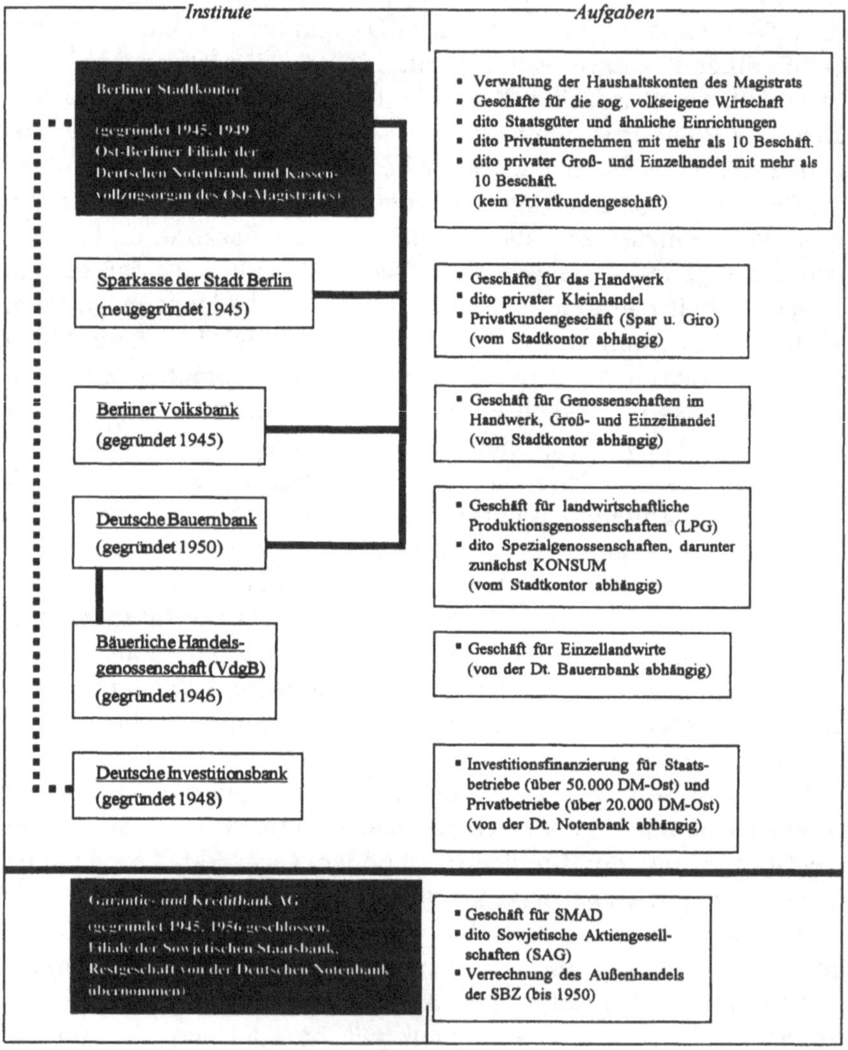

diese Zwänge und angesichts der geringen Warendeckung der DDR-Mark konnten die Gebietskörperschaften notwendige Mehrausgaben nicht durch eine Neuverschuldung decken. Im Ergebnis mußten Ausgaben für Verluste der Wirtschaft aus dem Haushalt bezahlt werden. Regionale Entwicklungsprojekte hatten nur dann eine Chance, wenn die notwendigen Mittel aus dem eigenen oder dem zentralen Haushalt zur Verfügung gestellt werden konnten. Der hohe Zentralisierungsgrad setzte auch hier Grenzen.

Folgende Schwerpunkte der Finanzpolitik sollen hier näher untersucht werden:

- Subventionierung der Wirtschaft,
- Politik gegenüber der Privatwirtschaft, Übernahme staatlicher Beteiligungen,
- Eigenbetriebe, Kommunalwirtschaft,
- weitere Aufgaben.

Subventionierung der Wirtschaft

Die Aufwendungen infolge von Verlusten der örtlichen Wirtschaft stellten das größte finanzpolitische Problem für die Ost-Berliner Verwaltung im Untersuchungszeitraum dar.

Die Wirtschaftslage der Teilstadt hatte sich während der ersten Hälfte der fünfziger Jahre insgesamt ungünstig entwickelt. Das Zahlenverhältnis von Produktionsarbeitern zu Verwaltungsangestellten verschlechterte sich. Während in der zentralgeleiteten Industrie 1950 noch 27 Arbeiter 10 Angestellten gegenüberstanden, waren es 1955 nur noch 22. In der örtlichen Industrie verlief diese Entwicklung ebenfalls ungünstig, die Quote ging von 30 : 10 (1950) auf 23 : 10 (1951) zurück.[188] Bis zur Mitte der fünfziger Jahre war angenommen worden, daß sich die Lage der Wirtschaft konsolidieren werde. In die Haushaltspläne für 1954 und 1955 waren demzufolge nur relativ geringe Summen für Verluststützungen eingestellt. Da sich die Kostenentwicklung der örtlichen Industrie aber weiter verschlechterte und die Wirtschaftslage in den zentralgeleiteten Industrien

[188] Vgl. IV 2/6/832, o. Bl., STAPMO, ZPA.

bedenklich blieb,[189] entstanden für Ost-Berlin außerplanmäßige Mehrausgaben bei gleichzeitigen Mindereinnahmen. Bereits bis zum 31. Mai 1954 war die gesamte für 1954 geplante Verlustreserve in Höhe von 13,6 Mio. DM (Ost) aufgebraucht.

Da einerseits keine Mehreinnahmen oder Haushaltseinsparungen aus örtlicher Ininitative zur Verfügung standen, nur über deren Verwendung hätte Ost-Berlin in eigener Verantwortung entscheiden können, andererseits aber weitere außerplanmäßige und überplanmäßige Ausgaben zu leisten waren, wurde beim Finanzministerium beantragt, auf Beträge zurückgreifen zu dürfen, die eigentlich an den zentralen Haushalt abgeführt werden sollten.[190] Im November 1955 wurde vom Magistrat außerdem eine „Kommission zur Verwirklichung der Selbstkostensenkung in der örtlichen Industrie“ gebildet, die unter Leitung eines Mitarbeiters der Abteilung Finanzen stand, schließlich aber wenig erfolgreich blieb.[191]

Daß der Übergang von zwanzig großen Betrieben, darunter alle großen Konfektionshäuser, aus örtlicher in zentrale Verwaltung zum 1. Januar 1957 nicht zu einer unerträglichen Belastung für den Ost-Berliner Haushalt wurde, lag nur daran, daß zum gleichen Zeitpunkt der bisherige Finanzausgleich mit der DDR weggefallen war. Aufgrund des günstigeren Finanzstatus konnte der Rückgang der Einnahmen aus der Industrie auf 56 Prozent des Vorjahresbetrages ausgeglichen werden.[192]

Auch nach dem Beginn der finanz- und haushaltspolitischen Reformen belasteten die Aufwendungen für die Wirtschaft den Haushalt. Obwohl 1957 Mehreinnahmen aus der örtlichen Wirtschaft in Höhe von 15 Mio. DM (Ost) erwartet wurden, hatte man die Verluste zu niedrig geplant. Daher ergab sich ein Mehrbedarf von 2 Mio. Die Verluste waren also eine nur schwer wägbare Größe, die Planungssicherheit demzufolge gering.[193]

[189] Die Situation der Elektroindustrie wurde 1955 als so schlecht eingeschätzt, daß sie zu einem negativen politischen Faktor geworden sei. Bei der Bekleidungsindustrie führte ein Absinken der Qualität zur Unverkäuflichkeit eines immer größeren Teils der Produktion. Vgl. IV 2/6/830, o. Bl., STAPMO, ZPA.

[190] Vgl. Rep. 105, Nr. 775, o. Bl., LAB, STA.

[191] Vgl. Rep. 100, Nr. 989, Bl. 42, LAB, STA.

[192] Vgl. Rep. 1005, Nr. 215, Bl. 69 ff., LAB, STA.

[193] Vgl. Rep. 101, Nr. 1046 Bl., LAB, STA.

TABELLE 38

Anzahl der Verlustbetriebe und Höhe der Verluste nach Wirtschaftszweigen 1956/57 (in 1000 DM [Ost])[194]

Zweig	Plan		Ist		Ist		Ist	
	1957		30. Juni 1957		30. Sept. 1957		30. Sept. 1956	
	Betr.	TDM	Betr.	TDM	Betr.	TDM	Betr.	TDM
Industrie	15	3.559,7	28	2.634,0	29	4.055,0	25	4.805,6
Kommunale Wirtschaft	2	96,9	2	113,7	1	87,0	2	95,3
Landwirtschaft*	17	3.031,0	12	1.328,9	12	2.432,2	2	1.095,1
Bauwirtschaft	4	319,5	2	422,8	4	536,0	3	1.333,4
Verkehr	2	9.632,9	1	3.844,6	1	5.200,1	3	5.296,8
Kultur	1	20,3	1	340,2	1	333,5	2	270,9
Großhandel		kein Plan	4	3.155,2	4	4.734,6	2	3.672,0
Einzelhandel	17	4.031,9	14	851,8	16	3.313,1	22	12.609,0
BVW	2	3.764,8	2	1.429,2	2	2.089,5	1	1.060,3
Summe	60	24.457,0	66	14.120,4	70	22.781,0	62	30.238,4

* Ohne Stadtgüter.

Die Ursachen für die geringe Rentabilität der örtlichen Wirtschaft waren bekannt. In der Industrie lagen sie vor allem in einer grundsätzlichen Überschätzung der jährlichen Produktivitätssteigerungen. Die Kosten, insbesondere die Lohnkosten, fielen daher oftmals höher aus als geplant. Im Handel bestand ein Mißverhältnis zwischen der wachsenden Zahl der Verkaufsstellen und des Verkaufspersonals auf der einen und dem stagnierenden Umsatz infolge des geringen Warenangebots auf der anderen Seite.[195] Daraus wurden aber nicht Forderungen nach einer Veränderung der wirtschaftlichen Ordnung abgeleitet. Man machte vielmehr menschliches Fehlverhalten oder allgemeine Entwicklungsprobleme für ökonomische Erscheinungen verantwortlich, die in Wirklichkeit auf Systemdefekte hindeuteten. Die in den Betrieben mit den höchsten Verlusten eingeleiteten Maßnahmen mußten Flickwerk bleiben. Sie beschränkten sich übrigens meistens auf Appelle an die Belegschaft.[196]

Die schwierige Situation blieb auch im Haushaltsjahr 1958 bestehen. Die wirtschaftliche Entwicklung Ost-Berlins war hinter der all-

194 Vgl. *ebda.*
195 Vgl. *ebda.*
196 Vgl. IV 2/3/306, Bl. 33, STAPMO, ZPA.

gemeinen Entwicklung der DDR zurückgeblieben, Zuwachsraten von Produktionsleistung und Arbeitsproduktivität lagen unter dem Durchschnitt. Davon war die örtliche Wirtschaft wiederum am stärksten betroffen. Die Löhne stiegen weiterhin schneller als die Produktivität, die Rentabilität des Handels nahm besorgniserregend ab.[197]

Die Finanzabteilung des Magistrats kam nach einer Untersuchung zu dem Ergebnis, daß folgende Defekte als Ursachen für die Probleme der örtlichen sogenannten volkseigenen Wirtschaft anzusehen seien:

- Vor der Bewilligung von Investitionsmitteln für Industrie- und Bauwirtschaft aus dem Haushalt gab es in den meisten Fällen keine Rentabilitätsuntersuchungen.
- Die Güterknappheit in der DDR hatte zu einer drastischen Verschlechterung bei der Materialversorgung geführt, die Produktion verlief diskontinuierlich, trotzdem fielen die Kosten, insbesondere die Lohnkosten, in voller Höhe an.
- Bei der Kreditvergabe durch die Banken spielten Wirtschaftlichkeitsfragen eine untergeordnete Rolle. Die Kundenbetreuung war kaum entwickelt.
- Im örtlichen Groß- und Einzelhandel hatte Ost-Berlin im Vergleich zu den DDR-Bezirken die höchsten Lohnkosten je 100-DM-(Ost)-Umsatz.
- Die Ausfallzeiten waren mehr als doppelt so hoch wie in der DDR.
- Kultureinrichtungen (Theater, Kinos etc.) hatten Einahmeverluste infolge der staatlich vorgegebenen Programmstruktur.[198]

Da die Spielräume des Magistrats beschränkt waren, Strukturpolitik außerhalb des zentral vorgegebenen Rahmens zu betreiben, wurde versucht, durch qualifiziertere Anleitung, Orientierung auf Produktivitäts- und Rentabilitätserhöhung, Koordinierung von Investitionen und Sicherung der Materialversorgung die Bedingungen für die örtliche Wirtschaft zu verbessern und die Verluste zu senken. Daher entstanden am 13. August 1958 auf Beschluß des Magistrats neue Industrieverwaltungen. Deren Möglichkeiten erschöpften sich jedoch in logistischen Verbesserungen innerhalb des bestehenden Wirtschafts- und Planungssystems. Die Zielsetzung, „bei einer strafferen, spezialisierten zentralen Leitung gleichzeitig die Verantwortlichkeit der einzelnen Betriebsleitungen zu erweitern", war illuso-

[197] Vgl. Rep. 100, Nr. 1092, o. Bl., LAB, STA.
[198] Vgl. Rep. 101, Nr. 1051, Bl. 21 ff., LAB, STA.

risch, da die Selbständigkeit der Unternehmen weiterhin sehr begrenzt blieb.

Außerdem verursachten die Industrieverwaltungen selber einen zusätzlichen Finanzbedarf, obwohl es ihre Aufgabe war, Haushaltsmittel einzusparen. Ihre Finanzierung erfolgte nämlich zu 80 Prozent aus dem Ost-Berliner Haushalt und nur zu 20 Prozent durch eine Umlage der Betriebe. Da die Mitarbeiter mehrheitlich aus Zentralbehörden kamen, wurde ihre Arbeit höher vergütet, und sie nahmen höhere Reisekosten in Anspruch, als das bei den früheren Industrieverwaltungen der Fall war.[199] Der wirtschaftliche Effekt war also insgesamt gering.

Obwohl die Verluste zeitweilig zurückgingen, erreichten sie bereits Mitte 1959 wieder eine kritische Höhe. Von den 108 örtlichen Industriebetrieben hatten 75 das geplante Betriebsergebnis nicht erfüllt. Die desolate Lage der Wirtschaft wurde auch durch das Anwachsen der überfälligen Kredite deutlich. Während die örtliche Wirtschaft am 30. Juni 1958 bei den zuständigen staatlichen Bankinstituten 99,2 Mio. DM (Ost) überfällige Schulden hatte, erhöhte sich diese Summe bis zum 30. Juni 1959 auf 159,8 Mio.[200]

Mit dem Übergang zur komplex-territorialen Haushaltsplanung ab 1960 sollte das Verhältnis Wirtschaft – Haushalt verändert werden. Es war vorgesehen, nur noch die Verluste der sogenannten volkseigenen Wirtschaft aus dem Haushalt zu decken, die nicht von den jeweiligen Unternehmen selbst verursacht wurden. Verlustausgleichszahlungen von über 500.000 DM (Ost) wären darüber hinaus von einer Zustimmung der Stadtverordnetenversammlung abhängig gewesen.[201] Aber auch diese Veränderung brachte keine wirkliche Lösung, weil sie einerseits nicht konsequent durchsetzbar war und andererseits die Voraussetzungen und Rahmenbedingungen für verbesserte Wirtschaftlichkeit nicht geschaffen wurden. Innerhalb des bestehenden Planungs- und Lenkungssystems mußte sich die Finanzpolitik daher weiterhin damit zufriedengeben, Ineffizienz und mangelnde Rentabilität zu finanzieren. Diese Mittel konnten für eigentlich erforderliche strukturpolitische Maßnahmen dann nicht mehr verwendet werden.

[199] Vgl. Rep. 101, Nr. 1039, o. Bl., LAB, STA.
[200] Vgl. Rep. 100, Nr. 1104, o. Bl., LAB, STA.
[201] Vgl. Rep. 101, Nr. 1115, o. Bl., LAB, STA.

Politik gegenüber der Privatwirtschaft. Übernahme staatlicher Beteiligungen

Im Zusammenhang mit dem „Neuen Kurs“ erfolgte 1954 die Aufhebung einiger gegen die Privatwirtschaft gerichteter Maßnahmen. Neben Unternehmen selbst konnten jetzt auch Erlöse aus dem Verkauf aufgelöster Firmen durch die Sonderstelle des Magistrats rückübertragen werden. Da durch die Arbeit der Treuhänder zum Teil Verluste aufgetreten waren, wurde eine „Kommission zur Leistung von Entschädigungen an Eigentümer ehemaliger Treuhandbetriebe für Verluste während der Treuhandschaft“ gebildet, die zunächst einen Finanzrahmen von 5 Mio. DM (Ost) erhielt. Ein Rechtsanspruch ehemaliger Eigentümer auf diese Leistungen bestand aber nicht, Zahlungen erfolgten nur aus Billigkeitsgründen in Härtefällen. Außerdem waren ablehnende Bescheide der Ost-Berliner Verwaltung endgültig, Rechtsmittel konnten dagegen wegen des Fehlens einer Verwaltungsgerichtsbarkeit nicht eingelegt werden.[202]

Eine weitere finanzpolitische Aufgabe bestand seit 1956 in der *Übernahme staatlicher Beteiligungen bei privaten Unternehmen.* Dadurch sollte die Kontrolle über die Privatwirtschaft verstärkt und ihre Einbeziehung in die Planungsprozesse beschleunigt werden. Politisch wurde dieser Schritt jedoch als Förderung der Privatwirtschaft hingestellt, ihr sollte nämlich die angebliche „ständige Aufwärtsentwicklung sozialistischer Wirtschaftsführung gewährleistet“ werden.[203] Während in der DDR die Bearbeitung von Anträgen auf staatliche Beteiligung Angelegenheit der Deutschen Investitionsbank war, entschied in Ost-Berlin darüber der Magistrat. Für die Vorbereitung und Abwicklung war die Abteilung Finanzen verantwortlich, die erforderlichen Mittel wurden aus dem Haushalt zur Verfügung gestellt.[204]

Für die Übernahme von Staatsbeteiligungen galten nicht alle Unternehmen als geeignet. Nach einem Kriterienkatalog der Verwaltung sollten nur diejenigen eine Chance bekommen, die Kooperationsbeziehungen zu Staatsbetrieben besaßen, viel exportierten, eine in Ost-Berlin einmalige Produktion unterhielten oder zum Bausektor gehörten. Von den 697 privaten Industriebetrieben erfüllte im Jahr 1958 nur ein Drittel (220) diese Voraussetzungen. Von den anderen

[202] Vgl. Rep. 100, Nr. 936, Bl. 201 ff., LAB, STA.

[203] Vgl. IV 1-2/2/309, Bl. 21, STAPMO, ZPA.

[204] Vgl. *Protokoll der 127. (ordentlichen) Magistratssitzung vom 26. August 1958,* in: Rep. 100, Nr. 1070, Bl. 70 ff., LAB, STA.

Unternehmen nahm man an, daß sie nach kurzer Zeit ihre wirtschaftliche Tätigkeit einstellen würden.[205]

Bis zum 31. Dezember 1958 gab es nur 118 sogenannte halbstaatliche Betriebe, ihre Zahl erhöhte sich bis Februar 1959 auf 129. Für sie waren Haushaltsmittel in einer Gesamthöhe von 10,1 Mio. DM (Ost) bereitgestellt worden. Davon wurden nur ca. 23 Prozent (2,3 Mio.) für Investitionen ausgegeben, 47 Prozent (4,7 Mio.) dienten zur Deckung von Lohn- und Materialkosten, mit 30 Prozent (3,0 Mio.) wurden Steuerschulden sowie volkseigene und private Forderungen beglichen.[206] Je Unternehmen standen also im Durchschnitt nur 17.000 DM (Ost) für Investitionen zur Verfügung. Am 30. Juni 1959 existierten schließlich 177 teilstaatliche Betriebe, von deren Kapital Ost-Berlin 56,3 Prozent (14,3 Mio. DM [Ost]) hielt.[207]

Auch im Handwerk wurde die wirtschaftliche Zukunft von Unternehmungen an die Bereitschaft zur Einordnung in das bestehende System geknüpft. 1958 drohte zum Beispiel die SED-Bezirksleitung denjenigen Handwerkern, die nicht bereit waren, in sogenannte Produktionsgenossenschaften des Handwerks (PGH) einzutreten, die Streichung aus der Handwerkerrolle an.[208]

Ende der fünfziger Jahre stellten die privaten Unternehmen noch einen erheblichen wirtschaftlichen Faktor dar. In ihnen arbeiteten fast 100.000 Berlinerinnen und Berliner, sie setzten 1958/59 annähernd 2 Mrd. DM (Ost) um.

TABELLE 39

Private Unternehmen in Ost-Berlin 1958[209]

Art	Anzahl	Beschäftigte	Umsatz (in 1000 DM [Ost])
Handwerksbetriebe	13.083	54.656	664.000
Industriebetriebe	697	20.400	325.000
Baubetriebe	104	5.200	71.000
Verkehrsbetriebe	1.745	2.100	keine Angaben
Einzelhandelsgeschäfte	7.861	9.800	630.480
Großhändler	395		104.576
Zwischenmeister/Heimarbeiter	340	3.625	17.000
Summe	24.225	95.781	1.812.056

[205] Vgl. Rep. 100, Nr. 1104, o. Bl., LAB, STA.
[206] Vgl. Rep. 100, Nr. 1090, o. Bl., LAB, STA.
[207] Vgl. Rep. 100, Nr. 1104, o. Bl., LAB, STA.
[208] Vgl. IV 2/6/875, o. Bl., STAPMO, ZPA.
[209] Vgl. *ebda.*

Die mittelstandsfeindliche Politik führte dazu, daß bis zum Mauerbau ein großer Teil der Handwerksbetriebe mit mehreren Beschäftigten in sogenannte PGH umgewandelt oder verstaatlicht wurde. Übrig blieben kleine Familienbetriebe (sogenannte Alleinmeister). Da die PGH aber ebenso wie die staatsbeteiligten Firmen von den Gewerbesteuern befreit waren, gingen die Einnahmen der öffentlichen Hand spürbar zurück, allein zwischen dem 1. Januar und dem 30. September 1957 um ca. 30 Mio. DM (Ost).[210] Den Verlust der leistungsstärksten Steuerzahler konnten die verbliebenen Kleinunternehmen nicht ausgleichen.

Tabelle 40

Zahlenmäßige und wirtschaftliche Entwicklung des Ost-Berliner Handwerks (1952–1961)[211]

a) Private Unternehmen

Jahr	Betriebe	Beschäftigte	Leistung in Mio. DM (Ost)
1952	16.829	65.487	587
1958	11.825	48.510	627
1959	10.878	41.167	588
1960	10.040	34.808	562
30. 6. 1961	9.594	30.927	269

b) Produktionsgenossenschaften (PGH)

Jahr	Betriebe	Beschäftigte	Leistung in Mio. DM (Ost)
1958	128	5.226	32
1959	156	7.020	91
1960	192	9.018	141
30. 6. 1961	194	9.755	83

Die negativen Effekte der Wirtschafts- und Ordnungspolitik auf diesem Gebiet blieben jedoch nicht auf eine Einnahmeverschlechterung beschränkt. Sie hatten nämlich Mehrausgaben zur Folge, die nötig wurden, weil staatseigene oder städtische Unternehmen nicht in der Lage waren, die Aufgaben des bisherigen Mittelstandes aus eigener Kraft zu übernehmen. Außerdem trat ein Schneeballeffekt ein, der zu immer größeren Disproportionen und wachsendem Finanzbedarf führte. Darüber hinaus mußte sich die Verwaltung mit

[210] Vgl. Rep. 105, Nr. 6015, o. Bl., LAB, STA.

[211] Vgl. IV 2/3/586, o. Bl., STAPMO, ZPA.

Dingen beschäftigen, die unter normalen Umständen Angelegenheit des Marktes oder der wirtschaftlichen Interessenverbände gewesen wären. Beispielsweise kritisierte der Stellvertretende Leiter der Abteilung Finanzen Rubner in einem Gespräch mit dem DDR-Finanzminister am 21. August 1958, daß seit Ende Mai 1958 70 private Fleischereien, die bisher selbst produziert hatten, geschlossen werden mußten, obwohl es bei den staatseigenen Fleischwarenbetrieben keine ausreichenden Kapazitäten gab, um die Versorgung aufrechtzuerhalten.[212]

Allein im Handwerk war die Zahl der Auszubildenden infolge der staatlichen Lenkung von 2.605 im Jahr 1956 auf 342 im Jahr 1961 zurückgegangen. Außerdem durften Handwerksmeister nicht die gleichen Löhne zahlen und Sozialleistungen gewähren wie Staatsbetriebe, Beschäftigte wanderten also ab. Ganze Berufsgruppen verschwanden, die Bereitstellung wichtiger Güter und Dienstleistungen für die Bevölkerung war nicht mehr gesichert.

In einem Gutachten, daß die SED-Bezirksleitung in Auftrag gegeben hatte, wurde auf die Konsequenzen dieser Entwicklung hingewiesen: „Zur Zeit sind noch keine Vorstellungen bekannt, auf welche Weise in späteren Jahren ein Schaden an einem polierten Möbelstück beseitigt, die Bände eines Archivs gebunden oder die Pfeife einer Kino-Orgel instandgesesetzt werden soll."[213]

Die Negativwirkungen auf wirtschafts- und finanzpolitischem Gebiet wurden also erkannt. Trotzdem erfolgte keine Korrektur, die Finanzpolitik konnte und durfte nicht regulierend eingreifen. Sie hatte nur die Aufgabe, dort Finanzmittel zur Verfügung zu stellen, wo infolge der Umsetzung von Entscheidungen der SED- und Staatsführung ein Bedarf entstanden war.

Eigenbetriebe, Kommunalwirtschaft

Eine ähnliche Situation bestand hinsichtlich der traditionellen unternehmerischen Aufgaben der öffentlichen Hand. Bis zur Spaltung Berlins hatten die Eigenbetriebe und städtischen sowie überwiegend städtischen Gesellschaften per Saldo Gewinn erwirtschaftet und somit zur insgesamt günstigen Lage der öffentlichen Finanzen

[212] Vgl. IV 2/2029/34, o. Bl., STAPMO, ZPA.
[213] Vgl. IV 2/3/586, o. Bl., STAPMO, ZPA.

beigetragen. Das änderte sich jedoch zu Beginn der fünfziger Jahre, diese Unternehmen wurden zu Subventionsempfängern. Beispielsweise war die BVG 1953 in die Verlustzone geraten. Zur Sicherung der Betriebsbereitschaft mußten Subventionen in Höhe von 7 Mio. DM (Ost) außerplanmäßig zur Verfügung gestellt werden.[214]

Die größten Probleme gab es aber bei der BEWAG. Dort hatte der Widerspruch zwischen der äußeren Rechtsform als Aktiengesellschaft und der tatsächlichen Wirtschaftsführung nach den Vorschriften der sogenannten volkseigenen Wirtschaft zu ständig wachsenden Unzulänglichkeiten geführt. Die Rechtsform Aktiengesellschaft war aus Rücksichtnahme auf internationale Verpflichtungen aufrechterhalten worden. Die Vorschriften des Aktienrechts und der Satzung der BEWAG konnten aber nicht befolgt werden. Die entstandenen Widersprüche zwischen dem formaljuristischen Charakter des Betriebes und der Anwendung planwirtschaftlicher Prinzipien hatten erhebliche wirtschafts- und finanzpolitische Konsequenzen.

Die Verluste des Unternehmens nahmen außerordentlich zu und beliefen sich 1953 auf 9,2 Mio. DM (Ost), bis Mitte 1954 kamen weitere 4,9 Mio. dazu. Die Ursache dafür lag nicht primär beim BEWAG-Management oder der Magistratspolitik, sondern in der Wirtschaftspolitik der DDR-Regierung. Durch die staatlichen Preisverordnungen wurde die Liquidität der BEWAG im Prinzip beseitigt. Da die Kohlenpreise für Großabnehmer erhöht wurden, obwohl die Preise für Elektroenergie konstant blieben, mußte die BEWAG 1954 außerordentlich verzinsliche Kredite in einer Höhe von 34 Mio. DM (Ost) aufnehmen. „Das derzeitige Tarifsystem führt dazu, daß bei wichtigen Abnehmergruppen die Erlöse aus dem Stromverbrauch niedriger liegen als die Kosten für die Stromerzeugung. So hat die Deutsche Reichsbahn als größter Stromabnehmer der BEWAG 1954 nur einen Durchschnittspreis von 2,75 Pfennigen je kWh gezahlt, während allein der Preis der Kohle bei 3,5 Pfennigen je kWh liegt ... Die BEWAG subventioniert also die Reichsbahn und andere Verbraucher, darunter den Magistrat, obwohl sie selbst Staatszuschüsse benötigt.“[215]

Ein weiterer Widerspruch bestand zwischen der formellen Unterstellung der BEWAG unter den Ost-Berliner Magistrat und ihrer güter-

[214] Vgl. *Protokoll der Magistratssitzung vom 10. August 1953*, in: Rep. 100, Nr. 892, Bl. 2, LAB, STA.
[215] Vgl. IV 2/61/824, o. Bl., STAPMO, ZPA.

wirtschaftlichen und finanziellen Abhängigkeit vom Ministerium für Schwerindustrie der DDR, Hauptverwaltung Elektroenergie. Wieviel Strom zu den verschiedenen Tagesstunden und Jahreszeiten erzeugt wurde, ob und wieviel davon an die DDR abgegeben werden mußte oder von der DDR bereitgestellt wurde, welche wichtigen Investitionen und Modernisierungsarbeiten durchgeführt werden konnten, wurde von Zentralbehörden, dem sogenannten Hauptlastverteiler der DDR beziehungsweise der Hauptverwaltung Elektroenergie, entschieden. Organisatorisch war die BEWAG aber Bestandteil der örtlichen Wirtschaft Ost-Berlins und unterstand somit der Hauptverwaltung, von der sie Planauflagen, Einzelanweisungen und Haushaltsmittel erhielt. Die wirtschaftliche Lage der BEWAG veschlechterte sich so sehr, daß Anfang 1955 die Liquidation drohte und nur durch Subventionszahlungen Ost-Berlins abgewendet werden konnte.

Der Magistrat und die BEWAG waren an einer schnellen Lösung dieses Problems interessiert. Wirtschaftlich vernünftig wäre eine Änderung der Preispolitik, also die Festsetzung des Strompreises auf der Grundlage einer Kosten- und Gewinnkalkulation, gewesen. Gleichzeitig hätte man das Unternehmen entschulden und die verwirrenden Unterstellungsverhältnisse entflechten können. Diese Variante scheiterte jedoch an den starren preispolitischen Dogmen der ostdeutschen Planwirtschaft. Ost-Berlin konnte nur versuchen, die Verantwortung für die BEWAG und den damit verbundenen Finanzbedarf auf die nächsthöhere staatliche Ebene zu übertragen. Der Ost-Berliner Energiemonopolist sollte unter Beibehaltung seines Namens in einen zentralgeleiteten Staatsbetrieb umgegründet werden, der finanzwirtschaftlich mit dem zentralen Haushalt verbunden war. Dazu war es jedoch erforderlich, die Rechtsform des Unternehmens zu ändern. Nach Absprache mit dem Ministerium der Finanzen der DDR wurde beschlossen, die Anteile der Aktionäre durch den Magistrat zurückkaufen zu lassen. Die BEWAG-Satzung räumte der Gebietskörperschaft Berlin zwar in § 22 ein Vorkaufsrecht ein, davon konnte aber frühestens 25 Jahre nach der Privatisierung der Elektrizitätswerke[216] Gebrauch gemacht werden, also erst vom 30. Juni 1956 an. Der Rückkauf selbst kam einer Enteignung gleich, da die Auf-

216 Ein Konsortium von Banken und Elektrizitätswerken unter der Leitung der Preußischen Seehandlung und der Reichskreditbank AG unterbreitete der Stadt Berlin 1931 den Vorschlag, die Elektrizitätswerke, bisher Eigenbetriebe, zu verkaufen. Im gleichen Jahr erfolgte die Umwandlung in eine AG.

wendungen für die Rekonstruktion und Instandsetzung der BEWAG-Anlagen sowie für die defizitäre Produktion mit den Anteilen der Aktionäre verrechnet wurden. Diese bekamen folglich überhaupt kein Geld beziehungsweise nur sehr geringe Beträge.[217]

Auch bei den Eigenbetrieben war die Ost-Berliner Finanzpolitik also nicht in der Lage, mit dem aktiven Einsatz ihrer Instrumente die Rentabilität zu erhöhen. Sie mußte sich vielmehr darauf beschränken, Verluste auszugleichen, die durch das Wirtschaftssystem verursacht wurden. Die öffentlichen Einnahmen wurden auch hier wenig effizient verwendet.

Entwicklung des Verhältnisses Hauptverwaltung – Bezirke

Seit 1953 verbesserte sich die Finanzausstattung der Stadtbezirke spürbar. Als Kreise nahmen sie auf einigen Gebieten, darunter insbesondere Sozialwesen, Bildung, kommunale Dienste, Entwicklung der bezirklichen Infrastruktur, eigene Aufgaben wahr und konnten daher über eigene Haushaltsmittel verfügen. Ab 1957 waren die Stadtbezirke an den öffentlichen Gesamtausgaben in einem ähnlichen Umfang beteiligt wie in Groß-Berlin bis zur Spaltung der Stadt.

TABELLE 41

Verteilung der Einnahmen und Ausgaben zwischen Hauptverwaltung und Bezirken in Ost-Berlin 1953 bis 1961 (in Prozent)[218]

Jahr	Einnahmen		Ausgaben	
	Magistrat	Bezirke	Magistrat	Bezirke
1953	81,6	18,4	77,6	22,4
1954	74,2	25,8	74,2	25,8
1955[#]	keine Angaben	keine Angaben	keine Angaben	keine Angaben
1956*	keine Angaben	keine Angaben	keine Angaben	keine Angaben
1957	67,8	32,2	67,7	32,3
1958	71,3	27,7	71,5	28,5
1959*	keine Angaben	keine Angaben	keine Angaben	keine Angaben
1960	68,0	32,0	68,1	31,9
1961	67,2	32,8	67,1	32,9

[#] Haushaltsplan und -rechnung für 1955 verschollen.

* In den überlieferten Daten zu den Haushaltsrechnungen für 1956 und 1959 wurde nicht zwischen Hauptverwaltung und Bezirken unterschieden.

217 Vgl. IV 2/61/824, o. Bl., STAPMO, ZPA.

218 Zusammengestellt und berechnet nach Haushaltsrechnungen.

Wie die Hauptverwaltung hatten die Bezirke bis zur Mitte der fünfziger Jahre jedoch nur eine sehr begrenzte Eigenständigkeit in Fragen der Haushalts- und Finanzpolitik. Mit dem Erlaß der Durchführungsbestimmungen zum Staatshaushaltsgesetz für das Rechnungsjahr 1956 begann sich dies langsam zu ändern. Die Räte der Stadtbezirke erhielten zum ersten Mal das Recht, auf Beschluß der Stadtbezirksverordnetenversammlung alle Mehreinnahmen und Einsparungen, die bisher an den zentralen Haushalt abgeführt werden mußten, für zusätzliche Aufgaben selber zu verwenden. Die eigenständige Erhöhung von Verwaltungsausgaben blieb aber verboten. Im gleichen Jahr wurden die Investitionsmittel erstmals auf die Stadtbezirke aufgeteilt und in den dortigen Haushalten erfaßt. Ein Jahr darauf ging die gesamte Investitionsplanung auf die Bezirke über, der Magistrat behielt sich nur noch die Entscheidung über Investitionen von überbezirklicher Bedeutung vor.[219]

1958 verbesserte sich die Finanzausstattung der Bezirke weiter. Sie erhielten feste Anteile aus dem Steuer- und Abgabenaufkommen. Das waren: 60 Prozent der Produktions-, Dienstleistungs- und Handelsabgabe der staatlichen Unternehmen, deren Finanzpläne mit den Haushaltsplänen der Bezirke verbunden waren, 100 Prozent der Steuern der Genossenschaften, 100 Prozent der Handwerksteuern, 100 Prozent der übrigen Verkehrsteuern, 25 Prozent der Steuern aus der Privatwirtschaft und 20 Prozent der Lohnsteuern. Außerdem erhielten die Bezirke mit Ausnahme von Berlin-Mitte einen Finanzausgleich vom Magistrat. Der Bezirk Mitte mußte seinerseits ca. 50 Mio. DM (Ost) an die Hauptverwaltung zahlen.[220]

Ab 1959 erhielten die Stadtbezirke die Nettogewinnabführung, Umlaufmittelabführungen und sonstige Abführungen der ihnen unterstellten Staatsunternehmen, die Gemeindesteuern, sämtliche Einnahmen der Fachorgane der Bezirksverwaltungen, Zuschüsse vom Magistrat und folgende Anteile an den Staatseinnahmen der ihnen unterstellten staatlichen Wirtschaft sowie Anteile an den Republiksteuern:

[219] Vgl. Rep. 105, Nr. 215, o. Bl., LAB, STA.
[220] Vgl. Rep. 105, Nr. 6014, o. Bl., LAB, STA.

TABELLE 42

Anteil der Ost-Berliner Bezirke an den Staatseinnahmen der ihnen unterstellten staatlichen Wirtschaft und Steueranteile 1959 (in Prozent)[221]

Bezirk	Staatseinnahmen	Genossenschaftssteuern	Handwerksteuern	Einkommensteuern	Sonst. Verkehrsteuern	Steuern der Privatwirtschaft
Mitte	10	100	100	–	100	30
Prenzlauer Berg	20	100	100	–	100	50
Friedrichshain	25	100	100	–	100	50
Treptow	30	100	100	–	100	50
Köpenick	80	100	100	–	100	50
Lichtenberg	80	100	100	15	100	50
Weißensee	5	100	100	–	100	20
Pankow	80	100	100	15	100	50

Weitere Aufgaben

Auch außerhalb der Industrie mußte die Finanzpolitik für den Ausgleich von Verlusten aufkommen. 1953 beantragte zum Beispiel die Sparkasse einen Zuschuß, der ihr durch Überlassung von sogenannten volkseigenen Hypotheken im Gesamtwert von 6,145 Mio. DM (Ost) gewährt wurde. Die Sparkasse hatte diesen Zusatzbedarf nicht selbst verursacht. Sie mußte aufgrund der „Anordnung zur Kontenführung bei den Berliner Kreditinstituten" einen großen Teil unwirtschaftlicher Girokonten des Berliner Stadtkontors übernehmen. Dadurch war eine Erweiterung des Filialnetzes um 18 Geschäftsstellen nötig geworden. Außerdem hatten die Sparkassen sehr ungünstige Anlagemöglichkeiten für ihr Einlagen. Auch hier mußte die öffentliche Hand die Auswirkung von Fehlern in der Gesamtpolitik durch Mehrausgaben mildern.[222]

Nach Aufhebung der Rationierungen begannen auch Verluste des staatlichen Handels eine größere Rolle zu spielen. Insbesondere bei leicht verderblichen Gütern führten schlechte Lagerhaltung, mangelnde Transportlogistik und Unzulänglichkeiten in den Verkaufsstellen dazu, daß ohnehin knappe Güter verdarben. 1959 waren allein 492.000 DM (Ost) für außerplanmäßige Verluste des staatlichen

[221] Vgl. Rep. 105, Nr. 6015, o. Bl., LAB, STA.
[222] Vgl. Rep. 100, Nr. 875, Bl. 53 f., LAB, STA.

Obst- und Gemüsehandels aufzubringen. Vom Gesamtangebot an Lauch waren zum Beispiel 44 Prozent, bei Birnen 36 Prozent verdorben.[223]

Fortsetzung der Berlinförderung, Finanzierung von Sonderprogrammen

Sonderstellung in der Versorgung mit knappen Gütern

Im Zusammenhang mit den Ereignissen um den 17. Juni 1953 wurde auch die Berlinpolitik der SED-Führung öffentlich kritisiert. Dabei ging es nicht um die Wiederaufbauprogramme – das NAP Berlin war seit Anfang 1953 als Nationales Aufbauwerk (NAW) auf die gesamte DDR ausgedehnt worden –, sondern um die Besserstellung der Ost-Berliner bei der Versorgung mit knappen Gütern. Beipielsweise beschwerten sich Bürgermeister und Einwohnerschaft der Berliner Randgemeinde Glienicke bei Grotwohl über die Benachteiligung des Umlandes gegenüber Ost-Berlin. Während in der brandenburgischen Region die Kartoffel- und Brennstoffversorgung zusammengebrochen war („seit Monaten sind die Menschen gänzlich ohne Kartoffeln"), blieben diese Güter in Ost-Berlin verfügbar. Daß man aber rationierte Güter in Ost-Berlin nur dann erwerben durfte, wenn man dort seinen festen Wohnsitz nachweisen konnte, wurde als besondere Ungerechtigkeit betrachtet. Die Preise in den HO-Läden waren für die meisten Menschen kaum bezahlbar: „Eine vierköpfige Familie hat, um lediglich den Ausgleich zu den Berliner Karten zu haben, für Feuerung und Lebensmittel, nach HO-Preisen gerechnet, eine Mehrausgabe von 560,– DM pro Jahr. Die Randbewohner sind am Aufbau der Deutschen Demokratischen Republik nicht weniger beteiligt als die Berliner."[224]

Als im Rahmen des „Neuen Kurses" erstmals wieder ein Winterschlußverkauf des Einzelhandels stattfinden sollte, legte das Politbüro am 19. Januar 1954 Sonderkonditionen für Ost-Berlin fest. Besonders schlechte Ware war dort aus dem Verkauf zu nehmen, in den Bezirken der DDR konnte sie aber angeboten werden. Für die Deckung

[223] Vgl. *Protokoll der 33. (ordentlichen) Magistratssitzung vom 20. November 1959,* in: Rep. 100, Nr. 1113, Bl. 75 f., LAB, STA.

[224] Vgl. N1, Nr. 3086, Bl. 499 f., BA, Abteilung Potsdam.

der Verluste des staatlichen Handels in Ost-Berlin wurden 12 Mio. DM (Ost) aus dem Staatshaushalt zur Verfügung gestellt. Übrigens wurde auch der private Einzelhandel zu einem Ausverkauf aufgefordert, mußte die Verluste durch Wertminderungen jedoch selber tragen.[225]

Die Schaufensterfunktion gegenüber dem Westteil der Stadt, aber auch das besondere Interesse der Führung an politisch stabilen Verhältnissen in Ost-Berlin haben also zu einer Umverteilung knapper und qualitativ hochwertiger Güter zu Lasten der DDR-Bevölkerung geführt. Auch nach dem Ende der Rationierungen im Jahre 1957 wurde diese von den offiziellen Medien immer wieder geleugnete Politik fortgesetzt. Die dabei entstehenden Kosten wurden jedoch zum großen Teil nicht vom Ost-Berliner, sondern vom zentralen Haushalt getragen. Sie stellen also eine Form der Subventionierung dar, lassen sich auf Grund der Quellenlage jedoch nur in wenigen Fällen quantifizieren.

Unterschiedliche Finanzierung der Aufbauprogramme

Bis zur Mitte der fünfziger Jahre war der Wiederaufbau, wie bereits erwähnt, nur unbefriedigend vorangekommen. Die Ursachen dafür lagen neben dem Mangel an Investitionsgütern, Rohstoffen und Material im schlechten technischen Stand der Ost-Berliner Bauwirtschaft und den starren Planungsmechanismen, die die Abstimmung zwischen Plankommission, Chefarchitekt und Magistrat erschwerten.[226] Daß die SED-Führung dem Ausbau Ost-Berlins plötzlich wieder mehr Aufmerksamkeit schenkte, lag aber nicht primär an der Erkenntnis der bisherigen Versäumnisse.

Zur gleichen Zeit waren nämlich im Westteil der Stadt bemerkenswerte Aufbauerfolge erzielt worden. Da die DDR mit ihrer Haupt- und Regierungsstadt Ost-Berlin nach dem Verständnis der Führung „das weithin sichtbare Beispiel für das zukünftige einheitliche, demokratische und friedliebende Deutschland“ schaffen wollte, mußte die so definierte herausgehobene Rolle Ost-Berlins zu einer Beschleunigung des Wiederaufbaus führen. Daher wurde für die zweite Hälfte der fünfziger Jahre folgende Aufgabe formuliert: „Der demokratische Sektor von Berlin (gemeint ist Ost-Berlin – F. Z.) muß

[225] Vgl. J IV 2/2/343, Bl. 9 ff., STAPMO, ZPA.

[226] Vgl. IV 2/6/823, o. Bl., STAPMO, ZPA.

durch ein umfassendes Aufbauprogramm bis zum Ende des zweiten Fünfjahrplanes zum Schwerpunkt des Aufbaus der DDR werden." Ost-Berlin sollte aber nicht mehr wie bisher als „normale" Gebietskörperschaft und auch nicht nur als 15. Bezirk geplant werden. Vielmehr wurde in den Volkswirtschaftsplan ein „Plan Hauptstadt" eingestellt, der als Planteil von zentraler Bedeutung einer besonderen Beschlußfassung des Ministerrates unterlag.[227]

Die Verantwortung für den Wiederaufbau wurde sogenannten zentralen Planträgern auferlegt, die für ihre Projekte Haushaltsmittel und – bei der herrschenden Nachfragewirtschaft noch wichtiger – Investitionsgüter zur Verfügung stellen mußten. Aus einer Anordnung des Ministers der Finanzen vom 15. Dezember 1958 geht hervor, daß es sich bei den Planträgern um:

a. Ministerien, Staatssekretariate und übrige zentral geleitete Organe der staatlichen Verwaltung, die zur selbständigen Planung von Investitionen ermächtigt sind,
b. zentrale Vereinigungen der sogenannten volkseigenen Betriebe oder ihnen gleichgestellte Organe sowie
c. Räte der Bezirke und der Kreise

handelte. Am 21. Dezember 1959 wurde zu ihrer Koordination eine „Zentrale Kommission für den Aufbau Stadtzentrum Berlin" geschaffen.[228] Von den geplanten Gesamtkosten in Höhe von 859 Mio. DM (Ost) sollte Ost-Berlin selbst 334 Mio. aufbringen, der Rest (525 Mio.) war aus dem zentralen Haushalt und, falls Bezirke und Kreise Planträger waren, aus kommunalen Haushalten bereitzustellen.[229]

Ende der fünfziger Jahre wurde diese Entwicklung im Zusammenhang mit der Aufholstrategie der SED-Führung beschleunigt. 1958 hatte der V. SED-Parteitag das völlig illusorische politische Ziel formuliert, in der DDR in kurzer Zeit das wirtschaftliche Niveau und den Lebensstandard der Bundesrepublik zu erreichen und zu überbieten. Für Ost-Berlin sollte die „politische, wirtschaftliche und kulturelle Entwicklung ... als Hauptstadt der DDR auf die zukunftsfrohe Perspektive des Sozialismus gerichtet sein und die allseitige Überlegenheit der sozialistischen Ordnung über das kapitalistische System unter den komplizierten Bedingungen der gespaltenen Stadt für alle Menschen deutlich sichtbar" gemacht werden. Das Aufbauprogramm wurde daher ergänzt.

[227] Vgl. IV 2/6/813, o. Bl., STAPMO, ZPA.
[228] Vgl. IV 2/6-812, o. Bl., STAPMO, ZPA.
[229] Vgl. IV 2/6/813, o. Bl., STAPMO, ZPA.

Neben dem Schwerpunkt Stadtzentrum sollten bis 1965 73.000 Wohnungen neu errichtet und 5.160 um- und ausgebaut werden. Außerdem sollten 7 Lichtspieltheater, 23 Ambulatorien, 3 Polikliniken und 2.300 Feierabend- und Pflegeheimplätze entstehen. Zur Verbesserung der Infrastruktur war die Rekonstruktion von Bahnhöfen und die Erneuerung des Wagenparkes bei S-, U- und Straßenbahn vorgesehen.[230]

Für den Zeitraum bis 1963 wurden allein für das Stadtzentrum Baukosten in Höhe von 1.070 Mio. DM (Ost) veranschlagt, von denen Ost-Berlin 823 Mio. aus seinem eigenen Haushalt aufbringen sollte. Der verbleibende Betrag sollte mit Krediten und über Sonderzuweisungen aus dem zentralen Haushalt finanziert werden.[231] Dem lag eine Finanzplanung zugrunde, die von überdurchschnittlichen Steigerungen der Staatseinnahmen ausging. Dadurch hätte der Haushalt Ost-Berlins jährlich erheblich wachsende Anteile an den Republikeinnahmen erhalten. Wie bereits erwähnt, trat diese Entwicklung jedoch nicht ein. Das Programm konnte deswegen nicht im geplanten Umfang durchgeführt werden, bis 1962 waren viele Projekte noch nicht begonnen worden. Die planerische Vorbereitung durch den Magistrat war außerdem sehr mangelhaft und führte Anfang 1962 zu einer Sperrung aller Investitionsmittel durch die Deutsche Investitionsbank. Erst nachdem der Magistrat bestimmte Auflagen erfüllt und die für den Wiederaufbau zuständige Firma „Berlin-Projekt“ neue Konzepte vorgelegt hatte, konnte ein verkürztes Programm in Angriff genommen werden. Für den Wiederaufbau des sogenannten vorläufigen Staatsratsgebäudes, des Kaiser-Wilhelm-Palais, des Operncafés und den Neubau des Hauses des Lehrers sowie weiterer zwölf Bauten sollten nun 423 Mio. DM (Ost) bereitgestellt werden, davon allein 177 Mio. für das Heizkraftwerk Mitte und ein Heizrohrnetz.[232]

Neben diesen Sonderprogrammen wurden einige Berlinprojekte, insbesondere im Wohnungsbau, weiterhin über das NAP finanziert. Zwischen 1958 und 1960 entstanden auf dieser Grundlage 26.500 Wohnungen. Andere NAP-Projekte betrafen die Schaffung und Pflege von Grünanlagen, Unterstützung der örtlichen Betriebe bei Bauinvestitionen für soziale Zwecke (Kindertagesstätten etc.) und die Stadtverschönerung.[233]

[230] Vgl. Volkskammerdrucksache, Nr. 39, in: IV 2/2029/128, o. Bl., STAPMO, ZPA.
[231] Vgl. *Protokoll der 18. (ordentlichen) Magistratssitzung vom 3. Juli 1959,* in: Rep. 100, Nr. 1098, o. Bl., LAB, STA.
[232] Vgl. V 2/6/815, o. Bl., STAPMO, ZPA.
[233] Vgl. IV 1-2/2/309, Bl. 32, STAPMO, ZPA.

Größere finanz- und haushaltspolitische Entscheidungsspielräume ermöglichten ab 1958 eine weitere Finanzierungsform. Aus Haushaltsüberschüssen konnten Rücklagefonds bei der Hauptverwaltung und bei den Bezirken gebildet werden. Diese wurden auch für den Auf- und Ausbau der Stadt im Rahmen eines sogenannten Verschönerungsprogramms verwendet. Die bis 1961 eingesetzten Beträge waren aber eher bescheiden und überschritten nicht die 10-Mio.-Grenze.[234] Auf diese Weise wurden zum Beispiel der Aufbau des Müggelturms im Stadtbezirk Köpenick, die Restaurierung des Neptun-Brunnens und ein Stadtbegrünungsprogramm finanziert.

In dem Maße wie Ost-Berlin nach Meinung der SED-/DDR-Führung zu einem herausgehobenen politischen Symbol für den zweiten deutschen Staat wurde, erhielt es also für Stadtentwicklung, Infrastrukturverbesserungen und die Errichtung repräsentativer Bauten Sonderkonditionen. Die dafür erforderlichen finanziellen Mittel und Güter wurden von der Zentrale und anderen Gebietskörperschaften sowie von Ost-Berlin selbst zur Verfügung gestellt. Dabei wurde billigend in Kauf genommen, daß die Entwicklung anderer Regionen nicht in gleichem Maße vorangetrieben werden konnte. Die Verantwortung für die Ausgestaltung Ost-Berlins als Hauptstadt der DDR lag bei der Zentrale, die Berliner selbst wurden dazu nicht befragt.

Haushaltswirtschaft

Die Überlieferung der finanzstatistischen Daten für die fünfziger Jahre ist leider lückenhaft. Von den Rechnungsjahren 1954 und 1955 liegen außer allgemeinen Eckwerten keine Angaben vor. Sicher ist nur, daß der Haushalt des Jahres 1955 bereits mit einem Defizit geplant wurde. Die Einnahmen waren mit 1.208 DM (Ost), die Ausgaben mit 1.532 Mio. angesetzt.[235] Die erhebliche Deckungslücke von 324 Mio. wurde wahrscheinlich aus dem zentralen Haushalt ausgeglichen. Die Quellenüberlieferung verbietet verläßliche Aussagen über die Ursachen der haushaltspolitischen Turbulenzen, die bereits 1953 begonnen hatten. 1956 erfolgte jedenfalls wieder der Übergang zu dem seit 1950

[234] Vgl. Rep. 100, Nr. 1093, o. Bl., LAB, STA.

[235] Vgl. *Protokoll der 4. (ordentlichen) Magistratssitzung vom 17. Dezember 1954*, in: Rep. 100, Nr. 945, Bl. 13, LAB, STA.

praktizierten Verfahren. In diesem Rechnungsjahr führte Ost-Berlin letztmalig eine größere Summe an die DDR ab. 1957 begann dann die bis 1989 fortgesetzte Beteiligung der Stadt an den Staatseinnahmen. Man könnte also die Jahre 1953 bis 1955 als Übergangszeit definieren.

Mit dem Rechnungsjahr 1957 änderten sich daher die Anteile der Einnahmenkategorien an den Gesamteinnahmen. Die Bedeutung von Steuern und Abgaben sank, an ihre Stelle traten die Zuführungen von der DDR. Die Einnahmen aus der Verwaltung stiegen ebenfalls an.

TABELLE 43

Struktur der öffentlichen Einnahmen Ost-Berlins in den Haushaltsjahren 1953 und 1956 bis 1961 (in Prozent)[236]

Jahr	Gesamteinnahmen	davon aus eigenen Steuern/Abgaben	davon aus der Verwaltung	davon von der DDR
1953	100	56	34	10
1956	100	63	33	4
1957	100	20	53	27
1958	100	18	52	30
1959	100	19	48	33
1960	100	19	43	38
1961	100	19	42	39

Eigene Steuern und Abgaben umfassen auch Abgabenanteile zentralgeleiteter Unternehmen in Ost-Berlin.

Die in den Rechnungen ausgewiesenen und im Prinzip auch veröffentlichten Angaben zu den Gesamteinnahmen wichen auch weiterhin erheblich von den Beträgen ab, die Ost-Berlin wirklich zur Verfügung standen. 1956 blieb von den Einnahmen laut Rechnung für Ost-Berlin nur die Hälfte übrig, in den anderen Jahren waren es ungefähr zwei Drittel. Dabei fällt auf, daß mit Ausnahme der Jahre 1955 und 1956 die Etats mit einem positiven Saldo abgeschlossen haben. Diese Haushaltsüberschüsse geben jedoch keine verläßliche Auskunft über die wirkliche Finanzlage. Vielmehr wurden in den Haushalten aller Gebietskörperschaften der DDR Überschüsse ausgewiesen, um den Eindruck einer stabilen Finanzlage zu erwecken. Sie waren als feste, zentral vorgegebene Plangröße weitgehend unabhängig von der Einnahmensituation und vom Finanzbedarf. Daher konnten sie für die kommunalen Aufgaben nicht verwendet werden und gelangten als ordentliche Einnahmen in die folgenden Etats:

[236] Zusammengestellt und berechnet nach Haushaltsrechnungen.

TABELLE 44

Struktur der öffentlichen Ausgaben Ost-Berlins in den Haushaltsjahren 1953 bis 1961 (in 1000 DM [Ost] und in Prozent)[243]

	1953		1954		1955		1956		1957		1958		1959		1960		1961	
	TDM (Ost)	%	TDM (Ost)	%	TDM (Ost)	%	TDM (Ost)	%	TDM (Ost)	%	TDM (Ost)	%	TDM (Ost)	%	TDM (Ost)	%	TDM (Ost)	%
Einnahmen lt. Rechnung	1.616.470,9	154	1.411.300,0		1.207.654,0		2.142.414,0	201	1.868.140,8	151	1.760.941,5	157	1.848.857,8	154	1.881.441,4	155	2.038.814,1	151
minus Einnahmen VAB	499.691,3	–	517.750,0				508.769,7	–	514.378,7	–	519.187,9	–	550.000,5	–	598.900,0	–	600.000,0•	–
Einnahmen ohne VAB	1.116.779,6	106	893.550,0				1.633.644,3	153	1.353.762,1	110	1.241.753,6	111	1.298.857,8	108	1.282.541,4	106	1.438.841,1	107
plus Positivsaldo VAB	–	–	–				0,1	–	–	–	–	–	–	–	–	–	–	–
minus Haushaltsüberschüsse	34.735,4	–	21.700,0				-27.559,0	–	84.625,1	–	82.763,2	–	95.253,0	–	63.227,0	–	50.358,0	–
wirkliche Ausgaben	1.082.044,2	103	871.850,0				1.661.203,4	156	1.269.137,0	103	1.158.990,4	103	1.203.604,8	100	1.219.314,4	101	1.388.456,1	103
minus Abführungen an DDR	30.513,9	–					595.960,3	–	36.000,0	–	36.000,0	–	0,0	–	4.728,4	–	39.498,2	–
Ausgaben für Ostberlin	1.051.530,3	100					1.065.243,1	100	1.233.137,0	100	1.122.990,4	100	1.203.604,8	100	1.214.586,0	100	1.348.957,9	100
davon																		
1. Verwaltung	186.404,0	18					81.705,2	8	75.059,1	6	73.957,3	7	76.531,7	6	69.802,0	6	64.919,4	5
2. VE-Wirtschaft	166.657,0	16					99.559,8	9	86.172,9	7	78.042,7	7	75.858,4	6	56.045,9	5	58.823,0	4
3. Bildung/Wissenschaft/ Kultur	134.872,0	13					181.488,0	17	196.971,2	16	189.068,7	17	202.887,5	17	213.777,0	18	205.133,4	15
4. Verkehr/Handel/ kommunale Wirtschaft	32.983,9	3					277.620,4	26	282.483,1	23	187.192,6	17	174.747,1	15	175.913,5	15	228.242,1	17
5. Arbeit/Sozialwesen	140.583,1	13					242.789,7	23	259.251,8	21	349.919,7	31	409.548,6	34	410.781,4	34	481.046,8	36
6. Gesundheit#	122.575,6	12					141.605,1	13	81.348,5	7	–	–	–	–	–	–	–	–
7. Förderung der demokratischen Ordnung/Sport•	71.639,0	8					–		–		–		–	–	–	–	–	–
Sonstiges	195.815,7	17					40.474,9	4	251.850,4	20	244.809,4	21	264.031,5	22	288.266,2	24	310.793,2	23

\# Ab 1958 zusammen mit Arbeit und Sozialwesen.

• Ab 1956 nicht mehr ausgewiesen.

243 *Ebda.*

Während die Anteile der Ausgaben für Bildung, Wissenschaft und Kultur sowie für Arbeit, Sozialwesen und Gesundheitswesen im Prinzip konstant blieben, fällt auf, daß die Verwaltungsausgaben und die Ausgaben für die sogenannte volkseigene Wirtschaft sowohl relativ als auch absolut sanken, während sie für Verkehr, Handel und Kommunalwirtschaft von 1956 an erheblich höher lagen als zuvor. Das hing neben der weiteren Abgabe von Verwaltungsfunktionen an die DDR und dem Übergang von Unternehmen in zentrale Verwaltung auch damit zusammen, daß die örtliche Wirtschaft von 1956 an bei Verkehr/Handel und Kommunalwirtschaft erfaßt wurde und der Auf- und Ausbau der städtischen Infrastruktur größeren Stellenwert erhielt. Außerdem fielen dort auch die Defizite der Eigenbetriebe an. Die bereits erwähnten jährlichen Veränderungen in der Haushaltsnomenklatur zwischen 1953 und 1956 erschwerten darüber hinaus die Vergleichbarkeit der Jahresrechnungen.

Insgesamt verbesserte sich die Finanzlage Ost-Berlins jedoch ab 1957. Unabhängig von den offiziell ausgewiesenen Gesamteinnah-

Grafik 4

Einnahmen laut Haushaltsrechnung und Ausgaben für Ost-Berlin (1950–1953, 1956–1961, in 1000 DM [Ost])[238]

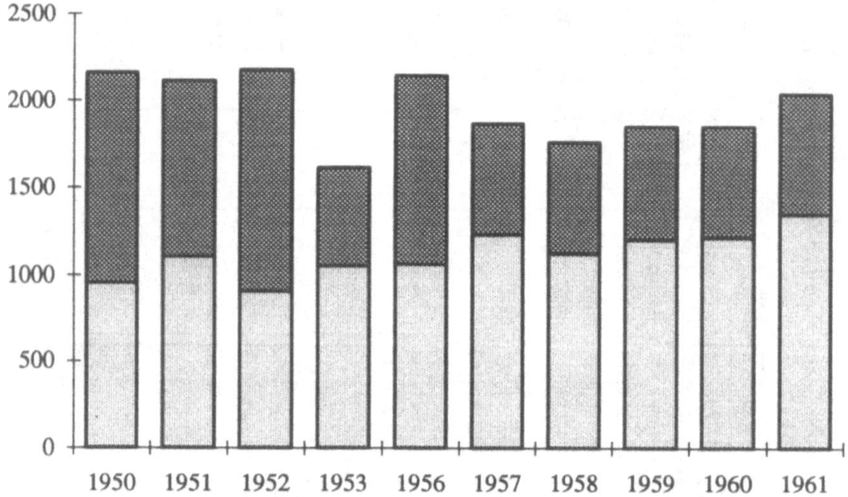

238 *Ebda.*

men hatten sich die verfügbaren Einnahmen erhöht. Die Möglichkeiten der Finanzverwaltung, eigenverantwortlich Einfluß auf die Verwendung dieser Mittel zu nehmen, waren jedoch gering.

Zusammenfassung

Die Transformation der Ost-Berliner Wirtschaft nach sowjetischem Muster hatte bereits vor 1948 mit dem *de facto*-Vollzug von Enteignungen und der treuhänderischen Verwaltung begonnen. Obwohl in der äußeren Form verschieden, entsprach diese Entwicklung weitgehend derjenigen in den Ländern der SBZ. Nach der Spaltung wurde sie beschleunigt. Gleichzeitig begann in einem schnell verlaufenden Prozeß die Angleichung der Finanz- und Haushaltspolitik an die von der DWK/DDR aufgestellten Grundsätze. Neben die traditionellen Verwaltungsaufgaben traten Wirtschaftsplanung und -lenkung als neue Schwerpunkte. Der Haushaltsplan umfaßte nunmehr auch Einnahmen und Ausgaben für die sogenannte volkseigene Wirtschaft. Verluste von staatseigenen Wirtschaftsunternehmen und Eigenbetrieben mußten ebenso aus öffentlichen Einnahmen beglichen werden wie der Finanzbedarf staatsnaher politischer Organisationen.

Bis zum Rechnungsjahr 1952 gehörte der Ost-Berliner Haushalt formal nicht zum zentralen Haushalt der DDR. Diese Eigenständigkeit war aber nur fiktiv. Tatsächlich erfolgte die Aufstellung von Haushalts- und Wirtschaftsplänen auf der Grundlage von Vorgaben der SED/DDR-Führung. Der Magistrat setzte sie als einziges Legislativ- und Exekutivorgan in die Tat um. Da Ost-Berlin alle Steuern und Abgaben über die Finanzämter selber erhob, wurden die Beträge an den DDR-Haushalt abgeführt, die in den ostdeutschen Ländern von der DDR-Finanzverwaltung eingezogen wurden. Darüber hinaus erhielt die Zentrale Beträge aufgrund von Minderausgaben und Mehreinnahmen. Die Planungssicherheit in der Haushaltswirtschaft war gering, die laufenden Etats mußten mehrfach geändert werden.

Mit dem Haushaltsjahr 1953 wurde Ost-Berlin in den Staatshaushalt der DDR eingegliedert. Nach einer bis 1956 dauernden Übergangsphase, die durch ständige Änderungen in der Haushaltsnomenklatur und einen hohen Zentralisierungsgrad von finanzpolitischen Entscheidungen geprägt war, entfiel 1957 der bisherige Haushaltsausgleich Magistrat – DDR. Ost-Berlin erhielt nunmehr wie die Bezirke der DDR neben seinen eigenen Einnahmen Anteile an den zentralen Staatseinnahmen. Gleichzeitig setzte eine Reform der Haushalts- und Finanzpolitik ein, der Spielraum der Gebietskörperschaften wurde etwas erweitert.

Trotzdem blieb die Möglichkeit begrenzt, gestaltende Finanzpolitik zu betreiben. Die Aufgabe der ostdeutschen Finanz- und Haushaltspolitik bestand nämlich darin, die finanziellen Mittel für die Verwirklichung der Wirtschafts- und Gesellschaftspolitik der ostdeutschen Führung zur Verfügung zu stellen. Daher begann sie sehr zeitig mit der allgemeinen Wirtschaftspolitik zu verschmelzen, verlor ihre Regulativfunktion und konnte Instrumente nur dann einsetzen, wenn keine Kollision mit den wirtschafts- und ordnungspolitischen Grundlagen zu erwarten war. Der hohe Zentralisierungsgrad von Entscheidungen in der DDR-Planbürokratie beschränkte dabei nicht nur die Einflußnahme des Ost-Berliner Magistrats auf wirtschaftliche Strukturveränderungen, sondern schuf eine kaum überwindbare Diskrepanz zwischen der Ebene, auf der Entscheidungen hinsichtlich der Verteilung öffentlicher Einnahmen getroffen wurden, und der Ebene, die von den Auswirkungen dieser Entscheidungen betroffen war. Daher konnten auch gegen die Eigeninteressen Ost-Berlins gerichtete Entwicklungen kaum verhindert werden.

Die Negativeffekte des Wirtschaftssystems hatten einen wachsenden Finanzbedarf zur Folge, unter anderem für die Verlustdeckung staatlicher Unternehmen in Handel und Industrie, den Ausgleich von Disproportionen zwischen Kosten und staatlich festgesetzten Verbrauchspreisen sowie die Zahlung von produktivitätsunabhängigen Löhnen und Sozialleistungen. Darüber hinaus führte die Antimittelstandspolitik zu einem Rückgang der Steuereinnahmen und zu Mehrausgaben, da die öffentliche Hand für die negativen Folgewirkungen dieser Politik aufkommen mußte.

Obwohl der Absatz der Ost-Berliner Wirtschaft durch die Ausrichtung auf östliche, insbesondere russische Märkte garantiert wurde, Lieferbeziehungen zum Umland erhalten blieben und die Stadthälfte als Regierungsstadt zentrale Dienstleistungsfunktionen für Ostdeutschland erfüllte, nahmen Rentabilität und Produktivität nicht in erwartetem Umfang zu. Die Ost-Berliner Entwicklung blieb sogar hinter der der DDR zurück. Die Systemdefekte paralysierten damit die trotz Demontagen, Besatzungslasten und Reparationen vergleichsweise günstigen Ausgangsbedingungen der Teilstadt. Die Hauptstadtrolle führte zunächst nicht zu einer stärkeren Berücksichtigung Ost-Berlins in der Strukturpolitik der DDR. Im Gegenteil, der spaltungsbedingte Investitionsbedarf Ostdeutschlands hatte eine deutliche Vernachlässigung der traditionellen Ost-Berliner Branchen zur Folge. Die relativ unkontrollierte Entnahme von Mitteln bis 1953 verstärkte im Gegenteil die ungünstige Entwicklung der Ost-Berliner Wirtschaft, erforderliche Strukturveränderungen fanden nicht statt.

Im Unterschied dazu wurde der Erhaltung der politischen Stabilität angesichts der offenen Grenze besondere Bedeutung beigemessen. Ost-Berlin wurde daher von Anfang an besser versorgt als die anderen ostdeutschen Regionen. Bereits unmittelbar nach der Spaltung begann eine DDR-Variante von Berlinförderung, die einerseits als Antwort auf die westdeutsche Unterstützung West-Berlins eine vermeintliche Solidarität der DDR mit Ost-Berlin herbeiführen sollte, sich andererseits aber in einigen Hilfsmaßnahmen der DDR-Länder erschöpfte und somit keinen nennenswerten Umfang erreichte. 1952 begann das Nationale Aufbauprogramm Berlin zum Wiederaufbau des Stadtzentrums und zur Beschleunigung des Wohnungsbaus. Es wurde durch das sogenannte Aufbausparen und eine Lotterie, also überwiegend aus nichtöffentlichen Mitteln finanziert, deren Bereitstellung in der ganzen DDR zentral vorbereitet und gesteuert wurde. Die Knappheit an Gütern führte dazu, daß die vorgesehenen Projekte nur eingeschränkt durchgeführt werden konnten.

Erst nach 1957 wurde der Wiederaufbau Ost-Berlins zur Hauptstadt des ostdeutschen Staates forciert. Obwohl die Planungen auch weiterhin nicht vollständig realisiert werden konnten, kamen nunmehr Güter und finanzielle Mittel der Zentrale und der anderen Gebietskörperschaften in Ost-Berlin zum Einsatz (vgl. SCHAUBILD 3). Sowohl darin als auch in der bereits erwähnten besseren Versorgung äußerte sich die Sonderstellung Ost-Berlins innerhalb Ostdeutschlands. Die dort aus politischen Erwägungen verbrauchten Güter standen bei der herrschenden Nachfragewirtschaft für die Entwicklung anderer Regionen nicht mehr zur Verfügung. Eine bevorzugte Ausstattung Ost-Berlins mit eigenen Hauhaltsmitteln war im Gegensatz dazu nicht zu beobachten.

Durch diese Entwicklungen wurde in den fünfziger Jahren eine in sich widersprüchliche Politik der DDR-Führung gegenüber Ost-Berlin begründet, die bis zur Überwindung der Teilung Bestand hatte. Einerseits hatte die Wirtschafts- und Finanzpolitik der Ost-Berliner Verwaltung kaum die Möglichkeit, die Auswirkungen von Systemdefekten zu begrenzen und Korrekturen am starren Ordnungssystem vorzunehmen. Andererseits stellte die Zentrale, die mittels der zentralen Haushalts- und Wirtschaftsplanung über alle Ressourcen Ostdeutschlands verfügen konnte, Güter und finanzielle Mittel bereit, um ein deutliches Zutagetreten der Systemdefekte in Ost-Berlin, dem ein hoher politischer Symbolwert beigemessen wurde, zu begrenzen.

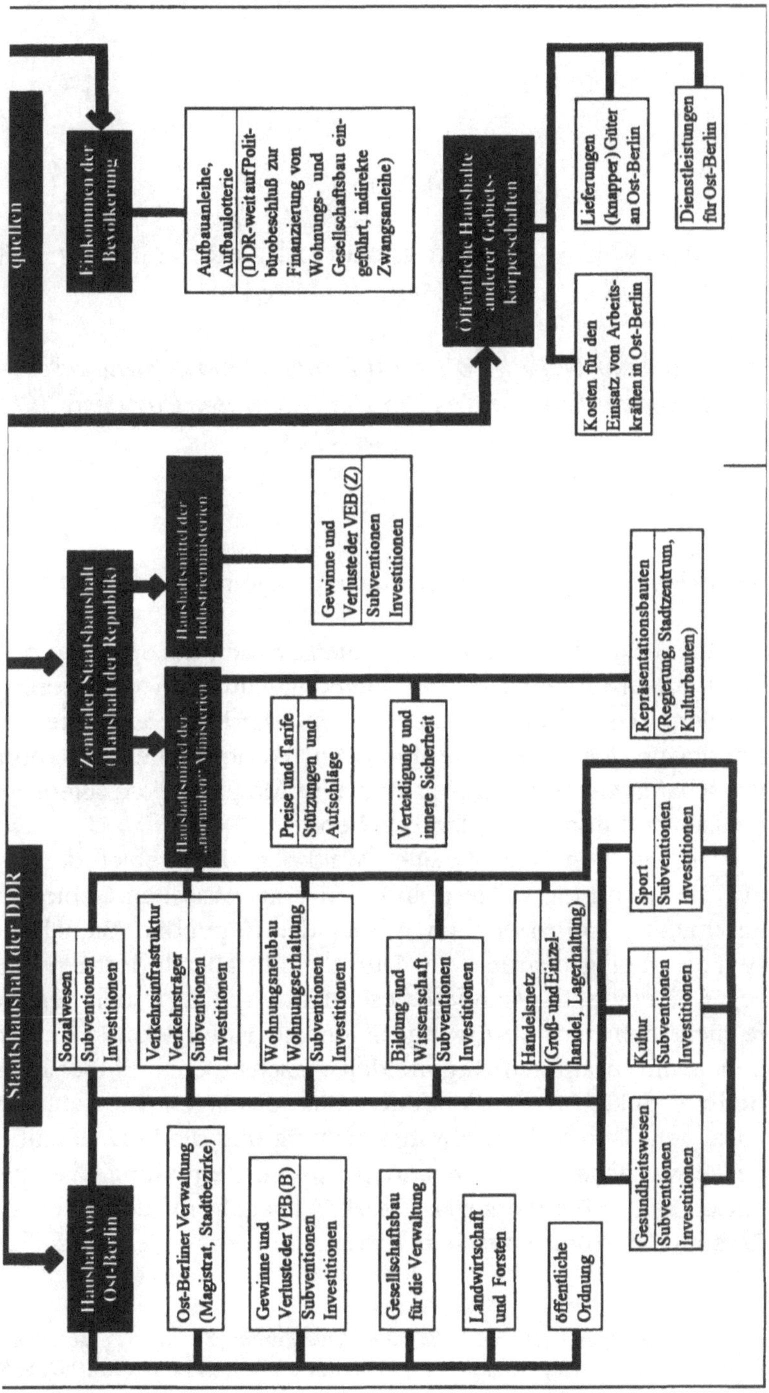
quellen
Einkommen der Bevölkerung
Aufbauanleihe, Aufbaulotterie
(DDR-weit auf Politbürobeschluß zur Finanzierung von Wohnungs- und Gesellschaftsbau eingeführt, indirekte Zwangsanleihe)
Öffentliche Haushalte anderer Gebietskörperschaften
Kosten für den Einsatz von Arbeitskräften in Ost-Berlin
Lieferungen (knapper) Güter an Ost-Berlin
Dienstleistungen für Ost-Berlin
Staatshaushalt der DDR
Zentraler Staatshaushalt (Haushalt der Republik)
Haushaltsmittel der Industrieministerien
Gewinne und Verluste der VEB (Z)
Subventionen
Investitionen
Haushaltsmittel der „normalen" Ministerien
Preise und Tarife
Stützungen und Aufschläge
Verteidigung und innere Sicherheit
Repräsentationsbauten
(Regierung, Stadtzentrum, Kulturbauten)
Haushalt von Ost-Berlin
Sozialwesen
Subventionen
Investitionen
Verkehrsinfrastruktur
Verkehrsträger
Subventionen
Investitionen
Wohnungsneubau
Wohnungserhaltung
Subventionen
Investitionen
Bildung und Wissenschaft
Subventionen
Investitionen
Handelsnetz
(Groß- und Einzelhandel, Lagerhaltung)
Sport
Subventionen
Investitionen
Kultur
Subventionen
Investitionen
Gesundheitswesen
Subventionen
Investitionen
Ost-Berliner Verwaltung
(Magistrat, Stadtbezirke)
Gewinne und Verluste der VEB (B)
Subventionen
Investitionen
Gesellschaftsbau für die Verwaltung
Landwirtschaft und Forsten
öffentliche Ordnung

DRITTES KAPITEL

Berlin (West) – „... ein Land und gleichzeitig eine Stadt" (1948/49–1961)

Von der Nothilfe bis zum Dritten Überleitungsgesetz – Einbeziehung in das Finanzsystem der Bundesrepublik (1948–1951)

Die Ausgangssituation

Verschlechterung der wirtschaftlichen Lage nach der Spaltung

Rückblickend auf die Zeit unmittelbar nach der Spaltung beschrieb Ernst Reuter im Jahr 1952 die schwierige Situation West-Berlins: „Das Problem, das dieser Stadt gestellt war, war klar. Sie mußte sich vollständig umorientieren; sie mußte in ökonomischer Beziehung ihre wirtschaftliche Abhängigkeit und ihre Möglichkeiten allein in Westdeutschland und im Ausland suchen."[1]

Während vor dem Zweiten Weltkrieg das Gebiet der späteren SBZ/DDR und die heute polnischen und russischen Gebiete immerhin mit ca. 25 Prozent am Absatz der führenden Branchen West-Berlins beteiligt waren – im Durchschnitt aller Industrien waren es sogar 35 Prozent –, standen diese Märkte seit Ende der vierziger Jahre nicht mehr zur Verfügung. Eigentlich hatte sich die Entwicklung bereits im Zusammenhang mit der wirtschaftlichen Einbeziehung der Berliner Sektoren in die Zonen der jeweiligen Besatzungsmächte vollzogen. Durch die Währungsspaltung und die kurz darauf folgende verwaltungstechnische und politische Zerreißung, die mit einer Entscheidung für die soziale Marktwirtschaft auf der einen und die Zentralverwaltungswirtschaft sowjetischer Provenienz auf der ande-

[1] Vgl. Ernst Reuter, *Die wirtschaftliche Lage Berlins*. Ein Vortrag, gehalten vor der Zürcher Volkswirtschaftlichen Gesellschaft am 18. Juni 1952, Berlin 1952, S. 5.

ren Seite verbunden war, erwiesen sich Hoffnungen auf eine relativ schnelle Rückkehr zur tradierten Verflechtung der Berliner Wirtschaft mit den übrigen deutschen Regionen als wenig realistisch. Der Verlust eines beachtlichen Teils der bisherigen Märkte mußte sich daher nachhaltig negativ auswirken.

TABELLE 45

Verteilung des Gesamtabsatzes von West-Berlin, Vorkriegsstand (in Prozent)[2]

Industriezweig	Berlin	Gebiet der Westzonen	SBZ und heute poln. Gebiete	Export
Maschinenbau	20	31	23	26
Elektroindustrie	22	45	20	13
Feinmechanik/Optik	13	44	24	19
Bekleidungsindustrie	14	50	26	10
Chemische Industrie	21	31	28	20

TABELLE 46

Absatzgebiete der West-Berliner Industrie (1936–1960, in Prozent)[3]

Jahr	Berlin	Bundesrepublik	DDR	Ausland
1936*	22	32	35	11
1950	40	53	2	5
1960	24	65	1	10

* Absatzgebiete der Industrie von Groß-Berlin.

Außerdem begann auch nach der vollständigen Umstellung der Westsektoren auf DM (West) im Frühjahr 1949[4] und dem Ende der Blockade nicht der erwartete wirtschaftliche Gesundungsprozeß. Er wäre wegen der ungünstigen Ausgangslage ohnehin langsamer verlaufen als in Westdeutschland, wurde jedoch noch gestört. Einmal

[2] Vgl. Klaus Peter Kisker/Michael Heine (Hrsg.), *Wirtschaftswunder Berlin*, Berlin 1987, S. 39.

[3] *A. a. O.*, S. 40.

[4] Am 20. März 1949 wurden von den westlichen Militärkommandanten für die jeweiligen Sektoren drei Verordnungen erlassen, in deren Folge die Doppelwährungszeit beendet und die DM (West) alleiniges gesetzliches Zahlungsmittel in Westberlin wurde. Der Besitz und die Verwendung von DM (Ost) blieben aber weiterhin gestattet. Vgl. M. W. Wolff, *Die Währungsreform...*, S. 254 ff.

durch die negativen Auswirkungen von Doppelwährungszeit und Blockade selbst. Die West-Berliner Wirtschaft hatte während der Blockade eine negative Entwicklung durchlaufen und war auf den Stand von 1945 zurückgefallen, während sich die westdeutsche Produktion nach der Währungsreform schnell verdoppelte. West-Berliner Produkte waren infolge der günstigeren Kostenstrukturen in Westdeutschland sogar auf dem eigenen Markt nicht mehr konkurrenzfähig.[5] Darüber hinaus wurde der wirtschaftliche Austausch mit den westdeutschen Besatzungszonen durch die östliche Seite mehrfach gestört, was sich ungünstig auf den Wirtschaftsstandort West-Berlin auswirkte.

Die Ursachen für die wirtschaftliche Problemlage West-Berlins lassen sich folgendermaßen beschreiben:

a. Der Produktionsapparat war infolge der umfangreicheren Demontagen wenig leistungsfähig.
b. Die Ausstattung mit Rohstoffen und Halbfabrikaten war ungünstiger.
c. Die Versorgung mit Geldkapital war völlig unzureichend.
d. Für Instandhaltung, Modernisierung und Ausbau der Produktionsstätten konnte auch vor der Blockade nur wenig getan werden. Allein deshalb wurde der Wettbewerbsvorsprung in den westlichen Besatzungszonen ständig größer.
e. Die Transportkosten, in einigen Berufsgruppen auch die Löhne, waren höher als in Westdeutschland.
f. Die Kaufkraft der Bevölkerung sank infolge der schnell wachsenden Arbeitslosigkeit, des Vorhandenseins vieler DM (Ost) verdienender West-Berliner und der vergleichsweise höheren steuerlichen Belastung. Dadurch ging die Nachfrage zurück.
g. Die Loslösung von der Wirtschaft des Ostens und die Existenz zweier Währungsgebiete bis Anfang 1949 hatten erhebliche Probleme zur Folge, darunter fehlende Absatzmöglichkeiten und Nachteile durch den Wechselkurs.
h. Im Ergebnis der schwierigen Absatzbedingungen waren die Kapazitäten weniger ausgelastet als in Westdeutschland, was sehr oft eine Verteuerung der Produkte bewirkte.[6]

[5] Vgl. Jürgen Fijalkowski u. a., *Berlin – Hauptstadtanspruch und Westintegration* (= Schriften des Instituts für politische Wissenschaft, Bd. 20), Köln-Opladen 1967, S. 226 f.

[6] Vgl. Berliner Zentralbank (Hrsg.), *Die Wirtschaft Westberlins,* Berlin 1949, S. 9 f.

Die Industrieproduktion ging dramatisch zurück, sie erreichte im Juni 1949 nur ca. 56 Prozent des gleichen Vorjahreszeitraums. Eine spürbare Verbesserung zeichnete sich, abgesehen von saisonalen Schwankungen, auch in den Folgemonaten nicht ab.

GRAFIK 5

Die Entwicklung der Industrieproduktion West-Berlins (Juni 1948 – August 1949, in Mio. DM [West])[7]

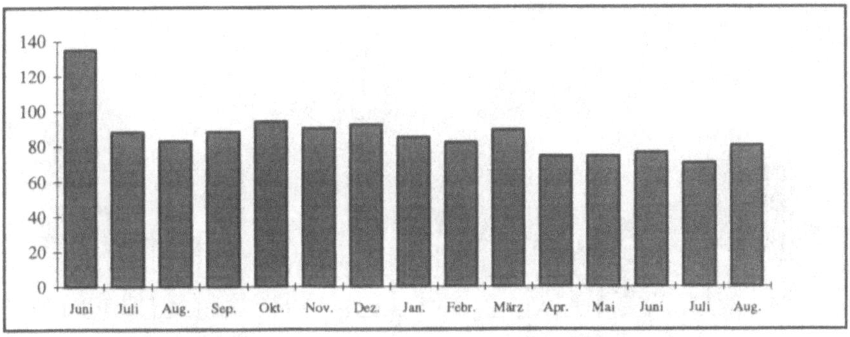

Die Zuspitzung der Situation des öffentlichen Haushalts

Da die Steuerzahler ihre Verbindlichkeiten gegenüber der öffentlichen Hand bereits vor der Währungsreform von 1948 praktisch restlos erfüllt hatten, verminderten sich die Steuereinnahmen im 3. Quartal 1948 in allen Berliner Sektoren drastisch. Die Blockade hatte außerdem die Illiquidität vieler Steuerzahler zur Folge. Nicht unerwähnt bleiben darf die Möglichkeit, alte Steuerschulden zum günstigen Kurs von 10 : 1 in DM (West) zu begleichen, während die Haushaltsansätze im Verhältnis 1 : 1 umgestellt worden waren. Die Einnahmen entwickelten sich also nicht im ursprünglich erwarteten

[7] Vgl. Ferdinand Grünig, *Die gegenwärtige Wirtschaftslage Westberlins. Vom Blickpunkt der Forschung aus betrachtet* (= Sonderhefte des Deutschen Instituts für Wirtschaftsforschung, Neue Folge, H. 6), Berlin 1949, S. 26.

Umfang. Diese Situation änderte sich aus den oben genannten Gründen auch später nicht wesentlich.[8]

GRAFIK 6

Durchschnittliche monatliche Steuereinnahmen von West-Berlin (Monatsdurchschnitt 1947 und Juni 1948 – März 1949, in Mio. RM beziehungsweise DM [West])[9]

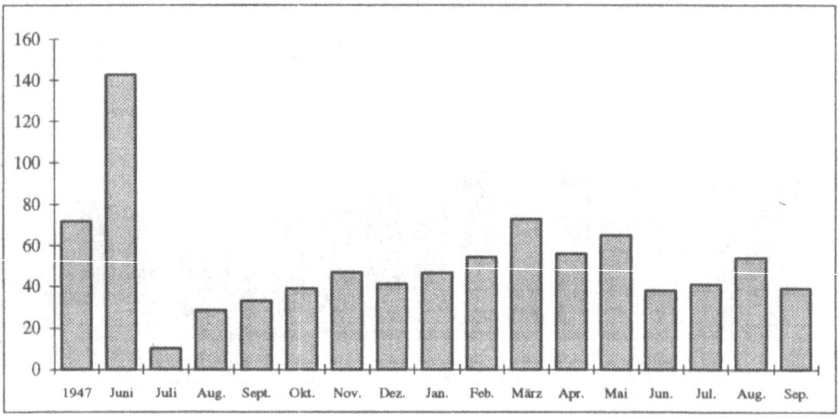

Sowohl der Rückgang der Produktion infolge von Blockade und wirtschaftlicher und politischer Insellage[10] als auch das reduzierte Steueraufkommen und die bis März 1949 andauernde Doppelwährungszeit brachten den Finanzhaushalt West-Berlins an den Rand des Zusammenbruchs. Neben der Einnahmeverschlechterung stieg nämlich der Finanzbedarf der öffentlichen Hand erheblich an. Der für das Restrechnungsjahr 1948 (Dezember 1948 – März 1949) aufgestellte Nothaushalt, eigentlich eine Wirtschaftsermächtigung, die es den Verwaltungen ermöglichen sollte, ihre dringlichen Aufgaben auf haushaltsrechtlich einigermaßen gesicherter Grundlage zu erfüllen, wies die für die Sonderleistungen erforderlichen Deckungsmittel nicht auf.

[8] Vgl. Deutsches Institut für Wirtschaftsforschung (Hrsg.), *Berlins Wirtschaft in der Blockade* (= Sonderhefte des Deutschen Instituts für Wirtschaftsforschung, Neue Folge, H. 3), Berlin 1949, S. 131.

[9] Vgl. *a. a. O.*, S. 130.

[10] Vgl. dazu auch Berliner Zentralbank (Hrsg.), *Die Wirtschaft Westberlins*, Berlin-München 1949, S. 13, 19.

Im Vollzug des Nothaushalts entstanden durch die Blockade und die Währungsreform folgende zusätzliche Kosten:
- 120 Mio. DM (West) infolge der wachsenden Arbeitslosigkeit,
- 135 Mio. für die produktive Erwerbslosenfürsorge,
- 20 Mio. für Hilfsmaßnahmen für die Wirtschaft,
- 57,4 Mio. für die Kosten der Luftbrücke und
- 49,2 Mio. für Hilfsmaßnahmen zur Minderung von Härten der Währungsumstellung.[11]

Selbstverständlich mußten die durch den Krieg verursachten bisherigen Sonderleistungen, also direkte und indirekte Besatzungsleistungen, nach wie vor aufgebracht werden. Dabei kamen die Alliierten den West-Berliner Interessen jedoch weitgehend entgegen (siehe unten). Insgesamt konnten aber nur ca. 42 Prozent der öffentlichen Gesamtausgaben (Kosten für Luftbrücke, Wiederaufbau, Besatzung, Arbeitslosigkeit etc.) durch ordentliche Einnahmen gedeckt werden.[12]

TABELLE 47

Nothaushalt für West-Berlin (Dezember 1948 – März 1949, in Mio. DM [West])[13]

	Gesamt	Monatsdurchschnitt
Steuereinnahmen	160,9	40,2
Verwaltungseinnahmen	95,4	23,8
Summe der ordentl. Einnahmen	256,3	64,1
Ausgaben	610,3	152,1
Defizit	354,0	88,5
Defizitdeckung		
Zinsfreier Kredit der Außenhandelskasse (GARIOA)	178,0	44,5
Erlös aus dem Notopfer	100,0	25,0
Unterstützung des Vereinigten Wirtschaftsgebietes (Kaffeesteuer)	76,0	19,0

Nach Auffassung von Fachgutachtern konnte auf die Hilfe der Alliierten und des Vereinigten Wirtschaftsgebiets bei der Stabilisierung

[11] Vgl. Senat von Berlin (Hrsg.), *Berliner Schicksal 1945 bis 1952...*, S. 149.

[12] Hauptamt für Statistik und Wahlen (Hrsg.), *Berlin in Zahlen 1950. Taschenbuch*, Berlin 1950, S. 257 ff.

[13] Vgl. Deutsches Institut für Wirtschaftsforschung (Hrsg.), *Berlins Wirtschaft in der Blockade...*, S. 75.

des Haushalts und damit die Erhaltung der Lebensfähigkeit West-Berlins nicht verzichtet werden.[14] Eine so weitreichende Unterstützung, deren zeitliche Dauer, tatsächliche Höhe und politische Folgen im Spannungsverhältnis zwischen Ost und West nicht prognostizierbar waren, setzte einen politischen Grundkonsens zwischen West-Berlin und Westdeutschland und zwischen der deutschen Seite und den westlichen Alliierten voraus. Der Angelpunkt für das West-Berliner Schicksal bestand schließlich in der „Entscheidung der drei westlichen Siegermächte, ihre Position in Berlin zu halten, und ... (der – F. Z.) Entscheidung der Bevölkerung, daß Berlin eine Land der Bundesrepublik Deutschland sein sollte".[15]

Schwerpunkte der Finanzpolitik

Die Einbeziehung West-Berlins in das Ordnungs-, Wirtschafts- und Finanzsystem der im Entstehen begriffenen Bundesrepublik war daher die wichtigste Aufgabe der West-Berliner Politik. Für die Finanzpolitik ging es vor allem darum, die Finanz- und Haushaltsbeziehungen zum Bund und zu den westdeutschen Ländern so zu gestalten, daß die Teilstadt Entwicklungschancen erhielt, die mit denen der übrigen Länder vergleichbar waren. Obwohl darüber unter und zwischen den politischen Interessengruppen in West-Berlin und in Westdeutschland im Prinzip Einigkeit bestand, wurden diese Prozesse dadurch erschwert, daß sich das Finanzsystem Westdeutschlands selber im Aufbaustadium befand, also die zukünftige Ausgestaltung der Finanzverfassung des neuen Bundesstaates keineswegs abgeschlossen war.[16]

Neben der Quasi-Gleichstellung – eine verfassungsrechtliche konnte es bis zur Wiedervereinigung 1990 nicht geben, weil die Schutzmächte Einspruch dagegen erhoben hatten, Berlin in der

[14] G. Gerhardt, *Das Krisenmanagement...*, S. 90.

[15] Vgl. D. Cornelsen, *Finanzhilfe für West-Berlin...*, S. 14.

[16] Vgl. Wolfgang Renzsch, *Finanzverfassung und Finanzausgleich. Die Auseinandersetzungen um ihre politische Gestaltung in der Bundesrepublik Deutschland zwischen Währungsreform und deutscher Vereinigung (1948–1990)*, Bonn 1991, Victor von Schmiedeberg, *Geschichte und Entwicklung der Haushaltspolitik des Vereinigten Wirtschaftsgebiets und der Bundesrepublik Deutschland von 1945 bis 1954* (= Schriftenreihe des Bundesministeriums der Finanzen, H. 4), Bonn o. J.

Präambel des Grundgesetzes als Bundesland der Bundesrepublik Deutschland zu nennen – mußte die West-Berliner Politik dafür sorgen, daß die westdeutschen Verantwortlichen für die besondere innere Lage West-Berlins sensibilisiert wurden. Da sich die Lebensumstände in der von wirtschaftlichen Problemen gezeichneten Teilstadt und im übrigen Bundesgebiet, in dem eine dynamische Aufschwungphase einsetzte, erheblich unterschieden, kam es darauf an, der besonderen Situation West-Berlins entsprechende besondere Lösungen zu finden, um Standortnachteile für die Wirtschaft und Erschwernisse des täglichen Lebens für die Berliner zumindest teilweise zu kompensieren. Darüber hinaus waren die „inneren" Aufgaben der Finanzpolitik zu erfüllen, also die Lösung der kriegs- und spaltungsbedingten Sonderaufgaben, die Beseitigung von Unterschieden zum Finanz- und Bankensystem in den westdeutschen Ländern, die auf der Grundlage des Weitergeltens sowjetischer Befehle während der Zeit der Viermächteverwaltung entstanden waren, und selbstverständlich die normale Haushaltswirtschaft.

Nachfolgend sollen daher folgende Schwerpunkte der Finanzpolitik näher untersucht werden:
- Gestaltung der Finanzbeziehungen zu Bund und Ländern,
- Beginn der gezielten Berlinförderung für den Westteil der Stadt,
- kriegs- und spaltungsbedingte Sonderaufgaben,
- Rücktransformationen.

Gestaltung der Finanzbeziehungen zu Bund und Ländern

Bei der Gestaltung der Finanzbeziehungen zu Bund und Ländern lassen sich drei Phasen unterscheiden. In einer *ersten Phase*, die von der Blockade bis zum Zusammentreten des ersten Deutschen Bundestages reichte, vertraten die westlichen Alliierten, vor allem die amerikanische Besatzungsmacht, am deutlichsten West-Berliner Interessen. Das sich selbst konstituierende Westdeutschland verhielt sich noch zurückhaltend.

Bereits vor der Spaltung, insbesondere jedoch seit Dezember 1948, hatten die Kosten von Luftbrücke, Besatzung, Wiederaufbau, steigender Arbeitslosigkeit und Währungsgefälle bei gleichzeitig rückläufigem Steueraufkommen zu einer Haushaltskrise geführt.

Tabelle 48

Von West-Berlin getragene Kosten der Luftbrücke (1948/49, in Mio. DM [West])[17]

a) Kosten für Entladungen und Umschlag auf den Flughäfen

Rechnungsjahr 1948	32,1
Rechnungsjahr 1949	23,8
Summe	55,9

b) Kosten für Umschlag, Transport und Lagerung in Westdeutschland*

1948/49	61,8
Gesamt	117,7

* Zum größten Teil aus den für West-Berlin bestimmten GARIOA-Mitteln bezahlt.

In dieser Situation, die schnelles Handeln verlangte, erwartete die West-Berliner Verwaltung unter dem Oberbürgermeister Ernst Reuter *Unterstützung von den Alliierten bei der Stabilisierung der finanziellen Situation.* Erste finanzielle Hilfen kamen von seiten der amerikanischen Besatzungsbehörden. Sie bestanden aus folgenden Maßnahmen:

1. Der amerikanische Stadtkommandant Howley hatte bereits im März 1948 einen Plan entwickelt, nach dem das Anlegen von Konsumgütervorräten aus amerikanischen Reservebeständen in West-Berlin vorgesehen war. Durch diese Bestände konnte die Stadt zunächst versorgt werden.
2. Die Luftbrücke selbst war eine finanzielle Hilfeleistung, weil der teure Betrieb überwiegend von der amerikanischen Seite finanziert wurde. Die deutsche Seite mußte nur die sogenannten einfachen Transportkosten und die Aufwendungen für Entladungen, Umschlag und Transport übernehmen. Die Differenz zwischen den einfachen und den tatsächlichen Luftbrückenbetriebskosten wurde aus Importüberschüssen der Joint Export and Import Agency (JEIA) gedeckt.
3. Kurz nach Aufnahme der Luftbrücke wurden zinsfreie Kredite zum Ankauf von Gütern aus den Government Appropriations for Relief in Occupied Areas (GARIOA-Fonds) im Umfang von

[17] Vgl. G. Gerhardt, *Das Krisenmanagement...*, S. 89.

50 Mio. DM (West) monatlich gewährt.[18] Gerade diese GARIOA-Mittel sicherten zum großen Teil das wirtschaftliche und damit politische Überleben West-Berlins.[19] Dafür konnten im Vereinigten Wirtschaftsgebiet Lebensmittel gekauft und über die Luftbrücke nach Berlin geflogen werden. Die Einnahmen aus dem Weiterverkauf der Lebensmittel an die Bevölkerung flossen als allgemeine Deckungsmittel in den West-Berliner Haushalt. Obwohl die Bedeutung der GARIOA-Hilfe für die Erhaltung der Liquidität der öffentlichen Hand erheblich war, konnten sie in der konkreten Situation zum Wiederaufbau fast nichts beitragen.[20]

Während der Blockadezeit sind aus dem GARIOA-Counterpart 673,2 Mio. DM (West) für Warenbezüge und 5,391 Mio. für andere Zwecke zur Verfügung gestellt worden. Außerdem haben schon damals die westdeutschen Länder namhafte Beträge für die Versorgung West-Berlins, insbesondere für die Luftbrücke, aufgebracht, „deren Höhe im einzelnen schwer feststellbar ist".[21] Der Monatsdurchschnittswert der Gesamterlöse aus GARIOA kann mit ca. 45 Mio. DM (West), die durchschnittlichen westdeutschen Hilfen je Monat mit ca. 30 Mio. angegeben werden.

Nicht genau zu beziffern sind hingegen die Spenden US-amerikanischer Hilfsorganisationen für die West-Berliner Bevölkerung, durch die das gute Verhältnis zwischen Einwohnern und Angehörigen der Besatzungsmacht deutlich geprägt wurde. Es handelte sich dabei insbesondere um das Council of Relief Agencies Licensed for Occupation in Germany (CRALOG) und die Cooperative for American Remittances to Europe (CARE).[22]

Am European Recovery Program (ERP), das für Westdeutschland im April 1948 anlief, konnte West-Berlin vorerst nicht beteiligt werden. Das war deshalb der Fall, weil Marshallplan-Importe und entstehende Gegenwerte vom amerikanischen Kongreß für volkswirtschaftlich dringende Investitionen und nicht für die Deckung von Haushaltsdefiziten bestimmt waren. In Berlin kamen außerdem Rücksichten auf den Viermächtestatus hinzu. Ein gesondertes Berlin-

[18] Vgl. *a. a. O.*, S. 90 ff.

[19] Vgl. dazu Peter C. Rogge, *Die amerikanische Hilfe für Westberlin. Von der deutschen Kapitulation bis zur westdeutschen Souveränität*, Tübingen 1959.

[20] Vgl. G. Gerhardt, *Das Krisenmanagement...*, S. 97.

[21] Vgl. Bundesministerium der Finanzen, B 126, Nr. 12288, o. Bl., BA, Koblenz.

[22] Vgl. G. Gerhardt, *Das Krisenmanagement...*, S. 185 f.

Programm sollte nicht aufgelegt werden.[23] Darüber hinaus wurde in Westdeutschland befürchtet, daß die eigentlich für die westlichen Besatzungszonen betsimmten Beträge nach Berlin fließen könnten. Als im April 1949 die ERP-Hilfe für West-Berlin anlief, konnte die Stadt nicht selbständig am Programm teilnehmen, sondern wurde vom Vereinigten Wirtschaftsgebiet, später von der Bundesregierung vertreten.[24]

Durch ihre Hilfeleistungen und nicht zuletzt durch die Übernahme von Garantien für die Erhaltung der demokratischen Ordnung in West-Berlin waren aus den westlichen Besatzungsmächten Schutzmächte geworden.

Neben den Besatzungsmächten unterstützte das *Vereinigte Wirtschaftsgebiet* West-Berlin durch direkte Zuschüsse zum Haushalt. Bereits vor der Spaltung der Stadt, am 19. Oktober 1948, beschloß der Wirtschaftsrat des Vereinigten Wirtschaftsgebiets das „Notopfer Berlin", eine Abgabe auf Einkommen- und Körperschaftsteuern sowie bestimmte Postdienstleistungen, die ursprünglich nur für ein Jahr erhoben werden sollte, tatsächlich aber bis 1956 gezahlt werden mußte.[25] Erst später schloß sich die französische Zone dem Notopfer an. Da das Notopferaufkommen aber nicht reichte und über den Umfang und die Art und Weise der Hilfen gegenüber West-Berlin zum Teil strittige Auffassungen zwischen westdeutschen und West-Berliner Finanzpolitikern bestanden, sah sich die amerikanische Militärregierung im November 1948 veranlaßt, darauf hinzuweisen, daß das West-Berliner Haushaltsdefizit durch Beiträge aus dem Haushalt des Vereinigten Wirtschaftsgebiets ausgeglichen werden müsse. Die Zweizonenverwaltung stellte dafür Erträge aus der Kaffeesteuer zur Verfügung. Auf diesem Weg gelangten zunächst monatlich 50 Mio. DM (West), nach einer Rechnungshofprüfung schließlich nur noch 30 Mio. in den West-Berliner Haushalt. Bis zum 31. März 1949 wurden unter Einbeziehung eines 45-Mio.-DM-(West)-Kredits, den die Verwaltung des vereinigten Wirtschaftsgebietes unmittelbar nach der Spaltung gewährt hatte, insgsamt 215 Mio. DM (West) an West-Berlin überwiesen.[26] Die Militärregierungen haben außerdem die Bezah-

[23] Vgl. *a. a. O.*, S. 97 f.

[24] Vgl. J. Fijalkowski u. a., *Berlin – Hauptstadtanspruch...*, S. 245 f.

[25] Vgl. S. Heller, *Die Bundeshilfe an Berlin...*, S. 44–48.

[26] Vgl. Bundesministerium für innerdeutsche Fragen, B 137, Nr. 3208, o. Bl., BA, Koblenz.

lung einzelner Warenlieferungen gestundet. Später wurden für den Ankauf von Nahrungsmitteln und Kohle monatlich ca. 53 Mio. DM (West) aus Mitteln der gemeinsamen Außenhandelskasse zur Verfügung gestellt.[27]

Von seiten des Vereinigten Wirtschaftsgebiets beziehungsweise der Bundesrepublik wurde damals erwartet, daß die „Hilfen von Außen" in West-Berlin nur für eine relativ kurze Übergangszeit benötigt würden. (Wie im nächsten Abschnitt gezeigt wird, hatte man übrigens auch in West-Berlin selbst ähnliche Vorstellungen.) In zwei Referentenmaterialien des Bundesministeriums für innerdeutsche Fragen wurden Konzeptionen für die Gesundung der Berliner Wirtschaft entwickelt.

Ein Modell, das rein finanzpolitische Ziele verfolgte, ging von drei Voraussetzungen für die Erlangung der wirtschaftlichen Selbständigkeit West-Berlins aus:

1. Die Ausgleichsforderungen der Berliner Zentralbank sollten bei der Bank deutscher Länder rediskontfähig werden. Dadurch würde sich, so die Annahme, eine Ausweitung des Kreditspielraums um etwa 100 Mio. DM (West) ergeben, was man als ausreichend einschätzte, um die Investitionslücke zu schließen.
2. Uraltkonten sollten auf DM (West) umgestellt werden können, wodurch sich das Geldkapital in West-Berlin um 250 Mio. DM (West) erhöht hätte.
3. Die Besteuerung sollte in West-Berlin auf die in Westdeutschland üblichen Steuersätze gesenkt werden.

Für den Fall, daß diese drei Punkte nicht politikfähig gewesen wären, wurde ein Gesamtinvestitionsbedarf für West-Berlin in Höhe von 450 Mio. DM (West) errechnet, davon für die Industrie 350 Mio., für den Handel 50 Mio. und für das Handwerk 50 Mio. Diese Beträge hätten aus Marshallplan-Geldern zur Verfügung gestellt werden können, wenn andere Projekte zurückgestellt worden wären.[28]

Das andere Modell verknüpfte die bereits genannten finanzpolitischen mit wirtschaftspolitischen Aufgabenstellungen. Als Voraussetzung für eine Gesundung der West-Berliner Wirtschaft wurden sechs „essentials" formuliert:

1. Schaffung von Investitionskapital durch Freigabe der Uraltkonten und Gewährung von Marshallplanhilfen,

[27] Vgl. *a. a. O.*, o. Bl.
[28] Vgl. *a. a. O.*, o. Bl.

2. Ersatz der Blockadeschäden seit Beginn der Blockade,
3. Staatsaufträge für die Wirtschaft und Unterstützung der West-Berliner Wirtschaft bei der Auftragsaquisition,
4. gleiches Steuer- und Rechtssystem wie in Westdeutschland,
5. freier Güter- und Personenverkehr mit Westdeutschland,
6. gleiches Bankensystem wie in Westdeutschland und unbehinderter Zahlungsverkehr.[29]

Auch dieses Konzept, das die Besonderheiten West-Berlins stärker berücksichtigte als das erste, ging davon aus, daß die Übernahme der Rechts- und Wirtschaftsordnung Westdeutschlands und eine Anschubfinanzierung ausreichen würden, West-Berlin in absehbarer Zeit von fremden Hilfen unabhängig zu machen.

Vor diesem Hintergrund ist auch zu erklären, warum die Finanzhilfe für West-Berlin im Haushalt des Vereinigten Wirtschaftsgebiets für das Rechnungsjahr 1949/50 zwar noch mit 250 Mio. DM (West) ausgewiesen, jedoch bis zum 31. Dezember 1949 befristet worden war. Neben der Hoffnung auf eine allmähliche wirtschaftliche Belebung wurde damit aber auch dem Umstand Rechnung getragen, daß das Notopfer als Hauptquelle für die Berlinhilfen zunächst auf ein Jahr beschränkt war. Diese optimistischen Prognosen erwiesen sich bereits nach kurzer Zeit als falsch. Nach der Einführung der DM (West) als alleiniges Zahlungsmittel verschlechterte sich, wie bereits erwähnt, die Wirtschafts- und Haushaltslage weiter. Sie wurde noch dadurch verschärft, daß die Militärregierungen ihre monatlichen Zahlungen ab Juli 1949 um 25 Prozent herabsetzten und ab Oktober völlig einstellten. Dadurch entstand West-Berlin, auch bei Beachtung der Deckungshilfe des Vereinigten Wirtschaftsgebiets, ein Haushaltsfehlbetrag von 278 Mio. DM (West).[30]

Wie aus einem Papier der Bundesregierung hervorging, konnte dafür zunächst keine Deckung gefunden werden. Infolge der Umbildung der staatsrechtlichen Strukturen war es der Verwaltung des Vereinigten Wirtschaftsgebiets schon aus technischen Gründen nicht mehr möglich, die Berlinhilfe neu zu regeln. Aufgrund unabweisbarer Bedürfnisse wurden die monatlichen Zahlungen zwar von August 1949 an um 15 Mio. DM (West) erhöht, die Verfügungssumme für West-Berlin im Haushalt des Vereinigten Wirtschaftsgebiets für 1949/50 war aber bereits im Oktober 1949 ausgeschöpft. Im September

[29] Vgl. *a. a. O.*, o. Bl.
[30] Vgl. *a. a. O.*, o. Bl.

und Oktober erhielt der Magistrat wegen akuten Notstandes noch einmal je 22 Mio. DM (West) von den drei Besatzungsmächten, darunter eine größere Summe für den Aufbau des Kraftwerks West. Die westdeutschen Länder unterstützten den Absatz West-Berliner Waren, indem sie bei entsprechenden Lieferungen auf die Erhebung von Verbrauchsteuern verzichteten. Der Gegenwert der dadurch verursachten Einnahmeausfälle in Westdeutschland kann mit ca. 30 Mio. DM (West) angegeben werden. Darüber hinaus erhielt Berlin aus Notopferbeträgen 4,5 Mio. DM (West) von der französischen Zone.[31]

Die Bereitschaft zur weiteren Hilfeleistung ging Ende 1949 jedoch zurück. Das lag einmal daran, daß der Bund selbst Mehrausgaben, zum Beispiel für Nahrungsmittelsubventionen, zu leisten hatte, die in der Finanzplanung des Vereinigten Wirtschaftsgebiets nicht enthalten waren. Im Übergangshaushalt 1949/50 entstand dadurch ein Haushaltsdefizit, das durch Zahlungen der Länder gedeckt werden mußte. Der erste Bundesfinanzminister, Fritz Schäffer, bewertete Haushaltsdefizite aufgrund seines Verständnisses für verantwortliche Stabilitätspolitik prinzipiell negativ und war daher nicht zu Mehrausgaben zweifelhafter Deckung bereit.[32] Im Übergangshaushalt waren trotzdem 240 Mio. DM (West) für West-Berlin enthalten, also monatlich ca. 37 Mio. Diese Summe wurde ab August 1949 bereitgestellt. Die schnelle Zunahme der Arbeitslosigkeit in West-Berlin ließ den Finanzbedarf weiter anwachsen. Der Magistrat forderte eine Erhöhung auf monatlich 60 Mio. DM (West). Dazu waren die Finanzminister der westdeutschen Länder aber nicht bereit. Sie wollten die Zahlungen auf 27 Mio. monatlich begrenzen und die Deckung auf das Notopferaufkommen beschränken. Außerdem waren sie der Meinung, daß die Berlinhilfe eine reine Bundesangelegenheit sei. Der Bund selber verfügte aber, wie bereits erwähnt, nicht einmal über genug Mittel zur Deckung seiner ordentlichen Aufgaben. In dieser schwierigen Situation ergriff der Bremer Senatspräsident Wilhelm Kaisen die Initiative und erklärte im November 1949, daß die Blockade West-Berlins nicht von einem westdeutschen Boykott abgelöst werden dürfe. Daraufhin stimmten die Finanzminister am 8. Dezember 1949 der Erhöhung der Hilfen auf 60 Mio. DM (West) zu, wollten

[31] Vgl. *a. a. O.*, o. Bl.

[32] Vgl. Kurt-Dieter Wagner/Harald Rosenbach/Stefan Schieren/Uwe von der Stein, *Haushaltsreden. Die Ära Schäffer 1949 bis 1957* (= Schriftenreihe zur Finanzgeschichte, Bd. 1), Bonn 1992.

davon mit Hinweis auf die Finanzlage jedoch nur 37 Mio. selbst aufbringen. Da sich das West-Berliner Steueraufkommen etwas verbesserte, wurden die unter so dramatischen Umständen ausgehandelten Beträge jedoch wieder gekürzt.[33]

West-Berlin rechnete aber weiterhin damit, daß sich die Hilfsmaßnahmen des Bundes nach einiger Zeit positiv auswirken würden. Der Zuschußbedarf sollte höchstens bis zum Ende des Rechnungsjahres bestehen. Daß der Bund seine Leistungen für Berlin noch nicht als Selbstverständlichkeit, sondern als Nothilfe in einer schwierigen Situation betrachtete, kam auch darin zum Ausdruck, daß er das Recht zur ständigen Überprüfung der Haushaltsführung West-Berlins forderte, dem der Magistrat notgedrungen zustimmen mußte. West-Berlin geriet damit also im Prinzip in die Rolle eines Bittstellers und Juniorpartners.[34]

Da der Verschlechterung der Wirtschaftslage aber nicht nur mit Subventionszahlungen beizukommen war, wurden auch erste Hilfsmaßnahmen auf wirtschaftlichem Gebiet beschlossen. Dabei handelte es sich um die Erteilung öffentlicher Aufträge und die Bereitstellung von langfristigen Krediten für Investitionen und die Wohnungsbaufinanzierung in einer Gesamthöhe von 90 Mio. DM (West). Hinzu kam eine Bundesbürgschaft von 50 Mio. für Warenlieferungen. Der Bezug West-Berliner Waren selbst sollte durch Steuervergünstigungen gefördert werden. Schließlich sollten die Berliner Uraltkonten mit Hilfe des Bundes bis zu einem gewissen Betrag aufgewertet und die damit erzielten liquiden Mittel der Berliner Wirtschaft zugeführt werden.

Bei diesen Maßnahmen wurde von seiten der West-Berliner Verwaltung und vom Bund die Gefahr erkannt, daß sie unter Umständen weniger der Wirtschaft und Bevölkerung in West-Berlin selbst, sondern als indirektes Konjunkturprogramm vor allem der westdeutschen Wirtschaft zugute kommen beziehungsweise daß die finanziellen Mittel in den Ostsektor oder die SBZ/DDR abfließen könnten. Daher sollte einer Kapitalflucht in den Westen oder einer Verlagerung von Aufträgen in die Westzonen beziehungsweise in den Ostsektor entgegengewirkt werden. Von West-Berlin selbst wurde eine aktive Wirtschafts- und Finanzpolitik gefordert: „Es muß aber darauf hingewiesen werden, daß alle geplanten Maßnahmen zur Unterstüt-

[33] Vgl. J. Fijalkowski u. a., *Berlin – Hauptstadtanspruch...*, S. 263.
[34] Vgl. B 137, Nr. 3208, o. Bl., BA, Koblenz.

zung Berlins zu einem wirklichen und bleibenden Erfolg im Sinne einer Wiedergesundung der Berliner Wirtschaft und seines Haushalts nur führen können, wenn in Berlin die hierfür notwendigen politischen und währungsmäßigen Voraussetzungen gegeben sind. Hierzu bedarf es aber einer entscheidenden Mitwirkung der Besatzungsmächte."[35]

Die West-Berliner Wirtschafts- und Finanzpolitik verfolgte auch ohne Bonner Mahnungen keineswegs das Ziel einer dauernden Subventionierung. Sie verstand die geforderten Finanzhilfen und wirtschaftlichen Präferenzen als Hilfe zur Selbsthilfe. In einem Elf-Punkte-Programm zur West-Berliner Wirtschaftspolitik vom 7. Oktober 1949, also gerade aus der Zeit der Turbulenzen um die Höhe der finanziellen Hilfen des Bundes für Berlin, wurden vom Deutschen Institut für Wirtschaftsforschung folgende Schwerpunkte formuliert:[36]

1. Abwehr der angekündigten Streichung der Zuschüsse an Berlin, weil sie nicht nur die Haushaltsdefizite erhöhen, sondern auch eine akute Versorgungskrise der Wirtschaft auslösen würde.
2. Sparmaßnahmen der öffentlichen Hand müßten begrenzt bleiben, sie dürften nicht zu einem starken Anwachsen der Arbeitslosigkeit führen.
3. Eine allmähliche wirtschaftliche Gesundung muß von der Steigerung der industriellen Produktion und des industriellen Absatzes ausgehen.
4. Es ist erforderlich, zur Erhöhung der Konkurrenzfähigkeit der West-Berliner Industrie den Produktionsapparat unter Nutzung von Mitteln aus dem ERP zu erneuern und zu erweitern.
5. Für die Steigerung der Konkurrenzfähigkeit sind außerdem drastische wirtschaftspolitische Maßnahmen, entweder in Form von Subventionierungen oder der Senkung des allgemeinen Lohn- und Preisniveaus notwendig.
6. Mit westdeutschen Absatzgebieten müssen Absatzvereinbarungen, insbesondere im Rahmen der öffentlichen Auftragserteilung, getroffen werden.

[35] Vgl. *a. a. O.*, o. Bl.

[36] Vgl. Ferdinand Grünig, *Die gegenwärtige Wirtschaftslage Westberlins. Vom Blickpunkt der Forschung aus betrachtet* (= Sonderhefte des Deutschen Instituts für Wirtschaftsforschung, Neue Folge, H. 6), Berlin 1949, S. 20 f.

7. Die Gütereinfuhr nach West-Berlin sollte qualifiziert erfolgen, das heißt Güter, die in Berlin selbst hergestellt werden können, sollten nicht eingeführt werden.
8. Zur Bekämpfung der Arbeitslosigkeit sollten innere Wirtschaftskreisläufe, also die Erteilung öffentlicher Aufträge, Arbeitsbeschaffungsmaßnahmen etc., inganggesetzt werden.
9. West-Berlin sollte zumindest einen Teil seiner ehemaligen Hauptstadtfunktionen zurückgewinnen.
10. Um den West-Berliner Produkten bessere Chancen auf dem Märkten der SBZ/DDR einzuräumen, sollte eine Erweiterung des Interzonenhandelsabkommens angestrebt werden.
11. Da die meisten Maßnahmen mit finanziellen Mehraufwendungen verbunden waren, sollte angesichts der knappen Kassen in West-Berlin und in Westdeutschland geprüft werden, ob die Mittel für Berlin über eine autonome Geld- und Kreditschöpfung bereitgestellt werden können.

Die Bundesregierung kam West-Berlin in großen Teilen entgegen. Bundesfinanzminister Schäffer erläuterte in der Berlindebatte des Deutschen Bundestages am 21. Oktober 1949 die wirtschaftlichen Hilfen des Bundes für West-Berlin. Sie erfolgten auf zwei Gebieten. Das waren einerseits die budgetrechtlichen Hilfen, um den Landeshaushalt West-Berlins auszugleichen, und andererseits die wirtschaftspolitischen Hilfsmaßnahmen, die das Ziel hatten, die in der Teilstadt seit der Währungsumstellung und dem Ende der GARIOA-Ausgleichsmittel steigende Arbeitslosigkeit zu bekämpfen. Daher favorisierte der Bund Maßnahmen wie die Vergabe öffentlicher Aufträge, die Vermittlung von Aufträgen aus der Privatwirtschaft, die Hilfe beim Absatz von West-Berliner Erzeugnissen durch die Gewährung von Umsatzsteuerpräferenzen, die Förderung des Wohnungsbaus, die Kreditgewährung für Kohlebevorratung und die Unterstützung der Berliner Zentralbank bei der Uraltguthabenrückzahlung. West-Berlin sollte als Notstandsgebiet eingestuft werden. Am gleichen Tag beschloß der Deutsche Bundestag die Verlagerung von Bundesdienststellen nach West-Berlin. Die Bundesministerien, darunter das Bundesministerium der Finanzen, richteten Berliner Vertretungen ein. Seit dem 3. Januar 1950 gab es darüber hinaus die Behörde eines Bevollmächtigten der Bundesregierung in Berlin.[37]

[37] Vgl. B 137, Nr. 3208, o. Bl., BA, Koblenz.

Diese konnte ihre volle Tätigkeit erst zu Beginn des Jahres 1951 aufnehmen, weil die erforderlichen Stellen erst am 5. Januar 1951 und auch dann noch unter dem Vorbehalt der Etatisierung genehmigt wurden.[38]

Damit standen die Finanzbeziehungen zwischen West-Berlin und dem Bund jedoch noch nicht auf einer sicheren Grundlage. Die weiterhin vorhandene Deckungslücke im Haushalt machte es nötig, Mittel durch eigene Geldschöpfung zu beschaffen. Ansonsten hätten die Zahlungsverpflichtungen nicht erfüllt werden können. Zu dem Zweck wurde die Ausgabe von Schuldverschreibungen über 50 Mio. DM (West) beschlossen, die als Steuergutscheine an die West-Berliner Wirtschaft verkauft wurden.[39]

Der Übergang zu geordneten Finanzbeziehungen ging auf eine Initiative der Alliierten zurück. Am 21. Oktober 1949, dem Tage der Berlindebatte im Bundestag, überreichte der amerikanische Hohe Kommissar Bundeskanzler Konrad Adenauer ein Memorandum mit den Vorschlägen der Alliierten Hohen Kommission zur Lösung der wirtschaftlichen und finanziellen Probleme West-Berlins. Dessen Kernaussage bestand in folgender Formulierung: „Die Hohe Kommission selbst kann zwar auf gewissen Gebieten ihre Unterstützung zur Lösung dieser Frage gewähren; es versteht sich jedoch, daß Berlin sich bei seinem finanziellen und wirtschaftlichen Wiederaufbau in erster Linie auf die Hilfe der Bundesregierung verlassen muß."[40] Damit hatten die westlichen Siegermächte als Schutzmächte die Verantwortung des Bundes für die wirtschaftliche, finanzielle und damit auch politische Zukunft West-Berlins unmißverständlich unterstrichen.

Im Memorandum selbst waren folgende Vorschläge zur Lösung vordringlicher Probleme in West-Berlin enthalten:[41]

A. *Das Berliner Haushaltsdefizit*

Gemäß einer von der Alliierten Hohen Kommission veranlaßten Untersuchung belief sich das Defizit auf ungefähr 85 Mio. DM (West) monatlich. Die geeignetste Quelle, aus der entsprechende Hilfen kommen könnten, sei der Bundeshaushalt.

[38] Vgl. *Protokolle der Sitzungen des 10. Ausschusses (Haushaltsausschuß)*, 1. Legislaturperiode, 82. Sitzung vom 5. Januar 1950, o. Bl., Parlamentsarchiv des Deutschen Bundestages (ParlA).

[39] Vgl. J. Fijalkowski u. a., *Berlin – Hauptstadtanspruch...*, S. 265.

[40] Vgl. B 137, Nr. 3208, o. Bl., BA, Koblenz.

[41] Vgl. *a. a. O.*, o. Bl.

B. *Finanzierung der Bevorratung*
Das war nach alliierter Auffassung ein Fall für die Finanzierung durch Banken. Abgesehen von Verlusten mußten damit keine Budgetbelastungen verbunden sein. Die Bundesregierung und die West-Berliner Behörden wurden aufgefordert, die Gewährung von Bankkrediten für diesen Zweck zu veranlassen.

C. *Kurz- und langfristiger Investitionsbedarf*
1. Die Kommandanten forderten die sofortige Bereitstellung von 100 Mio. DM (West). Die Alliierte Hohe Kommission singnalisierte, daß sie gegen die Bereitstellung dieser Gelder durch die Bank Deutscher Länder keine Einwände erheben würde, wenn sie in der Form erfolgte wie die Hilfeleistungen mit ähnlichen Zwecken für die westdeutschen Länder.
2. Gleichzeitig könnten die blockierten, vor 1945 bestehenden Konten auf derselben Basis umgestellt werden wie in den Westzonen. Dabei sollte der Erlös wie folgt verwertet werden:
   a. Ein ganz kleiner Bruchteil sollte frei verfügbar sein.
   b. Der Rest sollte für genehmigte Investitionen in Berlin genutzt werden. Es sollte also ähnlich verfahren werden wie mit den Festkonten in den Westzonen.
   c. Auf Wunsch könnte die Finanzierung von Bevorratungen und Investitionen aus diesen Mitteln gedeckt oder ergänzt werden.

Der Bundesregierung wurde empfohlen, Einzelheiten auszuarbeiten und der Hohen Kommission einen oder mehrere Gesetzentwürfe vorzulegen.

Auch im Zusammenhang mit der ERP-Frage verlangten ECA-Kommission und amerikanische Hohe Kommission von der Bundesregierung, West-Berlin finanziell nach Bedarf auszustatten. Die Bundesregierung wies jedoch darauf hin, daß sie gegenüber West-Berlin keine Verpflichtungen eingehen könne, die sich später als nicht erfüllbar erwiesen. Im „Abkommen zwischen der Bundesrepublik Deutschland und den Vereinigten Staaten von Amerika vom 15. Dezember 1949" wurde schließlich ein Kompromiß gefunden. Im Abschnitt VII (Berlinhilfe) wurde eingeräumt, daß die Wirtschafts-, Finanz- und Haushaltslage der Bundesrepublik bei der Gewährung von Hilfen an West-Berlin berücksichtigt werden müsse.[42]

[42] Vgl. J. Fijalkowski u. a., *Berlin – Hauptstadtanspruch...*, S. 245 f.

Somit begann eine *zweite Phase* in den Beziehungen zwischen West-Berlin und Bonn. Die Hilfeleistungen für West-Berlin wurden als originäre Aufgabe der Bundespolitik anerkannt, wenngleich für die Finanzbeziehungen der Teilstadt zum Bund noch nicht die gleichen Grundsätze galten, wie sie zwischen dem Bund und den übrigen Bundesländern üblich waren. Jedenfalls beantragte der Berlinausschuß des Deutschen Bundestages auf Initiative der SPD-Fraktion Ende 1949 nunmehr auf sicherer rechtlicher Grundlage, daß das Parlament beschließen möge, die Bundesregierung zu beauftragen, in den Haushaltsplan der Bundesrepublik für die Zeit bis zum 31. März 1950 einen Betrag zur Deckung des West-Berliner Haushaltsdefizits einzustellen, weiter zu überprüfen, in welchem Umfang Dienststellen nach Berlin verlegt werden könnten, und alle wirtschaftspolitischen Maßnahmen zu ergreifen, um die Existenz West-Berlins zu sichern.[43]

In der zweiten Sitzung des Haushaltsausschusses des Deutschen Bundestages nahm Schäffer am 2. November 1949 zu den bisherigen Hilfen für West-Berlin Stellung. Im vergangenen Jahr wurden West-Berlin demnach 465 Mio. DM (West) vom Vereinigten Wirtschaftsgebiet zur Verfügung gestellt, zusätzlich 680 Mio. aus GARIOA-Mitteln. Zur gleichen Zeit lag die Steuerleistung Westdeutschlands bei 2.000 bis 3.000 DM (West) je Kopf der Bevölkerung. Die Transferleistungen an West-Berlin entsprachen damit ca. 500 DM (West) je Kopf der Bevölkerung. Zu Recht betonte der Bundesfinanzminister: „Sie sehen daraus, wenn diese Hilfe für Berlin geleistet worden ist, hat es an dem guten Willen nicht gefehlt."[44]

In der 4. Sitzung des Haushaltsausschusses am 7. und 8. Dezember 1949 wurde auf Schäffers Vorschlag das Notopfergesetz des Vereinigten Wirtschaftsgebiets dem Bundestag zur Annahme als Bundesgesetz vorgeschlagen, was kurz darauf auch erfolgte.[45] Damit war eines der wichtigsten Finanzprobleme gelöst, nämlich die Art und Weise der Mittelbeschaffung für West-Berlin. Die Zuschüsse des Bundeshaushalts zur Deckung des West-Berliner Haushaltsdefizits kamen also überwiegend aus dem Notopfer, damit letztlich vom westdeut-

[43] Bundestagsdrucksache Nr. 16, in: B 137, Nr. 3208, o. Bl., BA, Koblenz. Vgl. auch Klaus Riebschläger, *Vor Ort: Blicke in die Berliner Politik*, Berlin 1983, S. 48.

[44] Vgl. *Protokolle der Sitzungen des 10. Ausschusses (Haushaltsausschuß)*, 1. Legislaturperiode, 2. Sitzung vom 2. November 1949, o. Bl., ParlA.

[45] Vgl. *a. a. O*, 4. Sitzung vom 7. und 8. Dezember 1949, o. Bl.

schen Steuerzahler. Konkret handelte es sich dabei um eine Gebühr von zwei Pfennigen auf alle innerdeutschen Postsachen und einen Abzug von einem Prozent von Lohn- und Gehaltszahlungen.[46] Zunächst wurde das Notopfer auch in West-Berlin selbst erhoben. Zur Stützung der Deckungsmittel des Landeshaushalts war bereits am 21. Juli 1949 das Währungsnotopfer Berlin verabschiedet worden.[47] Diese Konstruktion galt jedoch als widersinnig, weil es sich dabei nur um eine Umverteilung innerhalb West-Berlins handelte und weil die Wirtschaft zusätzlich durch sie belastetet wurde. Später wurde sie deshalb abgeschafft.

Weitere finanzielle Quellen für Berlinhilfen waren die ERP- und GARIOA-Sondervermögen des Bundes, die aus den Erlösen des Verkaufs amerikanischer Marshallplanlieferungen gebildet wurden, sie kamen also vom amerikanischen Steuerzahler. Darüber hinaus gelangten später Mittel aus dem Lastenausgleichsfonds sowie der Bundesanstalt für Arbeit und der Bundesversicherungsanstalt nach West-Berlin. Die Finanzhilfen setzten sich also aus Zuschüssen, Krediten, Steuervergünstigungen und Subventionen zusammen. Auch nach der Abschaffung des Notopfers bestand diese Struktur im Prinzip bis zur Wiedervereinigung fort.[48]

Mit der Annahme des „Gesetzes über Hilfsmaßnahmen zur Förderung der Wirtschaft von Groß-Berlin (West)", des ersten Berlinförderungsgesetzes, im Bundestag am 8. Februar 1950 wurden nach den Finanzhilfen auch die wirtschaftlichen Hilfeleistungen auf bundesrechtlicher Grundlage geregelt. Gewissermaßen typisch für das Verhältnis der westdeutschen Länder zu West-Berlin war die Bemerkung Schäffers in seiner Bundestagsrede, daß die Berlin gewährten Vergünstigungen nun für Westdeutschland nicht mehr verfügbar seien.[49] Bereits am 14. Dezember 1950 wurde übrigens in einer gemeinsamen Sitzung des Haushaltsausschusses mit dem Ausschuß für Geld und Kredit das „Zweite Gesetz zur Förderung der Wirtschaft von Groß-Berlin" beraten und an das Parlament weitergeleitet.[50] Mit dem

[46] Vgl. G. Gerhardt, *Das Krisenmanagement...*, S. 101 f.

[47] Vgl. Senat von Berlin (Hrsg.), *Berliner Schicksal...*, S. 149.

[48] Vgl. Jürgen Fischer, *Die Berlinhilfe als Finanzproblem,* Wirtschaftswiss. Diss., Köln 1957, S. 124 ff.

[49] Vgl. *Verhandlungen des Deutschen Bundestages,* 1. Wahlperiode, 13. Sitzung vom 21. Oktober 1949, in: *Sten. Berichte...*, S. 327.

[50] Vgl. *Protokolle der Gemeinsamen Sitzung des Haushaltsausschusses mit dem Ausschuß für Geld und Kredit,* 1. Legislaturperiode, 14. Dezember 1950, o. Bl., ParlA.

am 2. November 1950 verabschiedeten „Ersten Gesetz zur Anpassung des Rechts der Sozialversicherung in Berlin an das in der Bundesrepublik Deutschland", das wie alle anderen Bundesgesetze von der Stadtverordnetenversammlung für West-Berlin in Kraft gesetzt werden mußte, begann die Rechtsanpassung auch auf diesem Gebiet.[51]

Da es nicht gelang, West-Berlin in das Erste Überleitungsgesetz zur Übernahme von bestimmten Lasten der Länder durch den Bund einzubeziehen,[52] wurde am 12. Oktober 1950 eine Verwaltungsvereinbarung zwischen der Bundesrepublik und West-Berlin getroffen, die rückwirkend zum 1. Oktober in Kraft trat und bis März 1951 befristet war.[53] Auf dieser Grundlage übernahm der Bund mit Wirkung vom 1. April 1950, also dem Beginn des Rechnungsjahres 1950/51, die Besatzungskosten, die übrigen Kriegsfolgelasten, die Aufwendungen im Zusammenhang mit der Versorgung von Beamten nach Artikel 131 des Grundgesetzes, die Arbeitslosenhilfe (bis auf eine Interessenquote) sowie die Kosten für einige öffentliche Einrichtungen. Dafür wurden 500 Mio. DM (West) eingeplant, obwohl West-Berlin 625 Mio. gefordert hatte. Die eventuell nichtverbrauchte Differenz zwischen diesen 500 Mio. DM (West) und dem tatsächlichen Betrag sollte als Bundeszuschuß an den West-Berliner Haushalt fließen. Darüber hinaus verzichtete der Bund zunächst darauf, die Bundessteuern in West-Berlin einzuziehen, sie verblieben also dem Landeshaushalt. Im Gegenzug mußte sich die West-Berliner Verwaltung der Prüfungshoheit durch den Bundesrechnungshof unterwerfen und wurde mit der Auflage belegt, keinerlei finanzpolitische Maßnahmen zu ergreifen, die zu Mindereinnahmen der öffentlichen Hand führen könnten. Davon ausgenommen waren jedoch alle Neuregelungen, die vom Bund selbst eingeführt wurden. Für eventuelle Mehrausgaben wäre in diesen Fällen der Bundeshaushalt aufgekommen.[54]

Auf seiner 64. Sitzung erklärte der Haushaltsausschuß des Bundestages am 3. November 1950: „...seitens mehrerer Mitglieder des Ausschusses ... (wird die – F. Z.) Befriedigung dahingehend zum Ausdruck gebracht, daß nunmehr für die finanzielle Hilfe an Berlin eine Regelung getroffen worden ist. Der Haushaltsausschuß ermäch-

[51] Vgl. Bundesministerium der Finanzen, B 126, Nr. 12288, o. Bl., BA, Koblenz.
[52] Vgl. K. Riebschläger, *Vor Ort...*, S. 48.
[53] Vgl. B 126, Nr. 12288, o. Bl., BA, Koblenz.
[54] Vgl. J. Fijalkowski u. a., *Berlin – Hauptstadtanspruch...*, S. 271 f.

tigt dann den Bundesfinanzminister bis zur Genehmigung des Ergänzungshaushalts über die bisherigen 300 Mio. DM hinaus einen weiteren Betrag von 200 Mio. DM an Berlin zu zahlen.“[55] Die Verwaltungsvereinbarung war also schnell erfüllt worden.

Bei der konkreten Ausgestaltung der Zusammenarbeit war aber eine Reihe von Problemen zu klären. Beispielsweise bestand Unsicherheit darüber, in welchen Fällen Haushaltsmittel als fortdauernde oder einmalige Ausgaben zu veranschlagen waren. Die West-Berliner Seite, vertreten durch Otto Suhr, war der Auffassung, daß alle diejenigen Aufgaben, die auf Grund von Bundesgesetzen für Berlin anfielen, zu den fortdauernden Ausgaben gezählt werden müßten. Das Bundesministerium der Finanzen, vertreten durch den Ministerialrat Fischer-Menzhausen, erklärte, daß eine derartige Regelung beabsichtigt sei. Die jetzige Form der Veranschlagung müsse als Übergangsregelung angesehen werden. Im Haushaltsjahr 1951/52 würde eine entsprechende Veranschlagung vorgenommen werden. Andere Vorschläge West-Berlins fanden keine Mehrheit, vor allem wenn sie auf eine Übernahme weiterer Lasten durch den Bund abzielten. Beispielsweise war vorgeschlagen worden, einen zusätzlichen Zuschuß von 9 Mio. DM (West) zu gewähren, da West-Berlin trotz der Senkung von Besatzungskosten ein zusätzlicher Finanzbedarf entstanden war, der durch Bundesgesetze verursacht worden sei.[56] Anders verhielt es sich mit dem Berliner Notstandsprogramm. Hier wurde auf Antrag des Senats im Mai 1951 ein zusätzlicher Betrag von 50 Mio. DM (West) gewährt.[57]

Von 1949 bis 1951 unterstützte der Bund West-Berlin mit folgenden Finanzhilfen, die zum Teil aus dem Notopfer bezahlt wurden. Allerdings reichten die Notopfereinnahmen nicht vollständig zur Deckung der Ausgaben aus. Daher mußten andere Deckungsmittel herangezogen werden.

[55] Vgl. *Protokolle der Sitzungen des 10. Ausschusses (Haushaltsausschuß)*, 1. Legislaturperiode, 64. Sitzung vom 11. November 1950, o. Bl., ParlA.
[56] Vgl. *a. a. O.*, 109. Sitzung vom 12. März 1951, o. Bl.
[57] Vgl. *a. a. O.*, 127. Sitzung vom 30. Mai 1951, o. Bl.

TABELLE 49

Leistungen des Bundes für West-Berlin und Verwaltung des Notopfers (1949–1951, in Mio. DM [West])[58]

	1949	1950	1951
I. Leistungen des Bundes für Berlin			
– Bundeszuschuß	299,0	368,0	550,0
– Kriegsfolgen und Soziallasten	–	–	667,7
– Wohnungsbau	–	15,0	16,9
– Verzicht auf Verbrauchsteuern	–	109,7	–
– Umsatzsteuervergütung	–	15,4	37,5
– sonstige Zahlungen*	–	39,0	26,7
Summe	299,0	547,1	1.298,8
II. Steuereinnahmen des Bundes aus Berlin	–	–	558,2
III. Überschuß der Ausgaben über die Einnahmen	299,0	547,1	740,6
IV. Notopfererlös (ohne Berlin)	189,1	389,2	644,7
V. Mehr gegenüber dem Notopfer	109,9	157,9	95,9

* Zum Beispiel Zuschuß für die Zollverwaltung, Vorratshaltungskosten etc.

Da die Verwaltungsvereinbarung am 31. März 1951 auslaufen sollte, unterbreitete West-Berlin den Vorschlag, sie durch ein Bundesgesetz zu ersetzen, in dem West-Berlin den übrigen Bundesländern faktisch gleichgestellt werden sollte. Darüber hinaus wurde eine Zweckbindung des Notopfers für West-Berliner Angelegenheiten empfohlen und dem Bund nahegelegt, auf die geforderte Verpflichtung zur Übernahme von Bundesgesetzen in West-Berlin zu verzichten. Das löste aber den Widerspruch der Bundesregierung aus. Eine Zweckbindung des Notopfers widersprach dem Steuer- und Abgabenrecht, die Übernahme des Bundesrechts in West-Berlin war grundlegende Voraussetzung für die wirtschaftliche und politische Integration der Teilstadt in die westdeutsche Ordnung.

Am 13. Dezember 1951 wurde das sogenannte Dritte Überleitungsgesetz schließlich angenommen.[59] Mit diesem „Gesetz über die Stellung des Landes Berlin im Finanzsystem des Bundes", das am 4. Januar 1952 im *Bundesgesetzblatt* verkündet wurde, galt zwischen West-Berlin und dem Bund das gleiche Recht wie zwischen Bund

[58] Vgl. B 126, Nr. 13930, o. Bl., BA, Koblenz.
[59] Vgl. J. Fijalkowski u. a., *Berlin – Hauptstadtanspruch*..., S. 274 ff.

und Ländern. Der Bund erhielt aus West-Berlin die ihm zustehenden Bundessteuern und den Bundesanteil an der Einkommen- und Körperschaftsteuer. Dafür hatte er hier die gleichen Aufgaben zu erfüllen wie in den anderen Bundesländern. Zusätzlich wurde, solange Berlin nicht in den Finanzausgleich einbezogen war, eine Bundeshilfe gewährt, die so bemessen sein sollte, „daß das Land Berlin die durch seine besondere Lage bedingten Aufgaben erfüllen kann" (§ 16, 2).[60] Außerdem wurde die Sozialgesetzgebung des Bundes übernommen, das bundesdeutsche System der Sozialversicherungen eingeführt und alle damit verbundenen Kostenfragen gelöst.[61] Dieses Gesetz war für die weitere Entwicklung West-Berlins von so fundamentaler Bedeutung, daß es nicht zu Unrecht von Finanzsenator Riebschläger rückblickend als „Magna Charta des Berliner Finanzwesens" bezeichnet werden konnte.[62] Nach den Worten des damaligen Präsidenten des Abgeordnetenhauses war es „praktisch ein Anhang zur Berliner Verfassung, weil es das bisher freiwillige Prinzip der Rechtsangleichung auf eine gesetzliche Basis stellt".[63] Am 18. Januar 1952 hatte übrigens die Alliierte Hohe Kommission Streichungen am Dritten Überleitungsgesetz verfügt, die aber lediglich die Einbindung West-Berlins in das Grundgesetz und die Annahme von Bundesgesetzen in Berlin durch Beschluß der Bundesregierung anstatt der West-Berliner Körperschaften betrafen.[64]

Damit begann die *dritte Phase,* die praktisch bis zur Wiedervereinigung reichte. Der Bund beteiligte sich nunmehr an folgenden Kosten, die er ganz oder teilweise übernahm: Besatzungskosten; Kriegsfolgelasten; Sozialhilfe; Schnellstraßen-, Brücken- und Wasserbau; Schuldendienst für Ausgleichsforderungen; Versorgungslasten und Wiedergutmachung für Schäden im öffentlichen Dienst; Verwaltungskosten für den Lastenausgleich; Zollverwaltung; Aufwendungszuschüsse im sozialen Wohnungsbau und für Wohnungsbauprämien; Bauten auf Empfehlung des Wissenschaftsrates; Notstandsprogramm und Deutsche Dienststelle für die Benachrichtigung der nächsten

[60] Vgl. D. Cornelsen, *Finanzhilfe für West-Berlin...*, S. 15 f.

[61] Vgl. *ebda.*

[62] Vgl. K. Riebschläger, *Vor Ort...*, S. 48.

[63] Zitiert nach P. Lehmann, *Probleme der Berliner Haushaltswirtschaft,* in: *Der Gemeindehaushalt,* 4 (1953), S. 67.

[64] Vgl. Bundesministerium für innerdeutsche Fragen, B 137, Nr. 15558, o. Bl., BA, Koblenz.

Angehörigen von Gefallenen der ehemaligen Deutschen Wehrmacht (WAST).[65]

Obwohl West-Berlin damit eine große Last abgenommen wurde, bargen die komplizierten Verwaltungsverfahren in der gegebenen Situation die Gefahr einer Verbürokratisierung der Berlinhilfen. Der Expansionsdrang der Verwaltung, den die hohe Arbeitslosigkeit ohnehin begünstigte, wurde gefördert. Die öffentliche Hand wurde also gewissermaßen verleitet, mehr Personen einzustellen, als für die Erledigung der öffentlichen Aufgaben notwendig waren. Der bürokratische, umständliche und schwerfällige Verwaltungsapparat wurde vor allem von seiten der Berliner Wirtschaft mehrfach kritisiert.[66]

Nach dem Inkrafttreten des Dritten Überleitungsgesetzes nahm die Bundeshilfe für West-Berlin seit 1951/52 zu. Aufgrund der günstigen wirtschaftlichen Entwicklung in der Bundesrepublik genügten die Notopfererträge zwar, um die Bundeshilfen selbst zu decken, im Vergleich zu den Gesamtaufwendungen des Bundes für Berlin reichten sie aber nicht aus.

TABELLE 50

Bundeshilfe für Berlin und Ertrag des Notopfers in den Rechnungsjahren 1950–1953 (in Mrd. DM [West])[67]

	1950	1951	1952	1953	1954
Bundeshilfe	0,4	0,55	0,66	0,7	0,8
Notopfer	0,4	0,60	0,80	1,0	1,1

Beginn der gezielten Wirtschaftsförderung

Im Zusammenhang mit der Einbeziehung West-Berlins in das Wirtschafts- und Finanzsystem der Bundesrepublik begann die gezielte Berlinförderung. Sie kann als die zweitwichtigste Aufgabe der West-Berliner Finanzpolitik angesehen werden.

[65] Vgl. D. Cornelsen, *Finanzhilfe für West-Berlin...*, S. 44.

[66] Vgl. J. Fischer, *Die Berlinhilfe als Finanzproblem...*, S. 59.

[67] Vgl. Victor v. Schmiedeberg, *Geschichte und Entwicklung der Haushaltspolitik des Vereinigten Wirtschaftsgebiets und der Bundesrepublik Deutschland von 1945 bis 1954* (= Schriftenreihe des Bundesministeriums der Finanzen, H. 4), Bonn 1962, S. 160, 162.

Ursprünglich war angenommen worden, daß auch die damit im Zusammenhang stehenden Hilfsmaßnahmen nur für eine kurze Übergangszeit notwendig sein würden. Das Deutsche Institut für Wirtschaftsforschung in Berlin erwartete beispielsweise im Jahr 1950 in einem Gutachten die relativ schnelle Herstellung der vollen wirtschaftlichen und haushaltspolitischen Selbständigkeit West-Berlins.[68] Das sogenannte Wood-Gutachten für die Bundesregierung vom Dezember 1952 prognostizierte sogar ein stetiges Absinken der Transferleistungen aus Westdeutschland. Als Gründe gab es ein schnelles Wachstum der öffentlichen Einnahmen und das Sinken der Lasten an. Allerdings räumte es die Möglichkeit ein, daß es notwendig sein könnte, weitere öffentliche Mittel für Investitionen aus dem Bundesgebiet bereitzustellen.[69]

Tatsächlich waren die Probleme jedoch komplizierter. Die Arbeitslosigkeit war in kurzer Zeit überaus dramatisch angestiegen, sie hatte im Frühjahr 1950 die 300.000-Personen-Grenze überschritten. Nach Thalheim können vier Tatbestände für die zugespitze wirtschaftliche Lage West-Berlins verantwortlich gemacht werden:

1. Ungeheure Substanzverluste durch die Kriegszerstörungen, Demontagen und Blockade.
2. Die politische und wirtschaftliche Spaltung Deutschlands.
3. Die Spaltung Berlins.
4. Die Selbstbehauptung West-Berlins als Teil der westlichen Welt.[70]

Neben den Betriebsschließungen gab es für die hohe Arbeitslosigkeit zu Beginn der fünfziger Jahre vor allem zwei Gründe:

1. Der kontinuierlich starke Zustrom von Flüchtlingen. Von den anerkannten politischen Flüchtlingen wurden zwar seit Frühjahr 1952 ca. 80 Prozent in Westdeutschland untergebracht, die nichtanerkannten blieben jedoch in der Stadt.
2. Die Entlassung der West-Berliner, die als sogenannte Grenzgänger in Ost-Berlin arbeiteten.

[68] Vgl. F. Grünig, *Analyse der wirtschaftlichen Entwicklung in West-Berlin...*, S. 106.

[69] Vgl. *Vorschläge der wirtschaftlichen Entwicklung West-Berlins. Bericht,* vorgelegt von Richardson Wood and Company, Dezember 1952.

[70] Vgl. Karl C. Thalheim, *Die Wirtschaft Berlins zwischen Ost und West,* in: *Beiträge zur Wirtschaftspolitik und Wirtschaftsordnung. Gesammelte Aufsätze und Vorträge,* Berlin 1965, S. 398 f.

Durch beide Probleme erhöhte sich die Zahl der Unterstützungsberechtigten zwischen Ende Januar 1950 und Ende Januar 1952 um ca. 76.000.[71]

Die Nachteile des Standorts West-Berlin waren unübersehbar. Neben langen Transportwegen für Rohstoffe, Halbfabrikate und Fertigprodukte erwuchsen sie vor allem aus der unsicheren politischen Lage.[72] Das Vertrauen in die politische und wirtschaftliche Zukunft war gering, Befürchtungen wurden durch Beschlagnahmungen von Waren an der innerdeutschen Grenze bestätigt. Unternehmen, die zum Teil eine lange Tradition in Berlin hatten, verließen die Stadt; diejenigen, die am Standort festhielten, stießen nicht selten auf Unverständnis in Westdeutschland.[73]

Im Spannungsfeld zwischen Ost und West war West-Berlin in einen Notstand geraten, den es nicht mit eigenen Mitteln beseitigen konnte. Nur wenn sich die traditionell leistungsfähige Industrie und das Dienstleistungsgewerbe relativ schnell entwickelten, bestand die Chance für einen wirtschaftlichen Aufschwung. Interessanterweise wurde schon Anfang der fünfziger Jahre auf die Folgen von Fehlentwicklungen und Schwierigkeiten hingewiesen: „Gelingt es nicht, die in Berlin brachliegenden Kräfte wertschöpferisch in den allgemeinen Wirtschaftsprozeß einzuschalten, ist die Stadt auf anhaltende Hilfe von außen solange angewiesen, wie ihr die Erfüllung der Aufgabe, Hauptstadt eines geeinten Deutschlands zu sein, versagt bleibt."[74]

Daher mußte zunächst in West-Berlin selbst Klarheit über die weiteren Entwicklungsperspektiven geschaffen werden. An der Wende 1950/51 enstand aus diesem Grund der sogenannte Longtermplan.[75] Vertreter von Wirtschaft, Verwaltung und Forschung West-Berlins

[71] Vgl. *a. a. O.*, S. 408.

[72] Vgl. Günter Braun, *Der Wiederaufbau Berlins – Eine Stadt auf dem Weg zu neuen Aufgaben*, in: *Berlin und seine Wirtschaft. Ein Weg aus der Geschichte in die Zukunft. Lehren und Erkenntnisse*, hrsg. von der Industrie- und Handelskammer zu Berlin, Berlin 1987, S. 223 ff.

[73] Wolfram Fischer beschreibt in einem kürzlich erschienenen Buch auf breiter Quellengrundlage sehr anschaulich die Schwierigkeiten, mit denen ein mittelständisches Unternehmen in Westberlin konfrontiert war. Vgl. Wolfram Fischer, *Henning Berlin. Die Geschichte eines pharmazeutischen Unternehmens 1913–1991* (= Schriften zur Wirtschafts- und Sozialgeschichte, Bd. 40), Berlin 1992.

[74] Vgl. P. Lehmann, *Probleme der Berliner Haushaltswirtschaft...*, S. 67.

[75] *Bedingungen und Möglichkeiten für den Ausbau der Wirtschaft Westberlins in den kommenden Jahren. Ergebnisse einer Enquete*, Januar 1951.

hatten sich aufgrund einer Enquete folgendes Ziel gesetzt: „Die Aufgabe auf wirtschaftlichem Gebiet, die es in West-Berlin in den nächsten Jahren zu erfüllen gilt, ist durch die Umstände klar vorgezeichnet: Absatz und Produktion der West-Berliner Industrie sind in einem Umfang zu erhöhen, daß die Arbeitslosigkeit möglichst schnell auf ein politisch und sozial erträgliches Maß verringert wird."[76]

Im einzelnen bestanden die Ziele des Longtermplans in der Erhöhung der industriellen Produktion um das Dreifache, die Schaffung von 200.000 zusätzlichen Arbeitsplätzen, davon 150.000 in der Industrie und 50.000 in sonstigen Wirtschaftsbereichen, die Erhöhung der Arbeitsproduktivität, vornehmlich durch Rationierung der Fertigungsanlagen, sowie in einer Steigerung des Produktionswertes der Berliner Industrie von einem Anteil von 2 Prozent auf 4 Prozent der gesamten Industrieproduktion der Bundesrepublik.[77] Während die Studie die wirtschafts- und finanzpolitischen Bedingungen für das Wachstum der West-Berliner Wirtschaft aufzeigte, wurden die Finanzzuweisungen von außen weitgehend vernachlässigt. Konzipiert wurde also ein schnelles Wachstum der privaten Wirtschaft bei relativer Abnahme des öffentlichen Bereichs.

Die erforderlichen Voraussetzungen konnten von West-Berlin nicht allein geschaffen werden, die Stadt war auch hier auf die Hilfe des Bundes und das Verständnis in den entsprechenden Gremien angewiesen. Im November 1951 beschäftigte sich beispielsweise der Arbeitskreis Zonengrenze beim Bundesministerium für Wirtschaft mit der Lage in West-Berlin. Der Berliner Vertreter Meimberg bezeichnete die „Arbeitslosigkeit und die fühlbare Verschlechterung des Lebensstandards, teils infolge der hohen Preise", als die dringendsten Probleme, die negative Auswirkungen auch auf die politische Stabilität haben könnten. Als Regulierungsmaßnahmen schlug er eine Ausweitung der Absatzmärkte für West-Berliner Güter, die Fortführung der Notstandsarbeiten (siehe unten) und die Sicherung und Hebung des Lebensstandards der Arbeitslosen vor, wenn nicht anders möglich „auch durch künstliche Maßnahmen". Der Arbeitskreis schloß sich diesen Vorschlägen weitgehend an und sprach sich für die Intensivierung der güterwirtschaftlichen Maßnahmen, insbe-

[76] Vgl. D. Cornelsen, *Finanzhilfe für West-Berlin...*, S. 18 f.

[77] Vgl. Forschungsstelle Sozialökonomik der Arbeit (FAS) an der Freien Universität Berlin, *Informationspapier zum Berlinförderungsgesetz* (FSA-Print), Berlin 1984, S. 31 f.

sondere die Verbesserung der Absatzchancen der West-Berliner Industrie aus, um Arbeitsplätze zu schaffen. Von besonderer Bedeutung für West-Berlin war die Zusicherung, die wirtschaftspolitischen Bemühungen zur Verbesserung des Lebensstandards trotz des wachsenden Finanzbedarfs des Bundes für den Verteidigungsbeitrag fortzusetzen. Eine ursprünglich auch erwogene Stützung des Wechselkurses der DM (West) zur DM (Ost) (siehe unten) mit monetären Maßnahmen wurde jedoch abgelehnt.[78]

Die schließlich zum Einsatz gelangten Instrumente können nach ihrem Ansatzpunkt in drei Gruppen eingeteilt werden: erstens die Beeinflussung über die Haushalte als Dispositionszentren der Einkommensverwendung und der Produktionsfaktorenallokation, zweitens die Hilfen für die Unternehmen selbst und drittens die Beeinflussung über Hauhalte und Unternehmen.[79]

Für die Privatwirtschaft wurde eine Reihe von Sonderkonditionen geschaffen. Dabei handelte es sich um Erleichterungen bei der Umsatzsteuer, Einkommensteuerpräferenzen, erleichterte Abschreibungen bei den Einkommen- und Körperschaftsteuern sowie Erleichterungen hinsichtlich der Lastenausgleichsabgaben. Die Umsatzsteuervergütung war bereits seit dem 1. März 1950 möglich, eine Umsatzsteuerbefreiung seit dem 1. August 1952. Dadurch hatten die westdeutschen Bezieher West-Berliner Waren die Möglichkeit, Umsatzsteuerzahlungen erstattet zu bekommmen. Der West-Berliner Produzent konnte ohne Umsatzsteuer kostengünstiger kalkulieren.[80] Zwar enstand dem Bund durch die Regelungen ein Einnahmeausfall, dieser ist jedoch, obwohl dies mehrfach versucht wurde, nicht seriös zu beziffern, weil ohne die Präferenzen die Entwicklung der West-Berliner Wirtschaft selbst langsamer erfolgt, der Umsatz also geringer und damit auch das Steueraufkommen niedriger geblieben wäre.

Von der Berliner Wirtschafts- und Finanzpolitik wurde jedoch kein künstlicher Schutz vor der Konkurrenz westdeutscher Waren gefordert. Eine Abschirmung des Marktes wurde auch deshalb abgelehnt, weil die Notwendigkeit eines Vergleichs mit der westdeutschen Wirtschaft die Entwicklungschancen der West-Berliner Industrien günstig

[78] Vgl. Bundesministerium für Wirtschaft, B 102, Nr. 13312, o. Bl., BA, Koblenz.

[79] Vgl. Anneliese M. Grüger, *Die Westberliner Leistungsbilanz und die auswärtige Hilfe in den Jahren 1949 bis 1956,* Diss. Freie Universität Berlin, Berlin o. J., S. 35.

[80] Vgl. J. Fischer, *Die Berlinhilfe als Finanzproblem...,* S. 24 f.

beeinflussen würde. Außerdem war man sich der Notwendigkeit von Strukturveränderungen bewußt. Meimberg führte dazu aus: „Eine Anzahl von Fertigungen, für die mehrere tausend Menschen tätig gewesen waren, mußte freilich eingestellt werden, da sich bei ihnen eine vorläufig nicht zu behebende Unterlegenheit gegenüber der westdeutschen Konkurrenz zeigte. Das Gewicht dieses Umstandes wiegt aber weit weniger als die Vorteile, die den West-Berliner Gewerben daraus erwachsen, daß sie auf dem Berliner Markt im freien Wettbewerb mit der westdeutschen Konkurrenz stehen. Sie sind hierdurch gezwungen, ihr Bestes zu tun, um Güter von ähnlicher Qualität und Preisgestaltung wie in Westdeutschland herzustellen. Dies war besonders für die Erhöhung des Absatzes West-Berliner Produkte in Westdeutschland von Nutzen ... Etwas anderes ist es, ob der Absatz von West-Berliner Produkten in Westdeutschland durch Steuer-, Tarif- oder andere Vergünstigungen solange eine besondere Förderung erfahren sollte, als die West-Berliner Wirtschaft in mancher Hinsicht höhere Unkosten als die westdeutsche Wirtschaft zu tragen hat."[81]

Andere, eigentlich vielversprechende Strukturveränderungen waren aber nicht möglich. Beispielsweise blieb die Produktion von militärischen Gütern in West-Berlin wegen des alliierten Einspruchsrechts verboten. Diese kaum konjunkturabhängige Branche konnte daher nicht zur Stabilisierung der West-Berliner Wirtschaftslage beitragen.[82] Manche Firmen hielten auch ihre Forschungs- und Entwicklungsaktivitäten wegen befürchteter alliierter Kontrollen aus Berlin fern.

Da der Wiederaufbau also nicht aus eigener Kraft möglich war, wurde West-Berlin ab 1949 zur subventionierten Metropole. Dabei gelang es der West-Berliner Wirtschafts- und Finanzpolitik im Kontext mit bundespolitischen Entscheidungen, ein effizientes Instrumentarium zu entwickeln und einzusetzen. Mit den ERP-Hilfen ab 1950, dem ersten Berlin-Hilfe-Gesetz, das durch die Abnehmerpräferenzen die Absatzorientierung der Berlinförderung einleitete, und schließlich durch die 1952 eingeführten Herstellerpräferenzen, das heißt die Befreiung von Umsatzsteuern, wurden „die wesentlichen Probleme der Wiederaufbauphase – Massenarbeitslosigkeit, Verlust von Absatzmärkten und die mangelnde Arbeitsproduktivität infolge

[81] Rudolf Meimberg, *Wirtschaft und Währung Westberlins zwischen Ost und West* (= Schriftenreihe der Berliner Zentralbank, H. 1), Berlin-München 1950, S. 43.

[82] Vgl. Christoph Albrecht u. a., *Wirtschaftspolitik in Berlin. Vom Notopfer zur Milliardensubvention,* Frankfurt am Main-New York 1979, S. 11.

der Kriegsschäden – beseitigt. Auf dieser Grundlage konnten auch die Zielvorgaben des ersten langfristigen Wirtschaftsförderungsprogramms, des ‚Longterm-Plans', weitgehend erfüllt werden ... Die Zahl der Arbeitslosen sank zwischen 1950 und 1960 von 295.900 auf 33.300, gleichzeitig erhöhte sich die Zahl der Arbeitsplätze in der Industrie von 137.700 auf 304.900." Infolgedessen entstand eine vergleichsweise arbeitsintensive Industriestruktur, die mit relativ geringer Kapitalausstattung relativ viele Arbeitsplätze schuf.[83]

Die wichtigsten Wirtschaftsdaten wiesen bereits kurz nach dem Einsetzen der wirtschafts- und finanzpolitischen Hilfen für West-Berlin eine erkennbare, wenn auch zögernde Verbesserung auf. Der Abstand zu dem in der Bundesrepublik erreichten Entwicklungsniveau war aber noch immer beachtlich.

TABELLE 51

Daten zur Wirtschaftsentwicklung West-Berlins (1950/51)[84]

	1950	1951
Bevölkerung⁺	2,14	2,16
Arbeitnehmer*	651	685
Arbeitslose*	298	287
Bruttosozialprodukt#	3,9	4,5
Volkseinkommen#	3,0	3,4
Industrieumsatz#	1,7	2,7
Industriebeschäftigung*	148	177
Produktionsindex		
Berlin (1936 = 100)	32	48
Bund (1936 = 100)	109	130
Handelsbilanz°		
Lieferungen	1.170	1.745
Bezüge	2.415	3.125
Fehlbetrag	1.245	1.380
in % der Bezüge	52	44

⁺ In Mio. * In 1000. # In Mrd. DM (West) ° In Mio. DM (West).

[83] Vgl. Klaus Burmeister/Weert Canzler (Hrsg.), *Zukunftsmetropole Berlin. Kritik und Perspektiven wirtschaftspolitischer Leitbilder.* Mit einem Vorwort von Robert Jungk, Berlin o. J., S. 17 f.

[84] Vgl. Joachim Nawrocki, *Brennpunkt Berlin. Politische und wirtschaftliche Realitäten,* Köln 1971, Anhang. Die Arbeitnehmerzahl für 1951 wurde entnommen: Wolfgang Krengel, *Volkswirtschaftliche Input-Output-Rechnung. Sozialprodukt, Beschäftigung und Produktivität. Einkommensverteilung und Einkommensschichtung in West-Berlin.* Mit einer Einführung von Ferdinand Grünig (= Deutsches Institut für Wirtschaftsforschung, Sonderhefte, Neue Folge, Nr. 24, Reihe A [Forschung]), Berlin o. J., S. 66.

Kriegs- und spaltungsbedingte Sonderaufgaben

Direkte und indirekte Besatzungskosten mußten von West-Berlin bis zum Inkrafttreten der Verwaltungsvereinbarung mit dem Bund, also bis März 1950, aus den eigenen Einnahmen gezahlt werden. Sie stellten wegen der insgesamt ungünstigen Wirtschafts- und Finanzlage eine große Belastung für die öffentliche Hand dar.

Die westlichen Besatzungsmächte hatten übrigens unmittelbar nach Blockadebeginn auf die Sonderlage West-Berlins Rücksicht genommen und ihre Forderungen an den Magistrat für einen kurzen Zeitraum im Juli und August 1948, also offensichtlich bis zum Beginn anderer Hilfsmaßnahmen für die Teilstadt, beträchtlich reduziert. Die USA beschränkte auch in den Folgemonaten bis zum Jahresende 1948 ihre Forderungen auf ca. 10 Prozent der vor der Blockade üblichen Summe.[85]

Die Besatzungslasten werden in der unten abgedruckten Tabelle nach Sektoren aufgegliedert und insgesamt aufgeführt. Mit dem Beginn des Rechnungsjahres 1950/51 übernahm dann der Bund diese Kosten.

TABELLE 52

Besatzungslasten West-Berlins von der Währungsreform bis zum 31. März 1950 (nach Sektoren, in 1000 DM [West])[86]

Sektor	1948 (ab 21. Juni)	1949 (bis 31. März 1950)	Summe
Britischer Sektor	118.117	80.066	198.183
Amerikanischer Sektor	92.912	85.965	178.877
Französischer Sektor	67.651	42.866	110.517
Summe	278.680	208.897	487.577*

* Durch einen Rechenfehler wurden in der Quelle 544 Mio. DM (West) ausgewiesen.

Ein Vergleich der Besatzungslasten je Einwohner mit dem Bundesgebiet macht die besonders hohen Aufwendungen West-Berlins

[85] Die anderen Besatzungsmächte erhöhten ihre Forderungen vom September 1948 an. Die Sowjetunion hat in ihrem Sektor keinerlei Rücksicht auf die Folgen der Spaltung für die Zahlungsfähigkeit genommen. Vgl. Rep. 105, Nr. 826, o. Bl., LAB, STA.

[86] Vgl. Institut für Besatzungsfragen Tübingen (Hrsg.), *Sechs Jahre Besatzungslasten...*, Anhang, S. 48 f.

deutlich. Die größeren Belastungen ergaben sich vor allem daraus, daß in Berlin die hohen Kommandostellen der Alliierten stärker konzentriert waren als in den deutschen Ländern.

TABELLE 53

Besatzungslasten je Einwohner in West-Berlin und im Gebiet der Bundesrepublik 1948 bis 1950 (in DM [West])[87]

Rechnungsjahr	Gebiet der Bundesrepublik	West-Berlin
1948	98	194
1949	86	111
1950	96	84

Ein nicht zu unterschätzendes Problem für die West-Berliner Entwicklung stellten die *Wechselkursverhältnisse zwischen DM (West) und DM (Ost)* dar. Durch die Relation von Wechselkurs und Kaufkraft entstanden auf der einen und auf der anderen Seite Kaufvorteile oder -nachteile von teilweise erheblichem Umfang. Dabei handelte es sich bei den Wechselstubenkursen durchaus nicht um politisch festgelegte Kurse. Es muß vielmehr beachtet werden, daß der intervalutaristische Wert der DM (Ost) nur durch die Preise einer begrenzten Anzahl von Gütern bestimmt werden konnte, da alle in Ost-Berlin und der SBZ/DDR rationierten Güter und die nicht frei verfügbaren Dienstleistungen – darunter auch die Mieten – nicht an der Kursbildung teilnehmen konnten. Außerdem wurde der Kurs von möglichen Westmark-Käufen der DDR-Behörden ebenso beeinflußt wie durch die Bildung von privaten oder öffentlichen Währungsreserven. Die Auswirkungen der Kursschwankungen auf die West-Berliner Wirtschaft waren unterschiedlich. Bei den in West-Berlin relativ günstigen Artikeln, wie zum Beispiel Schuhen, führten sie zu Absatzsteigerungen. Bei den Gütern, die im Osten billiger waren, wie zum Beispiel Brot, traten ausgesprochen negative Folgen auf.[88]

[87] Vgl. *a. a. O.*, S. 238 f.

[88] Vgl. K. C. Thalheim, *Die Wirtschaft Berlins zwischen Ost und West...*, S. 409 f.

Tabelle 54

Entwicklung des Kursverhältnisses DM (West) zu DM (Ost) (monatlicher Durchschnittskurs, 1949–1958)[89]

Monat	1949	1950	1951	1952	1953	1954	1955	1956	1957	1958
Januar	3,45	6,35	5,65	4,15	5,35	4,18	4,63	4,28	4,14	3,84
Februar	3,80	6,75	5,70	4,54	5,87	4,17	4,71	4,14	4,16	3,80
März	4,70	7,50	5,20	4,46	6,19	4,26	4,80	4,08	4,09	3,75
April	4,15	7,50	4,75	4,00	5,75	4,44	4,94	4,02	4,16	3,78
Mai	3,80	6,95	4,65	3,89	5,58	4,71	4,99	4,03	4,16	3,85
Juni	5,00	6,25	4,55	3,95	5,73	4,65	4,93	3,97	4,14	4,06
Juli	5,70	5,90	4,65	4,15	5,39	4,68	4,81	3,91	4,15	4,08
August	5,70	5,75	4,50	4,37	4,93	4,85	4,88	4,06	4,26	4,18
September	5,70	4,95	4,40	4,32	4,51	4,62	4,69	4,10	4,31	4,27
Oktober	5,90	5,00	3,80	4,35	4,35	4,52	4,64	4,11	4,17	4,26
November	6,25	5,35	3,80	4,53	4,51	4,60	4,63	4,32	3,98	4,12
Dezember	6,30	5,60	3,85	5,26	4,46	4,63	4,50	4,22	3,94	3,82

Der Gesetzgeber trug der entstandenen Situation dadurch Rechnung, daß er West-Berlin an den Gewinnen der Wechselstuben und Banken beteiligte. Durch das Gesetz über den Ostmarkumtausch vom 21. Dezember 1951 wurde die Kursspanne zwischen Ankauf und Verkauf von DM (Ost) auf drei Prozent festgelegt. Davon verblieben zwei Prozent den Banken beziehungsweise Wechselstuben. Ein Prozent wurde West-Berlin als sogenannte Ostmarkumtauschabgabe, übrigens eine Steuer im Sinne der Reichsabgabenordnung, zur Milderung der Schäden aus dem Kursgefälle zur Verfügung gestellt.[90] Eine Lösung des Problems nach dem Vorbild der DDR, wo der private Besitz von DM (West) verboten beziehungsweise mit bestimmten Auflagen verbunden war, schied aus. Dadurch wäre die Begegnung der Menschen aus beiden Teilen Deutschlands zusätzlich erschwert und die Spaltung vertieft worden.

Eine weitere Belastung erwuchs aus dem *besonders hohen Bedarf an Sozialleistungen.* Wegen der ungünstigen Alters- und Geschlechterstruktur der West-Berliner Bevölkerung war die Zahl von Kriegsfolgehilfeempfängern im Vergleich zum Bundesgebiet sehr hoch. Hinzu kamen die anwachsenden Flüchtlingsströme und der Mangel an Arbeitsplätzen. Die hieraus resultierenden Lasten mußten bis 1950 vollständig aus dem Landeshaushalt finanziert werden. Im Jahr 1950

[89] Vgl. B 137, Nr. 529, o. Bl., BA, Koblenz.
[90] Vgl. B 102, Nr. 13312, o. Bl., BA, Koblenz.

waren dadurch 36 Prozent der öffentlichen Gesamtausgaben gebunden. Da der Bund durch das Dritte Überleitungsgesetz einen Teil der bisherigen Verpflichtungen West-Berlins übernommen hatte, mußten 1955 nur noch 10 Prozent der Ausgaben für diese Zwecke verwendet werden. Die Pro-Kopf-Quote der Sozialausgaben im Bundesgebiet lag 1952 übrigens bei 394 DM (West), in West-Berlin jedoch bei 729 DM (West). Von 1.000 Einwohnern lebten 1951 in Westdeutschland 27 von Sozialhilfe, in West-Berlin aber 98.[91]

Das starke Ansteigen der Arbeitslosigkeit führte Ende 1949, Anfang 1950 zu der Überlegung, ein *Notstandsprogramm* durchzuführen. Es wurde am 17. April 1950 begonnen und sollte Beschäftigungslose aus möglichst vielen Berufsgruppen einbeziehen. Ernst Reuter bemerkte dazu rückblickend: „Aber das Notstandsprogramm, dessen Ausführung im Jahre 1950 begann, ist nach den ersten Monaten systematisch durch klassische administrative Arbeiten so gestaltet worden, daß neben diesen – ich sage ausdrücklich ‚unproduktiven Arbeiten' – immer stärker Arbeiten in den Vordergrund traten, die notwendig waren für die Zukunft der Stadt und unter allen Umständen auch notwendig für die Zukunft ihrer Bevölkerung. Wir haben in großem Umfange unsere städtischen Betriebe, unsere Verkehrsbetriebe und Wasserwerke in Gang bringen können. Wir haben dem Wohnungsbau in der Form geholfen, daß von den eigenen Notstandsmitteln, die wir zur Verfügung stellten, ein bestimmter Prozentsatz, etwa 25 Prozent, gelegentlich auch 50 Prozent, den gewerblichen Bauten zugute kam."[92] Die Finanzierung erfolgte aus GARIOA-Mitteln, die monatlich bewilligt und auf ein Sonderkonto der Berliner Zentralbank eingezahlt wurden. Im Haushaltsjahr 1950/51 standen dafür allein 240 Mio. DM (West) zu Verfügung. Dabei wurden nicht alle Projekte innerhalb des Notstandsprogramms voll finanziert, zum Beispiel war bei Bauprojekten der Bauherr zur Mitfinanzierung verpflichtet.[93]

[91] Vgl. J. Fischer, *Die Berlinhilfe als Finanzproblem...*, S. 65 f.

[92] Vgl. Ernst Reuter, *Die wirtschaftliche Lage Berlins. Ein Vortrag*, gehalten vor der Zürcher Volkswirtschaftlichen Gesellschaft am 18. Juni 1952, Berlin 1952, S. 17.

[93] Vgl. Senator für Kreditwesen (Hrsg.), *Das Berliner Notstandsprogramm im Haushaltsjahr 1950*, Berlin o. J., S. 16 f.

Rücktransformationen

Ungeachtet der aus der Spaltung resultierenden Probleme konnte die West-Berliner Verwaltung bestimmte ordnungspolitische Rahmenbedingungen schaffen, nachdem die entsprechenden Rücksichten auf die Sowjetunion als Besatzungsmacht weggefallen waren. Beispielsweise konnten sich ab 1948 zum ersten Mal nach Kriegsende private Bankinstitute in West-Berlin niederlassen, was für die künftige wirtschaftliche Entwicklung von größter Bedeutung war. Auch die Neu- beziehungsweise Wiedergründung von Wirtschaftsverbänden und -vereinen, darunter die einer Industrie- und Handelskammer, war jetzt möglich.

Im Jahr 1949 war das Berliner Stadtkontor (West) mit 13 Bezirksbanken und 26 Zweigstellen das bedeutendste West-Berliner Institut, das vier Fünftel der bankmäßigen Funktionen der Teilstadt ausfüllte. Als Außenhandelsbank vertrat es West-Berlin zunächst allein im Auslandsgeschäft. Die Sparkassen waren mit 21 Spar- und Girokassen sowie 50 Sparstellen Träger des Spargedankens. Außerdem existierten 11 Volksbanken.[94]

TABELLE 55

Bilanzvolumen der West-Berliner Kreditinstitute am 31. Juli 1949 (in Mio. DM [West/Ost] und in Prozent)[95]

Kreditinstitut	DM-(West)-Bilanz		DM-(Ost)-Bilanz	
	Betrag	Anteil	Betrag	Anteil
Berliner Stadtkontor	161,1	85,0	106,3	93,8
Sparkasse der Stadt Berlin	19,0	10,2	3,3	2,8
Volksbanken	8,9	4,8	3,8	3,4
Summe	189,0	100,0	113,8	100,0

Nach dem Ende der Blockade begann die Neugründung von privaten Banken. Unter den Anträgen, die dem zuständigen Aufsichtsamt des Magistrats zugingen, befanden sich traditionelle Institute, die zum Teil unter neuen Namen in West-Berlin firmieren wollten, aber auch völlig neue Unternehmen. Die folgende Aufstellung informiert

[94] Vgl. Berliner Zentralbank (Hrsg.), *Die Wirtschaft Westberlins,* Berlin 1949, S. 35 f.

[95] Vgl. *a. a. O.*, S. 36.

über die ersten neuzugelassenen Banken und eventuelle Vorgängerinstitute.

TABELLE 56

Zur Geschäftstätigkeit zugelassene Bankinstitute in West-Berlin (Stand 1. September 1949)[96]

Institut	*Verbindung zu ehemaligen Berliner Banken*
Berliner Zentralbank	
Berliner Bank für Handel und Industrie AG	Dresdner Bank
Berliner Discontobank AG	Deutsche Bank
Berliner Industriebank AG	Deutsche Industriebank AG
Berliner Stadtkontor West	
Berliner Volksbank e.G.m.b.H.	
Ernst Decot	Adolf Becker
Genossenschaftsbank Schöneberg-Friedenau e.G.m.b.H.	Volksbank Friedenau/Schöneberg e.G.m.b.H.
Bankhaus Holbeck KG	Commerzbank AG
Leising & Co.	E. J. Meyer
Postscheckamt Berlin-West	
Sparkasse der Stadt Berlin-West	
Hans Weber KG a. A.	

Die Berliner Zentralbank wurde im Zusammenhang mit der vollständigen Umstellung auf DM (West) im März 1949 gegründet. Sie ging aus der Währungskommission hervor. Nach ihrer Stellung und den Aufgaben war sie mit den westdeutschen Landeszentralbanken vergleichbar. Die Berliner Industriebank sollte vor allem die ERP-Mittel für die Berliner Industrie verwalten und verteilen. Kurz nach der Währungsneuordnung wurde das Postscheckamt gegründet. Bereits Ende 1949 war es, gemessen am Bilanzvolumen, das zweitwichtigste West-Berliner Institut. Darüber hinaus hatten die ruhenden Banken bestimmte Abwicklungsaufgaben zu erfüllen. Als Aufsichtsgremium war dafür durch alliierte Anordnung aus der bisherigen Inkassokommission der sogenannte Ausschuß für die ruhenden Berliner Kreditinstitute gebildet worden.[97]

Bis Ende 1950 enstanden in West-Berlin außerdem folgende Banken: die Berliner Bank AG, die Berliner Bau- und Bodenbank und die Kreditbank für Gartenbau und Landwirtschaft. Die Funktion

[96] Vgl. *a. a. O.*, S. 37 f.
[97] Vgl. *a. a. O.*, S. 38.

einer noch fehlenden Wertpapiersammelbank wurde einstweilen von einer Sonderabteilung der Berliner Zentralbank wahrgenommen.[98]

Haushaltswirtschaft

Bei der Entwicklung der Einnahmen war bis 1951 noch kein deutlicher Trend zu ermitteln. Während die Gesamteinnahmen nach anfänglichem Anstieg wieder sanken, schwankten die Anteile von Steuern, Bundeshilfen und übrigen Verwaltungseinnahmen beträchtlich.

TABELLE 57

Gesamteinnahmen und Einnahmestruktur der Haushalte von West-Berlin (1948–1951, in DM [West] beziehungsweise Prozent)[99]

Jahr	Gesamteinnahmen (in 1000 DM [W])	Steuern (in Prozent)	Bundeshilfen (in Prozent)	übrige Verwaltungseinnahmen (in Prozent)
1948*	724.712,16	30,45	51,97	17,58
1949	1.691.100,00	36,24	44,42	19,34
1950	1.724.200,00	43,01	28,67	28,31
1951	1.495.400,00	27,95	36,78	35,27

* Nothaushalt.

Strenggenommen sollten die Ausgaben des öffentlichen Haushalts von West-Berlin in sechs Komplexe unterteilt werden:[100]

1. staatsfinanzwirtschaftlicher Eigenbedarf (Verwaltungskosten),
2. Subventionierungsbedarf (Subventionen an private Unternehmen und Haushalte, zum Beispiel für Konsumbrot, Fracht- und Preishilfen),
3. volkswirtschaftlicher Ablieferungsbedarf (Besatzungskosten und alle mit der Besatzung verbundenen öffentlichen Ausgaben, die ab 1951 vom Bund übernommen wurden),
4. inländischer Versorgungsbedarf (Sozialleistungen und Sozialversicherung, soweit nicht vom Bund übernommen),
5. finanzierungstechnischer Bedarf (öffentlicher Schuldendienst),

[98] Vgl. F. Federau, *Das Berliner Bankenwesen...*, S. 40.

[99] Zusammengestellt und berechnet nach den Haushaltsrechnungen.

[100] Vgl. J. Fischer, *Die Berlinhilfe als Finanzproblem...*, S. 54 f.

6. Vermögensbildungsbedarf (sämtliche öffentlichen Investitionen des ordentlichen Haushalts in Hoch- und Tiefbau, Wohnungsbau und das Notstandsprogramm).

Für eine bessere Vergleichbarkeit der Daten sollen jedoch nur ausgewählte Ausgaben untersucht werden. Für das Rechnungsjahr 1951 fällt ein hoher Anteil von Personalkosten und öffentlichen Übertragungen – das sind Pensionen, Sozialleistungen etc. – auf. Die Ausgaben für Subventionierungen, Notstand und Tilgungen waren noch gering.

TABELLE 58
Gesamtausgaben und Struktur ausgewählter Ausgaben im West-Berliner Haushalt (1951, in Mio. DM [West])[101]

Gesamtausgaben	1.313
Personal	416
Investitionen	117
Öffentliche Übertragungen	296
Subventionen	20
Notstand	15
Tilgungen	26

Wiederaufbau und Strukturanpassung als Ziele der Finanzpolitik (1951–1961)

Weitere Ausgestaltung der Berlinhilfen, die Beziehungen zum Bund

Berlinhilfen als längerwährende Aufgabe der Politik

Auch nach der Einführung der wichtigsten Regelungen für die finanz- und wirtschaftspolitischen Beziehungen zwischen dem Bund und West-Berlin blieb die Lage in der Teilstadt schwierig. In einem Bericht der Geschäftsstelle Westdeutschland der Berliner Absatzorganisation GmbH vom 14. Mai 1952 wurde diese besondere Situation gut wiedergegeben. Daher soll ein längerer Ausschnitt zitiert werden: „Während mit der Währungsreform im Jahre 1948 im Bundesgebiet ein steiler Aufstieg der Wirtschaft einsetzte, hatte der Wiederauf-

[101] Zusammengestellt nach D. Cornelsen, *Finanzhilfe für West-Berlin...*, Anhang, Tabelle 1 a.

bau Berlins durch die Blockade einen schweren Rückschlag erlitten. Die Schwierigkeiten, mit denen Berlin zu kämpfen habe, seien groß. An erster Stelle stehe das Problem der Arbeitslosigkeit. Dabei mache sich naturgemäß der Wegfall der Arbeitsplätze im Ostsektor Berlins und der ständige Zustrom von Ostflüchtlingen besonders ungünstig bemerkbar. Zahlreiche Klein- und Mittelbetriebe, die von jeher Zulieferbetriebe für Großbetriebe im mitteldeutschen Raum gewesen sind, würden heute über kein eigenes Produktionsprogramm verfügen. Das Währungsgefälle zwischen DM (West) und DM (Ost) würde wesentlich die Existenz vieler Zweige der Industrie und des Handwerks (Nahrungsmittelindustrie, Schneiderhandwerk und Dienstleistungsbetriebe) gefährden. Durch den Verlust der alten natürlichen Absatzmärkte in der Ostzone und in den Ostprovinzen, die ca. 33 Prozent der Vorkriegsproduktion aufnahmen, seien große Absatzschwierigkeiten aufgetreten. Die Abschnürung vom Westen, die Sperrung der Ostmarkkonten, der Abbau der Läger, das Fehlen von liquiden Mitteln und nicht zuletzt der Vertrauensschwund in Westdeutschland seien nur einige wenige Beispiele, die die Berliner Wirtschaft auch heute noch schwer belasten würden. Das Erkennen des politischen Problems ‚Berlin' habe die Voraussetzung für die im Anschluß an die Blockade einsetzenden Fördermaßnahmen gebildet ... Trotz dieser Erfolge werde Berlin aufgrund seiner politisch bedingten Insellage auf die Unterstützung der Bundesrepublik angewiesen bleiben. Es werde daher auch in Zukunft notwendig sein, die güterwirtschaftlichen Maßnahmen zu intensivieren (Export), um weitere Arbeitsplätze zu schaffen und die Bemühungen zur Hebung des Lebensstandards auch bei einem Verteidigungsbeitrag fortzusetzen. Massenarbeitslosigkeit und sinkender Lebensstandard würden schwerste Gefahren für West-Berlin nach sich ziehen."[102]

Von einer schnellen Überwindung der Schwierigkeiten konnte also nicht mehr ausgegangen werden. Die Unterstützungen für West-Berlin wurden als längerwährende Aufgaben der Politik erkannt und akzeptiert.

Seit 1952 nahm der Bund folgende Pflichten gegenüber West-Berlin wahr:[103]

[102] Vgl. B 102, Nr. 13312, o. Bl., BA, Koblenz.
[103] Vgl. B 137, Nr. 3680, o. Bl., BA, Koblenz.

a. Sicherung eines ausgeglichenen Haushalts in West-Berlin. (Dem trug bereits § 16 des Dritten Überleitungsgesetzes Rechnung.)
b. Versorgung West-Berlins mit knappen Rohstoffen und Bedarfsgütern. (Diese war sichergestellt, weil West-Berlin alle einschlägigen Gesetze des Bundes übernommen hatte und in den Bewirtschaftungs- und Lenkungskörperschaften – insbesondere in der Bundesstelle für Warenverkehr – ebenso vertreten war wie die übrigen Länder.)
c. Beteiligung West-Berlins an der vom Bund empfangenen Auslandshilfe.
d. Förderung des West-Berliner Außenhandels, Einbeziehung in die Devisenwirtschaft des Bundes und Ausstattung mit Devisen.
e. Aufrechterhaltung der Einbeziehung West-Berlins in das Währungsgebiet der DM (West) und Ausstattung mit den erforderlichen Beträgen.
f. Aufrechterhaltung einer ausreichenden Bevorratung für Notfälle.
g. Sicherung und Aufrechterhaltung der Verkehrsverbindungen mit dem Bundesgebiet.
h. Einbeziehung West-Berlins in die internationalen Abkommen der Bundesrepublik.

Interessenunterschiede zwischen West-Berlin und dem Bund

Das Verhältnis West-Berlins zum Bund (und umgekehrt) war oftmals gespannt. Die Hauptursache dafür lag darin, daß West-Berlin Interesse an einer möglichst weitreichenden Unterstützung hatte, der Bund jedoch aufgrund seiner übrigen Verpflichtungen gegenüber neuen Berliner Forderungen skeptisch blieb. Für die Wirtschafts- und Finanzpolitik ergab sich also die Aufgabe, die Interessengegensätze vermittelnd auszugleichen. Das war allerdings dann sehr schwer, wenn sachliche Konflikte von persönlichen Aversionen überlagert wurden, wie es zum Beispiel im Verhältnis des Regierenden Bürgermeisters Ernst Reuter zu Bundeskanzler Konrad Adenauer der Fall war.

Ernst Reuter, dem West-Berlin sehr viel zu verdanken hat, schrieb dem Bundesbevollmächtigten für die Förderung der Berliner Wirtschaft, Bucerius, am 29. November 1952 mit einiger Verbitterung: „Wenn ich die ganzen vergangenen drei Jahre zurückdenke, so kann ich nur wiederholen, daß jede Initiative zur Förderung Berlins immer wieder von Berlin ausgehen mußte. Ein Plan, Berlin zu einem Angelpunkt der deutschen Politik zu machen, hat von Anfang an nicht bestanden."[104] In einem Vortrag vor dem Liberalen Club im Januar 1953 machte er die Bundesregierung, wohl zu Unrecht, als Hauptschuldige für die schwierige Lage in West-Berlin verantwortlich. Außerdem kritisierte er die Entscheidung, Bonn zur provisorischen Hauptstadt zu erheben. Bundeskanzler Adenauer reagierte darauf ebenfalls verbittert. Er äußerte sich dazu vor dem CDU-Parteivorstand: „Ich habe das – ich darf das in diesem Zusammenhang sagen – dem Herrn Reuter in sehr unmißverständlicher Weise zu verstehen gegeben, indem ich ein Frühstück abgesagt habe – ich mußte Ende der Woche nach Berlin – wegen seiner Haltung gegenüber der Bundesregierung." [105]

Im Unterschied dazu war das Verhältnis zwischen dem West-Berliner Finanzsenator Haas und Bundesfinanzminister Schäffer im großen und ganzen harmonisch. Dadurch wurde die Stellung des Chefs der West-Berliner Finanzverwaltung in den zuständigen Gremien, insbesondere im Haushaltsausschuß des Bundestages, erleichtert. Im Haushaltsausschuß wurde über die für West-Berlin wichtigen Entscheidungen diskutiert, und diese wurden für das Parlament vorbereitet, darunter auch über den Umfang der Bundeshilfen, die jährlich durch Haushaltsgesetz des Bundes neu festgelegt werden mußten.[106] Daher sind die Sitzungsprotokolle des Haushaltsausschusses gewissermaßen ein Spiegelbild der West-Berliner Finanzpolitik. Der Haushaltsausschuß entschloß sich übrigens im März 1952 auf Vorschlag des Abgeordneten Bausch von der CDU/CSU-Fraktion, erstmals eine Tagung in West-Berlin durchzuführen, um sich an Ort und Stelle mit den Problemen zu beschäftigen.[107] Nachfolgend sollen einige für West-Berlin wichtige Ausschnitte aus der Tätigkeit dieses Bundestagsausschusses nachgezeichnet werden.

[104] Vgl. B 102, Nr. 19675, o. Bl., BA, Koblenz.

[105] Vgl. Günter Buchstab, *Adenauer: „Es mußte alles neu gemacht werden." Die Protokolle des CDU-Bundesvorstandes 1950–1953* (= Forschungen und Quellen zur Zeitgeschichte, Bd. 8), Stuttgart 1986, S. 313.

[106] Vgl. D. Cornelsen, *Finanzhilfe für West-Berlin...*, S. 15 f.

[107] Vgl. *Protokolle der Sitzungen des 10. Ausschusses (Haushaltsausschuß)*, 1. Legislaturperiode, 166. Sitzung vom 19. März 1952, o. Bl., ParlA.

Im Januar 1953 nahm Friedrich Haas vor dem Haushaltsausschuß zu einer Forderung des Bundes Stellung, eine im zuende gehenden Haushaltsjahr nicht verausgabte Summe in Höhe von 15 Mio. DM (West) an die Bundeskasse zurückzuzahlen. Aus West-Berliner Sicht war dies jedoch nicht möglich, da sonst die Verpflichtungen nach Artikel 131 Grundgesetz nicht hätten erfüllt werden können. Das Bundesfinanzministerium wies darauf hin, daß der Betrag von 15 Mio. zu einem Teil der Bundeshilfe gehöre (insgesamt 65 Mio. von 600 Mio. DM [West]), der auf besondere Weise zweckgebunden sei. Wenn ein Teil nicht verwendet werde, müsse er zurückgezahlt werden. Schließlich einigte man sich darauf, West-Berlin den gesamten Bundeszuschuß zu überlassen. Auch der besonders zweckgebundene Teil des Bundeszuschusses wurde also unabhängig von der Höhe der tatsächlichen Ausgaben gewährt.[108]

In der 31. Sitzung des Haushaltsausschusses stellte Willy Brandt am 29. April 1954 zwei Anträge. Erstens: „Das Aufkommen aus der Abgabe Notopfer Berlin dient – gemäß § 16 des Dritten Überleitungsgesetzes – in erster Linie der Deckung des Fehlbedarfs des Berliner Landeshaushalts. Der nach Leistung des Bundeszuschusses verbleibende Ertrag des Notopfers sollte ausschließlich verwendet werden, um die wirtschaftliche und soziale Position Berlins zu sichern. Die Zweckbestimmung des Notopfers wird bei der Neufassung des Gesetzes über das Notopfer und durch eine entsprechende Änderung des Dritten Überleitungsgesetzes festzulegen sein." Diesem Antrag wurde von den Ausschußmitgliedern mehrheitlich zugestimmt. Zweitens: „Die Bundesregierung wird ersucht, bei der Gestaltung des kommenden Bundeshaushalts dafür zu sorgen, daß die Einnahmen aus der Abgabe Notopfer Berlin in den Einzelplan 45 – Haushalt finanzielle Hilfe für Berlin – aufgenommen werden." Dieser Antrag fand keine Zustimmung, da es offensichtlich war, daß Brandt einen Reservefonds für West-Berlin schaffen wollte. Dieser Fonds würde immer dann gespeist werden, wenn das Aufkommen aus dem Notopfer zeitweise größer war als die Berlin zu gewährende Hilfe. Der Bundesfinanzminister verwies außerdem auf den finanzpolitischen Grundsatz, allgemeine Steuereinnahmen, zu denen das Notopfer gehörte, in möglichst

[108] Vgl. *a. a. O.*, 202. Sitzung vom 8. Januar 1953, o. Bl.

geringem Umfang zweckbedingt festzulegen, da sonst die Gefahr bestünde, daß auf der einen Seite zuviel ausgegeben werde, während auf der anderen Seite öffentliche Mittel für dringliche Aufgaben fehlten.[109]

Bei der Vorbereitung des Haushaltsjahres 1957/58 versuchte der Finanzsenator Haas, beispielsweise bei einer Besprechung im Bundesministerium der Finanzen im März 1957, weitere Hilfen für die Erfüllung von zusätzlichen Aufgaben zu erhalten. Im einzelnen handelte es sich um eine Mehrausgabe von 40 Mio. DM (West), die durch Besoldungserhöhungen entstanden war, um zusätzlichen Finanzbedarf infolge der Änderung der Brotsubventionen und einer Erhöhung der Fürsorgesätze sowie um Aufwendungen in Höhe von 14 Mio. DM (West), die für die kulturelle Betreuung von Bewohnern Ost-Berlins ausgegeben worden waren. Darüber hinaus verlangte West-Berlin Sonderzuschüsse für die Universitäten und eine Sonderzahlung von 30 Mio. DM (West) für den Aufbauplan.[110]

Am 3. April 1957 verhandelten Haas und Schäffer über die Bundeshilfe. Während der Bundesfinanzminister 850 Mio. DM (West) als Höchstgrenze bezeichnete und nur unter bestimmten Umständen maximal 900 Mio. in Aussicht stellte, forderte der Senat unter Hinweis auf Haushaltsmehrausgaben infolge bundesgesetzlicher Regelungen eine Bundeshilfe in Höhe von 930 Mio. DM (West). Davon sollten 720 Mio. als Bundeszuschuß und 210 Mio. als Bundesdarlehen ausbezahlt werden. Die Bundesregierung erklärte sich trotz Berliner Proteste nur dazu bereit, 900 Mio. bereitzustellen. Für die Restsumme sah sie keine Deckungsmöglichkeit.[111]

Ebenfalls im April 1957 beantragte Otto Suhr 10 Mio. DM (West) zusätzliche Bundeshilfen für die Verbilligung von Kino- und Theaterkarten für Ost-Berliner Bürger. Der Haushaltsausschuß stimmte nur einem Teil der in Aussicht genommenen Summe zu und stellte 5 Mio. für die Subventionierung von Theaterkarten bereit. Die Verbilligung von Kinokarten wurde dagegen abgelehnt.[112]

[109] Vgl. *a. a. O.*, 2. Legislaturperiode, 31. Sitzung vom 29. April 1954, o. Bl.

[110] Vgl. B 126, Nr. 13932, o. Bl., BA, Koblenz.

[111] Vgl. *a. a. O.*, o. Bl.

[112] Vgl. *Protokolle der Sitzungen des 10. Ausschusses (Haushaltsausschuß)*, 2. Legislaturperiode, 225. Sitzung vom 29. April 1957, o. Bl., ParlA.

Die weitere Ausprägung der wirtschafts- und finanzpolitischen Instrumentarien

Die Hilfen für die Wirtschaft wurden teilweise ausgebaut. Das Notopfer in West-Berlin war rückwirkend zum 1. Juli 1954 abgeschafft worden. Ab 1. Januar 1955 wurde die Einkommen-, Lohn- und Körperschaftsteuer in Berlin um 20 Prozent ermäßigt. Insgesamt bestand das Ziel der Steuerpräferenzgesetzgebung darin, die Eigenkapitalbildung zu fördern, die Rückkehr abgewanderter Unternehmen zu ermöglichen und die Zuwanderung von Unternehmen und Fachkräften zu erleichtern.[113] Diese Präferenzen waren von West-Berlin schon 1953 gefordert, vom Bund jedoch mit dem Hinweis auf die Einheitlichkeit der Besteuerung in einem Wirtschaftsgebiet zunächst abgelehnt worden.

Das Dritte Überleitungsgesetz wurde im Jahr 1956 novelliert. Nach ihm gliederte sich die Bundeshilfe in einen *allgemeinen Bundeszuschuß* zur Deckung des anderweitig nicht auszugleichenden Haushaltsbedarfs des ordentlichen Haushaltsplans, in einen *besonderen Bundeszuschuß* zur Finanzierung von bestimmten Aufbaumaßnahmen sowie in ein *Bundesdarlehen.* 1958 kam ein *variabler Zuschuß* hinzu, der dem tatsächlichen Bedarf angepaßt war. Er wurde zur Deckung des Zuschußbedarfs der allgemeinen Ortskrankenkasse (AOK), später auch zur Gewährung von Erholungsbeihilfen und Familiengründungsdarlehen verwendet.[114]

Die Neufassung des Dritten Überleitungsgesetzes war besonders bei der West-Berliner Verwaltung zunächst auf heftige Kritik gestoßen. Auslöser war die Verwendung des Notopfers, das nach West-Berliner Auffassung nur für die Teilstadt zur Verfügung stehen sollte. Der Bundesbeauftragte Bucerius teilte dem Bundesfinanzminister Schäffer dazu am 22. März 1956 mit: „... mit aller Gewalt ist es uns gestern gelungen, die Neufassung des dritten Überleitungsgesetzes in dem von Ihnen gewünschten Sinne zu gestalten. Ich mache aber bei dieser Gelegenheit darauf aufmerksam, daß diese Entscheidung – so richtig sie ist – natürlich in Berlin, aber auch in weiten Kreisen Westdeutschlands, nicht verstanden wird. Uns wird immer wieder der Einwand entgegengehalten, das Notopfer dürfe nur zur Deckung

113 Vgl. *Erstes Änderungsgesetz zum Einkommensteuergesetz, zum Körperschaftsteuergesetz und Notopfergesetz vom 4. Juli 1955,* in: *BGBl. I,* (1955), S. 384.

114 Vgl. D. Cornelsen, *Finanzhilfe für West-Berlin...,* S. 15 f.

der unmittelbaren Bundesausgaben für Berlin dienen. Daß der Bund in Wirklichkeit wesentlich mehr ausgibt, als das Notopfer bringt, kann man der Allgemeinheit nur schwer verständlich machen.“ Aus diesem Grund unterbreitete er den Vorschlag, das Notopfer bei der nächsten linearen Steuersenkung abzuschaffen.[115]

Zwischen 1951 und 1960 wurden West-Berlin an unmittelbaren Bundeshilfen 8,4 Mrd. DM (West) zur Verfügung gestellt. 1961 kamen 1,2 Mrd., 1962 noch einmal 1,6 Mrd. hinzu. Nach der Steuerschätzung wären durch Steuer- und Abgabenerleichterungen allein 1962 dem Bund und dem Land Berlin 780 Mio. DM (West) verlorengegangen. Hinzu kam ein Zuschuß von 100 Mio. aus dem Saldo zwischen dem Steueraufkommen des Bundes in Berlin und dessen Ausgaben in West-Berlin zur Durchführung von Bundesgesetzen.[116] Das Notopfer reichte nicht aus, um den erforderlichen Finanzbedarf vollständig zu decken, wie die nachstehende Tabelle zeigt.

TABELLE 59

Leistungen des Bundes für West-Berlin und Verwaltung des Notopfers (1952–1956, in Mio. DM [West])[117]

	1952 (Ist)	1953 (Ist)	1954 (Ist)
I. Leistungen des Bundes für Berlin			
– Bundeszuschuß	600,0	650,0	740,0
– Kriegsfolgen und Soziallasten	734,8	832,2	817,2
– Wohnungsbau	25,0	26,0	35,5
– Verzicht auf Verbrauchsteuern	–	–	–
– Umsatzsteuervergütung	53,0	70,9	91,5
– sonstige Zahlungen*	59,2	85,4	110,7
Summe	1.472,0	1.664,5	1.794,9
II. Steuereinnahmen des Bundes aus Berlin	552,2	599,9	674,3
III. Überschuß der Ausgaben über die Einnahmen	919,8	1.064,6	1.120,6
IV. Notopfererlös (ohne Berlin)	815,3	974,0	1.118,0
V. Mehr gegenüber Notopfer	104,5	90,6	2,6

* Zum Beispiel Zuschuß für die Zollverwaltung, Vorratshaltungskosten etc.

115 Vgl. B 126, Nr. 13930, o. Bl., BA, Koblenz.
116 Vgl. B 137, Nr. 2818, o. Bl., BA, Koblenz.
117 Vgl. B 126, Nr. 13930, o. Bl., BA, Koblenz.

Für die Jahre bis 1961 sollen nur die Bundeshilfen nachgewiesen werden.

TABELLE 60
Bundeshilfe für Berlin in den Rechnungsjahren 1955 bis 1961 (in Mio. DM [West])[118]

	1955	1956	1957	1958	1959	1960*	1961
Bundeshilfe	929	895	957	1.128	1.129	933	1.142

* Rumpfrechnungsjahr.

Ein Teil der Bundesmittel tangierte den Berliner Landeshaushalt nicht. Es handelt sich dabei um Kosten für Bundesdienststellen, Bauten der Sondervermögens- und Bauverwaltung und der Bundesbaudirektion, Besatzungskosten, Pensionen, Kriegsopferversorgung, Lastenausgleich und Entschädigungszahlungen.

Interessenunterschiede zwischen West-Berlin und den westdeutschen Ländern

Im Unterschied zu Westdeutschland blieb die West-Berliner Industrie in einer schwierigen Lage. Zur Förderung des Absatzes ihrer Produkte in Westdeutschland wurde meist auf Werbemethoden zurückgegriffen, die von der Annahme ausgingen, daß der Aufruf zur Solidarität mit der Stadt als Kaufargument genüge. Das funktionierte im Prinzip aber nur bei der Aquisition öffentlicher Aufträge. Dazu gehörte auch das Ritual, daß die Regierenden Bürgermeister, wie zum Beispiel Walther Schreiber am 3. März 1954, die Oberbürgermeister westdeutscher Großstädte in Rundschreiben unter Hinweis auf die schwierige Lage ersuchten, West-Berlin bei der Vergabe solcher Aufträge in den kommunalen Etats zu berücksichtigen.[119]

In der freien Wirtschaft lagen die Verhältnisse allerdings anders. Ganz unabhängig von politischen Symbolwerten wirkten hier die marktwirtschaftlichen Mechanismen. Der West-Berliner Anbieter war ein Konkurrent, seine Werbung mit Berlin-Parolen eventuell ein

[118] Vgl. Nikolaus Adami, *Die Haushaltspolitik des Bundes von 1955 bis 1965* (= Schriftenreihe des Bundesministeriums der Finanzen, H. 14), Bonn 1970, S. 97.

[119] Vgl. B 102, Nr. 19727, o. Bl., BA, Koblenz.

unzulässiger Vorteil. Dabei konnte die Austragung solcher Interessenkonflikte auch groteske Züge annehmen. Beispielsweise untersagte das Landgericht Nürnberg der West-Berliner Firma Foto-Kino-Wegert mit einer einstweiligen Anordnung vom 2. August 1954 unter Androhung einer Geldstrafe in Höhe von 100.000 DM (West) die Verwendung des Werbeslogans „Wer in Berlin kauft, kauft gut und hilft Berlin“.[120]

Im Jahr 1955 gab das Rationalisierungskuratorium der deutschen Wirtschaft (RKW), Zweigstelle Berlin, das offenbar auf diese Probleme aufmerksam geworden war, ein Gutachten zu folgender Frage in Auftrag: „Was weiß die westdeutsche und ausländische Öffentlichkeit von Berlin?“ Die Ergebnisse waren einigermaßen ernüchternd:

1. Hinsichtlich der politischen Gegebenheiten existierten nur unklare Vorstellungen. Wirklich informiert waren nur diejenigen Befragten, die West-Berlin seit Kriegsende besucht hatten. In der Regel wurde angenommen, daß Berlin dem Ostblock nahezu schutzlos ausgeliefert sei.
2. Die wirtschaftliche Lage der Teilstadt war nur einer Minderheit bekannt, obwohl meist richtige Vermutungen geäußert wurden.
3. Auch in bezug auf die soziale Lage der West-Berliner gab es Informationslücken.
4. Eine Mehrheit der Befragten glaubte, daß für West-Berlin genug geleistet würde und weitere Forderungen nicht gerechtfertigt seien.

Die Gutachter kamen zu dem Schluß, daß das Meinungsbild exemplarisch deutlich mache, welchen Schaden die Vernachlässigung der Öffentlichkeitsarbeit anrichten könne. „Zusammenfassend läßt sich sagen, daß die westdeutsche Öffentlickeit über Berlin, seine Situation und seine Probleme nur unzureichend unterrichtet ist.“ Außerdem habe sich gezeigt, daß in Zukunft kein Einkäufer aus der freien Wirtschaft in West-Berlin Güter erwerben wird, wenn nicht ganz nüchtern-wirtschaftliche Gründe dafür sprechen. Weitere Appelle an das Mitleid der Westdeutschen würden keinen Erfolg haben, sondern dem Ansehen der Berliner Wirtschaft schweren Schaden zufügen. Daher müsse sich West-Berlin selbst positiver darstellen. „Wenn der westdeutsche Verbraucher in Zukunft das Bärenwappen mit ‚Berliner Qualität‘ identifizieren soll, so kann das Her-

[120] Vgl. B 102, Nr. 19676, o. Bl., BA, Koblenz.

kunftszeichen allein nicht genügen, negatives Image" aufzuwiegen. „Das Fehlen einer wirklich schöpferischen Informationspolitik gegenüber Westdeutschland ist ein Manko, daß die weiterhin schwierige Berliner Situation unnötig erschwert und vorhandene Chancen, für Berlin eine verstärkte Vertrauenswerbung zu treiben, ungenutzt läßt."[121] Interessanterweise gab es also bereits Mitte der fünfziger Jahre außerhalb der Politik offenbar keinen besonderen Berlin-Bonus.

Weiterentwicklung von Instrumentarien zur Förderung der West-Berliner Wirtschaft als Schwerpunkt der Finanzpolitik

Unterschiedliche Methoden zum Ausgleich von Standortnachteilen

Wenn sich die West-Berliner Wirtschaft trotz ungünstiger Rahmenbedingungen während der fünfziger Jahre stabilisieren konnte, lag das vor allem in einem dafür entwickelten, gegliederten System von wirtschafts- und finanzpolitischen Instrumenten begründet.

Eine wichtige Hilfe stellten *Bundesgarantien und Bundesbürgschaften* dar. Mit einer Bundesgarantie, die zunächst 50 Mio. DM (West), ab 1952 100 Mio. betrug, sicherte der Bund den Warenbezug aus West-Berlin vor politischen Risiken.[122] Eine Bundesbürgschaft wurde unter anderem zur Sicherung des Aufbaus eines West-Berliner Kraftwerks gewährt.

Eine besondere Bedeutung kam der *Investitionsfinanzierung über ERP-Mittel* zu. West-Berliner Unternehmer waren darauf weit mehr angewiesen als westdeutsche. Die Kreditgewährung war aber nicht einfach, da die Kapitalknappheit in West-Berlin auch zu einer Knappheit von Sicherheiten geführt hatte. Daher mußte die Kreditgewährung großzügiger gehandhabt werden, als unter normalen Umständen üblich. Kreditbürgschaften wurden vom Bund (GARIOA-Bürgschaftsfonds aus Bundesmitteln bis zu 150 Mio. DM [West]) oder vom Land Berlin (als Senatsbürgschaften) übernommen.[123] Den

[121] Vgl. B 102, Nr. 19727, o. Bl., BA, Koblenz.

[122] Vgl. *Gesetz zur Förderung der Wirtschaft von Groß-Berlin vom 7. März 1950,* in: *BGBl. I,* (1950), S. 41.

[123] Vgl. J. Fischer, *Die Berlinhilfe als Finanzproblem...,* S. 35 f.

Hauptteil der ERP-Mittel vergab, wie bereits erwähnt, die Berliner Industriebank. Zunächst waren die Genehmigungsverfahren sehr schwerfällig. Die jeweiligen Anträge mußten in das Investitionsprogramm des Senats eingegliedert und mit den Bundesministerien für Wirtschaft und für den Marshall-Plan abgestimmt werden. Erst dann konnte eine Vorlage bei der ECA-Kommission in Frankfurt am Main eingereicht werden. 1953 war eine Liberalisierung des Verfahrens notwendig, da die Unternehmen die langen Genehmigungszeiten nicht mehr abwarten wollten und sich zum Teil bereits nach Westdeutschland zurückgezogen hatten. Nunmehr war nur noch die Zustimmung des Berliner Investitionsausschusses und einer Bundesbehörde erforderlich.

Tabelle 61

ERP-Finanzierungsprogramm in West-Berlin
(Stand 31. Dezember 1960, in Mio. DM [West])[124]

Lfd. Nr.	Programm	Gesamt	Kredite	Beteiligungen	Zuschüsse	Sonstiges
1.	Investitionsprogr.	1.914,6	1.807,4	100,3	6,9	–
2.	Betriebsmittelkredite	52,4	52,4	–	–	–
3.	Wiederaufbauprogr.	918,5	504,9	–	413,6	–
4.	Auftragsfinanzierung	508,6	508,6	–	–	–
5.	Bürgschaftsfonds	20,0	–	–	–	20,0
6.	Forschung	44,9	12,9	–	32,0	–
7.	Beteiligungen	5,0	–	5,0	–	–
8.	Haushaltsdeckung und öff. Aufgaben	1.054,0	371,1	–	682,9	–
9.	Sonstige Zuschüsse	20,6	–	–	20,6	–
Summe		4.538,6	3.257,3	105,3	1.156,0	20,0

In der ersten Hälfte der fünfziger Jahre wurden ca. 30 Prozent der privaten Investitionen von der öffentlichen Hand zur Verfügung gestellt. Außerdem hatte West-Berlin eigene Investitionsaufgaben zu erfüllen, darunter bei der Entwicklung der kommunalen Infrastruktur und in den Eigenbetrieben. Bis 1955 waren ca. 33 Prozent der Mittel für die Wohnungsbaufinanzierung von der öffentlichen Hand bereitzustellen. Seit 1954 nahm der Anteil von ERP-Krediten an den Inve-

[124] Vgl. *ERP und die Stadt Berlin,* hrsg. in Zusammenarbeit mit dem Bundesministerium für wirtschaftlichen Besitz des Bundes, Bad Godesberg 1961, S. 30.

stitionsfinanzierungen ab. Der Grad der wirtschaftlichen Gesundung erlaubte Investitionen aus dem ordentlichen Haushalt.[125]

Neben Konsumbrotpreisstützungen wurden seit 1952/53 erstmals *Subventionsbeträge* in Höhe von 18 Mio. DM (West) gewährt, die sich aus der besonderen politischen Lage West-Berlins ergaben und von denen man annahm, daß sie dem Bund auf Dauer übertragen werden könnten. Es handelte sich dabei um:

1. Die Luftbrückensubventionierung,
2. sogenannte Verkehrsmittelgarantien zur Ersetzung der westdeutschen Kunden entstehenden Verluste im Fall der Warenbeschlagnahme durch ostdeutsche Behörden an der innerdeutschen Grenze,
3. seit 1952 Frachtpreissubventionen für Kohle, Kartoffeln und Milch,
4. seit 1953/54 die Subventionierung der Berliner Abmelkbetriebe und schließlich
5. Zuschüsse für Eigenbetriebe, Wohlfahrtseinrichtungen, Krankenhäuser, Schulen und die BVG.[126]

Weitere Hilfen für die Wirtschaft wurden durch die Unterhaltung von Vorratslagern in West-Berlin,[127] die Gewährung von Zuschüssen an den sozialen Wohnungsbau, an die Post, den Luftverkehr und für die Förderung des Absatzes der Industrie sowie für die wissenschaftliche Forschung geleistet. Außerdem wurden Frachtkosten von und nach West-Berlin subventioniert.[128]

Verbesserung der wirtschaftlichen Lage

Bis zum Ende der fünfziger Jahre verbesserte sich die wirtschaftliche Lage West-Berlins, die Umorientierung auf westliche Absatzmärkte war gelungen, das Beschäftigten- und Produktionspotential wurde fast vollständig ausgelastet, die Arbeitslosigkeit sank. Auch in West-Berlin begann also, wenn auch mit erheblicher zeitlicher Verzögerung, ein Wirtschaftswunder.

[125] Vgl. J. Fischer, *Die Berlinhilfe als Finanzproblem...*, S. 76 ff.

[126] Vgl. *ebda.*

[127] Vgl. Peter Auer, *Die Verhältnisse zwingen zur Bewirtschaftung*, Berlin 1993, S. 81 ff.

[128] Vgl. J. Fischer, *Die Berlinhilfe als Finanzproblem...*, S. 31 f.

Tabelle 62

Absatzgebiete der West-Berliner Industrien 1960 (in Prozent)[129]

Gebiet	Gesamte Industrie	Produktions-mittelindustrie	Verbrauchs-güterindustrie
Bundesrepublik	65	64	65
Ausland	10	15	5
West-Berlin	24	20	29
DDR	1	1	1

Tabelle 63

Auslastung des Beschäftigten- und Produktionspotentials in West-Berlin (1950–1961, in Prozent)[130]

	1950	1955	1960
Beschäftigtenpotential	74	86	97
	1950	1957	1961
Produktionspotential	63	94	96

Es gelang jedoch nicht, die Handelsbilanz auszugleichen und den Entwicklungsstand Westdeutschlands zu erreichen.

Tabelle 64

Handelsbilanz West-Berlins (1958–1960, in Mio. DM [West])[131]

	1958	1959	1960
Lieferungen nach			
Bundesgebiet	4.437	5.125	5.998
Ausland	875	926	975
DDR	68	71	72
Summe	5.380	6.122	7.074
Bezüge aus			
Westdeutschland	5.873	6.863	7.091
Ausland	626	847	889
DDR	198	181	184
Summe	6.697	7.891	8.164
Saldo	-1.317	-1.769	-1.117

[129] Zusammengestellt nach Material der Industrie- und Handelskammer Berlin. Vgl. B 137, Nr. 2818, o. Bl., BA, Koblenz.

[130] Vgl. C. Albrecht u. a., *Wirtschaftspolitik in Berlin...*, S. 20.

[131] Zusammengestellt nach Material der Industrie- und Handelskammer Berlin. Vgl. B 137, Nr. 2818, o. Bl., BA, Koblenz.

TABELLE 65

Daten zur Wirtschaftsentwicklung West-Berlins (1952–1961)[132]

	1952	1953	1954	1955	1956	1957	1958	1959	1960	1961
Bevölkerung+	2,17	2,21	2,19	2,20	2,22	2,22	2,23	2,21	2,20	2,20
Arbeitnehmer*	–	–	742	811	851	877	883	895	921	915
Arbeitslose*	268	228	188	144	114	91	80	59	32	19
Bruttosozialprd.#	5,1	5,6	6,3	7,3	8,2	9,0	9,7	10,8	12,0	13,2
Volkseinkommen#	3,9	4,5	5,1	5,8	6,5	7,1	7,8	8,2	8,9	9,7
Industrieumsatz#	3,02	3,50	4,18	5,11	5,88	6,39	6,72	7,46	8,59	9,46
Industriebeschft.*	183	197	218	250	269	283	291	296	315	323
Produktionsindex										
Berlin (1936 = 100)	51	62	76	94	107	114	119	133	153	167
Bund (1936 = 100)	138	154	172	200	216	229	237	255	244	302
Handelsbilanz°										
Lieferungen	2.080	2.570	3.090	3.910	4.615	5.070	5.375	6.125	7.050	7.865
Bezüge	3.310	3.830	4.325	5.095	5.730	6.360	6.695	7.890	8.165	8.600
Fehlbetrag	1.230	1.260	1.235	1.185	1.115	1.290	1.320	1.765	1.115	735
in % der Bezüge	37	33	29	23	19	20	20	22	14	9

+ In Mio. * In 1000. # In Mrd. DM (West) ° In Mio. DM (West).

Wenngleich die Wirtschafts- und Finanzpolitik durchaus erfolgreich war, konnte nicht übersehen werden, daß die ungünstigen Rahmenbedingungen eine länger andauernde Sonderstellung West-Berlins auf wirtschafts- und finanzpolitischem Gebiet zur Folge haben würden. Allerdings hatte sich die Lage bereits soweit stabilisiert, daß auf einzelne Maßnahmen oder Behörden verzichtet werden konnte. So schrieb Konrad Adenauer im Zusammenhang mit der Auflösung der bisherigen Behörde des Bundesbeauftragten für die Förderung der Berliner Wirtschaft zum Ende der 2. Legislaturperiode am 21. No-vember 1957 an Bucerius: „Wie Sie mir mit Schreiben vom 24. September mitgeteilt haben, hat die Berliner Wirtschaft entscheidende Fortschritte gemacht, so daß sie auf eine Hilfe des Bundes nur noch in bescheidenem Umfang angewiesen ist. Aus Ihren Darlegungen entnehme ich ferner, daß die Dienststelle des Bundesbeauftragten für die Berliner Wirtschaft den größten Teil der ihr bei der Gründung gestellten Aufgaben erfüllt hat."[133]

[132] Vgl. J. Nawrocki, *Brennpunkt Berlin....*, Anhang.

[133] Vgl. B 102, Nr. 19728, o. Bl., BA, Koblenz.

Haushaltswirtschaft

Ab 1952 erhöhten sich die öffentlichen Gesamteinnahmen West-Berlins kontinuierlich, die Anteile der Steuern am Landeshaushalt lagen durchschnittlich bei 35 Prozent, die Bundeshilfen gingen prozentual zurück, während die übrigen Verwaltungseinnahmen stiegen. Insgesamt war also eine Konsolidierung der West-Berliner Haushaltswirtschaft festzustellen.

Tabelle 66

Gesamteinnahmen und Einnahmestruktur der Landeshaushalte von West-Berlin (1952–1961, in DM [West] beziehungsweise Prozent)[134]

Jahr	Gesamteinnahmen	Steuern	Bundeshilfen	übrige Verwaltungseinnahmen
	(in 1000 DM [W])	(in Prozent)	(in Prozent)	(in Prozent)
1952	1.629.900,0	30,7	36,8	32,5
1953	1.646.300,0	34,6	41,5	24,0
1954	1.765.700,0	37,2	47,2	15,7
1955	2.055.600,0	32,9	45,2	21,9
1956	2.517.900,0	34,1	35,0	30,9
1957	2.662.500,0	33,7	37,7	31,7
1958	3.024.400,0	32,2	30,9	37,0
1959	3.061.600,0	33,8	29,2	37,0
1960*	2.394.600,0	37,0	26,1	36,9
1961	3.356.900,0	33,4	26,1	35,2

* Rumpfhaushalt.

Bei den Ausgaben fällt auf, daß die öffentlichen Übertragungen überproportional schnell anwuchsen und gegen Ende des Untersuchungszeitraums fast die Höhe der Personalkosten erreichten, die aber auch weiterhin die bedeutendste Ausgabenkategorie blieben. Die Ausgaben für das Notstandsprogramm stiegen bis 1955 schnell, um dann zunächst allmählich, später schneller abzusinken. Das Verhältnis von Investitionen zu Subventionen veränderte sich zunehmend zugunsten der Investitionen. Auch hier war also eine Entspannung zu beobachten, sieht man von den hohen Personalkosten und öffentlichen Übertragungen einmal ab.

[134] Zusammengestellt und berechnet nach den Haushaltsrechnungen.

Tabelle 67
Gesamtausgaben und Struktur ausgewählter Ausgaben im West-Berliner Haushalt (1952–1961, in Mio. DM [West])[135]

Jahr	Gesamt-ausgaben	Personal	Investi-tionen	Öffentliche Übertra-gungen	Subven-tionen	Notstand	Tilgungen
1952	1.483	480	234	264	48	28	44
1953	1.708	559	289	305	93	51	50
1954	1.822	595	267	320	106	128	58
1955	2.170	650	423	434	119	108	51
1956	2.512	745	486	599	125	82	55
1957	2.841	827	563	765	119	50	72
1958	3.158	891	588	840	120	26	76
1959	3.154	894	649	875	164	16	75
1960	3.510	979	807	939	149	21	81
1961	3.668	1.088	757	1.006	161	20	101

Veränderung der Lage infolge des Mauerbaus (1961)

Nach dem Bau der Berliner Mauer am 13. August 1961 verschlechterte sich die Lage für die Menschen in beiden Teilen der Stadt erheblich. Während Ost-Berlin besonders von der Unterbindung menschlicher Kontakte und der weiteren Beschränkung von Freiheiten und Menschenrechten betroffen war, wurde West-Berlins Lage als eingemauerte Stadt ohne Umlandverbindungen auf dem Territorium eines feindlichen Militärbündnisses als schwerer Schicksalsschlag empfunden.

Vor diesem Hintergrund waren West-Berlin und der Bund bemüht, das wirtschaftliche Potential Berlins zu erhalten, zu stärken und die kulturellen Leistungen zu intensivieren, um die Folgen der Berlinkrise von 1961 möglichst zu begrenzen. Dem dienten Sonderhilfen des Bundes, die die üblichen Berlinhilfen ergänzten. Es handelte sich um folgende Leistungen:

1. *Vor dem 13. August 1961:* Haushaltshilfen in Höhe von mehr als 1 Mrd. DM (West) jährlich; Lohn-, Einkommen- und Körperschaftsteuerpräferenzen von 20 Prozent; Abschreibungserleichterungen von bis zu 75 Prozent des Anschaffungswertes innerhalb von drei

[135] Zusammengestellt nach D. Cornelsen, *Finanzhilfe für West-Berlin...*, Anhang, Tabelle 1 a.

Jahren; Umsatzsteuervergütungen für westdeutsche Bezieher Berliner Waren; Bevorzugung bei der Vergabe öffentlicher Aufträge; Unterhaltung von Bundesbehörden in Berlin; Bundesgarantien für den Warenverkehr mit Berlin; Finanzierungshilfen aus ERP-Mitteln (zwischen 1949 und 1961 in Höhe von über 4,5 Mrd. DM [West]).

2. *Zusätzlich nach dem Mauerbau:* Erholungsbeihilfe für jeden West-Berliner (100 DM [West] für Erwachsene, 50 DM [West] für Kinder); Gewährung günstiger Familiengründungsdarlehen in Höhe bis zu 3000 DM (West), die bei der Geburt eines jeden Kindes um 25 Prozent ermäßigt werden konnten; Förderung der Arbeitsaufnahme in West-Berlin durch Reisekostenersatz, Gewährung eines festen Betrages zum Ausgleich des Mehraufwands für die Lebensführung in Berlin, Übernahme von Fahrtkosten für eine vierteljährliche Heimfahrt zur Familie und die Übernahme der Umzugskosten, falls der Wohnsitz nach West-Berlin verlegt wurde; Bau von Jugend- und Arbeiterwohnheimen und von Kindertagesstätten; zusätzliche Hilfen für den Wohnungsbau; Wirtschaftshilfe für unmittelbar durch die Abtrennung Ost-Berlins geschädigte Gewerbebetriebe; finanzielle Unterstützung der Berliner Filmproduktion und die Verbilligung von Flugreisen von und nach Berlin.[136]

Für die Sonderleistungen wurde von der Bundesregierung ein einmalig vorgesehener Rahmenbetrag von 500 Mio. DM (West) zur Verfügung gestellt. Darin waren auch die zusätzlich aus ERP-Mitteln gegebenen Beträge enthalten.[137] Ein Sonderkredit für ehemalige Grenzgänger aus dem ERP-Sondervermögen wurde beispielsweise am 13. September 1961 bewilligt.[138]

Darüber hinaus verlangte der Senat von der Bundesregierung eine Erweiterung der Einkommensteuerpräferenz von bisher 20 auf 30 Prozent und eine Senkung der Arbeitnehmerbeiträge zur Angestellten- und Invalidenversicherung von 7 auf 2 Prozent. Zur Begründung wurde auf den zu erwartenden Rückgang der West-Berliner Wohnbevölkerung nach dem 13. August 1961 hingewiesen, da die Zuwanderung aus dem Osten gestoppt war und die Abwanderung aus Berlin in das Bundesgebiet zunahm. Diese Forderungen wurden jedoch abgelehnt, übrigens mit dem Hinweis, daß der Bundeshaushalt nicht über unbegrenzte Mittel verfüge. Als Kompromiß schlug der Bundes-

[136] Vgl. B 137, Nr. 2818, o. Bl., BA, Koblenz.
[137] Vgl. *a. a. O.*, o. Bl.
[138] Vgl. *a. a. O.*, o. Bl.

wirtschaftsminister Ludwig Erhard vor, die Schaffung von Arbeitsplätzen in West-Berlin und den Zuzug von Westdeutschen durch finanzpolitische Maßnahmen zu fördern.[139]

Die Politik hatte also relativ schnell, wenn auch nicht konfliktlos auf die neue Situation reagiert. Sie bediente sich hierbei des in den fünfziger Jahren entstandenen Instrumentariums, das erweitert, aber nicht verändert wurde.

Dabei ging es trotz der unnormalen Situation darum, für die Entwicklung der Wirtschaft und für die Lebensverhältnisse im Rahmen des Möglichen normale Bedingungen zu schaffen. Der Wirtschaftssenator Karl Schiller forderte daher von der Bundesregierung die stärkere Beachtung der gemeinsamen Interessen West-Berlins und des Bundes: „Es gilt, die Lebensfähigkeit und Wettbewerbsfähigkeit zu erhalten, die mit den Wirtschaftsverhältnissen der freien Marktwirtschaft schritthalten muß. Daher genügt eine Erhaltung des jetzigen Status nicht. Berlin muß auch wirtschafts- und finanzpolitisch als ein Teil des westdeutschen Ganzen angesehen werden."

Die wirtschaftliche Situation hatte sich nach dem Mauerbau nicht verschlechtert, trotzdem wurden weitere Maßnahmen vorgeschlagen:

a. die Verstärkung der Investitionsmöglichkeiten und damit der Investitionen in Berlin,
b. die Verbesserung der Absatzlage,
c. eine stärkere Rücksichtnahme auf die Arbeitsmarktsituation durch die besondere Förderung der Anlage bestimmter Einkommensteile für den Wohnraumerwerb, die Erhöhung der Lohn-, Einkommen- und Köperschaftsteuerpräferenzen von bisher 20 auf 30 Prozent, die Kürzung der Arbeitnehmerbeiträge zur Rentenversicherung um fünf Siebentel und eine besondere Förderung von Mittel- und Kleinbetrieben.

Diese Vorschläge stellten eine Fortsetzung der wirtschafts- und finanzpolitischen Förderungsmaßnahmen für West-Berlin seit 1950 dar. Sie zielten, wie seinerzeit bereits der Longtermplan, darauf ab, den Verlust eines großen Teils der Dienstleistungsfunktionen durch eine entsprechende Förderung der Produktionsbetriebe zu kompensieren. Die Wirtschaft Berlins, so Schiller, mußte einen expandierenden Charakter haben, sie durfte nicht stationäre Wirtschaft sein. Dar-

[139] Vgl. *a. a. O.*, o. Bl.

in sah er auch eine „Vorbedingung für die kulturelle Entwicklung Berlins".[140]

Zusammenfassung

Auch nach der Einführung der DM (West) als alleiniges Zahlungsmittel in West-Berlin setzte der erwartete wirtschaftliche Aufschwung nicht ein. Im Gegenteil, die Folgen von Doppelwährungszeit und Blockade verschärften die ohnehin ungünstigen wirtschaftlichen Startbedingungen. Außerdem wies der Standort schwierige geopolitische und wirtschaftsgeographische Bedingungen auf. Der durch die Währungsumstellung bedingte Rückgang der öffentlichen Einnahmen und der gleichzeitig wachsende Finanzbedarf hatten bereits kurz nach der Spaltung Berlins zu einer Finanz- und Haushaltskrise geführt. Diese Probleme konnten von der Verwaltung nicht mit den klassischen Instrumentarien der Finanzpolitik gelöst werden, da die Möglichkeiten für Einsparungen und Neuverschuldung begrenzt waren.

Einen zentralen Platz nahmen daher Bemühungen zur Beschaffung von Mitteln Dritter für die Lösung der dringlichen Aufgaben ein. In einer ersten Phase, in welcher von der Annahme ausgegangen wurde, daß der Zuschußbedarf des West-Berliner Haushalts nur kurze Zeit andauern würde, gewährten die westlichen Alliierten, insbesondere die Vereinigten Staaten von Amerika, und das Vereinigte Wirtschaftsgebiet die notwendigen Hilfen. Sie wurden über GARIOA-Mittel, die Erträge einer Sondersteuer (Notopfer Berlin) und Haushaltszuwendungen der westdeutschen Länder finanziert. Hinzu kamen West-Berlin unentgeltlich gewährte Hilfen, vor allem im Zusammenhang mit der Luftbrücke. Von entscheidender Bedeutung für die Zukunft West-Berlins und gleichzeitig wichtigste Grundlage für die späteren Finanzbeziehungen zu Westdeutschland waren jedoch das Bekenntnis der westlichen Siegermächte zur Übernahme der Garantie für die Erhaltung der demokratischen Ordnung in den von ihnen besetzten Sektoren und die Entscheidung der West-Berliner für die politische und wirtschaftliche Ordnung der entstehenden Bundesrepublik. In einer zweiten Phase, die von Ende 1949 bis Mitte

[140] Vgl. *a. a. O*, o. Bl.

1951 dauerte, gewährte der Bund Zuschüsse an den Haushalt West-Berlins, die im Haushaltsjahr 1950/51 auf der Grundlage einer Verwaltungsvereinbarung geleistet wurden. Da aber das Finanzsystem der Bundesrepublik selbst im Aufbau begriffen war und der Übergang vom letzten Haushalt des Vereinigten Wirtschaftsgebietes zum ersten Bundeshaushalt von erheblichen Finanzierungsschwierigkeiten begleitet wurde, traten mehrmals Interessenkonflikte zwischen West-Berlin und dem Bund auf. Erst mit der Inkraftsetzung des Dritten Überleitungsgesetzes im Jahr 1951 wurden die Finanzbeziehungen zwischen dem Land Berlin und dem Bund denen zwischen dem Bund und den übrigen Bundesländern rechtlich gleichgestellt. Der Bund übernahm in West-Berlin Aufgaben, die bisher der Landesverwaltung auferlegt gewesen waren, dafür wurden die Bundessteuern und die Bundesanteile an anderen Steuern erhoben. Darüber hinaus wurden ein Bundeszuschuß zur Schließung der Deckungslücke im Haushalt sowie Bundesdarlehen gewährt. Die wichtigste Finanzierungsquelle war das Notopfer Berlin. Seine Erträge reichten jedoch nicht aus, um den gesamten infolge der besonderen Lage West-Berlins entstandenen Sonderfinanzbedarf zu decken. Jedenfalls begann mit dem Dritten Überleitungsgesetz eine dritte Phase, die trotz Modifizierungen bis zur Überwindung der Spaltung andauerte.

Die Wirtschafts- und Finanzpolitik beschränkte sich jedoch nicht auf diese Fragen. Neben Haushaltssubventionierungen wurde versucht, mit Sonderprogrammen, insbesondere mit dem sogenannten Notstandsprogramm, die Folgen der ungünstigen wirtschaftlichen Lage zu entschärfen. Darüber hinaus begann, unter anderem durch Umsatzsteuerpräferenzen, die Gewährung von finanziellen Garantien für Lieferungen von und nach West-Berlin und weitere Maßnahmen, eine gezielte Förderung des Standortes. Bereits in der ersten Hälfte der fünfziger Jahre setzte ein wirtschaftlicher Erholungsprozeß ein, der sich weiter verstärkte und schließlich an der Wende zu den sechziger Jahren zur Lösung der größten Probleme führte. Im Prinzip konnte sogar Vollbeschäftigung erreicht werden.

Obwohl die Finanz- und Wirtschaftspolitik das während der fünfziger Jahre entwickelte Instrumentarium also offensichtlich erfolgreich einsetzte, konnte die finanzielle Abhängigkeit vom übrigen Bundesgebiet nicht überwunden werden. Die politischen Unsicherheiten des Standortes und seine geographische Lage, abseits von Rohstoff- und Absatzmärkten, sowie der daraus resultierende besondere Finanzbedarf der öffentlichen Hand bedingten einen andauernden Bedarf des Landeshaushalts an Zuschüssen und der Wirtschaft an Subventionen und Präferenzen. Das Grundgerüst dafür wurde bis zum Ende der sechziger Jahre geschaffen.

RESÜMEE UND AUSBLICK

Unterschiedliche Ursachen für die finanzpolitischen Problemfälle West- und Ost-Berlin

Bis zum Ende der fünfziger Jahre war die Einbeziehung beider Teile Berlins in die Wirtschafts- und Finanzsysteme der jeweiligen Staaten in Deutschland weitgehend abgeschlossen. Spätere Veränderungen, sei es bei den Präferenzen, Hilfen und Sonderprogrammen für West-Berlin oder hinsichtlich des Verhältnisses zwischen Zentralisierung und Dezentralisierungsversuchen in Ost-Berlin, haben die zuvor entstandenen Grundlagen der Finanzpolitik für und in West- beziehungsweise Ost-Berlin nicht wesentlich geändert. Obwohl durch völlig andere Ursachen bedingt, sind beide Teilstädte Subventionsempfänger geblieben.

Die schwierige Lage der West-Berliner Wirtschaft nach Währungsreform und Blockade, der Verlust traditioneller Absatzmärkte und das zeitweilige Zurückbleiben hinter der westdeutschen und westeuropäischen wirtschaftlichen Entwicklung hatten eine Verschlechterung des Finanzstatus zur Folge und erforderten schließlich eine dauerhafte Subventionierung des Wirtschaftsstandortes. Dabei fällt auf, daß zwei Kardinalprobleme die ursprünglich nicht beabsichtigte Dauerhaftigkeit der Berlinförderung durch die Bundesrepublik verursacht haben.

Zum einen war die politische Lage um West-Berlin bis zum Fall der Mauer im Prinzip nicht sicher. Obwohl sich die akuten Bedrohungen seit dem Beginn der siebziger Jahre vermindert hatten, wirkte sich die geopolitische Lage der Teilstadt inmitten des östlichen Bündnisgebiets weiterhin als negativer Standortfaktor aus. Die Konsequenzen gingen dabei über rein wirtschaftliche Folgen hinaus. Daher wurde besonders seit dem Mauerbau höchste Aufmerksamkeit darauf gerichtet, die Lebensqualität in West-Berlin zu erhalten und zu verbessern, um einerseits möglichst viel Normalität für die Berliner selbst zu schaffen und andererseits Westdeutsche und Westeuropäer zum Besuch oder zur Übersiedlung zu motivieren. Berlin auf diese

Weise im Bewußtsein der westdeutschen Bevölkerung und in Westeuropa wachzuhalten, war ein innen- wie außenpolitisches Gebot.

Zum anderen erwuchsen aus der wirtschaftsgeographischen Lage Probleme. Unabhängig von der Sicherheit der Transportwege von und nach West-Berlin, und diese spielte bei Entscheidungen für oder gegen den Standort oftmals eine besondere Rolle, wirkten sich die Entfernungen in den meisten Fällen kostenerhöhend aus. Auch nachdem sich West-Berliner Unternehmen auf neue Rohstoff- und Absatzmärkte orientiert hatten, blieb dieses Defizit weiter bestehen. Nicht umsonst wurde der Ausgleich der damit verbundenen Negativwirkungen von der Berlinförderung besonders thematisiert.

Die Hilfen für West-Berlin bestanden aus unterschiedlichen Maßnahmen, die man in drei Komplexen zusammenfassen kann: Zuschüsse des Bundes zum Landeshaushalt, ein Präferenzsystem für die Wirtschaft und Vergünstigungen für die Einwohnerschaft. Damit besaß die West-Berliner Finanzpolitik ein entwickeltes Instrumentarium, daß sie im Prinzip erfolgreich anzuwenden verstand. Trotzdem blieb West-Berlin ein „Probefall für die Marktwirtschaft" (Karl Schiller). Die Ursachen, die zur Abhängigkeit der Wirtschaft und des öffentlichen Haushalts von auswärtigen Hilfen geführt hatten, waren nämlich weder durch den Einsatz dieser noch anderer Instrumentarien zu bezwingen. Sie ergaben sich vielmehr als Spätfolge aus der Nachkriegsordnung, also aus der Spaltung Berlins, Deutschlands und Europas in zwei unterschiedliche Ordnungs- und Wirtschaftssysteme. Erst deren Überwindung würde also die Chance bieten, die Probleme der Teilstadt zu lösen, obwohl sie weder automatisch Lösungen produzieren noch Normalität zu schaffen imstande wäre.

In Ost-Berlin war die Situation anders. Obwohl auch hier die bisherigen Rohstoff- und Absatzmärkte zum großen Teil nicht mehr zur Verfügung standen, hatte die Orientierung auf die Wirtschaft der Sowjetunion und des Ostblocks kaum Auswirkungen auf Absatz und Beschäftigung und daher auch nicht unmittelbar auf die Einnahmen oder den Finanzbedarf der öffentlichen Hand. Mittelbar waren die Auswirkungen allerdings beträchtlich. Die Defekte der planwirtschaftlichen Ordnung, insbesondere die Entkoppelung von Produktivität und Kosten, hatten Ausgaben Ost-Berlins für die sogenannte örtliche Wirtschaft zur Folge, die unter anderen Umständen nicht zustande gekommen wären. Darüber hinaus mußte versucht werden, andere Fehlentwicklungen teilweise zu kompensieren. Die mittelstandsfeindliche Politik der SED/DDR-Führung führte dazu, daß private Unternehmen in Industrie, Handwerk und im agrarischen Sektor enteignet und dabei zum Teil liquidiert wurden. Der öffentlichen Hand entstanden dadurch nicht nur Einnahmeverluste bei Steuern und Abgaben. Ihr erwuchs außerdem ein Finanzbedarf, da der Staat als Gebietskörperschaft Verpflichtungen erfüllen mußte, die eigentlich nicht zu seinen originären Aufgaben gehörten. Öffentliche Mittel mußten wiederholt für rein politische Ziele (Subventionierung politischer Organisationen, Veranstaltungen etc.) aufgewendet werden, ohne daß Wirtschaftlichkeitsfragen beachtet worden wären. Die Differenzen zwischen güterwirtschaftlichen und finanziellen Prozessen entwerteten die Instrumente der Finanzpolitik zusätzlich. Diese Defizite traten bereits frühzeitig zu Tage, eine Lösung war allein durch deren Erkennen nicht möglich. Nur die Überwindung der Wirtschaftsordnung selbst hätte die öffentliche Hand dazu in die Lage versetzt.

Die Möglichkeit, gestaltende Finanzpolitik zu betreiben, war in Ost-Berlin also sehr begrenzt. Der hohe Grad an Zentralisierungen in Politik, Wirtschaft und Gesellschaft schränkte die Spielräume für die Regionen zusätzlich ein. Zur zentralen Wirtschaftsplanung gehörte eine nicht minder zentrale Finanzplanung. Die verschiedenen, in der Regel vorsichtigen Dezentralisierungsversuche scheiterten immer dann, wenn sie an die von der Ordnung oder dem Wirtschaftssystem vorgegebenen Grenzen stießen. Während Ost-Berlin in der ersten Hälfte der fünfziger Jahre jährlich große Summen an den zentralen Haushalt der DDR abführte, war es seit 1957 Subventionsempfänger. Im Unterschied zu West-Berlin war dies aber in erster Linie Ausdruck des für die DDR typischen zentralstaatlichen Systems der Finanzverfassung und nur in zweiter Linie, wenn überhaupt, Ergebnis der Sonderrolle Ost-Berlins. Alle ostdeutschen Gebietskörperschaften verfügten zwar über eigene Einnahmen, waren aber in jedem Fall auf Zuweisungen von der Zentrale angewiesen.

Zunächst wurde Ost-Berlin gegenüber den anderen Regionen Ostdeutschlands keineswegs bevorzugt. Eigentlich erforderliche Investitionen unterblieben, die traditionellen Branchen gerieten vor dem Hintergrund der DDR-Investitionsprogramme der fünfziger Jahre in Schwierigkeiten. Erst im Zusammenhang mit der politischen Entscheidung, Ost-Berlin als Hauptstadt des zweiten deutschen Staates zu einem repräsentativen „Schaufenster des Sozialismus“ auszubauen, begann eine zielgerichtete ostdeutsche Berlinförderung. Diese erstreckte sich auf die Fortsetzung und Forcierung der im Vergleich zur übrigen DDR besseren Versorgung mit Konsumgütern, den Wohnungsbau, den Ausbau der kommunalen Infrastruktur und den Aufbau eines möglichst repräsentativen Regierungssitzes. Die dafür entwickelten Stadtgestaltungsprogramme konnten aber nicht vollständig und meist später als vorgesehen verwirklicht werden. Finanzielle Mittel und Investitionsgüter wurden nicht nur aus dem Haushalt Ost-Berlins selbst, sondern auch von der Zentrale und anderen Gebietskörperschaften zur Verfügung gestellt. Da die Sonderstellung Ost-Berlins also nicht in einer besseren Finanzausstattung des städtischen Haushalts, sondern in der bevorzugten Zuteilung knapper Konsum- und Investitionsgüter bestanden hat, war eine finanzstatistische Quantifizierung nicht nur weitgehend unmöglich, sondern auch weniger interessant. Da die der DDR-Hauptstadt zugeteilten Güter wegen des herrschenden Gütermangels anderen Regionen nicht mehr zur Verfügung standen, wurde der Auf- und Ausbau Ost-Berlins also mit wachsenden regionalen Disproportionen erkauft. Ähnliches war übrigens im Verhältnis der Bezirkshauptstädte zu den Städten zu beobachten, in denen die Kreisverwaltungen ansässig waren, oder im Verhältnis der Kreisstädte zu den übrigen Stadt- und Landgemeinden. Auch hier hätte nur die Überwindung des politischen und wirtschaftlichen Systems Chancen für die erforderlichen Veränderungen, insbesondere für die Einführung der kommunalen Selbstverwaltung eröffnet.

Interpretation der Entwicklung auf der Grundlage der Haushaltsdaten

Angesichts der gravierenden Unterschiede mag ein über den Vergleich der Finanzpolitik hinausgehender finanzstatistischer Datenvergleich wenig sinnvoll erscheinen. Trotzdem erweist er sich, wenn vorsichtig gehandhabt, als nützlich. Selbstverständlich ist es nicht möglich, die Haushaltsdaten beider Stadthälften direkt zu vergleichen. Die Ost-Berliner Angaben zu den Globalzahlen müssen zunächst bereinigt werden, um den Betrag zu erhalten, der je Rechnungsjahr für die städtischen Aufgaben wirklich zur Verfügung stand (ANHANG, TABELLE 7). Auch dann verbietet sich wegen der Probleme im Zusammenhang mit den Kursen zwischen DM (Ost) und DM (West) und hinsichtlich der Preisbasis der unmittelbare Vergleich. Anders verhält es sich aber mit der Untersuchung von Trends und dem Vergleich mit Haushalten anderer Gebietskörperschaften des jeweiligen Wirtschaftsgebiets.

Die These, daß sich die jeweils typische Form von Finanzpolitik bis zum Beginn der sechziger Jahre herausgebildet hat, wird auch durch eine Gegenüberstellung des jährlichen Wachstums der Haushalte erhärtet. Bis zu diesem Zeitpunkt hatten sich die jährlichen Schwankungsbreiten nämlich angeglichen (ANHANG, GRAFIK 15). Während die Schwankungsunterschiede zwischen West-Berlin und Hamburg von Anfang an relativ gering waren, flachten die Schwankungen selber seit Beginn der sechziger Jahre deutlich ab (ANHANG, GRAFIK 8). Die während der fünfziger Jahre extrem unterschiedlichen Zuwachsraten des Haushalts von Ost-Berlin und der übrigen nichtzentralen Haushalte in der DDR wurden ebenfalls ab 1959/60 nivelliert (ANHANG, GRAFIK 5). Auffällig ist darüber hinaus eine parallele Entwicklung bei den Haushaltsvolumen. Setzt man den Ost-Berliner Haushalt für das Rechnungsjahr 1950 als relativ „normalen" Etat gleich 100 – die unmittelbar folgenden Jahre kommen wegen ihrer Sonderstellung nicht in Frage –, ist eine deutliche Trendwende vom relativ kontinuierlich-langsamen zum relativ kontinuierlich-schnellen Wachstum Ende der sechziger, Anfang der siebziger Jahre zu beobachten (ANHANG, GRAFIK 6). Nahezu die gleiche Zäsur ergibt sich für West-Berlin, für das der „normale" Etat 1953 als Basiswert gewählt wurde (ANHANG, GRAFIK 9). Hingewiesen werden soll auch darauf, daß sich die Anteile der Steuern und Abgaben (ANHANG, GRAFIK 13), der Verwaltungseinnahmen (ANHANG, GRAFIK 14) und der Bundes- beziehungsweise DDR-Zuschüsse (ANHANG, GRAFIK 12) an den Gesamteinnahmen seit Ende der fünfziger Jahre in West- und Ost-Berlin viel weniger unterschieden haben als ursprünglich angenommen.

Diese Gemeinsamkeiten könnten selbstverständlich mehr oder minder zufällig sein und beispielsweise daraus resultieren, daß Kursprobleme und Preisentwicklungen, wie bereits erwähnt, nicht hinreichend berücksichtigt werden konnten. Es bietet sich aber noch eine andere Interpretation an. Unbeschadet der unterschiedlichen Ordnungen haben sich bestimmte Strukturen der Haushalte, die historisch betrachtet vor allem aus den kommunalen Aufgaben erwachsen sind, in beiden Teilen Berlins im Prinzip erhalten. Damit wären also auch nach mehreren Jahrzehnten der Spaltung gemeinsame Wurzeln zu erkennen.

Auf einen Vergleich der Ausgabenstruktur mußte hingegen nach einigen Versuchen leider verzichtet werden. Namentlich die Ausgabennomenklatur der Ost-Berliner Hauhaltsrechnungen war einem so häufigen Wandel ausgesetzt, daß das Aufstellen langer Datenreihen unter dem Gesichtspunkt der Vergleichbarkeit der einzelnen Rechnungsjahre untereinander, aber auch mit West-Berlin oder den nichtzentralen DDR-Haushalten nicht sinnvoll war.

Der Vergleich der Beteiligung der Stadtbezirke an den Einnahmen und Ausgaben der jeweiligen Teilstadt (ANHANG, GRAFIK 11) zeigt ein gravierend unterschiedliches Verfahren. Während in West-Berlin die Bezirke über relativ geringe eigene Einnahmen verfügten und daher die erforderlichen Mittel zum größten Teil aus dem Landeshaushalt zur Verfügung gestellt werden mußten, hatten die Ost-Berliner Bezirke ausreichende eigene Einnahmen, um ihre Verwaltungsaufgaben finanzieren zu können. Daraus aber auf eine höhere kommunale Selbständigkeit der Ostbezirke zurückschließen zu wollen, ginge, wie bereits ausgeführt, an der Wirklichkeit vorbei. Die Grafik gibt also nur Auskunft über die Organisation der Finanzbeziehungen zwischen Haupt- und Bezirksverwaltungen, nicht über ihre konstitutionelle Qualität und auch nicht über ihre Effizienz.

Bei einem Vergleich der Daten des Ost- und Westteils von Berlin mit denen der öffentlichen Haushalte von Gebietskörperschaften in beiden deutschen Staaten fällt auf, daß weder West- noch Ost-Berlin haushaltspolitisch bessergestellt war. Trotz der erheblichen Bundeshilfen standen West-Berlin nur unwesentlich mehr Mittel zur Verfügung als Hamburg, bis zur Mitte der sechziger Jahre sogar deutlich weniger (ANHANG, TABELLE 13). Auch für Ost-Berlin trifft das gleiche für den Zeitabschnitt vom Ende der sechziger bis zur Mitte der achtziger Jahre zu, abgesehen von einigen wenigen Ausnahmen. Seit Mitte der achtziger Jahre aber wurden die Zuführungen an Ost-Berlin, in offensichtlichem Zusammenhang mit dem beschleunigten Hauptstadtaufbauprogramm der letzten DDR-Regierungen, überproportional erhöht (ANHANG, TABELLEN 9 und 10). Das Wachstum des Ost-Berliner Haushalts vollzog sich insgesamt aber in der gleichen Weise wie das Wachstum der übrigen nichtzentralen Haushalte, wenn auch von einer günstigeren Basis ausgehend (ANHANG, GRAFIKEN 3, 5 und 6).

Allerdings soll auf einen wichtigen Unterschied hingewiesen werden. Während die Hilfen für West-Berlin in den Landeshaushalten ausgewiesen wurden (ANHANG, TABELLE 12), spiegelten sich die Sonderaufwendungen der DDR für ihre Hauptstadt nicht in den Zuführungen aus dem zentralen DDR-Haushalt an den Haushalt von Ost-Berlin (ANHANG, TABELLE 11) wider. Das komplizierte Finanzierungssystem für Ost-Berlin wurde weiter oben erläutert. Quantifizieren läßt es sich jedoch nicht. Ein Vergleich der Zuschüsse an West- und Ost-Berlin ist jedenfalls nicht sinnvoll.

Perspektiven für eine Normalisierung

Mit den politischen Umbrüchen der Jahre 1989/90 ist die europäische Nachkriegsgeschichte zu Ende gegangen. Damit ist auch die historische Situation weggefallen, die den vier Jahrzehnte andauernden Subventionsbedarf der bisherigen Stadthälften Berlins begründet hatte. Mit der Überwindung der politischen Insellage West-Berlins und des realsozialistischen Ordnungs- und Wirtschaftssystems in Ost-Berlin wurden die entscheidenden und kaum noch erhofften Voraussetzungen dafür geschaffen, daß Berlin seinen historisch tradierten Platz in der deutschen und europäischen Wirtschafts- und Finanzgeschichte wieder einnehmen kann.

Allerdings genügt die Veränderung der Rahmenbedingungen allein nicht, um die bisherigen Defizite zu überwinden. Die durch die Orientierung der West-Berliner Industrien auf die westlichen Märkte bedingten Besonderheiten für Produktion, Absatz und Kosten existieren vorerst weiter. Der schnelle Abbau der bisherigen Förderinstrumentarien hat vor diesem Hintergrund dazu geführt, daß die zunächst fortwirkenden Standortnachteile Berlins einen Teil der Wirtschaft zur Abwanderung oder Aufgabe ihrer Berliner Unternehmen veranlaßten. Das betraf auch Industrien, die sich unter bereits normalen wirtschaftlichen Verhältnissen durchaus für ein Verbleiben in der Stadt entschieden hätten. Im ehemaligen Ostteil Berlins hat dagegen eine Strukturkrise eingesetzt, die in gleicher Weise dramatisch verläuft wie die Krise in West-Berlin nach Währungsreform, Spaltung und Blockade. Sogar die Ursachen sind teilweise ähnlich, da auch hier die bisherigen Absatztmärkte weitgehend weggebrochen sind. Allerdings ist die Ost-Berliner Situation sowohl schwieriger als auch einfacher: schwieriger, weil das bisherige Wirtschafts- und Ordnungssystem die industriellen Vermögen in einem beklagenswerten Zustand zurückgelassen und die Bildung relevanter privater Vermögen verhindert hat, und einfacher, weil die vorausgehenden Umbrüche friedlich, also ohne materielle Zerstörungen vollzogen werden konnten und die Bundesrepublik Deutschland zum Zeitpunkt des Beitritts der DDR zum Geltungsbereich des Grundgesetzes wirtschaftlich wesentlich stärker war, als die entstehende Bundesrepublik während der West-Berliner Krise nach 1948.

Damit Berlin also wieder in die Lage versetzt wird, seine Aufgaben aus eigenen Einnahmen finanzieren zu können, ist eine längere Rückkehrphase zur wirtschafts- und finanzpolitischen Normalität erforderlich. Eine schnelle Abkehr von der bisherigen Berlinförderung im Westteil würde einen Strukturumbruch erzwingen, der wenig kontinuierlich und für den Standort insgesamt nachteilig wäre, auch weil die Industrien im ehemaligen Westteil für die Gesamtstadt wegen des zu erwartenden längeren wirtschaftlichen Gesundungsprozesses im ehemaligen Ostteil von existentieller Bedeutung sind. Die Rückverlegung des deutschen Parlaments- und Regierungssitzes nach Berlin kann diese Entwicklungen positiv beeinflussen, eine Rekonstruktion der vor dem Zweiten Weltkrieg bestehenden wirtschaftlichen Strukturen mit ihrem Verhältnis von Dienstleistungen und gewerblicher Wirtschaft wird damit aber nicht eintreten und sollte auch nicht gewünscht werden. Dem stehen schon die bisherigen Strukturwandlungen und die nationale wie internationale Entwicklung entgegen. Ein viel schwerwiegenderes, die Existenz der Stadt betreffendes Problem scheint aber darin zu bestehen, daß sich Berlin nicht länger als zwei mehr oder weniger unverbundene Teile definiert, sondern als modernes Gemeinwesen, das seine Zukunft in eigener Verantwortung gestalten kann und muß.

ANHANG

Datenreihen und Grafiken

Groß-Berlin 1945–1948

TABELLE 1

Struktur der Quartalshaushaltspläne 1945/46 (nach den Haushaltsplänen, in RM)

Haushaltsabeschnitt	III. Quartal 1945 (1. 6. 45–30. 9. 45)		IV. Quartal 1945 (1. 10. 45–31. 12. 45)		I. Quartal 1946 (1. 1. 46–31. 3. 46)		Summe der Quartale (Resthaushaltsjahr 1945/46)	
	Einnahmen	Ausgaben	Einnahmen	Ausgaben	Einnahmen	Ausgaben	Einnahmen	Ausgaben
A. Bezirksverwaltungen								
I.1 Allgemeine Verwaltung	932.500	10.206.230	167.390	7.121.890	310.360	310.360	1.410.250	10.683.980
I.2 Arbeitseinsatz	720.000	47.800.000	21.090	19.290.580	1.610	3.229.830	742.700	51.050.920
I.3 Ernährungswesen	0	3.336.250	3.025.580	3.290.680	3.018.240	4.319.520	6.043.820	10.681.350
I.4 Wirtschaft	358.950	1.362.140	310.010	1.499.010	319.460	1.616.270	988.420	3.288.420
II. Polizeiverwaltung	100	10.350	0	0	0	0	100	10.350
III. Bauverwaltung	165.680	3.601.600	310.940	4.158.310	551.760	4.044.910	1.028.380	7.957.450
IV. Wohnungswesen	127.100	1.367.550	86.310	991.310	183.320	1.646.680	396.730	3.100.540
V. Schulwesen	1.002.520	10.388.660	1.037.070	18.366.780	1.642.230	18.612.880	3.681.820	30.038.610
VI. Volksbildung	729.150	1.329.580	635.980	1.849.240	391.130	1.541.620	1.756.260	3.507.180
VII. Sozialwesen	660.340	61.806.740	760.150	37.669.080	1.150.040	46.697.560	2.570.530	109.264.450
VIII. Gesundheitswesen	7.026.280	16.847.609	5.285.970	14.290.850	5.600.330	18.836.390	17.912.580	40.969.969
IX. Sonstige gemeins. Einrichtungen	1.645.630	3.717.300	2.751.810	3.919.600	2.895.310	4.180.130	7.292.750	10.649.240
Summe:	13.368.250	161.744.000	14.392.300	112.447.330	16.063.790	105.036.150	43.824.340	281172.450

TABELLE 1 (Fortsetzung)

Struktur der Quartalshaushaltspläne 1945/46 (nach den Haushaltsplänen, in RM)

Haushaltsabeschnitt	III. Quartal 1945 (1. 6. 45–30. 9. 45)		IV. Quartal 1945 (1. 10. 45–31. 12. 45)		I. Quartal 1946 (1. 1. 46–31. 3. 46)		Summe der Quartale (Resthaushaltsjahr 1945/46)	
	Einnahmen	Ausgaben	Einnahmen	Ausgaben	Einnahmen	Ausgaben	Einnahmen	Ausgaben
B. Hauptverwaltung								
XI.1 Allgemeine Verwaltung	0	566.150	26.000	1.037.180	299.540	1.642.000	325.540	3.245.330
XI.2 Arbeitseinsatz	0	133.000	0	4.315.400	110.000	7.810.000	110.000	12.258.400
XI.3 Ernährungswesen	151.800	2.716.200	1.248.500	2.271.120	1.207.870	1.962.000	2.608.170	6.949.320
XI.4 Wirtschaft	13.500	363.070	120.200	639.170	266.000	943.070	399.700	1.945.310
XII. Polizeiverwaltung	849.000	16.033.100	1.463.000	17.584.170	2.307.370	25.147.150	4.619.370	58.764.420
XIII. Bauverwaltung	400.000	880.000	332.600	1.001.900	732.300	1.138.640	1.464.900	3.020.540
XIV. Wohnungswesen	0	102.200	0	240.800	10.000	347.140	10.000	690.140
XV. Schulwesen	179.470	1.765.960	2.902.760	7.544.700	2.757.580	8.774.460	5.839.810	18.085.120
XVI. Volksbildung	842.510	3.844.190	4.407.450	5.360.070	257.110	2.791.070	5.507.070	11.995.330
XVII. Sozialwesen	0	520.200	12.110	2.813.900	11.000	3.704.790	23.110	7.038.890
XVIII. Gesundheitswesen	566.040	5.748.480	628.850	7.787.240	671.410	6.206.640	1.866.300	19.742.360
XIX. Eigenbetriebe	11.001.520	20.428.560	8.911.710	8.002.890	17.257.720	9.024.440	37.170.950	37.455.890
XX. Finanzverwaltung	3.130.220	33.184.740	2.612.590	18.760.740	0	0	5.742.810	51.945.480
XXI. Städtische Steuerverwaltung	20.000	785.000	0	1.423.000	1.840.000	9.321.790	1.860.000	11.529.790
XXII. Frühere Staatssteuerverwaltung	962.000	7.693.400	1.305.000	6.112.400	3.012.070	14.663.410	5.279.070	28.469.210
Summe:	18.116.060	94.745.220	23.970.770	84.955.620	30.739.970	93.613.220	72.826.800	273.314.060

C. Betreute ehemalige Reichs- und Staatsbehörden

I. Allgemeines	5.255.500	16.387.750	14.009.110	22.408.920	13.658.700	23.685.700	32.923.310	62.482.370
II. Bildung (ab Juni 45 Schulw.)	813.370	6.171.770	678.080	7.645.600	88.540	1.955.520	1.579.990	15.772.890
III. Museen (ab Juni/Okt. 45 Volksbild.)	2.150	347.280	7.050	1.350.960	2.200	1.044.180	11.400	2.742.420
IV. Bibliotheken	0	553.360	–	–	–	–	0	553.360
V. Gesundheitswesen	3.150	291.990	43.230	239.580	0	0	46.380	531.570
Summe:	6.074.170	23.752.150	14.737.470	31.645.060	13.776.440	26.685.400	34.588.080	82.082.610

D. Außerordentliche Verpflichtungen

I. Rücklage f. Reparationszahlg.	0	4.000.000	0	1.000	0	1.000	0	4.002.000
II. Besatzungskosten	0	6.000.000	0	18.000.000	0	40.000.000	0	64.000.000
Handel und Landwirtschaft							0	0
1. unmittelbar	1.200.000	2.400.000	900.000	1.800.000	900.000	1.800.000	3.000.000	6.000.000
2. durch Kredit	0	1.000.000	0	750.000	0	750.000	0	2.500.000
III. Wiederinstandsetzung	20.000.000	20.000.000	26.000.000	26.000.000	30.000.000	30.000.000	76.000.000	76.000.000
Summe:	21.200.000	33.400.000	26.900.000	46.551.000	30.900.000	72.551.000	79.000.000	152.502.000

E. Deckungsplan

I. Aus städtischen Steuern	36.636.000	0	35.350.000	0	54.900.000	0	126.886.000	0
II. Aus früheren Staatssteuern					25.000.000*	0	25.000.000*	0
1. Besitz- und Verkehrsteuern	48.120.000	0	72.397.000	0	113.670.000	0	234.187.000	

TABELLE 1 (Fortsetzung)

Struktur der Quartalshaushaltspläne 1945/46 (nach den Haushaltsplänen, in RM)

Haushaltsabeschnitt	III. Quartal 1945 (1. 6. 45–30. 9. 45)		IV. Quartal 1945 (1. 10. 45–31. 12. 45)		I. Quartal 1946 (1. 1. 46–31. 3. 46)		Summe der Quartale (Resthaushaltsjahr 1945/46)	
	Einnahmen	Ausgaben	Einnahmen	Ausgaben	Einnahmen	Ausgaben	Einnahmen	Ausgaben
2. Zölle und Verbrauchsteuern	1.100.000	0	10.540.000	0	7.200.000	0	18.840.000	0
III. Aus Defizitkrediten	169.056.890	0	77.302.470	0	12.230.570	0	258.589.930	0
Summe:	254.912.890	0	195.589.470	0	213.000.570	0	663.502.930	0
HAUPTSUMME:	313.671.370	313.671.370	275.599.010	275.599.010	304.480.770	304.480.770	893.751.150	893.751.150

• Sondereinnahmen aus Steuerausständen.

TABELLE 2

Struktur der Quartalshaushaltspläne 1945/46 (nach den Haushaltsplänen, in Prozent)

Haushaltsabeschnitt	III. Quartal 1945 (1. 6. 45–30. 9. 45)		IV. Quartal 1945 (1. 10. 45–31. 12. 45)		I. Quartal 1946 (1. 1. 46–31. 3. 46)		Summe der Quartale (Resthaushaltsjahr 1945/46)	
	Einnahmen	Ausgaben	Einnahmen	Ausgaben	Einnahmen	Ausgaben	Einnahmen	Ausgaben
A. Bezirksverwaltungen								
I.1 Allgemeine Verwaltung	0,30	3,25	0,06	2,58	0,10	0,10	0,16	1,98
I.2 Arbeitseinsatz	0,23	15,24	0,01	7,00	0,00	1,06	0,08	7,77
I.3. Ernährungswesen	0,00	1,06	1,10	1,19	0,99	1,42	0,68	1,22
I.4 Wirtschaft	0,11	0,43	0,11	0,54	0,10	0,53	0,11	0,50
II. Polizeiverwaltung	0,00	0,00	0,00	0,00	0,00	0,00	0,00	0,00

III. Bauverwaltung	0,05	1,15	0,11	1,51	0,18	1,33	0,12	1,33
IV. Wohnungswesen	0,04	0,44	0,03	0,36	0,06	0,54	0,04	0,45
V. Schulwesen	0,32	3,31	0,38	6,66	0,54	6,11	0,41	5,36
VI. Volksbildung	0,23	0,42	0,23	0,67	0,13	0,51	0,20	0,53
VII. Sozialwesen	0,21	19,70	0,28	13,67	0,38	15,34	0,29	16,24
VIII. Gesundheitswesen	2,24	5,37	1,92	5,19	1,84	6,19	2,00	5,58
IX. Sonstige gem. Einrichtungen	0,52	1,19	1,00	1,42	0,95	1,37	0,82	1,37
Summe:	4,26	51,56	5,22	40,80	5,28	34,50	4,90	42,33
B. Hauptverwaltung								
XI.1 Allgemeine Verwaltung	0,00	0,18	0,01	0,38	0,10	0,54	0,04	0,36
XI.2 Arbeitseinsatz	0,00	0,04	0,00	1,57	0,04	2,57	0,01	1,37
XI.3 Ernährungswesen	0,05	0,87	0,45	0,82	0,40	0,64	0,29	0,78
XI.4 Wirtschaft	0,00	0,12	0,04	0,23	0,09	0,31	0,04	0,22
XII. Polizeiverwaltung	0,27	5,11	0,53	6,38	0,76	8,26	0,52	6,58
XIII. Bauverwaltung	0,13	0,28	0,12	0,36	0,24	0,37	0,16	0,34
XIV. Wohnungswesen	0,00	0,03	0,00	0,09	0,00	0,11	0,00	0,08
XV. Schulwesen	0,06	0,56	1,05	2,74	0,91	2,88	0,65	2,02
XVI. Volksbildung	0,27	1,23	1,60	1,94	0,08	0,92	0,62	1,34
XVII. Sozialwesen	0,00	0,17	0,00	1,02	0,00	1,22	0,00	0,79

TABELLE 2 (Fortsetzung)

Struktur der Quartalshaushaltspläne 1945/46 (nach den Haushaltsplänen, in Prozent)

Haushaltsabeschnitt	III. Quartal 1945 (1. 6. 45–30. 9. 45)		IV. Quartal 1945 (1. 10. 45–31. 12. 45)		I. Quartal 1946 (1. 1. 46–31. 3. 46)		Summe der Quartale (Resthaushaltsjahr 1945/46)	
	Einnahmen	Ausgaben	Einnahmen	Ausgaben	Einnahmen	Ausgaben	Einnahmen	Ausgaben
XVIII. Gesundheitswesen	0,18	1,83	0,23	2,83	0,22	2,04	0,21	2,21
XIX. Eigenbetriebe	3,51	6,51	3,23	2,90	5,67	2,96	4,16	4,19
XX. Finanzverwaltung	1,00	10,58	0,95	6,81	0,00	0,00	0,64	5,81
XXI. Städt.-Steuerverwaltg.	0,01	0,25	0,00	0,52	0,60	3,06	0,21	1,29
XXII. Früh. Staatsst.verwaltg.	0,31	2,45	0,47	2,22	0,99	4,82	0,59	3,19
Summe:	5,78	30,21	8,70	30,83	10,10	30,75	8,15	30,58
C. Betreute ehemalige Reichs- und Staatsbehörden								
I. Allgemeines	1,68	5,22	5,08	8,13	4,49	7,78	3,68	6,99
II. Bildung (ab Juni 45 Schulw.)	0,26	1,97	0,25	2,77	0,03	0,64	0,18	1,76
III. Museen (ab Juni/ Okt. 45 Volksbildung)	0,00	0,11	0,00	0,49	0,00	0,34	0,00	0,31
IV. Bibliotheken	0,00	0,18	0,00	0,00	0,00	0,00	0,00	0,06
V. Gesundheitswesen	0,00	0,09	0,02	0,09	0,00	0,00	0,01	0,06
Summe:	1,94	7,57	5,35	11,48	4,52	8,76	3,87	9,18

D. Außerordentliche Verpflichtungen

I. Rücklagen f. Reparationsz.	0,00	1,28	0,00	0,00	0,00	0,00	0,00	0,45
II. Besatzungskosten	0,00	1,91	0,00	6,53	0,00	13,14	0,00	7,16
Handel und Landwirtschaft	0,00	0,00	0,00	0,00	0,00	0,00	0,00	0,00
1. unmittelbar	0,38	0,77	0,33	0,65	0,30	0,59	0,34	0,67
2. durch Kredit	0,00	0,32	0,00	0,27	0,00	0,25	0,00	0,28
III. Wiederinstandsetzung	6,38	6,38	9,43	9,43	9,85	9,85	8,50	8,50
Summe:	6,76	10,65	9,76	16,89	10,15	23,83	8,84	17,06
E. Deckungsplan								
I. Aus städtischen Staatssteuern	11,68	0,00	12,83	0,00	18,03	0,00	14,20	0,00
II. Aus früheren Staatssteuern					8,21*	0,00	2,80*	0,00
1. Besitz- u. Verkehrsteuern	15,34	0,00	26,27	0,00	37,33	0,00	26,20	0,00
2. Zölle u. Verbrauchsteuern	0,35	0,00	3,82	0,00	2,36	0,00	2,11	0,00
III. Aus Defizitkrediten	53,90	0,00	28,05	0,00	4,02	0,00	28,93	0,00
Summe:	81,27	0,00	70,79	0,00	69,95	0,00	74,24	0,00
HAUPTSUMME:	100,00	100,00	100,00	100,00	100,00	100,00	100,00	100,00

* Sondereinnahmen aus Steuerrückständen.

TABELLE 3

Struktur des „Normalen" Haushalts 1946/47 bis 1947/48 (nach den Haushaltsplänen, in RM)

Haushaltsabschnitt	Rechnungsjahr 1946/47 (1. 4. 46 – 31. 3. 47)		Rechnungsjahr 1947/48 (1. 4. 47 – 31. 3. 48)	
	Einnahmen	Ausgaben	Einnahmen	Ausgaben
A. Bezirksverwaltungen				
0. Allgemeine Verwaltung	4.046.710	22.341.030	7.636.940	23.959.612
1. Rechtswesen	80.270	528.260	63.520	892.160
2. Schulwesen	10.695.880	70.290.040	11.512.850	94.184.610
3. Volksbildung/Kunst	2.088.410	8.857.580	2.270.580	11.561.430
4. Sozialwesen/Arbeit	12.181.260	199.428.590	17.424.750	212.500.710
5. Gesundheitswesen	96.827.120	123.099.840	82.301.800	157.057.415
6. Bau- und Wohnungswesen	2.477.800	22.308.110	9.606.110	44.317.250
7. Wirtschaft, Ernährung	17.877.750	32.550.720	20.668.710	45.883.650
8. öff. Einr./wirtsch. Unternehmen	11.212.080	15.350.260	9.735.050	15.015.590
9. Finanz- und Steuerverwaltung	1.692.900	5.149.800	3.779.140	7.095.020
Summe:	159.180.180	499.904.230	164.999.450	612.467.447
B. Hauptverwaltung				
0. Allgemeine Verwaltung	1.538.040	13.575.180	2.258.940	10.742.390
1. Rechtswesen	15.719.400	110.845.140	27.317.660	127.645.000
2. Schulwesen	12.342.010	35.622.640	12.781.540	52.720.570
3. Volksbildung/Kunst	2.121.540	12.322.640	1.973.000	13.276.940
4. Sozialwesen/Arbeit	1.867.080	56.957.900	33.663.700	129.395.620
5. Gesundheitswesen	7.021.040	11.032.700	9.019.750	18.132.660
6. Bau- und Wohnungswesen	20.745.590	24.037.370	7.309.040	15.704.320
7. Wirtschaft, Ernährung	4.707.070	62.169.990	5.501.760	57.401.460
8. öff. Einr./wirtsch. Unternehmen	75.926.880	63.276.730	78.701.140	64.888.520
9. Finanz- und Steuerverwaltung	24.409.770	286.645.510	94.475.430	338.734.953
Summe:	166.398.420	676.485.800	273.001.960	828.642.433
C. Betreute ehemalige Reichs- und Staatsbehörden				
0. Allgemeine Verwaltung	0	238.000	0	0

TABELLE 3 (Fortsetzung)

Struktur des „Normalen" Haushalts 1946/47 bis 1947/48 (nach den Haushaltsplänen, in RM)

Haushaltsabschnitt	Rechnungsjahr 1946/47 (1. 4. 46 – 31. 3. 47)		Rechnungsjahr 1947/48 (1. 4. 47 – 31. 3. 48)	
	Einnahmen	Ausgaben	Einnahmen	Ausgaben
2. Schulwesen	656.990	5.555.830	579.270	7.395.360
3. Volksbildung/Kunst	72.000	5.092.400	39.810	3.436.600
7. Wirtschaft	1.473.700	1.473.700	42.100	1.993.400
8. öff. Einr./wirtsch. Unternehmen	140.000.000	95.315.000	209.700.000	146.001.000
Summe:	142.202.690	107.674.930	210.361.180	158.826.360
D. Außerordentliche Verpflichtungen				
Nachkriegskosten	0	4.000	0	15.400.000
Besatzungskosten	0	360.000.000	0	360.000.000
Anleihen an Eigentümer	360.000	720.000	10.000.000	40.000.000
Lasten aus Reichs-/Nazibesitz	0	300.000	0	20.000.000
Wiederinstandsetzung	44.120.000	44.120.000	26.000.000	26.000.000
Summe:	44.480.000	405.144.000	36.000.000	461.400.000
E. Deckungsplan				
I. Aus städtischen Steuern	232.600.000	0	287.000.000	0
II. Aus früheren Staatssteuern				
1. Besitz- und Verkehrsteuern	816.250.000	0	978.000.000	0
2. Zölle und Verbrauchsteuern	122.850.000	0	152.800.000	0
III. Aus Defizitkrediten	5.247.670	0	0	0
Summe:	1.176.947.670	0	1.417.800.000	0
SUMME ORD. HAUSHALT	1.689.208.960	1.689.208.960	2.102.162.590	2.061.336.240
AUSSERORD. HAUSHALT	138.922.640	138.922.640	0	0
HAUPTSUMME:	1.828.131.600	1.828.131.600	2.102.162.590	2.061.336.240

TABELLE 4

Struktur des „Normalen" Haushalts 1946/47 bis 1947/48 (nach den Haushaltsplänen, in Prozent)

Haushaltsabschnitt	Rechnungsjahr 1946/47 (1. 4. 46 – 31. 3. 47)		Rechnungsjahr 1947/48 (1. 4. 47 – 31. 3. 48)	
	Einnahmen	Ausgaben	Einnahmen	Ausgaben
A. Bezirksverwaltungen				
0. Allgemeine Verwaltung	0,24	1,32	0,36	1,16
1. Rechtswesen	0,00	0,03	0,00	0,04
2. Schulwesen	0,63	4,16	0,55	4,57
3. Volksbildung/Kunst	0,12	0,52	0,11	0,56
4. Sozialwesen/Arbeit	0,72	11,81	0,83	10,31
5. Gesundheitswesen	5,73	7,29	3,92	7,62
6. Bau- und Wohnungswesen	0,15	1,32	0,46	2,15
7. Wirtschaft, Ernährung	1,06	1,93	0,98	2,23
8. öff. Einr./wirtsch. Unternehmen	0,66	0,91	0,46	0,73
9. Finanz- und Steuerverwaltung	0,10	0,30	0,18	0,34
Summe:	9,42	29,59	7,85	29,71
B. Hauptverwaltung				
0. Allgemeine Verwaltung	0,09	0,80	0,11	0,52
1. Rechtswesen	0,93	6,56	1,30	6,19
2. Schulwesen	0,73	2,11	0,61	2,56
3. Volksbildung/Kunst	0,13	0,73	0,09	0,64
4. Sozialwesen/Arbeit	0,11	3,37	1,60	6,28
5. Gesundheitswesen	0,42	0,65	0,43	0,88
6. Bau- und Wohnungswesen	1,23	1,42	0,35	0,76
7. Wirtschaft, Ernährung	0,28	3,68	0,26	2,78
8. öff. Einr./wirtsch. Unternehmen	4,49	3,75	3,74	3,15
9. Finanz- und Steuerverwaltung	1,45	16,97	4,49	16,43
Summe:	9,85	40,05	12,99	40,20

TABELLE 4 (Fortsetzung)

Struktur des „Normalen" Haushalts 1946/47 bis 1947/48
(nach den Haushaltsplänen, in Prozent)

C. Betreute ehemalige Reichs- und Staatsbehörden

0. Allgemeine Verwaltung	0,00	0,01	0,00	0,00
2. Schulwesen	0,04	0,33	0,03	0,36
3. Volksbildung/Kunst	0,00	0,30	0,00	0,17
7. Wirtschaft	0,09	0,09	0,00	0,10
8. öff. Einr./wirtsch. Unternehmen	8,29	5,64	9,98	7,08
Summe:	8,42	6,37	10,01	7,71

D. Außerordentliche Verpflichtungen

Nachkriegskosten	0,00	0,00	0,00	0,75
Besatzungskosten	0,00	21,31	0,00	17,46
Anleihen an Eigentümer	0,02	0,04	0,48	1,94
Lasten aus Reichs-/Nazibesitz	0,00	0,02	0,00	0,97
Wiederinstandsetzung	2,61	2,61	1,24	1,26
Summe:	2,63	23,98	1,71	22,38

E. Deckungsplan

I. Aus städtischen Steuern	13,77	0,00	13,65	0,00
II. Aus früheren Staatssteuern				
1. Besitz- und Verkehrsteuern	48,32	0,00	46,52	0,00
2. Zölle und Verbrauchsteuern	7,27	0,00	7,27	0,00
III. Aus Defizitkrediten	0,31	0,00	0,00	0,00
Summe:	69,67	0,00	67,44	0,00
SUMME ORD. HAUSHALT	100,00	100,00	100,00	100,00

Tabelle 5

Struktur des letzten Gesamtberliner Haushaltsplanes 1948/49 (in RM)

Haushaltsabschnitt	1. 4. 48 – 31. 3. 49 (gültig bis 30. 11. 1948)	
	Einnahmen	Ausgaben
A. Bezirksverwaltungen		
0. Allgemeine Verwaltung	6.192.000	26.324.500
1. Rechtswesen	71.400	1.026.100
2. Schulwesen	11.236.000	114.345.800
3. Volksbildung/Kunst	2.026.000	11.024.200
4. Sozialwesen	14.572.100	136.853.500
5. Jugendfürsorge	8.237.000	38.110.100
6. Arbeit	505.500	12.828.300
7. Gesundheitswesen	72.916.600	145.501.700
8. Bau- und Wohnungswesen	9.843.300	39.460.100
9. Wirtschaft	5.725.100	18.504.400
10. Ernährung	15.489.100	29.837.800
11. öff. Einr./wirtsch. Unternehmen	9.250.600	15.056.900
12. Finanz- und Steuerverwaltung	1.305.100	6.719.200
Summe:	157.369.800	595.592.600
B. Hauptverwaltung		
0. Allgemeine Verwaltung	1.168.000	22.328.000
1. Rechtswesen, Polizei, Gerichte	31.288.000	145.026.400
2. Schulwesen	17.696.200	79.336.400
3. Volksbildung/Kunst	1.051.800	44.624.100
4. Sozialwesen	344.500	24.998.400
5. Jugendfürsorge	3.472.400	23.491.200
6. Arbeit	2.933.500	14.863.600
7. Gesundheitswesen	5.495.900	39.233.200
8. Bau- und Wohnungswesen	3.357.500	28.627.100
9. Wirtschaft	4.364.500	9.447.400
10. Ernährung	2.833.100	57.230.800
11. öff. Einr./wirtsch. Unternehmen	58.932.600	72.830.600
12. Finanz- und Steuerverwaltung	177.186.400	292.344.900
Summe:	310.124.400	854.382.100

TABELLE 5 (Fortsetzung)

Struktur des letzten Gesamtberliner Haushaltsplanes 1948/49 (in RM)

Haushaltsabschnitt	1. 4. 48 – 31. 3. 49 (gültig bis 30. 11. 1948)	
	Einnahmen	Ausgaben
C. Betreute ehemalige Reichs- und Staatsbehörden		
0. Allgemeine Verwaltung	10.000	2.919.300
1. Rechtswesen, Polizei, Gerichte	4.600	2.092.200
3. Volksbildung/Kunst	606.600	4.029.200
11. Post	227.500.000	227.500.000
Summe:	228.121.200	236.540.700
D. Außerordentliche Verpflichtungen		
Summe:	51.100.000	520.200.000
E. Deckungsplan		
I. Aus Städtischen Steuern	275.500.000	0
II. Aus früheren Staatssteuern	1.184.500.000	0
III. Sonstige allgemeine Deckungsmittel	0	0
IV. Fehlbetrag (Kreditaufnahme)	0	0
Summe:	1.460.000.000	0
SUMME ORD. HAUSHALT	2.206.715.400	2.206.715.400
AUSSERORD. HAUSHALT	0	0
HAUPTSUMME:	2.206.715.400	2.206.715.400

TABELLE 6

Struktur des letzten Gesamtberliner Haushaltsplanes 1948/49 (in Prozent)

Haushaltsabschnitt	1. 4. 48–31. 3. 49 (gültig bis 30. 11. 1948)	
	Einnahmen	Ausgaben
A. Bezirksverwaltungen		
0. Allgemeine Verwaltung	0,28	1,19
1. Rechtswesen	0,00	0,05
2. Schulwesen	0,51	5,18
3. Volksbildung/Kunst	0,09	0,50
4. Sozialwesen	0,66	6,20
5. Jugendfürsorge	0,37	1,73

Tabelle 6 (Fortsetzung)

Struktur des letzten Gesamtberliner Haushaltsplanes 1948/49 (in Prozent)

Haushaltsabschnitt	1. 4. 48 – 31. 3. 49 (gültig bis 30. 11. 1948)	
	Einnahmen	Ausgaben
6. Arbeit	0,02	0,58
7. Gesundheitswesen	3,30	6,59
8. Bau- und Wohnungswesen	0,45	1,79
9. Wirtschaft	0,26	0,84
10. Ernährung	0,70	1,35
11. öff. Einr./wirtsch. Unternehmen	0,42	0,68
12. Finanz- und Steuerverwaltung	0,06	0,30
Summe:	7,13	26,99
B. Hauptverwaltung		
0. Allgemeine Verwaltung	0,05	1,01
1. Rechtswesem, Polizei, Gerichte	1,42	6,57
2. Schulwesen	0,80	3,60
3. Volksbildung/Kunst	0,05	2,02
4. Sozialwesen	0,02	1,13
5. Jugendfürsorge	0,16	1,06
6. Arbeit	0,13	0,67
7. Gesundheitswesen	0,25	1,78
8. Bau- und Wohnungswesem	0,15	1,30
9. Wirtschaft	0,20	0,43
10. Ernährung	0,13	2,59
11. öff. Einr./wirtsch. Unternehmen	2,67	3,30
12. Finanz- und Steuerverwaltung	8,03	13,25
Summe:	14,05	38,72
C. Betreute ehemalige Reichs- und Staatsbehörden		
0. Allgemeine Verwaltung	0,00	0,13
1. Rechtswesen, Polizei, Gerichte	0,00	0,09
3. Volksbildung/Kunst	0,03	0,18
11. Post	10,31	10,31
Summe:	10,34	10,72

TABELLE 6 (Fortsetzung)

Struktur des letzten Gesamtberliner Haushaltsplanes 1948/49 (in Prozent)

Haushaltsabschnitt	1. 4. 48 – 31. 3. 49 (gültig bis 30. 11. 1948)	
	Einnahmen	Ausgaben
D. Außerordentliche Verpflichtungen		
Summe:	2,32	23,57
E. Deckungsplan		
I. Aus Städtischen Steuern	12,48	0,00
II. Aus früheren Staatssteuern	53,68	0,00
III. Sonstige allgemeine Deckungsmittel	0,00	0,00
IV. Fehlbetrag (Kreditaufnahme)	0,00	0,00
Summe:	66,16	0,00
SUMME ORD. HAUSHALT	100,00	100,00

Ost-Berlin 1949–1989

TABELLE 7

Einnahmen Ost-Berlins nach Haushaltsrechnungen und tatsächlich für Ausgaben verfügbare Mittel (1949–1989, in Mio. DM-Ost)

Jahr	Einnahmen lt. Rechnung	minus Einn. VAB	plus Positiv-saldo VAB	minus Abf. an DDR	minus Haus-haltsüberschuß	für Ausgaben verfügbar
1949	1.093,1	–	–	–	120,8	972,3
1950	2.160,9	403,3	0,0	350,0	447,4	960,2
1951	2.211,8	444,3	0,0	565,0	130,0	1.072,5
1952	2.177,5	519,0	41,0	742,1	50,2	907,2
1953	1.616,5	499,7	0,0	30,6	34,7	1.051,5
1954	1.411,3	517,8	0,0	?	21,7	?
1955	1.207,7	?	?	?	?	?
1956	2.142,4	508,8	0,1	596,0	–27,6	1.065,1
1957	1.868,1	514,4	0,0	36,0	84,7	1.234,9
1958	1.760,9	519,2	0,0	36,0	82,8	1.122,9
1959	1.848,9	550,0	0,0	0,0	95,3	1.203,6
1960	1.881,4	598,9	0,0	4,7	63,2	1.214,6
1961	2.038,8	600,0*	0,0	39,5	50,4	1.348,9

TABELLE 7 (Fortsetzung)

Einnahmen Ost-Berlins nach Haushaltsrechnungen und tatsächlich für Ausgaben verfügbare Mittel (1949–1989, in Mio. DM-Ost)

Jahr	Einnahmen lt. Rechnung	minus Einn. VAB	plus Positiv-saldo VAB	minus Abf. an DDR	minus Haus-haltsüberschuß	für Ausgaben verfügbar
1962	2.124,8	615,0*	0,0	24,9	51,2	1.443,7
1963	2.172,1	623,0*	0,0	0,0	80,6	1.468,5
1964	2.119,6	632,0*	0,0	0,0	105,4	1.382,2
1965	2.062,8	644,3	0,0	66,4	109,5	1.242,6
1966	2.042,9	659,0	0,0	52,0	113,7	1.218,5
1967	2.319,9	669,3	0,0	77,7	137,0	1.435,9
1968	2.263,8	687,8	0,0	20,0	28,1	1.527,9
1969	1.586,1	–	–	0,0	55,0	1.531,1
1970	1.627,6	–	–	20,2	103,1	1.504,3
1971	1.781,9	–	–	28,7	163,6	1.589,6
1972	1.976,2	–	–	84,3	119,2	1.772,7
1973	2.212,9	–	–	53,9	198,4	1.960,6
1974	2.345,5	–	–	0,0	122,9	2.222,6
1975	2.375,4	–	–	1,3	45,1	2.329,0
1976	2.721,4	–	–	0,1	45,5	2.675,8
1977	3.171,3	–	–	0,7	66,9	3.103,7
1978	3.245,8	–	–	0,1	75,5	3.170,2
1979	3.499,9	–	–	–	11,6	3.488,3
1980	3.793,6	–	–	–	10,8	3.782,8
1981	3.841,3	–	–	–	4,7	3.836,6
1982	4.080,5	–	–	–	17,0	4.063,5
1983	4.223,3	–	–	–	37,6	4.185,7
1984	4.938,8	–	–	–	48,2	4.890,3
1985	5.903,9	–	–	–	39,0	5.864,9
1986	6.640,5	–	–	–	24,4	6.616,1
1987	7.192,5	–	–	–	1,6	7.190,9
1988	7.339,3	–	–	–	3,3	7.336,0
1989	7.695,2	–	–	–	53,4	7.641,8

* Geschätzt..

GRAFIK 1

Einnahmen Ost-Berlins nach Haushaltsrechnungen und tatsächlich für Ausgaben verfügbare Mittel (1949–1989, in Mio. DM [Ost])

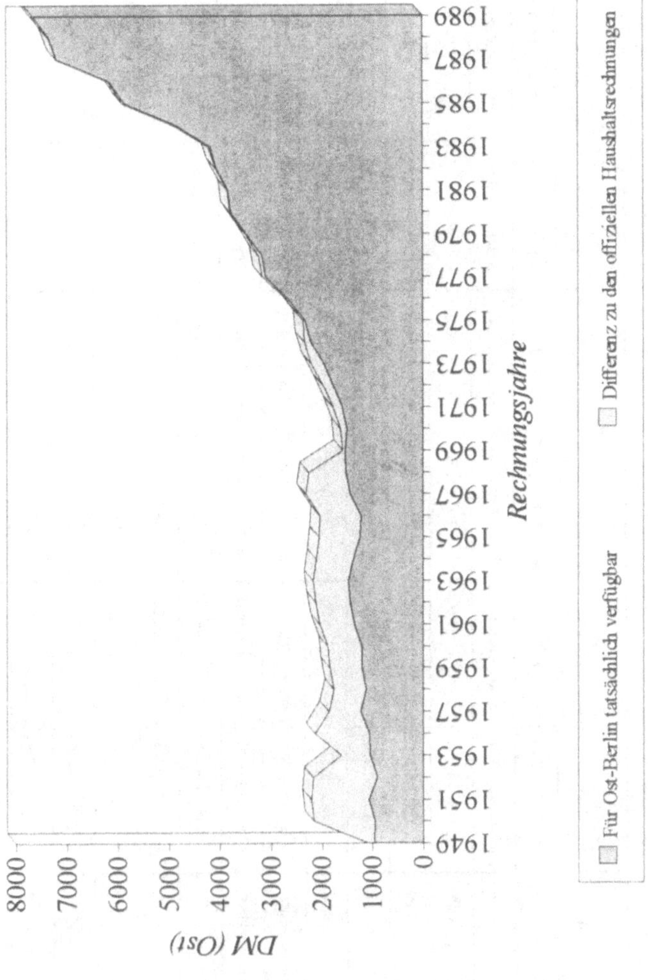

TABELLE 8

Struktur der Einnahmen Ost-Berlins (1949–1989, in Mio. DM-Ost)

Jahr	Gesamteinnahmen ohne VAB	davon Zuführungen von der DDR		davon Steuern		davon Abgaben der Wirtschaft*)		davon übrige Verwaltungseinnahmen	
	(in 1000 DM [Ost])	(in 1000 DM [Ost])	(in Proz. d. Einn.)	(in 1000 DM [Ost])	(in Proz. d. Einn.)	(in 1000 DM [Ost])	(in Proz. d. Einn.)	(in 1000 DM [Ost])	(in Proz. d. Einn.)
1949	1.093.136,60	0,00	0,00	keine Angaben	keine Angaben	keine Angaben	keine Angaben	keine Angaben	keine Angaben
1950	1.757.640,30	0,00	0,00	1.247.924,61	71,00	100.121,80	6,00	409.593,89	23,00
1951	1.767.475,60	0,00	0,00	1.219.558,16	69,00	104.493,20	6,00	443.424,24	25,00
1952	1.658.540,50	0,00	0,00	1.127.807,54	68,00	131.517,60	8,00	399.215,36	24,00
1953	1.116.770,90	103.585,20	9,00	625.391,70	56,00	298.814,40	27,00	80.887,71	8,00
1954	893.500,00	keine Angaben	keine Angaben	keine Angaben	keine Angaben	keine Angaben	keine Angaben	keine Angaben	keine Angaben
1955	1.300.000,00	keine Angaben	keine Angaben	keine Angaben	keine Angaben	keine Angaben	keine Angaben	keine Angaben	keine Angaben
1956	1.633.614,00	40.479,10	2,50	1.053.681,03	64,50	in Steuern	in Steuern	539.092,62	33,00
1957	1.353.740,80	367.719,90	27,00	270.748,16	20,00	587.735,90	43,00	129.746,72	10,00
1958	1.241.741,50	364.385,30	29,00	229.722,18	18,50	533.696,00	43,00	118.218,29	9,50
1959	1.298.857,80	429.070,00	33,00	246.782,98	19,00	255.067,00	20,00	368.384,74	28,00
1960	1.282.500,00	548.358,60	43,00	243.675,00	19,00	232.572,10	18,00	254.777,90	20,00
1961	1.438.814,10	528.563,00	37,00	280.568,75	19,50	235.385,70	17,00	376.110,29	26,50
1962	1.509.736,00	592.145,00	39,00	272.154,00	18,00	231.136,00	16,00	414.301,00	27,00
1963	1.496.600,00	643.986,00	43,00	266.086,00	18,00	203.786,00	13,00	382.742,00	26,00
1964	1.487.570,50	500.851,20	34,00	256.036,10	17,00	keine Angaben	keine Angaben	keine Angaben	keine Angaben

1965	1.418.484,30	666.287,00	47,00	201.513,60	14,00	253.826,00	18,00	296.857,70	21,00
1966	1.383.865,50	610.116,60	44,00	207.600,90	15,00	260.347,00	19,00	305.801,00	22,00
1967	1.650.527,70	711.099,00	43,00	254.227,30	15,00	329.933,40	20,00	355.268,00	22,00
1968	1.576.000,00	701.252,10	45,00	271.910,30	17,00	282.434,70	18,00	320.402,90	20,00
1969	1.586.132,00	490.857,00	31,00	329.396,00	21,00	369.822,00	23,00	396.057,00	25,00
1970	1.627.595,00	566.818,00	35,00	318.998,00	20,00	360.000,00	22,00	381.779,00	23,00
1971	1.781.937,00	639.826,00	36,00	475.379,00	27,00	351.549,00	20,00	315.183,00	17,00
1972	1.976.216,00	741.849,00	38,00	432.736,00	22,00	383.620,00	19,00	418.011,00	21,00
1973	2.212.932,00	894.628,00	40,00	350.770,00	16,00	566.696,00	26,00	400.838,00	18,00
1974	2.345.522,00	951.127,00	41,00	362.091,00	15,00	524.568,00	22,00	507.736,00	22,00
1975	2.375.397,00	994.122,00	42,00	365.036,00	15,00	562.723,00	24,00	453.516,00	19,00
1976	2.721.358,00	1.438.164,00	53,00	374.593,00	14,00	594.019,00	22,00	314.582,00	11,00
1977	3.171.292,00	1.995.055,00	63,00	377.120,00	12,00	498.778,00	16,00	300.339,00	9,00
1978	3.245.814,00	2.067.254,00	64,00	348.529,00	11,00	561.655,00	17,00	268.376,00	8,00
1979	3.499.895,00	2.294.800,00	66,00	353.538,00	10,00	558.180,00	16,00	293.377,00	8,00
1980	3.793.600,00	2.370.600,00	63,00	373.434,00	10,00	609.858,00	16,00	439.708,00	11,00
1981	3.841.289,00	2.336.311,00	61,00	387.503,00	10,00	811.136,00	21,00	306.339,00	8,00
1982	4.080.500,00	2.274.200,00	56,00	339.900,00	8,00	910.000,00	22,00	556.400,00	14,00
1983	4.223.300,00	2.202.500,00	52,00	361.300,00	9,00	1.137.100,00	27,00	522.400,00	12,00
1984	4.938.800,00	2.887.700,00	58,00	310.400,00	6,00	1.110.200,00	23,00	630.500,00	13,00

TABELLE 8 (Fortsetzung)

Struktur der Einnahmen Ost-Berlins (1949–1989, in Mio. DM-Ost)

Jahr	Gesamteinnahmen ohne VAB	davon Zuführungen von der DDR		davon Steuern		davon Abgaben der Wirtschaft*		davon übrige Verwaltungseinnahmen	
	(in 1000 DM [Ostl])	(in 1000 DM [Ostl])	(in Proz. d. Einn.)	(in 1000 DM [Ostl])	(in Proz. d. Einn.)	(in 1000 DM [Ostl])	(in Proz. d. Einn.)	(in 1000 DM [Ostl])	(in Proz. d. Einn.)
1985	5.903.900,00	3.424.700,00	58,00	439.700,00	7,00	1.432.300,00	24,00	607.200,00	11,00
1986	6.640.500,00	4.617.200,00	70,00	452.300,00	7,00	Fehler in der Haushaltsrechnung			
1987	7.192.500,00	4.620.000,00	64,00	539.800,00	8,00	1.679.200,00	23,00	353.500,00	5,00
1988	7.339.300,00	4.640.000,00	63,00	549.300,00	8,00	1.878.800,00	26,00	271.200,00	4,00
1989	7.589.100,00	4.666.500,00	61,00	586.000,00	8,00	1.956.100,00	26,00	380.500,00	5,00

Zuführungen der DDR an Ostberlin 1987 und 1988 geschätzt, da nicht ausgewiesen.

* Für 1970 geschätzt, da nicht ausgewiesen.

TABELLE 9

Zentraler Haushalt, Haushalt der Länder – ab 1952 Bezirke, von Sachsen, des Bezirkes und der Stadt Dresden und von Ost-Berlin (1947/48–1989, DM [Ost] je Einwohner)

Jahr	SBZ/ DDR*	Länder/ Bezirke	Sachsen/Bez. Dresden	Stadt Dresden	Groß-Berlin/ Ost-Berlin+
1947/48	–	494,96	445,67	keine Angabe	637,59°
1948/49	–	510,13	469,38	keine Angabe	668,94°
1949#	–	355,57	387,63	keine Angabe	903,42
1950	1.061,34	235,49	204,04	159,53	1.163,65
1951	1.228,71	280,07	270,71	keine Angabe	1.044,91
1952	1.465,08	307,63	288,39	keine Angabe	773,73
1953	1.588,73	435,39	keine Angabe	keine Angabe	900,28
1954	1.664,60	387,75	keine Angabe	keine Angabe	743,33
1955	1.787,45	573,18	keine Angabe	keine Angabe	keine Angabe
1956	1.658,78	615,20	keine Angabe	keine Angabe	1.471,99
1957	1.649,14	644,88	605,88	keine Angabe	1.079,23
1958	1.975,28	627,81	459,21	keine Angabe	979,01
1959	2.205,17	799,31	keine Angabe	keine Angabe	1.045,13
1960	2.311,76	861,98	872,27	keine Angabe	1.052,97
1961	2.375,88	885,74	729,63	538,56	1.206,68
1962	2.637,00	842,32	keine Angabe	keine Angabe	1.272,94
1963	2.658,93	786,06	697,82	558,05	1.067,63
1964	2.649,99	656,68	586,72	530,55	1.144,94
1965	2.582,78	639,43	544,67	542,19	1.095,15
1966	2.864,99	649,54	544,66	keine Angabe	1.064,52
1967	2.726,03	659,46	604,22	575,15	1.268,56
1968	2.701,53	748,97	keine Angabe	keine Angabe	1.275,15
1969	2.965,16	753,08	695,57	709,80	1.413,44
1970	3.223,00	keine Angabe	keine Angabe	keine Angabe	1.407,18
1971	3687,06	863,28	keine Angabe	keine Angabe	1.488,53

TABELLE 9 (Fortsetzung)

Zentraler Haushalt, Haushalt der Länder – ab 1952 Bezirke, von Sachsen, des Bezirkes und der Stadt Dresden und von Ost-Berlin (1947/48–1989, DM [Ost] je Einwohner)

Jahr	SBZ/ DDR*	Länder/ Bezirke	Sachsen/Bez. Dresden	Stadt Dresden	Groß-Bln/Ost-Berlin+
1972	3.991,20	1.006,83	969,10	1.143,55	1.703,51
1973	4.325,03	1.116,92	1.158,26	1.230,27	1.850,62
1974	4.886,91	1.277,04	1.320,57	1.352,45	2.042,27
1975	5.507,54	1.404,93	1.458,74	1.476,59	2.128,83
1976	5.655,49	1.638,25	1.509,91	1.391,05	2.430,25
1977	5.932,00	1.731,06	1.730,37	1.598,85	2.792,88
1978	6.298,52	1.821,15	1.845,47	1.746,67	2.823,47
1979	6.739,21	1.861,83	1.917,03	1.839,58	3.077,12
1980	7.819,38	1.975,05	keine Angabe	1.883,75	3.300,91
1981	8.218,63	2.044,22	1.832,98	keine Angabe	3.329,20
1982	9.079,18	2.077,46	2.117,63	2.084,93	3.483,63
1983	9.652,49	2.128,28	2.013,68	2.091,92	3.530,90
1984	10.848,48	2.672,87	2.715,49	2.328,04	4.085,65
1985	12.129,54	2.617,64	keine Angabe	keine Angabe	4.824,83
1986	12.763,59	2.912,79	keine Angabe	keine Angabe	5.351,68
1987	13.519,68	2.982,70	keine Angabe	keine Angabe	5.702,18
1988	16.135,97	3.039,14	keine Angabe	keine Angabe	5.711,02
1989	16.579,04	3.189,37	keine Angabe	keine Angabe	5.973,99

Erläuterungen zu Tabelle 9

° Groß-Berlin, Haushaltspläne.
\# Rumpfrechnungsjahr vom 1. April bis zum 31. Dezember 1949.
* Ohne Haushalt der Sozialversicherung.
\+ Ohne VAB, bereinigt um die Abführungen an die DDR.

Um die Groß-Berliner Daten zwischen 1947/48 und 1949 mit den SBZ-Daten vergleichen zu können, wurden bei den Länderhaushalten Abführungen an die DZFV/HFV nicht abgezogen, da auch Großberlin das Gesamtaufkommen der Steuereinnahmen in seinem Gebiet im eigenen Haushalt ausgewiesen hat.

Tabelle 10

Zentraler Haushalt, Haushalt der Länder – ab 1952 Bezirke, von Sachsen, des Bezirkes und der Stadt Dresden und von Ost-Berlin (1947/48–1989, in Prozent)

Jahr	SBZ/ DDR	Groß-Berlin/ Ost-Berlin	Länder/ Bezirke	Groß-Berlin/ Ost-Berlin	Sachsen/ Bez. Dresd.	Groß-Berlin/ Ost-Berlin
1947/48	100,00	–	100,00	128,82	100,00	143,06
1948/49	100,00	–	100,00	131,13	100,00	142,52
1949	100,00	–	100,00	245,08	100,00	233,06
1950	100,00	109,64	100,00	494,14	100,00	570,30
1951	100,00	81,08	100,00	373,09	100,00	385,99
1952	100,00	53,14	100,00	251,53	100,00	268,29
1953	100,00	56,67	100,00	206,78	100,00	–
1954	100,00	44,60	100,00	191,70	100,00	–
1955	100,00	–	100,00	–	100,00	–
1956	100,00	88,74	100,00	239,27	100,00	–
1957	100,00	65,44	100,00	167,35	100,00	178,13
1958	100,00	49,56	100,00	155,94	100,00	213,19
1959	100,00	47,39	100,00	130,75	100,00	–
1960	100,00	45,55	100,00	122,16	100,00	120,72
1961	100,00	50,79	100,00	136,23	100,00	165,38
1962	100,00	48,27	100,00	151,12	100,00	–
1963	100,00	40,15	100,00	135,82	100,00	153,00
1964	100,00	43,21	100,00	174,36	100,00	195,14
1965	100,00	42,40	100,00	171,27	100,00	201,07
1966	100,00	37,16	100,00	163,89	100,00	195,44
1967	100,00	46,54	100,00	192,36	100,00	209,95
1968	100,00	47,20	100,00	170,25	100,00	–
1969	100,00	47,67	100,00	187,69	100,00	203,21
1970	100,00	43,43	100,00	–	100,00	–
1971	100,00	40,37	100,00	172,43	100,00	–
1972	100,00	42,67	100,00	169,20	100,00	175,78

TABELLE 10 (Fortsetzung)

Zentraler Haushalt, Haushalt der Länder – ab 1952 Bezirke, von Sachsen, des Bezirkes und der Stadt Dresden und von Ost-Berlin (1947/48–1989, in Prozent)

Jahr	SBZ/ DDR	Groß-Berlin/ Ost-Berlin	Länder/ Bezirke	Groß-Berlin/ Ost-Berlin	Sachsen/ Bez. Dresd.	Groß-Berlin/ Ost-Berlin
1973	100,00	42,79	100,00	165,69	100,00	159,78
1974	100,00	41,79	100,00	159,92	100,00	154,65
1975	100,00	42,08	100,00	151,53	100,00	145,94
1976	100,00	42,97	100,00	148,34	100,00	160,95
1977	100,00	47,08	100,00	161,34	100,00	161,40
1978	100,00	44,83	100,00	155,04	100,00	153,00
1979	100,00	45,66	100,00	165,30	100,00	160,51
1980	100,00	41,83	100,00	167,13	100,00	–
1981	100,00	40,52	100,00	162,86	100,00	181,63
1982	100,00	38,37	100,00	167,69	100,00	164,51
1983	100,00	36,58	100,00	165,90	100,00	175,35
1984	100,00	37,66	100,00	152,86	100,00	150,46
1985	100,00	39,78	100,00	184,32	100,00	–
1986	100,00	41,93	100,00	183,73	100,00	–
1987	100,00	42,18	100,00	191,18	100,00	–
1988	100,00	35,39	100,00	187,92	100,00	–
1989	100,00	36,04	100,00	187,31	100,00	–

TABELLE 11

Einnahmen und Anteil der Zuführungen von der DDR im Haushalt Ost-Berlins, des Bezirkes und der Stadt Dresden (1949–1989, in DM [Ost] bzw. Prozent)

Jahr	Ostberlin			Bezirk Dresden			Stadt Dresden		
	Ein. ohne VAB (in 1000 DM [Ost])	Zuführg. DDR (in 1000 DM [Ost])	Zuführg. DDR (in Proz. d. Einn.)	Ein. lt. Rechn. (in 1000 DM [Ost])	Zuführg. DDR (in 1000 DM [Ost])	Zuführg. DDR (in Proz. d. Einn.)	Ein. lt. Rechn. (in 1000 DM [Ost])	Zuführg. DDR (in 1000 DM [Ost])	Zuführg. DDR (in Proz. d. Einn.)
1949	1.093.136,60	0,00	0,00	keine Angaben	keine Angaben	keine Angaben	keine Angaben	keine Angaben	keine Angaben
1950	1.757.640,30	0,00	0,00	keine Angaben	keine Angaben	keine Angaben	78.841,00	3.044,00	3,86
1951	1.767.475,60	0,00	0,00	keine Angaben	keine Angaben	keine Angaben	keine Angaben	keine Angaben	keine Angaben
1952	1.658.540,50	0,00	0,00	keine Angaben	keine Angaben	keine Angaben	keine Angaben	keine Angaben	keine Angaben
1953	1.116.770,90	103.585,20	9,28	keine Angaben	keine Angaben	keine Angaben	keine Angaben	keine Angaben	keine Angaben
1954	893.500,00	keine Angaben	keine Angaben	keine Angaben	keine Angaben	keine Angaben	keine Angaben	keine Angaben	keine Angaben
1955	keine Angaben	keine Angaben	keine Angaben	keine Angaben	keine Angaben	keine Angaben	keine Angaben	keine Angaben	keine Angaben
1956	1.633.614,00	40.479,10	2,48	keine Angaben	keine Angaben	keine Angaben	keine Angaben	keine Angaben	keine Angaben
1957	1.353.740,80	367.719,90	27,16	1.152.806,00	683.905,00	59,33	keine Angaben	keine Angaben	keine Angaben
1958	1.241.741,50	364.385,30	29,34	870.527,00	keine Angaben	keine Angaben	keine Angaben	keine Angaben	keine Angaben
1959	1.298.857,80	429.070,00	33,03	keine Angaben	keine Angaben	keine Angaben	keine Angaben	keine Angaben	keine Angaben
1960	1.282.500,00	548.358,60	42,76	1.644.400,00	keine Angaben	keine Angaben	keine Angaben	keine Angaben	keine Angaben
1961	1.438.814,10	528.563,00	36,74	1.368.488,00	471.608,00	34,46	keine Angaben	keine Angaben	keine Angaben
1962	1.509.736,00	592.145,00	39,22	keine Angaben	keine Angaben	keine Angaben	keine Angaben	keine Angaben	keine Angaben
1963	1.496.600,00	643.986,00	43,03	1.311.899,00	249.947,00	19,05	keine Angaben	keine Angaben	keine Angaben

TABELLE 11 (Fortsetzung)

Einnahmen und Anteil der Zuführungen von der DDR im Haushalt Ost-Berlins, des Bezirkes und der Stadt Dresden (1949–1989, in DM [Ost] bzw. Prozent)

Jahr	Ostberlin			Bezirk Dresden			Stadt Dresden		
	Ein. ohne VAB (in 1000 DM [Ost])	Zuführg. DDR (in 1000 DM [Ost])	Zuführg. DDR (in Proz. d. Einn.)	Ein. lt. Rechn. (in 1000 DM [Ost])	Zuführg. DDR (in 1000 DM [Ost])	Zuführg. DDR (in Proz. d. Einn.)	Ein. lt. Rechn. (in 1000 DM [Ost])	Zuführg. DDR (in 1000 DM [Ost])	Zuführg. DDR (in Proz. d. Einn.)
1964	1.487.570,50	500.851,20	33,67	1.105.259,00	598.786,00	54,18	keine Angaben	keine Angaben	keine Angaben
1965	1.418.484,30	666.287,00	46,97	1.027.908,00	362.343,00	35,25	275.485,00	89.128,00	32,35
1966	1.383.865,50	610.116,60	44,09	1.029.305,00	308.026,00	29,93	keine Angaben	keine Angaben	keine Angaben
1967	1.650.527,70	711.099,00	43,08	1.138.720,00	328.945,00	28,89	287.691,00	105.738,00	36,75
1968	1.576.000,00	701.252,10	44,50	keine Angaben	keine Angaben	keine Angaben	keine Angaben	keine Angaben	keine Angaben
1969	1.586.132,00	490.857,00	30,95	1.310.315,00	493.744,00	37,68	355.754,00	164.719,00	46,30
1970	1.627.595,00	566.818,00	34,83	keine Angaben	keine Angaben	keine Angaben	keine Angaben	keine Angaben	keine Angaben
1971	1.781.937,00	639.826,00	35,91	keine Angaben	keine Angaben	keine Angaben	keine Angaben	keine Angaben	keine Angaben
1972	1.976.216,00	741.849,00	37,54	1.806.200,00	739.900,00	40,96	577.952,00	257.416,00	44,54
1973	2.212.932,00	894.628,00	40,43	2.149.612,00	798.600,00	37,15	622.638,00	287.091,00	46,11
1974	2.345.522,00	951.127,00	40,55	2.437.117,00	872.300,00	35,79	686.640,00	310.011,00	45,15
1975	2.375.397,00	994.122,00	41,85	2.677.662,00	1.002.500,00	37,44	752.028,00	351.430,00	46,73
1976	2.721.358,00	1.438.164,00	52,85	2.756.800,00	1.942.700,00	70,47	keine Angaben	keine Angaben	keine Angaben
1977	3.171.292,00	1.995.055,00	62,91	3.152.209,00	1.410.500,00	44,75	817.330,00	514.047,00	62,89
1978	3.245.814,00	2.067.254,00	63,69	3.353.041,00	1.551.900,00	46,28	898.662,00	563.078,00	62,66

1979	3.499.895,00	2.294.800,00	65,57	3.473.271,00	1.657.400,00	47,72	949.041,00	625.143,00	65,87
1980	3.793.600,00	2.370.600,00	62,49	keine Angaben	keine Angaben	keine Angaben	972.390,00	645.237,00	66,36
1981	3.841.289,00	2.336.311,00	60,82	3.307.800,00	1.733.900,00	52,42	keine Angaben	keine Angaben	keine Angaben
1982	4.080.500,00	2.274.200,00	55,73	3.811.524,00	1.823.600,00	47,84	1.087.919,00	496.485,00	45,64
1983	4.223.300,00	2.202.500,00	52,15	3.617.166,00	1.717.300,00	47,48	1.093.236,00	304.684,00	27,87
1984	4.938.800,00	2.887.700,00	58,47	4.842.261,00	2.263.700,00	46,75	1.210.815,00	853.067,00	70,45
1985	5.903.900,00	3.424.700,00	58,01	keine Angaben	keine Angaben	keine Angaben	keine Angaben	keine Angaben	keine Angaben
1986	6.640.500,00	4.617.200,00	69,53	keine Angaben	keine Angaben	keine Angaben	keine Angaben	keine Angaben	keine Angaben
1987	7.192.500,00	4.620.000,00	64,23	keine Angaben	keine Angaben	keine Angaben	keine Angaben	keine Angaben	keine Angaben
1988	7.339.300,00	4.640.000,00	63,22	keine Angaben	keine Angaben	keine Angaben	keine Angaben	keine Angaben	keine Angaben
1989	7.589.100,00	4.666.500,00	61,49	keine Angaben	keine Angaben	keine Angaben	keine Angaben	keine Angaben	keine Angaben

Zuführungen der DDR an Ostberlin 1987 und 1988 geschätzt, da nicht ausgewiesen.

GRAFIK 2

Anteile Ost-Berlins an der Wohnbevölkerung, am nichtzentralen Haushalt (alle Gebietskörperschaften) und Verhältnis zum Haushalt der übrigen Gebietskörperschaften (in Prozent)

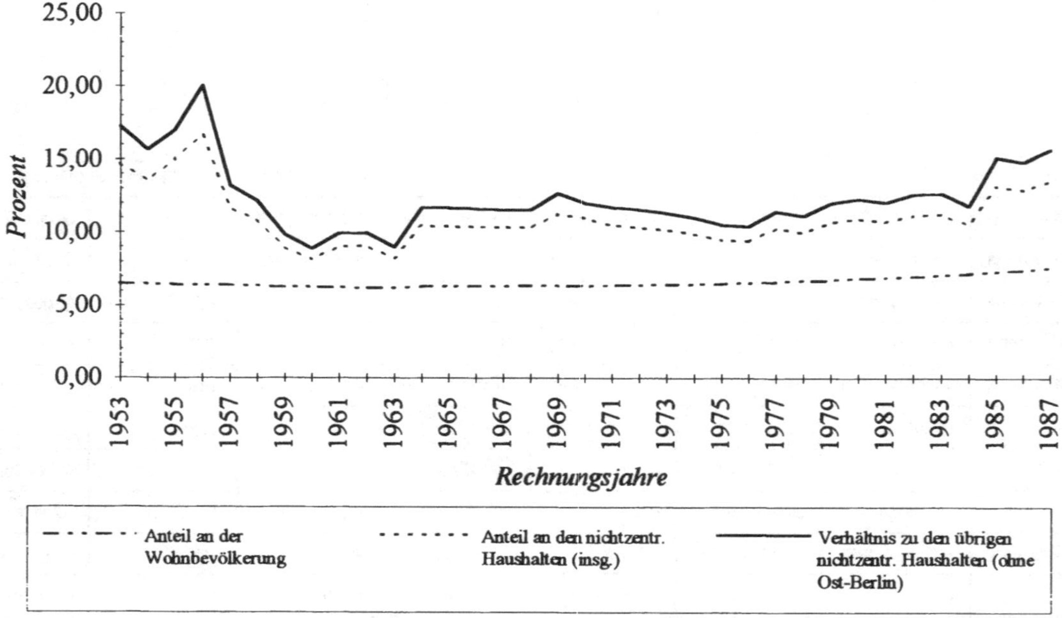

GRAFIK 3

Ausgaben des nichtzentralen Haushalts je Einwohner in Ost-Berlin und im DDR-Durchschnitt (in DM [Ost])

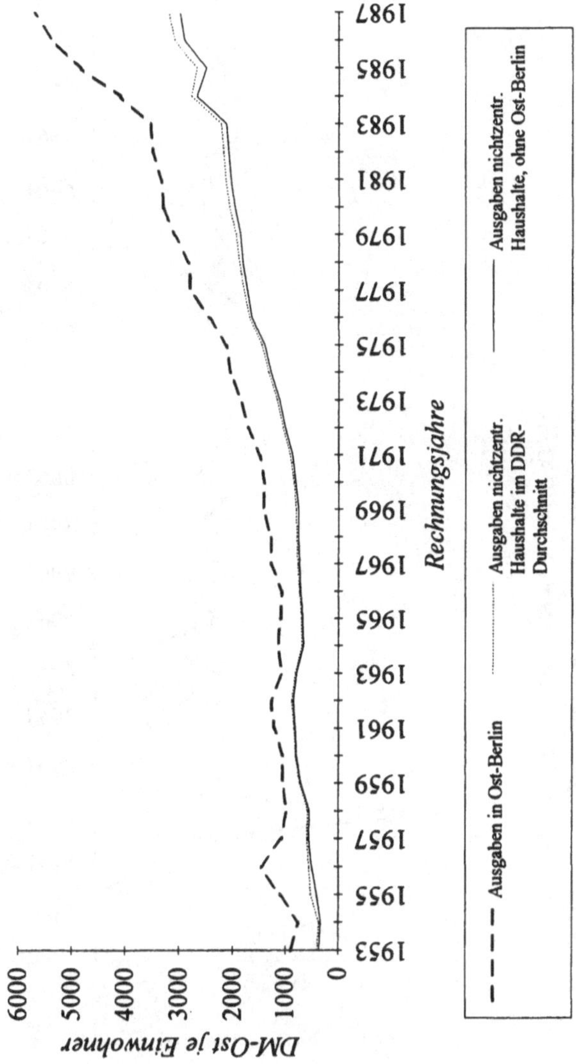

GRAFIK 4

Jährliches Wachstum des DDR-Staatshaushalts und des Ost-Berliner Haushalts 1950 bis 1989 (Ausgaben)

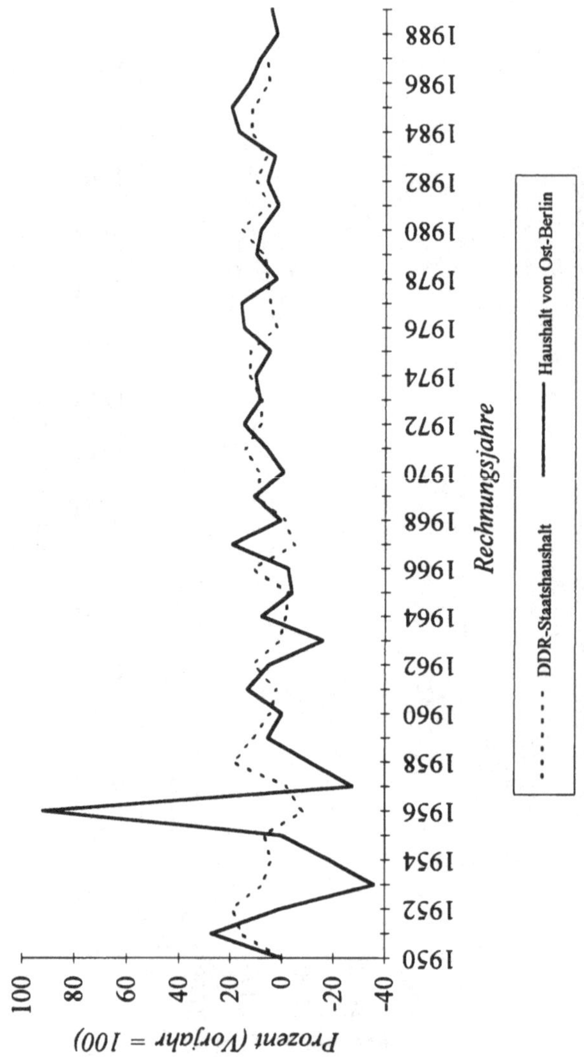

GRAFIK 5

Wachstum des nichtzentralen Haushalts der DDR und Wachstum des Haushalts von Ost-Berlin (im Vergleich zum Vorjahr, in Prozent)

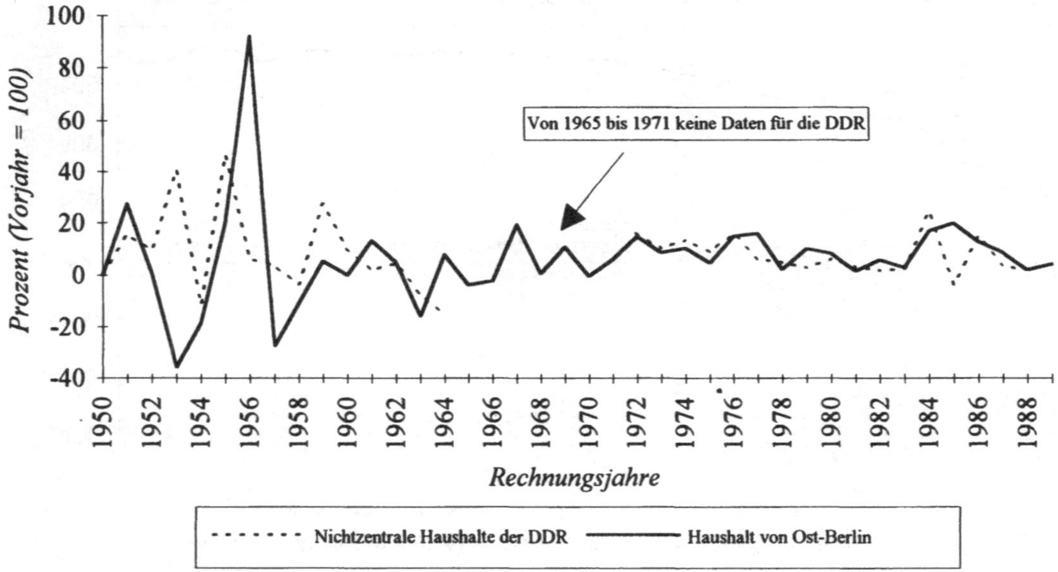

GRAFIK 6

Wachstum des nichtzentralen Haushalts der DDR und Wachstum des Haushalts von Ost-Berlin (in Prozent, 1950 = 100)

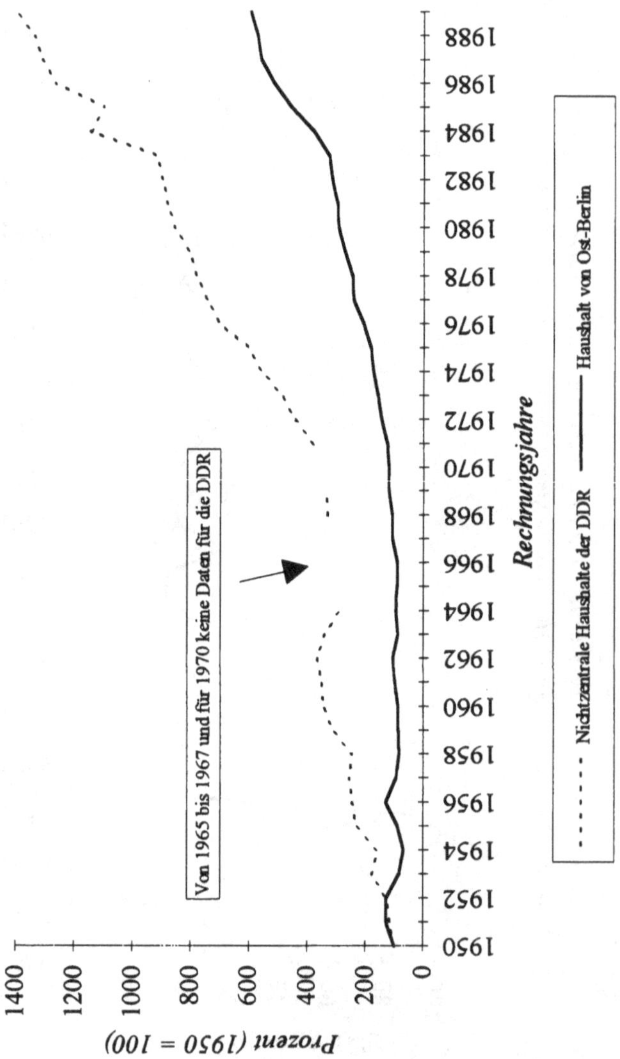

GRAFIK 7

Nettozuschüsse der DDR zum Haushalt von Ost-Berlin 1950 bis 1989

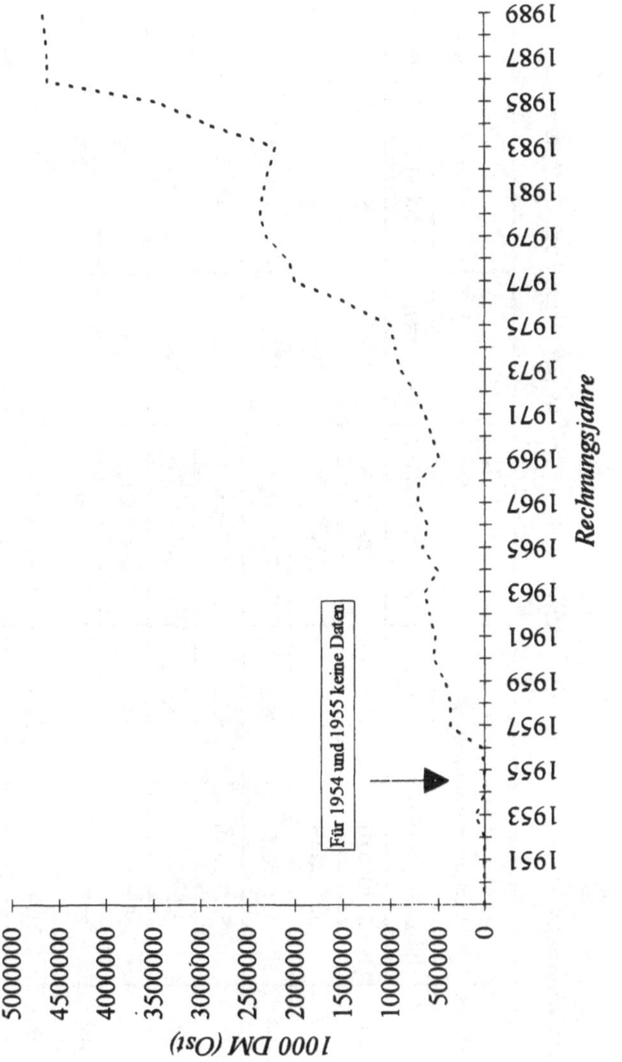

West-Berlin 1949–1989

TABELLE 12

Struktur der Einnahmen im Haushalt von West-Berlin (1948–1989, in DM [West] bzw. in Prozent)

Jahr	Gesamteinnahmen	davon Verwaltungseinnahmen		davon Steuern		davon Bundeszuschüsse	
	(in 1000 DM [W])	(in 1000 DM [W])	(in Prozent)	(in 1000 DM [W])	(in Prozent)	(in 1000 DM [W])	(in Prozent)
NHH 1948	724.712,16	127.405,01	17,58	220.703,74	30,45	376.603,41	51,97
1949	1.691.100,00	327.124,04	19,34	612.823,84	36,24	751.152,12	44,42
1950	1.724.200,00	488.180,71	28,31	741.654,29	43,01	494.365,00	28,67
1951	1.495.400,00	527.434,90	35,27	417.965,10	27,95	550.000,00	36,78
1952	1.629.900,00	529.426,26	32,48	500.473,74	30,71	600.000,00	36,81
1953	1.646.300,00	395.849,25	24,04	568.300,00	34,52	682.150,75	41,44
1954	1.765.700,00	276.511,17	15,66	656.300,00	37,17	832.888,83	47,17
1955	2.055.600,00	450.961,41	21,94	675.400,00	32,86	929.238,59	45,21
1956	2.517.900,00	777.794,41	30,89	859.700,00	34,14	880.405,59	34,97
1957	2.662.500,00	844.900,00	31,73	895.100,00	33,62	922.500,00	34,65
1958	3.024.400,00	1.117.779,56	36,96	973.600,00	32,19	933.020,44	30,85
1959	3.061.600,00	1.133.670,00	37,03	1.034.200,00	33,78	893.730,00	29,19

1960*	2.394.600,00	883.811,13	36,91	884.974,56	36,96	625.814,31	26,13
1961	3.356.900,00	1.181.985,10	35,21	1.297.600,00	38,65	877.314,90	26,13
1962	3.889.400,00	1.189.484,78	30,58	1.297.757,90	33,37	1.402.157,32	36,05
1963	3.860.000,00	1.080.933,69	28,00	1.148.000,10	29,74	1.631.066,21	42,26
1964	3.693.100,00	764.058,45	20,69	1.220.200,00	33,04	1.708.841,55	46,27
1965	4.543.200,00	1.124.684,39	24,76	1.301.100,00	28,64	2.117.415,61	46,61
1966	4.883.700,00	1.115.570,42	22,84	1.429.600,00	29,27	2.338.529,58	47,88
1967	4.951.400,00	1.440.049,42	29,08	1.479.700,00	29,88	2.031.650,58	41,03
1968	5.430.700,00	1.522.385,66	28,03	1.636.700,00	30,14	2.271.614,34	41,83
1969	5.883.000,00	1.284.707,59	21,84	1.873.700,00	31,85	2.724.592,41	46,31
1970	6.453.900,00	1.623.067,03	25,15	1.952.000,00	30,25	2.878.832,97	44,61
1971	8.153.300,00	2.625.865,08	32,21	2.044.900,00	25,08	3.482.534,92	42,71
1972	9.127.700,00	2.539.342,03	27,82	2.340.700,00	25,64	4.247.657,97	46,54
1973	10.716.500,00	3.179.760,33	29,67	2.733.600,00	25,51	4.803.139,67	44,82
1974	12.069.200,00	3.428.850,30	28,41	3.156.700,00	26,16	5.483.649,70	45,44
1975	13.264.200,00	4.149.908,34	31,29	3.066.700,00	23,12	6.047.591,66	45,59
1976	14.158.900,00	4.025.593,73	28,43	3.337.300,00	23,57	6.796.006,27	48,00

* Rumpfhaushaltsjahr (1. April bis 31. Dezember 1960).

TABELLE 12 (Fortsetzung)

Struktur der Einnahmen im Haushalt von West-Berlin (1948–1989, in DM-West bzw. in Prozent)

Jahr	Gesamteinnahmen	davon Verwaltungseinnahmen		davon Steuern		davon Bundeszuschüsse	
	(in 1000 DM [W])	(in 1000 DM [W])	(in Prozent)	(in 1000 DM [W])	(in Prozent)	(in 1000 DM [W])	(in Prozent)
1977	15.003.300,00	3.917.632,90	26,11	3.666.000,00	24,43	7.419.667,10	49,45
1978	15.177.100,00	3.254.990,88	21,45	3.744.100,00	24,67	8.178.009,12	53,88
1979	16.090.300,00	2.826.284,07	17,57	3.923.700,00	24,39	9.340.315,93	58,05
1980	17.240.700,00	3.312.303,40	19,21	3.946.700,00	22,89	9.981.696,60	57,90
1981	17.980.400,00	3.246.090,16	18,05	4.068.800,00	22,63	10.665.509,84	59,32
1982	18.815.600,00	3.576.802,73	19,01	4.244.500,00	22,56	10.994.297,27	58,43
1983	19.571.200,00	3.886.457,12	19,86	4.559.900,00	23,30	11.124.842,88	56,84
1984	20.480.100,00	4.196.080,80	20,49	4.816.300,00	23,52	11.467.719,20	55,99
1985	21.654.300,00	4.598.813,21	21,24	5.313.500,00	24,54	11.741.986,79	54,22
1986	22.069.900,00	4.387.847,44	19,88	5.576.900,00	25,27	12.105.152,56	54,85
1987	22.980.100,00	4.826.956,87	21,00	5.698.800,00	24,80	12.454.343,13	54,20
1988	23.718.300,00	5.384.420,26	22,70	5.649.900,00	23,82	12.683.979,74	53,48
1989	25.110.100,00	6.109.707,73	24,33	6.055.400,00	24,12	12.944.992,27	51,55

TABELLE 13

Einnahmen je Einwohner in West-Berlin und in Hamburg und Differenz (1949–1989, in DM [West] bzw. Prozent)

Jahr	Einnahmen je Einwohner		Differenz	Hamburg
	Westberlin	Hamburg	(in DM-W)	= 100
1949	812,01	969,48	–157,47	83,76
1950	806,15	520,79	285,36	154,79
1951	691,42	628,68	62,74	109,98
1952	751,24	804,68	–53,43	93,36
1953	745,57	964,12	–218,55	77,33
1954	805,34	1.039,83	–234,49	77,45
1955	936,49	1.059,12	–122,63	88,42
1956	1.133,27	1.179,67	–46,40	96,07
1957	1.196,68	1.284,63	–87,95	93,15
1958	1.358,73	1.432,21	–73,48	94,87
1959	1.382,65	1.554,49	–171,84	88,95
1960*	1.086,38	1.102,85	–16,47	98,51
1961	1.527,25	1.639,73	–112,48	93,14
1962	1.784,21	1.797,47	–13,26	99,26
1963	1.772,84	1.872,07	–99,23	94,70
1964	1.684,35	1.807,81	–123,47	93,17
1965	2.064,53	2.034,62	29,91	101,47
1966	2.228,78	2.188,91	39,87	101,82
1967	2.277,87	2.310,13	–32,26	98,60
1968	2.524,97	2.453,17	71,80	102,93
1969	2.753,44	2.733,60	19,84	100,73
1970	3.040,99	2.706,18	334,81	112,37
1971	3.885,11	3.192,14	692,97	121,71
1972	4.402,71	3.782,42	620,29	116,40

* Rumpfhaushaltsjahr (1. April bis 31. Dezember 1960).

TABELLE 13 (Fortsetzung)

Einnahmen je Einwohner in West-Berlin und in Hamburg und Differenz (1949–1989, in DM [West] bzw. Prozent)

Jahr	Einnahmen je Einwohner		Differenz	Hamburg
	Westberlin	Hamburg	(in DM-W)	= 100
1973	5.217,38	4.116,53	1.100,85	126,74
1974	5.932,56	4.758,69	1.173,87	124,67
1975	6.617,87	5.057,48	1.560,39	130,85
1976	7.197,12	5.835,53	1.361,59	123,33
1977	7.740,44	5.837,65	1.902,79	132,60
1978	7.914,22	6.281,39	1.632,83	125,99
1979	8.442,36	6.877,42	1.564,94	122,75
1980	9.077,40	6.357,34	2.720,06	142,79
1981	9.504,39	6.686,49	2.817,90	142,14
1982	10.012,03	7.397,40	2.614,62	135,35
1983	10.517,06	8.122,13	2.394,93	129,49
1984	11.067,33	8.229,56	2.837,77	134,48
1985	11.687,34	7.884,48	3.802,86	148,23
1986		8.261,69		
1987		8.554,39		
1988		8.313,47		
1989		9.083,14		

GRAFIK 8

Jährliches Wachstum des West-Berliner Haushalts und des Haushalts von Hamburg (1949–1989)

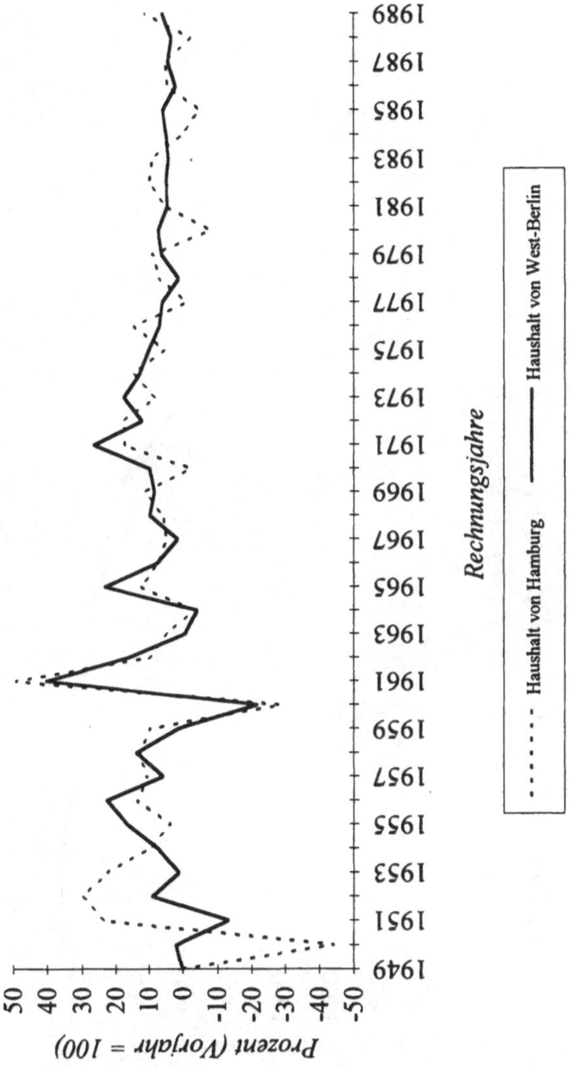

GRAFIK 9

Wachstum der Haushalte von West-Berlin und von Hamburg 1949 bis 1989
(in Prozent, 1953 = 100)

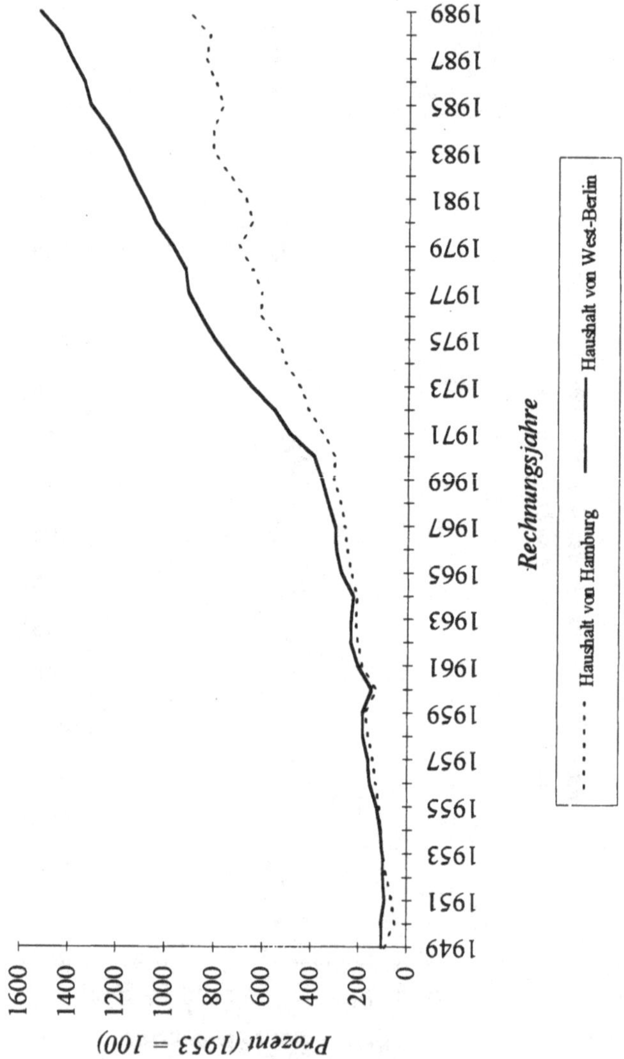

GRAFIK 10

Anteil der Bundeszuschüsse am West-Berliner Landeshaushalt (1949–1989, in Prozent)

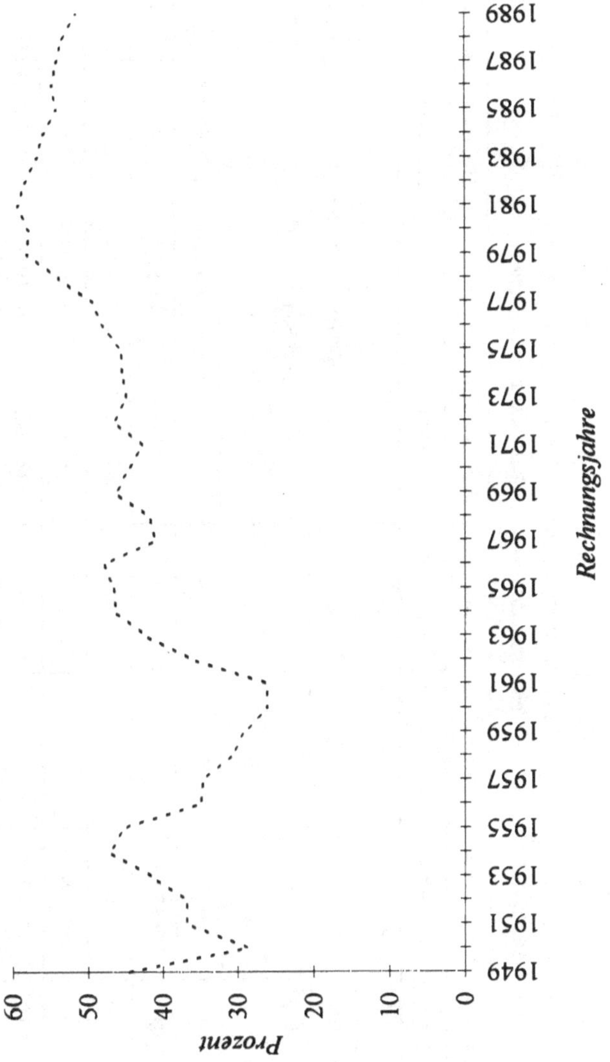

Vergleiche 1949–1989

TABELLE 14

Einnahmen und Ausgaben in Groß-Berlin, Ost- und West-Berlin 1945 bis 1989 (in RM, DM [Ost], DM [West]) und Anteil der Bezirke an den Einnahmen und Ausgaben (in Prozent)

	Berlin (West) in 1000 DM (West)		davon Bezirke in Prozent		Berlin (Ost) in 1000 DM (Ost)		davon Bezirke in Prozent	
Jahr	Einnahmen	Ausgaben	Einnahmen	Ausgaben	Einnahmen	Ausgaben	Einnahmen	Ausgaben
1945	893.751,15	893.751,15	4,90	42,33	*Angaben 1945 bis 1948 für Groß-Berlin in RM*			
1946	1.828.131,60	1.828.131,60	9,42	29,59				
1947	2.102.162,59	2.061.336,24	7,85	29,71				
1948	2.206.715,40	2.206.715,40	7,13	26,99				
NHH 1948/49	724.700,00	859.200,00	5,12	16,78	*Angaben Nothaushalt für Berlin (West)*			
1949	1.691.100,00	1.783.700,00	3,94	24,04	1.093.100,00	972.300,00	3,70	18,00
1950	1.724.200,00	1.782.900,00	4,43	24,15	1.863.800,00	1.663.500,00	2,80	6,30
1951	1.495.400,00	1.491.300,00	6,48	31,27	2.211.800,00	2.081.800,00	0,80	9,90
1952	1.629.900,00	1.637.900,00	6,20	31,68	2.177.500,00	2.127.300,00	nicht ausgewiesen	
1953	1.646.300,00	1.649.800,00	5,54	32,53	1.616.500,00	1.581.700,00	18,40	22,41
1954	1.765.700,00	1.752.800,00	5,70	32,21	1.411.300,00	1.389.600,00	25,80	25,80
1955	2.055.600,00	2.025.200,00	6,45	34,71	nicht ausgewiesen			
1956	2.517.900,00	2.490.900,00	6,16	31,82	2.142.400,00	2.170.000,00	nicht ausgewiesen	

1957	2.662.500,00	2.645.700,00	6,65	30,53	1.868.100,00	1.783.500,00	32,16	32,26
1958	3.024.400,00	2.945.800,00	6,76	29,12	1.760.900,00	1.678.200,00	27,32	28,48
1959	3.061.600,00	2.990.600,00	7,17	32,34	1.848.900,00	1.7536.00,00	nicht ausgewiesen	
1960	2.394.600,00	2.329.100,00	7,51	34,35	1.881.400,00	1.818.214,40	32,00	31,90
1961	3.356.900,00	3.291.900,00	7,56	34,05	2.038.800,00	1.988.500,00	32,75	32,90
1962	3.889.400,00	3.755.700,00	6,98	31,70	2.124.700,00	2.073.600,00	29,51	29,58
1963	3.860.000,00	3.742.200,00	7,61	35,43	2.172.100,00	2.091.519,00	24,25	24,41
1964	4.024.400,00	3.953.100,00	8,23	36,47	2.119.600,00	2.014.200,00	21,95	22,02
1965	4.543.200,00	4.475.200,00	7,84	35,09	2.062.800,00	1.953.300,00	23,52	23,66
1966	4.883.700,00	4.803.100,00	8,05	36,14	2.042.900,00	1.929.100,00	23,91	24,57
1967	4.951.400,00	4.983.300,00	8,03	36,76	2.319.800,00	2.182.800,00	22,11	22,68
1968	5.430.700,00	5.397.900,00	8,00	35,86	2.263.800,00	2.235.700,00	23,71	23,48
1969	5.883.000,00	5.846.600,00	7,73	31,88	1.586.100,00	1.531.100,00	38,12	42,33
1970	6.453.900,00	6.485.000,00	7,76	33,62	1.627.600,00	1.524.500,00	39,99	41,66
1971	8.153.300,00	8.162.600,00	6,44	31,74	1.781.900,00	1.618.300,00	40,19	43,20
1972	9.127.700,00	9.159.800,00	7,46	31,88	1.976.200,00	1.857.000,00	40,68	42,40
1973	10.716.500,00	10.689.400,00	9,16	32,42	2.212.900,00	2.014.500,00	nicht ausgewiesen	
1974	12.069.200,00	12.129.700,00	9,24	33,42	2.345.500,00	2.222.500,00	40,03	41,44

TABELLE 14 (Fortsetzung)

Einnahmen und Ausgaben in Groß-Berlin, Ost- und West-Berlin 1945 bis 1989 (in RM, DM [Ost], DM [West]) und Anteil der Bezirke an den Einnahmen und Ausgaben (in Prozent)

	Berlin (West) in 1000 DM [West]		davon Bezirke in Prozent		Berlin (Ost) in 1000 DM [Ost]		davon Bezirke in Prozent	
Jahr	Einnahmen	Ausgaben	Einnahmen	Ausgaben	Einnahmen	Ausgaben	Einnahmen	Ausgaben
1975	13.264.200,00	13.344.100,00	9,52	33,78	2.375.400,00	2.330.300,00	nicht ausgewiesen	
1976	14.158.900,00	14.133.300,00	9,03	33,83	2.712.400,00	2.675.900,00	41,48	41,46
1977	15.003.300,00	14.982.900,00	8,26	32,85	3.171.300,00	3.104.400,00	nicht ausgewiesen	
1978	15.177.100,00	14.931.100,00	4,40	28,90	3.245.800,00	3.170.300,00	39,31	39,72
1979	16.090.300,00	15.817.700,00	3,20	28,43	3.499.900,00	3.488.300,00	37,92	37,84
1980	17.240.700,00	17.236.200,00	3,15	27,76	3.793.600,00	3.782.800,00	36,45	36,47
1981	18.147.500,00	18.153.700,00	3,21	28,05	3.841.300,00	3.836.600,00	39,80	39,83
1982	19.001.600,00	19.006.200,00	3,34	28,63	4.080.500,00	4.063.500,00	41,18	41,32
1983	19.717.200,00	19.718.300,00	3,46	28,63	4.223.300,00	4.185.700,00	41,16	41,12
1984	20.638.100,00	20.639.500,00	3,62	28,07	4.938.800,00	4.890.300,00	41,76	41,76
1985	21.654.300,00	21.444.300,00	3,80	28,34	5.903.900,00	5.864.900,00	38,97	38,94
1986	22.069.900,00	21.915.500,00	3,83	29,11	6.640.500,00	6.616.100,00	38,16	38,23
1987	22.980.100,00	22.953.100,00	4,03	29,79	7.192.500,00	7.190.600,00	38,14	38,12
1988	23.718.300,00	23.661.700,00	3,92	30,49	7.339.300,00	7.336.000,00	39,04	39,01
1989	25.110.100,00	25.062.000,00	3,87	30,47	7.589.100,00	7.641.800,00	39,06	39,15

GRAFIK 11

Anteil der Bezirke an den Einnahmen und Ausgaben von Berlin (West) und Berlin (Ost) 1949 bis 1989

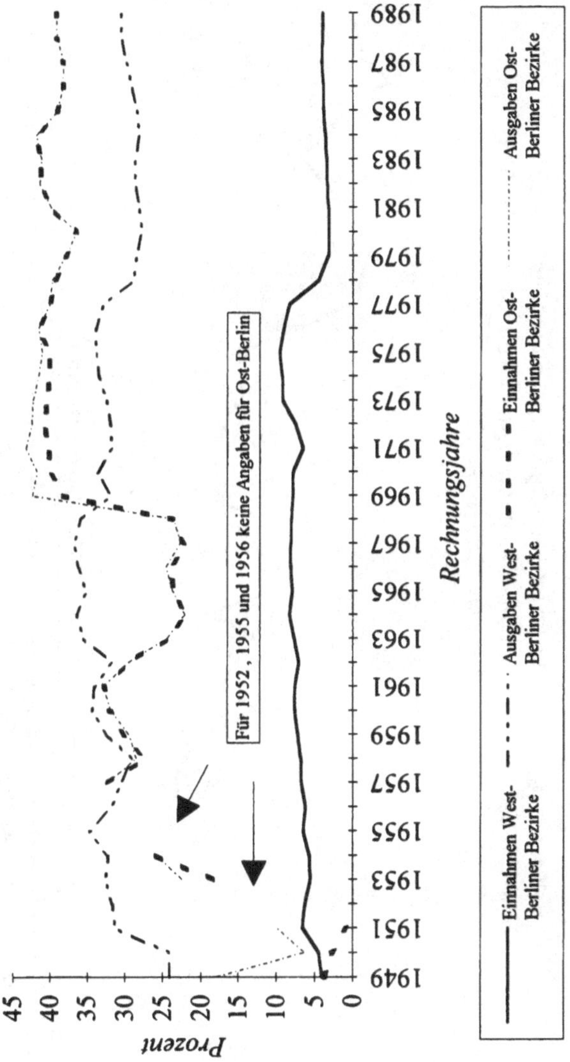

GRAFIK 12

Anteil der Bundeszuschüsse und der Zuführungen aus dem zentralen Haushalt der DDR an den Einnahmen von Berlin (West) und Berlin (Ost) 1949 bis 1989 (in Prozent)

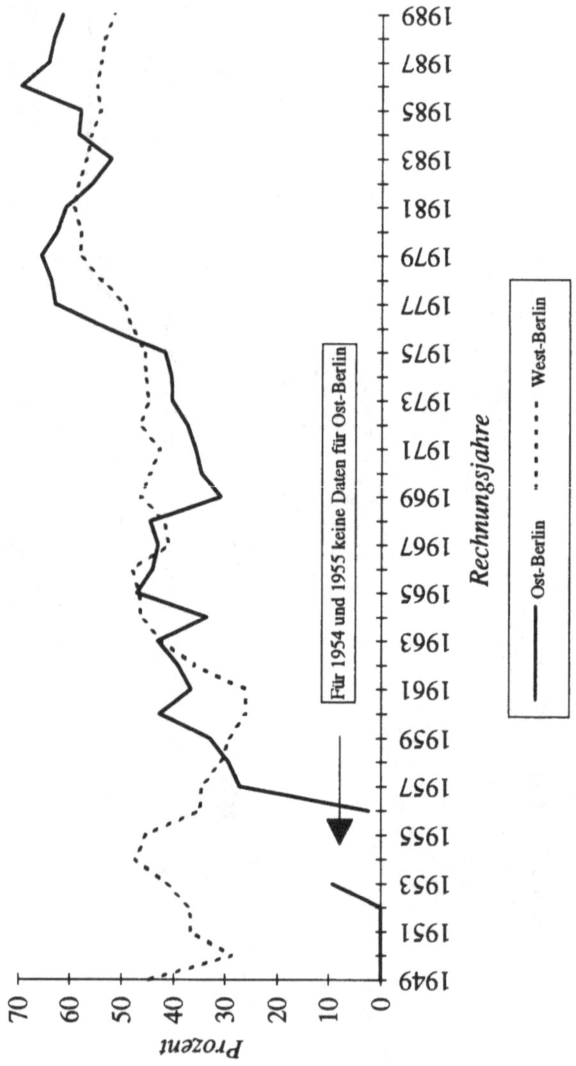

GRAFIK 13

Anteil der Steuern (West) und der Steuern und Abgaben (Ost) an den Einnahmen von Berlin (West) und Berlin (Ost) 1949 bis 1989 (in Prozent)

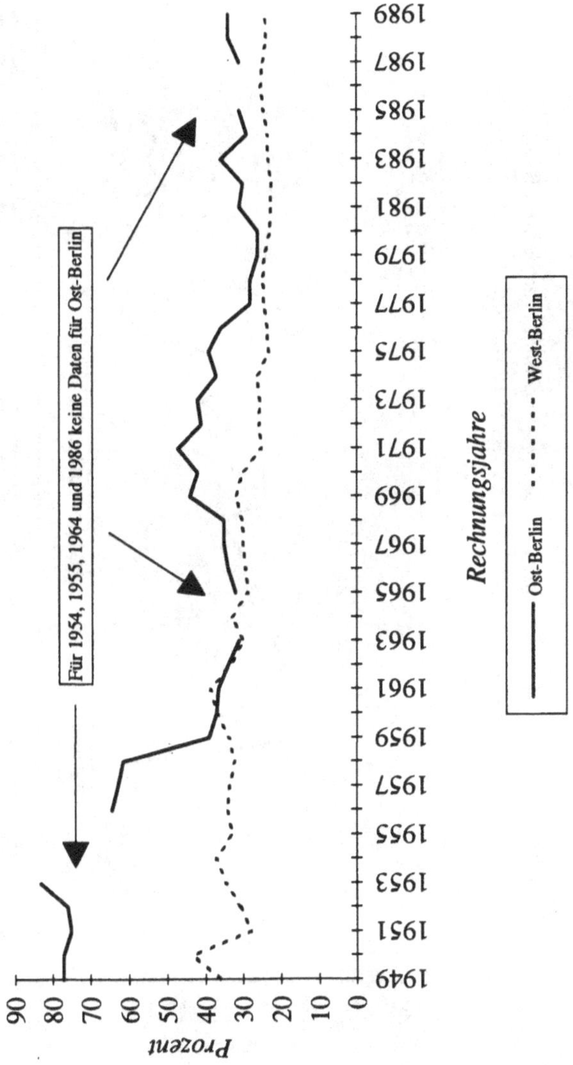

GRAFIK 14

Anteil der Verwaltungseinnahmen an den Einnahmen von Berlin (West) und Berlin (Ost) 1949 bis 1989 (in Prozent)

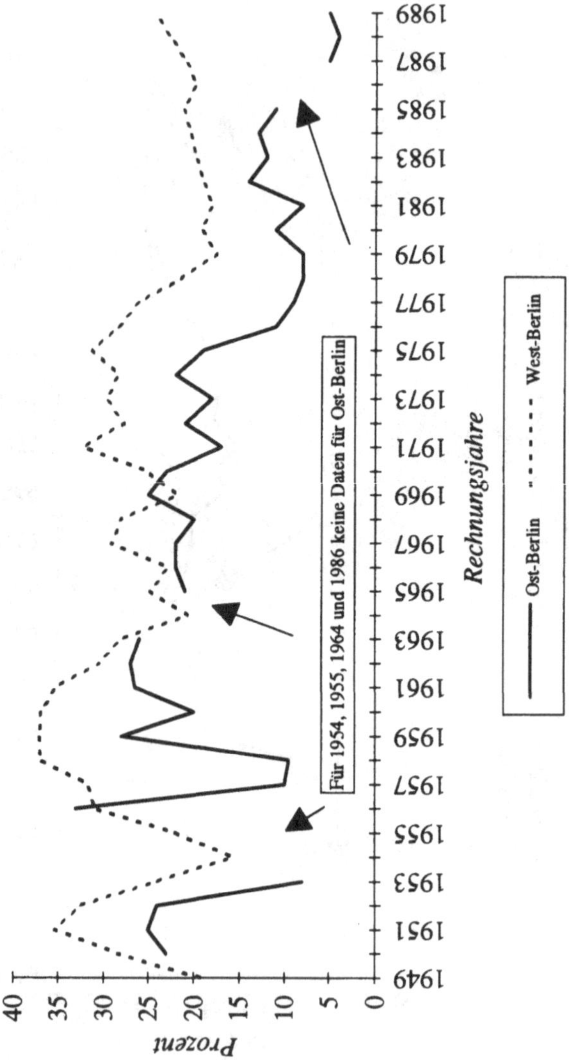

GRAFIK 15

Jährliches Wachstum der Haushalte von Berlin (West) und Berlin (Ost)

(in Prozent)

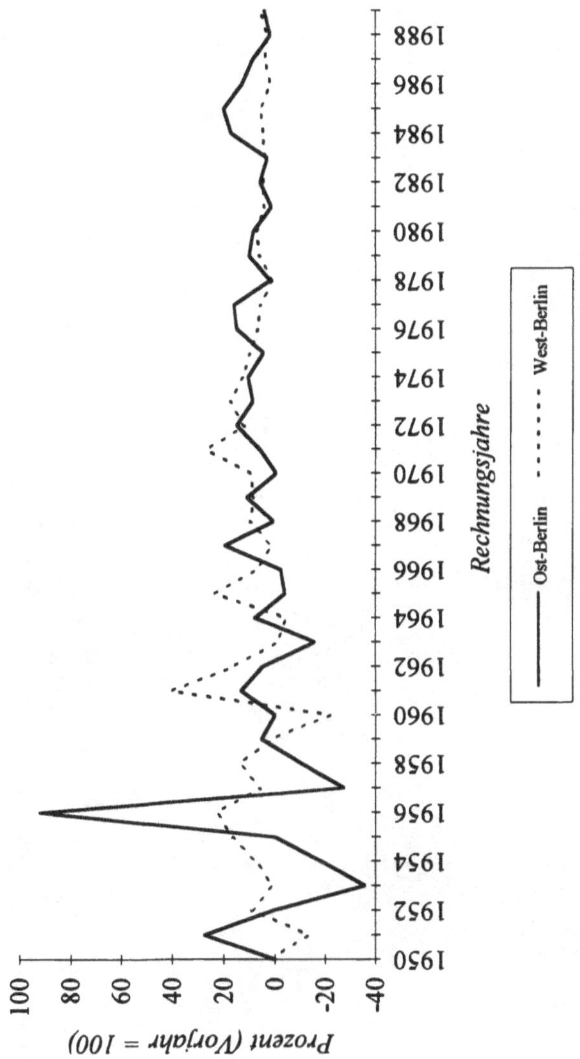

QUELLEN- UND LITERATURVERZEICHNIS

Archive

Archiv der sozialen Demokratie der Friedrich-Ebert-Stiftung, Bonn (AdsD der FES)
Archiv für Christlich-Demokratische Politik der Konrad-Adenauer-Stiftung, St. Augustin (AfCDP)
Bundesarchiv (BA)
  Koblenz
  Abteilung Potsdam
  Außenstelle Coswig/Anhalt
Landesarchiv Berlin (LAB)
  Stadtarchiv (STA)
Parlamentsarchiv des Deutschen Bundestages, Bonn (ParlA)
Sächsisches Hauptstaatsarchiv, Dresden (SäHStA)
Stiftung Archive der Parteien und Massenorganisationen der DDR im Bundesarchiv (STAPMO)
  Zentrales Parteiarchiv (ZPA)

Haushaltsdaten

Berlin (Ost)

1949 Landesarchiv Berlin (LAB), Stadtarchiv (STA), Rep. 100, Nr. 839, 853,
1950 LAB, STA, Rep. 105, Nr. 6422,
1951 *Ebda.*,
1952 *Ebda.*,
1953 *Ebda.*,
1954 Bundesarchiv (BA), Abteilung Potsdam, N 1 (Min. der Finanzen), Nr. 5/547 (nur Eckwerte),
1955 LAB, STA, Rep. 100, Nr. 945 (nur Eckwerte),
1956 LAB, STA, Rep. 100, Nr. 215,
1957 LAB, STA, Rep. 100, Nr. 220,
1958 LAB, STA, Rep. 100, Nr. 227,
1959 LAB, STA, Rep. 100, Nr. 233,
1960 LAB, STA, Rep. 100, Nr. 1158,
1961 LAB, STA, Rep. 105, Nr. 6243,
1962 LAB, STA, Rep. 100, Nr. 257,
1963 LAB, STA, Rep. 100, Nr. 1243,
1964 LAB, STA, Rep. 100, Nr. 271,

1965 LAB, STA, Rep. 100, Nr. 275,
1966 LAB, STA, Rep. 100, Nr. 279,
1967 LAB, STA, Rep. 100, Nr. 284,
1968 LAB, STA, Rep. 100, Nr. 288,
1969 LAB, STA, Rep. 100, Nr. 291,
1970 LAB, STA, Rep. 100, Nr. 296,
1971 LAB, STA, Rep. 100, Nr. 299,
1972 LAB, STA, Rep. 105, Nr. 6532,
1973 LAB, STA, Rep. 105, Nr. 6534,
1974 LAB, STA, Rep. 100, Nr. 313,
1975 LAB, STA, Rep. 105, Nr. 6538,
1976 LAB, STA, Rep. 100, Nr. 321,
1977 LAB, STA, Rep. 105, Nr. 6557,
1978 LAB, STA, Rep. 100, Nr. 329,
1979 LAB, STA, Rep. 100, Nr. 331,
1980 LAB, STA, Rep. 100, Nr. 1851,
1981 LAB, STA, Rep. 105, Nr. 2594,
1982 LAB, STA, Rep. 105, Nr. 2761,
1983 LAB, STA, Rep. 105, Nr. 2814,
1984 LAB, STA, Rep. 100, Nr. 1979,
1985 LAB, STA, Rep. 100, Nr. 2012,
1986 LAB, STA, Rep. 100, Nr. 2055,
1987 LAB, STA, Rep. 100, Nr. 2099,
1988 LAB, STA, Rep. 100, Nr. 2147,
1989 LAB, STA, Rep. 100, Nr. 2202.

Berlin (West)

1948–1968 Haushaltsrechnungen von Berlin für das Rechnungsjahr 19..., Berlin 19...,

1969–1989 Haushalts- und Vermögensrechnungen von Berlin für das Rechnungsjahr 19..., Berlin 19...

Dresden (Bezirk und Stadt, Land Sachsen 1950)

1950 SäHStA, Landesregierung Sachsen (LRS), Ministerium der Finanzen (MdF), Nr. 1124,
1957 SäHStA, Bezirkstag (BT), Rat des Bezirkes Dresden (RdBD), Nr. 5692,
1958 SäHStA, BT, RdBD, Nr. 5684,
1960 SäHStA, BT, RdBD, Nr. 5694,
1961 SäHStA, BT, RdBD, Nr. 5695,
1963 SäHStA, BT, RdBD, Nr. 26878,
1964 *Ebda.*,
1965 *Ebda.*,
1966 *Ebda.*,
1967 SäHStA, BT, RdBD, Nr. 28376, Zwischenboden (Zwibo), Nr. 28264, Nr. 28266,
1969 SäHStA, BT, RdBD, Nr. 28256,
1972 SäHStA, BT, RdBD, Zwibo, Nr. 29431,

1973 SäHStA, BT, RdBD, Zwibo, Nr. 32132,
1974 SäHStA, BT, RdBD, Zwibo, Nr. 3123, Nr. 3213,
1975 SäHStA, BT, RdBD, Zwibo, Nr. 33888,
1976 SäHStA, BT, RdBD, Zwibo, Nr. 35266,
1977 SäHStA, BT, RdBD, Zwibo, Nr. 35276,
1978 SäHStA, BT, RdBD, Zwibo, Nr. 35856,
1979 SäHStA, BT, RdBD, Zwibo, Nr. 38243,
1980 *Ebda.*,
1981 SäHStA, BT, RdBD, Zwibo, Nr. 39165,
1982 SäHStA, BT, RdBD, Zwibo, Nr. 40044.
1983 SäHStA, BT, RdBD, Zwibo, Nr. 40933,
1984 SäHStA, BT, RdBD, Zwibo, Nr. 41912.

Hamburg
1948–1989 Haushaltsrechnung Hamburgs 19 ...

Aufsätze und Monographien

Bedingungen und Möglichkeiten für den Ausbau der Wirtschaft Westberlins in den kommenden Jahren. Ergebnisse einer Enquete, Januar 1951.

Berlin Sowjetsektor. Die politische, rechtliche, soziale und kulturelle Entwicklung in acht Berliner Verwaltungsbezirken, Berlin (1965).

Deutsch-amerikanische Zusammenarbeit in West-Berlin. Die amerikanische Wirtschaftshilfe in der Zeit von 1949 bis 1951, Berlin 1956.

Abeken, Gerhard, *Das Geld- und Bankwesen in der Sowjetischen Besatzungszone und im Sowjetsektor Berlins von 1945 bis 1954* (= Bonner Berichte aus Mittel- und Ostdeutschland, hrsg. vom Bundesministerium für Gesamtdeutsche Fragen), Bonn 1955.

Abelshauser, Werner, *Wirtschaftsgeschichte der Bundesrepublik Deutschland 1945–1980,* Frankfurt am Main 1983.

Adami, Nikolaus, *Die Haushaltspolitik des Bundes von 1955 bis 1965* (= Schriftenreihe des Bundesministeriums der Finanzen, H. 14), Bonn 1970.

Albert, Gerhard, *Die Unterschiede der Währungssanierung 1948 in Ost- und Westdeutschland,* Diss., Erlangen 1951.

Albers, Willi u. a. (Hrsg.), *Handbuch der Finanzwissenschaft,* Bd. 1, Tübingen 1977.

Albrecht, Christoph u. a., *Wirtschaftspolitik in Berlin. Vom Notopfer zur Milliardensubvention,* hrsg. von der Arbeitsgruppe Berlinförderung, Frankfurt am Main-New York 1979.

Ambrosius, Gerold, *Die Durchsetzung der sozialen Marktwirtschaft in Westdeutschland 1945–1949* (= Studien zur Zeitgeschichte, Bd. 10), Stuttgart 1977.

Auer, Peter, *Die Verhältnisse zwingen zur Bewirtschaftung,* Berlin 1993.

Baar, Lothar, *Zur Problematik der Ausgangs- und Entwicklungsbedingungen der Volkswirtschaft in der DDR,* Habilitationsschrift, Berlin 1967.

Baar, Lothar/Karlsch, Rainer/Matschke, Werner, *Kriegsschäden, Demontagen und Reparationen* (= Wirtschaftshistorische Forschungen der Humboldt-Universität zu Berlin, Bd. 1), Berlin 1993.

Bader, Heinrich u. a. (Hrsg.), *Das Finanzsystem der DDR,* Berlin 1962.

Badstübner, Rolf, *Zum Problem der historischen Alternativen im ersten Nachkriegsjahrzehnt. Neue Quellen zur Deutschlandpolitik von KPdSU und SED,* in: *Beiträge zur Geschichte der Arbeiterbewegung,* 33. Jg. (1991), H. 5, S. 579 ff.

Baring, Arnulf, *Die Rolle Berlins nach dem Zweiten Weltkrieg,* in: *Jahrbuch für die Geschichte Mittel- und Ostdeutschlands,* 34. Jg. (1985), S. 21 ff.

Bark, Dennis L., *Die Berlin-Frage 1949–1955. Verhandlungsgrundlagen und Eindämmungspolitik.* Mit einem Vorwort von Hans Herzfeld (= Veröffentlichungen der Historischen Kommission zu Berlin, Bd. 36), Berlin-New York 1972.

Barthel, Horst, *Die wirtschaftlichen Ausgangsbedingungen der DDR,* Berlin 1979.

Benser, Günther u. a. (Hrsg.), *Dokumente zur Geschichte der SED,* Bd. 2: *1945–1971,* Berlin 1986.

Berliner Zentralbank (Hrsg.), *Die Wirtschaft Westberlins,* Berlin 1949.

Brandt, Willy, *Erinnerungen,* Berlin-Frankfurt am Main 1989.

Brandt, Willy, *Von Bonn nach Berlin. Eine Dokumentation zur Hauptstadtfrage,* in Zusammenarbeit mit Otto Uhlitz und Horst Korber, Berlin 1957.

Braun, Günter, *Der Wiederaufbau Berlins – Eine Stadt auf dem Weg zu neuen Aufgaben,* in: *Berlin und seine Wirtschaft. Ein Weg aus der Geschichte in die Zukunft. Lehren und Erkenntnisse,* hrsg. von der Industrie- und Handelskammer zu Berlin, Berlin 1987, S. 223 ff.

Brozsat, Martin/Weber, Hermann, *SBZ-Handbuch. Staatliche Verwaltungen, Parteien, gesellschaftliche Organisationen und ihre Führungskräfte in der Sowjetischen Besatzungszone Deutschlands 1945–1949,* München 1990.

Brunn, Walter, *Die rechtliche, politische und wirtschaftliche Lage des Berliner Sowjetsektors,* Berlin o. J.

Buchheim, Christoph, *Die Wiedereingliederung Westdeutschlands in die Weltwirtschaft 1945–1958,* München 1990.

Buchstab, Günter (Bearbeiter), *Adenauer: Es mußte alles neu gemacht werden. Die Protokolle des CDU-Bundesvorstandes 1950–1953* (= Forschungen und Quellen zur Zeitgeschichte. Im Auftrag der Konrad-Adenauer-Stiftung hrsg. von Klaus Gotto, Hans Günter Hockerts, Rudolf Morsey und Hans-Peter Schwarz, Bd. 8), Stuttgart 1986.

Buchstab, Günter (Hrsg.), *Die Bestände des Archivs für Christlich-Demokratische Politik der Konrad-Adenauer-Stiftung. Kurzübersicht,* 2., erweiterte Auflage (= Veröffentlichung der Konrad-Adenauer-Stiftung), Melle 1986.

Buck, Hannsjörg F., *Steuerpolitik im Ost-West-Systemvergleich. Umsatz- und Verbrauchsteuern als Instrumente zur Einnahmebeschaffung und zur Wirtschaftslenkung in den Ländern der Europäischen Gemeinschaft und in den RGW-Staaten,* Berlin 1982.

Bundesministerium für gesamtdeutsche Fragen (Hrsg.), *Volkswahlen, Wahlterror, Wahlbeeinflussung und Wahlbehinderung bei den Wahlen zur Volkskammer am 17. Oktober 1954 in der Sowjetzone. Dokumente und Materialien,* Berlin o. J.

Bundesministerium für innerdeutsche Beziehungen (Hrsg.), *DDR-Handbuch,* Köln 1985.

Bundesministerium für wirtschaftlichen Besitz des Bundes (Hrsg.), *ERP und die Stadt Berlin,* Bad Godesberg 1961.

Bundesregierung (Hrsg.), *Die Finanzhilfe für Berlin,* Bonn 1954.

Burmeister, Klaus/Canzler, Weert (Hrsg.), *Zukunftsmetropole Berlin. Kritik und Perspektiven wirtschaftspolitischer Leitbilder.* Mit einem Vorwort von Robert Jungk, Berlin 1988.

Büsch, Otto (Hrsg.), *Beiträge zur Geschichte der Berliner Demokratie 1919–1933/45–1985, mit einem bibliographischen und einem statistischen Anhang* (= Einzelveröffentlichungen der Historischen Kommission zu Berlin, Bd. 65), Berlin 1988.

Büsch, Otto, *Probleme und Aspekte der Berliner Geschichte 1945–1971,* in: *Revue d'Allemagne. Publicée avec le concours du Centre National de la Recherche Scientifique,* Strasbourg 1982, S. 351 ff.

Carstens, Dieter, *Der Bund als Finanzier. Kredite, Leistungen und Bürgschaften des ERP-Sondervermögens,* Bad Godesberg 1960.

CDU-Fraktion des Abgeordnetenhauses (Hrsg.), *Arbeitsbericht der CDU-Fraktion des Abgeordnetenhauses von Berlin 1967–1969,* Berlin 1969.

Christlich Demokratische Union Deutschlands, *Berliner Programm. Beschlossen auf dem 16. Bundesparteitag der CDU im November 1968 in Berlin,* Bonn 1968.

Christlich Demokratische Union Deutschlands, Landesvorstand Berlin (Hrsg.), *Berlin im Kampf um die Freiheit Deutschlands. CDU 1945–1950,* Berlin-Tempelhof 1950.

Christlich Demokratische Union Deutschlands, Landesvorstand Berlin (Hrsg.), *1945–1952. Die CDU gibt Rechenschaft,* Berlin-Tempelhof 1952.

Christlich Demokratische Union Deutschlands, Landesvorstand Berlin (Hrsg.), *Die Politik der Berliner Union,* Berlin 1948.

Cornelsen, Doris, *Finanzhilfe für West-Berlin. Eine Untersuchung über Umfang und Bedeutung der finanziellen Verflechtung im öffentlichen Sektor zwischen West-Berlin und Westdeutschland,* Diss. Freie Universität Berlin, Berlin 1969.

Cornelsen, Doris/Ruban, Maria Elisabeth/Teichmann, Dieter, *Kriegsschäden und Nachkriegsbelastung in der Bundesrepublik Deutschland und in der DDR.* Gutachten im Auftrage des Bundesministeriums für Finanzen, Bonn, Berlin 1972.

Czermak, Fritz, *Die Stellung Berlins in der Rechts-, Gerichts- und Finanzordnung der Bundesrepublik Deutschland,* Diss., Bonn 1967.

Davis, R. W., *The Development of the Soviet Budgetary System.* With a foreword by Alexander Baykov, Cambridge 1958.

Deutscher Städtetag (Hrsg.), *Grundsätze für die Aufstellung der Haushaltspläne.* Neue Fassung, in: *Mitteilungen des Deutschen Städtetages,* 1 (1925), S. 3 ff.

Deutsches Institut für Wirtschaftsforschung (Hrsg.), *Wirtschaftsprobleme der Besatzungszonen,* Berlin 1948.

Deutsches Institut für Wirtschaftsforschung (Hrsg.), *Berlins Wirtschaft in der Blockade* (= Sonderhefte, Neue Folge, H. 3), Berlin 1949.

Deutsches Institut für Wirtschaftsforschung (Hrsg.), *DDR-Wirtschaft. Eine Bestandsaufnahme,* Frankfurt am Main 1971.

Deutsches Institut für Wirtschaftsforschung (Hrsg.), *DIW-Symposium Strategien für mehr Arbeitsplätze in Berlin,* Berlin 1984.

Dietrich, Torsten, *Der 17. Juni 1953 in der DDR. Bewaffnete Gewalt gegen das Volk,* Berlin 1991.

Diller, Hermann (Hrsg.), *Strukturwandel, innovative Unternehmenspolitik und Strukturreformen in der öffentlichen Verwaltung* (= Schriften des Fachbereichs Wirtschafts- und Organisationswissenschaften der Hochschule der Bundeswehr Hamburg, Bd. 7), Hamburg 1985.

Drexler, Alexander, *Planwirtschaft in Westdeutschland 1945–1946* (= *Zeitschrift für Unternehmensgeschichte,* hrsg. von Hans Pohl und Wilhelm Treue, Beih. 44), Stuttgart 1985.

Eitner, Michael-Gerd, *Die Erfolgsbeeinflussung durch die Berlingesetzgebung als Entscheidungsgrund für die Errichtung oder Aufrechterhaltung Berliner Betriebsstätten,* Berlin 1969.

Federau, Fritz, *Das Berliner Bankwesen 1949/50* (= Deutsches Institut für Wirtschaftsforschung, Sonderhefte, Neue Folge, Nr. 11), Berlin o. J. [wahrscheinlich 1950].

Fijalkowski, Jürgen/Hauck, Peter/Holst, Axel/Kemper, Gerd-Heinrich/Mintzel, Alf, *Berlin – Hauptstadtanspruch und Westintegration* (= Schriftenreihe für politische Wissenschaften, hrsg. vom wissenschaftlichen Leiter Prof. Dr. Otto Stammer), Bd. 20, Köln-Opladen 1967.

Fischer, Alexander, *Die Sowjetunion und die deutsche Frage 1945–1949,* in: *Die Deutschlandfrage und die Anfänge des Ost-Westkonflikts 1945–1949* (= Studien zur Deutschlandfrage, Bd. 7), Berlin 1984.

Fischer, Jürgen, *Die Berlinhilfe als Finanzproblem,* Diss. Universität Köln, Köln 1957.

Fischer, Wolfram (Hrsg.), *Europäische Wirtschafts- und Sozialgeschichte vom ersten Weltkrieg bis zur Gegenwart* (= Handbuch der europäischen Wirtschafts- und Sozialgeschichte, Bd. 6), Stuttgart 1987.

Fischer, Wolfram, *Henning Berlin. Die Geschichte eines pharmazeutischen Unternehmens 1913–1991* (= Schriften zur Wirtschafts- und Sozialgeschichte, Bd. 40), Berlin 1992.

Fischer, Wolfram/Bähr, Johannes (Hrsg.), *Wirtschaft im geteilten Berlin 1945–1990. Forschungsansätze und Zeitzeugen* (= Einzelveröffentlichungen der Historischen Kommission zu Berlin, Bd. 76), München 1994.

Forschungsstelle Sozialökonomik der Arbeit (FAS) an der Freien Universität Berlin (Hrsg.), *Informationspapier zum Berlinförderungsgesetz* (FSA-Print), Berlin 1984.

Foschepoth, Josef/Steiniger, Rolf (Hrsg.), *Die britische Deutschland- und Besatzungspolitik,* Paderborn 1985.

Freie Demokratische Partei (Hrsg.), *Berlin braucht Liberale mit Mut zur Verantwortung. Beschlüsse und Dokumente vom 40. Landesparteitag,* Berlin 1983.

Freie Demokratische Partei (Hrsg.), *Berliner Programm der Freien Demokratischen Partei.* Beschlossen und verkündet durch der VIII. ordentlichen Parteitag am 26. Januar 1957 in der Reichshauptstadt, Bonn 1965.

Garvy, George, *Money, Banking, and Credit in Eastern Europe. Federal Reserve Bank of New York,* New York o. J.

Gehm, Karl Heinz, *Der Machtzerfall. Innenansicht einer Stadtpolitik der sozialliberalen Koalition in Berlin* (= Politologische Studien, Bd. 29), Berlin 1984.

Georgino, Willi, *Die Herausbildung des sozialistischen Finanzwesens in der Deutschen Demokratischen Republik im Ergebnis des sich verändernden Kräfteverhältnisses in Europa nach dem 2. Weltkrieg,* Diss. Humboldt-Universität zu Berlin, Berlin 1989.

Geppert, Kurt/Hornschild, Kurt (unter Mitarbeit von Walter Schöning), *Vergleich von Präferenzsystem und Präferenzvolumen im Land Berlin und in den übrigen Bundesländern.* Gutachten des Deutschen Instituts für Wirtschaftsforschung im Auftrage des Senators für Wirtschaft, Berlin, Berlin o. J.

Gerhardt, Gunther, *Das Krisenmanagement der Vereinigten Staaten während der Berliner Blockade (1948/1949). Intentionen, Strategien und Wirkungen* (= Historische Forschungen, Bd. 25), Berlin 1984.

Graml, Hermann, *Die Alliierten und die Teilung Deutschlands. Konflikte und Entscheidungen 1941–1948,* Frankfurt am Main 1985.

Grueger, Anneliese Monika, *Die Westberliner Leistungsbilanz und die auswärtige Hilfe in den Jahren 1949–1956,* Berlin 1958.

Grünig, Ferdinand, *Analyse der wirtschaftlichen Entwicklung in West-Berlin anhand der volkswirtschaftlichen Gesamtrechnung,* in: *Vierteljahresheft zur Wirtschaftsforschung,* H. 2 (1950).

Haase, Herwig E., *Grundzüge und Strukturen des Haushaltswesens der DDR,* Berlin 1978.

Haase, Herwig E., *Steuern im Abgabensystem der DDR* (= Forschungsstelle für gesamtdeutsche wirtschaftliche und soziale Fragen [Hrsg.], *Analysen,* H. 1 [1977]), Berlin 1977.

Hagen, Kornelia/Hornschild, Klaus, *Finanzielle Verflechtungen zwischen Berlin (West) und dem übrigen Bundesgebiet. Eine Untersuchung für die Jahre 1965 bis 1980* (= *Vierteljahreshefte zur Wirtschaftsforschung,* hrsg. vom Deutschen Institut für Wirtschaftsforschung, Bd. 2), Berlin 1983.

Hardach, Karl, *Wirtschaftsgeschichte Deutschlands im 20. Jahrhundert,* Göttingen 1976.

Harms, Uwe, *Öffentliche Ausgaben und mittelfristiges Wirtschaftswachstum in Hamburg 1964–1967,* hrsg. vom HWWA-Institut für Wirtschaftsforschung-Hamburg, Hamburg 1971.

Harmssen, Gustav Wilhelm, *Die Demontage in Berlin.* Sonderdruck aus: *Am Abend der Demontage. Sechs Jahre Reparationspolitik.* Mit Dokumentenanhang, Bremen 1951.

Harmssen, Gustav Wilhelm, *Reparationen, Sozialprodukt, Lebensstandard. Versuch einer Wirtschaftsbilanz,* H. 4, Bremen 1948.

Hauptamt für Statistik und Wahlen (Hrsg.), *Berlin in Zahlen. Taschenbuch 1950,* Berlin 1950.

Hedtkamp, Günter, *Die öffentliche Finanzwirtschaft als Systemelement. Materialien zum Bericht zur Lage der Nation im geteilten Deutschland 1987,* hrsg. vom Bundesministerium für innerdeutsche Beziehungen, Bonn 1987.

Hedtkamp, Günter, *Volumen und Struktur der öffentlichen Ausgaben in Abhängigkeit vom Wirtschaftssystem,* in: *Beiträge zum Vergleich der Wirtschaftssysteme,* hrsg. von Erik Boettcher (= Schriften des Vereins für Socialpolitik, Neue Folge, Bd. 57), Berlin 1970.

Heine, Michael/Kisker, Klaus Peter (Hrsg.), *Wirtschaftswunder Berlin?,* Berlin 1987.

Heller, Siegmund, *Die Bundeshilfe an Berlin und seine Wirtschaft von 1949 bis 1959,* Bonn 1960.

Herzfeld, Hans, *Berlin in der Weltpolitik 1945–1970* (= Veröffentlichungen der Historischen Kommission zu Berlin, Bd. 38), Berlin-New York 1973.

Hohmann, Karl (Hrsg.), *Ludwig Erhard. Gedanken, Reden und Schriften,* Düsseldorf-Wien-New York 1988.

Horstmann, Theo, *Die Alliierten und die deutschen Großbanken. Bankenpolitik nach dem Zweiten Weltkrieg in Westdeutschland,* Bonn 1991.

Hurwitz, Harold, *Die Eintracht der Siegermächte und die Orientierungsnot der Deutschen 1945–1946* (= Demokratie und Antikommunismus in Berlin nach 1945, Bd. 3), Köln 1984.

Industrie- und Handelskammer zu Berlin (Hrsg.), *Berlin und seine Wirtschaft. Ein Weg aus der Geschichte in die Zukunft – Lehren und Erkenntnisse,* Berlin-New York 1987.

Institut für Besatzungsfragen Tübingen (Hrsg.), *Sechs Jahre Besatzungslasten. Eine Untersuchung des Problems der Besatzungskosten in den drei Westzonen und in Westberlin 1945–1950,* Tübingen 1951.

Jeserich, Kurt G. A. u. a. (Hrsg.), *Deutsche Verwaltungsgeschichte,* Bd. 5: *Die Bundesrepublik Deutschland,* Stuttgart 1987.

Kaff, Brigitte (Bearb.), *Die Unionsparteien 1946–1950. Protokolle der Arbeitsgemeinschaft der CDU/CSU Deutschlands und der Konferenzen der Landesvorsitzenden,* Düsseldorf 1991.

Karlsch, Rainer, *Die Garantie- und Kreditbank AG – Hausbank der Besatzungsmacht in der SBZ/DDR von 1946 bis 194#,* in: *Bankhistorisches Archiv. Zeitschrift für Bankengeschichte,* H. 2 (1992), S. 69 ff.

Karlsch, Rainer, *Allein bezahlt? Die Reparationsleistungen der SBZ/DDR 1945–53,* Berlin 1993.

Keiderling, Gerhard, *Berlin 1945–1986. Geschichte der Hauptstadt der DDR,* Berlin 1987.

Keiderling, Gerhard, *Die Berliner Krise 1948/49. Zur imperialistischen Strategie des kalten Krieges gegen den Sozialismus und der Spaltung Deutschlands* (= Schriften des Zentralinstituts für Geschichte der Akademie der Wissenschaften der DDR, Bd. 69), Berlin 1982.

Kistler, Helmut, *Bundesdeutsche Geschichte. Die Entwicklung der Bundesrepublik Deutschland seit 1945,* Bonn 1986.

Kitsche, Alfred, *Die öffentlichen Finanzen im Wirtschaftssystem der sowjetischen Besatzungszone Deutschlands,* Bonn 1954.

Krengel, Wolfgang, *Volkswirtschaftliche Input-Output-Rechnung. Sozialprodukt, Beschäftigung und Produktivität. Einkommensverteilung und Einkommensschichtung in West-Berlin.* Mit einer Einführung von Ferdinand Grünig (= Deutsches Institut für Wirtschaftsforschung, Sonderhefte, Neue Folge, Nr. 24, Reihe A [Forschung]), Berlin o. J.

Krieger, Wolfgang, *General Lucius D. Clay und die amerikanische Deutschlandpolitik 1945–49,* Stuttgart 1987.

Kunze, Jürgen, *Die Ära Schiller. Leitvorstellungen der Berliner Wirtschaftspolitik zwischen 1961 und 1965,* Berlin 1988.

Lampert, Hans, *Die Wirtschafts- und Sozialordnung der Bundesrepublik Deutschland,* München-Wien 1985.

Landeszentrale für politische Bildungsarbeit (Hrsg.), *Die Verfassung von Berlin mit kurzer Einführung und das Grundgesetz für die Bundesrepublik Deutschland sowie ergänzende Dokumente,* 17., aktualisierte Auflage, Berlin 1989.

Laufer, Jochen, *Konfrontation oder Kooperation. Zur sowjetischen Politik in Deutschland und im Alliierten Kontrollrat 1945–1948,* Manuskript, Berlin 1992.

Lehmann, Hans Georg, *Chronik der Bundesrepublik Deutschland 1945/49 bis heute,* München 1989.

Lehmann, Hans Georg, *Chronik der DDR 1945/49 bis heute*, München 1988.

Leißner, Gustav, *Die Verwaltung in der SBZ*, in: *Verwaltung und öffentlicher Dienst in der SBZ* (Sonderdruck), Stuttgart-Köln 1961.

Leonhard, Wolfgang, *Die Revolution entläßt ihre Kinder*, Köln 1987.

Leptin, Gert, *Der öffentliche Haushalt in der DDR*, in: *Berichte des Bundesinstituts für ostwissenschaftliche und internationale Studien*, H. 3 (1977).

Linderhart, Konrad, *Berlin. Denkschrift 1968. Probleme unserer Finanz- und Wirtschaftspolitik*, Berlin 1968.

Machreidt, Klaus/Steinhammer, Jörg, *Finanzpolitik*, Tübingen 1975.

Magistrat von Groß-Berlin (Hrsg.), *Berlin im Neuaufbau. Das erste Jahr. Rechenschaftsbericht des Magistrats der Stadt Berlin*, Berlin 1946.

Magistrat von Groß-Berlin, Hauptamt für Gesamtplanung (Hrsg.), *Die wirtschaftliche und soziale Lage West-Berlins im Herbst 1949*. Abgeschlossen Mitte Oktober, Berlin 1949.

Mahnke, Dieter, *Berlin im geteilten Deutschland* (= Schriften des Forschungsinstituts der deutschen Gesellschaft für auswärtige Politik, Bd. 34), München-Wien 1973.

Matschke, Werner, *Die industrielle Entwicklung in der Sowjetischen Besatzungszone Deutschlands (SBZ) von 1945 bis 1948*, Berlin 1988.

Meier, Helmut, *Die Entwicklung des Haushaltswesens in der sowjetischen Besatzungszone Deutschlands* (= Wirtschaftswissenschaftliche Veröffentlichungen des Osteuropa-Instituts der Freien Universität Berlin, Bd. 10), Berlin 1960.

Meimberg, Rudolf, *Die wirtschaftliche Entwicklung in Westberlin und in der sowjetischen Besatzungszone*, Berlin-München 1952.

Meimberg, Rudolf, *Wirtschaft und Währung Westberlins zwischen Ost und West* (= Schriftenreihe der Berliner Zentralbank, H. 1), Berlin 1950.

Meimberg, Rudolf/Rupp, Franz, *Die öffentlichen Finanzen in der Sowjetischen Besatzungszone und im Sowjetsektor von Berlin*, Bonn 1951.

Möller, Hans (Hrsg.), *Zur Vorgeschichte der Deutschen Mark. Die Währungsreformpläne 1945–1948. Eine Dokumentation*, unter Mitwirkung von Wolfram Kunze (= Veröffentlichungen der List-Gesellschaft, Bd. 22), Basel-Tübingen 1961.

Mühlfriedel, Wolfgang/Wiesner, Klaus, *Die Geschichte der Industrie der DDR*, Berlin 1989.

Nawrocki, Joachim, *Berlin-Konferenz, Berlin-Hilfe, Berlin-Strategie. Ein langfristiges Konzept für Berlin wird erst im Ansatz sichtbar*, in: *Deutschlandarchiv. Zeitschrift für Fragen der DDR und der Deutschlandpolitik*, 8. Jg. (1975), H. 9 (September), S. 951 ff.

Nawrocki, Joachim, *Brennpunkt Berlin. Politische und wirtschaftliche Realitäten*, Köln 1971.

Nawrocki, Joachim, *Der aggressive Anspruch. Widersprüche sowjetischer Berlin-Politik*, in: *Deutschlandarchiv. Zeitschrift für Fragen der DDR und der Deutschlandpolitik*, 8. Jg. (1975), H. 7 (Juli), S. 704 ff.

Nieschlag, R., *Berlins Wirtschaft im Übergang. Die früheren Lebensgrundlagen. Der Weg seit dem Zusammenbruch. Berlins Zukunft*, hrsg. vom Deutschen Institut für Wirtschaftsforschung, Berlin 1947.

Office of Military Government (Hrsg.), *Berlin Sector. A Report of the Office of Military Government from July 1945 to September 1, 1949*, Berlin 1949.

Office of Military Government (Hrsg.), *US-Sector. A Four-year-report*, Berlin o. J.

Pohl, Manfred, *Zerschlagung und Wiederaufbau der deutschen Banken 1945–1967*, in: *Beiträge zu Wirtschafts- und Währungsfragen und zur Bankgeschichte*, hrsg. von der Deutschen Bank AG, Nr. 13 (1974), S. 21 ff.

Pohmer, Dieter, *Wirtschaftliche Probleme Berlins*, in: *Berlin in Vergangenheit und Gegenwart. Tübinger Vorträge*, hrsg. von Hans Rothfels, Tübingen 1961.

Propp, Peter Dietrich, *Zur Transformation einer Zentralverwaltungswirtschaft sowjetischen Systems in eine Marktwirtschaft* (= Wissenschaftliche Veröffentlichungen des Osteuropa-Instituts der Freien Universität Berlin, Bd. 20, hrsg. von Karl. C. Thalheim), Berlin 1964.

Prowe, Diethelm, *Weltstadt in Krisen. Berlin 1945–1958*. Mit einem Vorwort von Hans Herzfeld (= Veröffentlichungen der Historischen Kommission zu Berlin, Bd. 42), Berlin-New York 1973.

Räntsch, Heinz u. a., *Die Wirtschaft Westberlins in den 70er Jahren*, in: *Entwicklung und Probleme Westberlins in den 70er Jahren. IPW-Forschungshefte*, 13. Jg. (1978), H. 4, S. 49 ff.

Renzsch, Wolfgang, *Finanzverfassung und Finanzausgleich. Die Auseinandersetzungen um ihre politische Gestaltung in der Bundesrepublik Deutschland zwischen Währungsreform und deutscher Vereinigung (1948–1990)*, Bonn 1991.

Reuter, Ernst, *Der Regierende Bürgermeister von Berlin, Prof. Ernst Reuter, vor dem Deutschen Liberalen Club am 8. April 1951 über das Thema: Aktuelle Probleme*, o. O. 1951.

Reuter, Ernst, *Die wirtschaftliche Lage Berlins. Ein Vortrag, gehalten vor der Zürcher Volkswirtschaftlichen Gesellschaft am 18. Juni 1952*, Berlin 1952.

Ribbe, Wolfgang (Hrsg.), *Geschichte Berlins*, Bd. 2: *Von der Märzrevolution bis zur Gegenwart*, München 1987.

Richter, Horst u. a., *Politische Ökonomie des Kapitalismus und des Sozialismus. Lehrbuch für das marxistisch-leninistische Grundlagenstudium*, Berlin 1976.

Riebschläger, Klaus, *Vor Ort. Blicke in die Berliner Politik*, Berlin 1983.

Roesler, Jörg, *Der Wiederaufbau der Berliner Industrie 1945 bis 1947*, in: *Jahrbuch für Geschichte*, Bd. 33 (1987), S. 486 ff.

Roesler, Jörg, *Die Entwicklung Berlins als Industrielles Zentrum in der sozialistischen DDR*, in: *Zeitschrift für Geschichtswissenschaft*, H. 6 (1987), S. 531 ff.

Rogge, Peter C., *Die amerikanische Hilfe für Westberlin. Von der deutschen Kapitulation bis zur westdeutschen Souveränität*, Tübingen 1959.

Rohde, Erwin/Siebenhaar, Heinz, *Haushalts- und Finanzwirtschaft der Städte und Gemeinden*, Berlin 1972.

Rüger, Adolf u. a., *Humboldt-Universität Berlin. Überblick 1810–1985*, Berlin 1985.

Rutsch, Hans-Joachim, *Der Begriff der kommunalen Selbstverwaltung in der marxistisch-leninistischen Staats- und Verwaltungslehre und die Rechts- und Verfassungsentwicklung des Stadtgebildes von Ost-Berlin*. Diss. Universität Münster, Münster 1968.

Rytlewski, Ralf/Opp de Hipt, Manfred, *Die Deutsche Demokratische Republik in Zahlen. 1945/49–1980*, München 1987.

Salzmann, Rainer (Hrsg.), *Die CDU/CSU im Frankfurter Wirtschaftsrat. Protokolle der Unionsfraktionen 1947–1949*, Düsseldorf 1988.

Schakat, Horst Günther, *Die wirtschaftspolitischen Instrumente zur Förderung der Wettbewerbsfähigkeit der Westberliner Wirtschaft 1948 bis 1961* (= WWI-Studie zur

Wirtschaftsforschung Nr. 6 e, hrsg. vom Wirtschaftswissenschaftlichen Institut der Gewerkschaften GmbH.), Köln o. J.

Scharf, Claus/Schröder, Hans-Jürgen (Hrsg.), *Die Deutschlandpolitik Frankreichs und die französische Zone 1945–1949,* Wiesbaden 1983.

Schieren, Stefan, *Schäffer und Adenauer in der zweiten Legislaturperiode. Stationen einer Entfremdung,* Manuskript, Bonn 1992.

Schiller, Karl, *Mündlicher Bericht des Senators für Wirtschaft Professor Dr. Karl Schiller über die Lage der Berliner Wirtschaft und die Maßnahmen zu ihrer Weiterentwicklung,* Berlin 1964.

Schmalfuß, Kurt, *Die Entwicklung des Bankwesens in der Deutschen Demokratischen Republik (1945–1961),* Diss. Humboldt-Universität zu Berlin, Berlin 1984.

Schmidt, Peter, *Die Rolle der Banken, des Kredits und des Geldes bei der Schaffung der Grundlagen des Sozialismus in der DDR 1948 bis 1952,* Diss. Humboldt-Universität zu Berlin, Berlin 1979.

Schmiedeberg, Victor von, *Geschichte und Entwicklung der Haushaltspolitik des Vereinigten Wirtschaftsgebiets und der Bundesrepublik Deutschland von 1945 bis 1954* (= Schriftenreihe des Bundesministeriums der Finanzen, H. 4), Bonn o. J.

Schmölder, Günter, *Finanzpolitik,* Heidelberg-New York 1972.

Schöpf, Anton, *Einführung in die Finanzpolitik,* Berlin 1972.

Schreiber, Helmut, *Die Entwicklung der öffentlichen Ausgaben in Berlin (West) 1963 bis 1981,* Berlin 1982.

Schulze, Heinrich, *Grundriß des Haushalts-, Kassen- und Rechnungswesens der Stadt Berlin. Mit einem Anhang über Anleihewesen, Geld und Geldverkehr, Sparkassen-, Bank- und Börsenwesen,* Berlin 1929.

Schwarz, Bernard, *Entwicklungstendenzen des Finanz- und Kreditsystems der europäischen sozialistischen Staaten,* in: *Kredit und Kapital,* 4. Jg. (1971), H. 2, hrsg. von Werner Ehrlicher und Helmut Lipfert, Berlin 1971, S. 138 ff.

Senat von Berlin (Hrsg.), *Berlin. Kampf um Freiheit und Selbstverwaltung 1945–46,* Berlin 1957.

Senat von Berlin (Hrsg.), *Berliner Schicksal 1945–1952. Amtliche Berichte und Dokumente,* Berlin 1952.

Senat von Berlin (Hrsg.), *Wirtschaftliche Wiedergeburt* (= Berlin im Brennpunkt des Weltgeschehens, H. 2), Berlin o. J.

Senator für Finanzen (Hrsg.), *Berliner Haushaltsrecht,* Berlin 1972.

Senator für Kreditwesen (Hrsg.), *Das Berliner Notstandsprogramm im Haushaltsjahr 1950,* Berlin o. J.

Seume, Franz, *Die Industrie,* in: *Berlins Wirtschaft in der Blockade,* hrsg. vom Deutschen Institut für Wirtschaftsforschung, Berlin 1949.

Seume, Franz, *Organisationsformen der Industrie in der sowjetischen Besatzungszone,* in: *Wirtschaftsprobleme der Besatzungszonen,* hrsg. vom Deutschen Institut für Wirtschaftsforschung, Berlin 1948, S. 254 ff.

Shell, Kurt L., *Bedrohung und Bewährung. Führung und Bevölkerung in der Berlin-Krise* (= Schriften des Instituts für Politische Wissenschaft, hrsg. vom wissenschaftlichen Leiter Prof. Dr. Otto Stammer, Bd. 19), Köln-Opladen 1965.

Sozialdemokratische Partei Deutschlands, *Wie wir die Wirtschaftskraft Berlins stärken und die Arbeitsplätze sichern wollen. 16 Thesen zur Wirtschafts- und Arbeitsmarktpolitik,* Berlin 1977.

Spittmann, Ilse (Hrsg.), *Die SED in Geschichte und Gegenwart,* Köln 1987.

Staritz, Dietrich, *Das ganze oder das halbe Deutschland? Zur Deutschlandpolitik der Sowjetunion und der KPD/SED (1945–1955),* in: *Die Republik der fünfziger Jahre. Adenauers Deutschlandpolitik auf dem Prüfstand,* hrsg. von Jürgen Weber, München 1989, S. 112 ff.

Statistisches Amt der Stadt Berlin (Hrsg.), *Berlin in Zahlen. Taschenbuch 1945,* Berlin 1947.

Statistisches Amt der Stadt Berlin (Hrsg.), *Berlins wirtschaftliche Verflechtung,* in: *Mitteilungen des Statistischen Amtes der Stadt Berlin,* Nr. 8 (August 1928).

Statistisches Landesamt Berlin (Hrsg.), *Berlin in Zahlen 1951,* Berlin 1951.

Statistisches Landesamt Berlin (Hrsg.), *Die Entwicklung der West-Berliner Industrie 1950 bis 1953. Nach den Ergebnissen der monatlichen Industrieberichterstattung,* (= Berliner Statistik, Sonderh. 38 [März]), Berlin 1954.

Steiger, Karl, *Zehn Jahre Finanzhilfe des Bundes für Berlin,* in: *Die finanzielle Liquidation des Krieges* (= Schriftenreihe des Bundesministeriums der Finanzen, H. 3), Bonn o. J., S. 65 ff.

Stenzel, Georg, *Hamburgs industrielle Entwicklung,* in: *Hamburg als Industrieplatz,* Hamburg o. J., S. 22 ff.

Striek, Heinz, *Die öffentliche Finanzpolitik als Instrument staatlicher Wirtschaftspolitik,* in: *Berliner Forum* 10/86, Berlin 1968.

Suhr, Otto, *Die politische und wirtschaftliche Lage Berlins. Vortrag gehalten vor Mitgliedern der Industrie- und Handelskammer Frankfurt a. M. am 2. November 1955,* Frankfurt am Main 1955.

Tannert, Karlheinz u. a., *Geld, Kredit, Finanzen aus neuer Sicht,* Berlin 1990.

Tatzkow, M., *Privatindustrie ohne Perspektive. Der „Versuch einer Liquidierung der mittleren privaten Warenproduzenten",* in: *Brüche/Krisen/Wendepunkte. Neubefragung von DDR-Geschichte,* Leipzig-Jena-Berlin 1990, S. 100 ff.

Technische Hochschule Karl-Marx-Stadt/Chemnitz (Hrsg.), *Beiträge zur Entwicklung der Geld-, Preis- und Finanzpolitik in der Deutschen Demokratischen Republik,* T. 1–3 (= Wissenschaftliche Schriftenreihe der Technischen Hochschule Karl-Marx-Stadt/Chemnitz, H. 11/84, 10/85, 16/87), Karl-Marx-Stadt/Chemnitz 1984–1987.

Tesch, Helmut, *Öffentliche Finanzwirtschaft in Ballungsräumen* (= Veröffentlichungen des HWWA-Instituts für Wirtschaftsforschung-Hamburg), Hamburg 1977.

Thalheim, Karl C., *Berlins wirtschaftliche Entwicklung nach dem zweiten Weltkrieg,* in: *Heimatchronik Berlin,* hrsg. von Otto-Friedrich Gandert u. a., Köln 1962, S. 763 ff.

Thalheim, Karl C., *Die wirtschaftliche Entwicklung der beiden Staaten in Deutschland. Tatsachen und Zahlen,* Berlin 1988.

Thalheim, Karl C., *Die wirtschaftliche und soziale Struktur Berlins seit 1945,* in: *Beiträge zur Wirtschaftspolitik und Wirtschaftsförderung. Gesammelte Aufsätze und Vorträge,* aus Anlaß seines 65. Geburtstages hrsg. von der Abteilung Osteuropäische Wirtschaft des Osteuropa-Instituts und dem Institut für Weltwirtschaft der Freien Universität Berlin, Berlin 1965, S. 414 ff.

Thalheim, Karl C., *Wirtschaft Berlins zwischen Ost und West,* in: *Beiträge zur Wirtschaftspolitik und Wirtschaftsförderung. Gesammelte Aufsätze und Vorträge,* aus Anlaß seines 65. Geburtstages hrsg. von der Abteilung Osteuropäische Wirtschaft des Osteuropa-Instituts und dem Institut für Weltwirtschaft der Freien Universität Berlin, Berlin 1965, S. 398 ff.

Timm, Herbert, *Zusammengefaßte Hauptergebnisse einer Untersuchung über Hamburgs Wirtschaftsstruktur und -entwicklung mit Folgerungen für die Investitionspolitik*. Im Auftrage der Behörde für Wirtschaft und Verkehr der Hansestadt Hamburg, Hamburg 1949.

Voigt, Bruno, *Kann Westberlin ohne Bundeshilfe leben?*, in: *Stadt und Gemeinde. Zeitschrift des [Ost]Deutschen Städte- und Gemeindetages*, Jg. 1959, H. 9 (September), Berlin 1959, S. 26 f.

Wagner, Kurt-Dieter/Rosenbach, Harald/Schieren, Stefan/von der Stein, Uwe, *Haushaltsreden. Die Ära Schäffer 1949 bis 1957* (= Schriftenreihe zur Finanzgeschichte, Bd. 1, hrsg. vom Bundesminister der Finanzen), Bonn 1992.

Wandel, Eckhard, *Das deutsche Bankenwesen im Dritten Reich (1933–1945)*, in: *Deutsche Bankengeschichte*, Bd. 3, hrsg. im Auftrage des Instituts für Bankhistorische Forschung, Frankfurt am Main 1983.

Wandel, Eckhard, *Die Entstehung der Bank deutscher Länder und die deutsche Währungsreform 1948. Die Rekonstruktion des westdeutschen Geld- und Währungssystems 1945–1949 unter Berücksichtigung der amerikanischen Besatzungspolitik* (= Schriftenreihe des Instituts für Bankhistorische Forschung e. V., Bd. 3, hrsg. vom Wissenschaftlichen Beirat des Instituts für bankhistorische Forschung e. V.), Frankfurt am Main 1980.

Weber, Hermann, *Geschichte der DDR*, 3. Aufl., München 1989.

Weißhuhn, Gernot, *Die Komponenten des Sozialproduktwachstums in West-Berlin seit dem Jahre 1950 und die erforderliche Entwicklung des Arbeitsvolumens, der Erwerbstätigen und der Investitionen bis zum Jahre 1975* (= Beiträge zur Strukturforschung, H. 11, hrsg. vom Deutschen Institut für Wirtschaftsforschung), Berlin 1970.

Winkel, Harald, *Die Wirtschaft im geteilten Deutschland 1945–1970*, Wiesbaden 1974.

Wolf, Eduard, *Aufwendungen für die Besatzungsmächte, öffentliche Haushalte und Sozialprodukt in den einzelnen Zonen*, in: *Wirtschaftsprobleme der Besatzungszonen*, hrsg. vom Deutschen Institut für Wirtschaftsforschung, Berlin 1948, S. 123 ff.

Wolf, Eduard, *Der Geldüberschuß. Über die gegenwärtige Geld- und Kreditlage Deutschlands und die Aufgaben der Wirtschaftspolitik*, hrsg. vom Deutschen Institut für Wirtschaftsforschung, Berlin 1946.

Wolf, Eduard, *Geld- und Finanzprobleme der deutschen Nachkriegswirtschaft*, in: *Die deutsche Wirtschaft zwei Jahre nach dem Zusammenbruch. Tatsachen und Probleme*, hrsg. vom Deutschen Institut für Wirtschaftsforschung, Berlin 1947.

Wolff, Michael W., *Die Währungsreform in Berlin 1948/49* (= Veröffentlichungen der Historischen Kommission zu Berlin, Bd. 77), Berlin-New York 1991.

Wood, Richard, and Company, *Vorschläge der wirtschaftlichen Entwicklung West-Berlins. Bericht*, Dezember 1952.

Zank, Wolfgang, *Wirtschaft und Arbeit in Ostdeutschland 1945–1949*, München 1987.

Zimm, Alfred (Hrsg.), *Berlin und sein Umland. Eine geographische Monographie*, Gotha 1989.

Zschaler, Frank, *Von der Emissions- und Girobank zur Deutschen Notenbank – Zu den Umständen der Gründung einer Staatsbank für Ostdeutschland,* in: *Bankhistorisches Archiv. Zeitschrift für Bankengeschichte,* H. 2 (1992), S. 59 ff.

Zschaler, Frank, *Die Entwicklung einer zentralen Finanzverwaltung der SBZ/DDR (1945–1949/50),* in: *Von der SBZ zur DDR,* hrsg. vom Institut für Zeitgeschichte, München 1995, S. 97–138.

PERSONENREGISTER

(Kursive Zahlen beziehen sich auf die Anmerkungen)

SACHREGISTER

FSC
www.fsc.org
MIX
Papier | Fördert gute Waldnutzung
FSC® C083411

Kolibri 360 GmbH
Ferdinand-Jühlke-Straße 7
99095 Erfurt, Deutschland
produktsicherheit@kolibri360.de